12

Udo Zilkens

Beethovens Finalsätze in den Klaviersonaten

Das Faksimile auf dem Umschlag zeigt
den Beginn des 3. Satzes der Klaviersonate op. 27 Nr. 2
„Mondschein"-Sonate
aus Beethovens eigenhändiger Niederschrift.
Das Original befindet sich im Besitz
des Beethoven-Hauses, Bonn, mit dessen
freundlicher Genehmigung der Abdruck hier erfolgt.

Druckerei Gruber, Minden
Best.-Nr.: 2573 P.J.T.
ISBN 3-920950-03-8

UDO ZILKENS

*

Beethovens Finalsätze in den Klaviersonaten

Allgemeine Strukturen und individuelle Gestaltung

Vergleichende Analysen
als Einblick in die Kompositionsweise Beethovens

Skizzen und Autographe
als Schlüssel zum Kompositionsprozeß

P. J. TONGER · MUSIKVERLAG
KÖLN-RODENKIRCHEN

Bei dieser Arbeit handelt es sich um eine von der Philosophischen Fakultät der Universität zu Köln angenommene Dissertation (Erster Referent: Prof. Dr. Hans Schmidt, zweiter Referent: Prof. Dr. Dietrich Kämper). Tag des Rigorosums war der 5. Februar 1994 (Musikwissenschaft: Prof. Dr. Hans Schmidt, Prof. Dr. Dietrich Kämper, Pädagogik: Prof. Dr. Hermann Rüppell, Mathematik: Prof. Dr. Theodor Meis).

Inhalt

Einleitung

Die Jahre um 1800 waren eine Zeit des gesellschaftlichen Umbruchs, zugleich auch eine Zeit außergewöhnlicher künstlerischer Leistungen. In der Musik war es die Zeit der Hochklassik, wobei Wien mit Joseph Haydn, Wolfgang Amadeus Mozart und Ludwig van Beethoven ein bedeutendes Zentrum der Musik darstellte. Im Jahre 1800 hatte Beethoven die Mitte seines Lebens gerade überschritten (*1770 in Bonn, +1827 in Wien). Um die Jahrhundertwende vollendete er seine erste Symphonie, jedoch war mehr als ein Drittel seiner Klaviersonaten schon komponiert. Mit der Gattung "Klaviersonate" hat sich Beethoven nahezu sein ganzes Leben beschäftigt. Wie ein roter Faden durchziehen die Klaviersonaten sein kompositorisches Werk. Eine deutlich spürbare Zäsur ist allerdings im Anschluß an die 1805 vollendete Appassionata op. 57 erkennbar – fast kann man schon von einer Krise sprechen, schreibt Beethoven doch 1809 in einem Brief an Breitkopf & Härtel: *"Ich gebe mich nicht gern mit Klavier-Solosonaten ab, doch verspreche ich Ihnen einige."* [1] Entstanden die letzten drei Klaviersonaten op. 109, op. 110 und op. 111 in dichter Folge, so komponierte Beethoven nach dem Jahre 1822 keine Klaviersonate mehr. Vom Instrument jedoch wandte er sich nicht ab, wie vor allem die – mit der Opuszahl 120 gekennzeichneten – "Diabelli-Variationen" zeigen. *"Die Nähe der Variation zur Improvisation könnte der Grund dafür sein, daß Beethoven nur wenige seiner Klaviervariationen in die Reihe seiner opera aufgenommen wissen wollte."* [2]

Die plötzliche Abkehr von der Gattung "Klaviersonate" 1822 mag auf den ersten Blick hin unverständlich sein. Allerdings zeigen die fünf späten Klaviersonaten bereits eine Abkehr von traditionellen Mustern, und zwar auf solche Art und Weise, daß hier unzweifelhaft romantische Strömungen erkennbar werden. So sehr auch Beethoven als Inbegriff der Wiener Klassik erscheinen mag, er bewegt sich in seinen letzten Jahren spürbar auf die Romantik hin. Erstaunlicherweise verstärkt sich aber gerade mit dieser Entwicklung in Richtung "Zukunft" eine andere Entwicklung, die sich bei Beethoven schon frühzeitig ankündigt, nämlich die zunehmende Verwurzelung in der "Vergangenheit". Beethoven hat Johann Sebastian Bach hoch geschätzt, schreibt er doch 1801 an Franz Anton Hofmeister in Leipzig: *"Daß Sie Sebastian Bachs Werke herausgeben wollen, ist etwas, was meinem Herzen, das ganz für die hohe große Kunst dieses Urvaters der Harmonie schlägt, recht wohl tut und ich bald in vollem Laufe zu sehen wünsche."* [3] Bedeutende Anregungen erhielt Beethoven durch die Werke Carl Philipp Emanuel Bachs, einer wichtigen Kernfigur beim Übergang vom Barock zur Klassik.

1 Brief Ludwig van Beethovens an Breitkopf & Härtel,
Wien, 19. Wein-Monat (September) *1809*,
Kastner/Kapp: Brief Nr. 208.

2 Schmidt-Görg/Schmidt: Beethoven, S. 159.

3 Brief Ludwig van Beethovens an Franz Anton Hofmeister in Leipzig,
Wien, am 15. (oder so etwas dergleichen) Jenner 1801, KK: Brief Nr. 43.

Beethovens Verwurzelung im Barock einerseits, seine Vorausnahme romantischer Strömungen andererseits wirft die Frage auf, ob nicht die Aufeinanderfolge der verschiedenen musikhistorischen Epochen irgendeine Entwicklung zum Ausdruck bringt. Vielleicht sollte man noch etwas weiter zurück- und noch etwas weiter vorgreifen, indem man auch die Renaissance und das 20. Jahrhundert einbezieht. Die Renaissance zeigt doch trotz der Vielfalt ihrer Musik eine eher einheitliche "Sprache". Die Vokalmusik herrscht eindeutig vor, die Instrumentalmusik erlangt erst nach und nach eine gewisse Eigenständigkeit. Das 20. Jahrhundert dagegen ist – trotz bestimmter "Schulen" und "Strömungen" – geprägt von einem starken Pluralismus. Während sich die Musik der Renaissance überwiegend am allgemeinen "Sprachgebrauch" orientiert, überrascht die "Moderne" immer wieder durch individuelle Konzepte. Diese tendenzielle Verlagerung des Schwerpunkts vom Allgemeinen zum Individuellen scheint sich ebenfalls in den dazwischenliegenden Epochen bemerkbar zu machen. Es drängt sich dann natürlich die Frage auf, ob diese Entwicklung der Musikgeschichte nicht innerhalb des Lebenswerkes Beethovens durchschimmert. Finalsätze früher Klaviersonaten etwa entsprechen vielfach – so individuell sie auch sein mögen – noch deutlich konventionellen Gepflogenheiten. Das Finale einer späten Klaviersonate dagegen stellt – trotz Verwendung des ein oder anderen konventionellen Elements – im allgemeinen ein außergewöhnliches Unikat dar. Besteht also eine Analogie zwischen dem Individualisierungsprozeß der Musikgeschichte und der Hinwendung Beethovens zu immer individuelleren Lösungen?

Wie ist in der Klassik das Verhältnis zwischen Allgemeinem und Individuellem zu charakterisieren? Allgemeine Muster spielen in dieser Epoche noch eine recht bedeutende Rolle. Typischstes Beispiel ist die Sonatensatzform als ein Modell, welches zwar vielfältige Modifikationen erfahren kann, welches allerdings doch unzweifelhaft eine Verbindung zwischen Werken unterschiedlichster Komponisten herstellt. Harmonik, Setzweise und Syntax sind vielfach von einer auffallenden Einfachheit. Überwiegend werden die Hauptfunktionen (Tonika, Dominante, Subdominante) eingesetzt; Zwischendominanten, alterierte Akkorde und dergleichen erscheinen vielfach nur an Kulminationspunkten. Wie standardisiert die Setzweise sein kann, verraten beispielsweise Begriffe wie Murky-, Trommel- oder Albertibässe. Die Syntax ist vielfach regelrecht volksliedhaft, insbesondere bei den Themen. Und doch, vor allem wenn man die Werke der großen Meister der Wiener Klassik betrachtet, läßt sich erkennen, daß der Gebrauch von allgemeingültigen Mustern keineswegs die Eigenständigkeit eines Kunstwerkes schmälert. Eine Melodie Beethovens zum Beispiel hat auch dann einen ganz eigenen und unverwechselbaren Charakter, wenn sie bestimmte konventionelle "Bausteine" wie "Mannheimer Raketen", "künstliche Leittöne" usw. verwendet. Die Melodie als Ganzes ist eben den einzelnen "Bausteinen" übergeordnet.

Fast könnte der Gedanke aufkommen, daß die Wiener Klassik auch heute noch so geschätzt wird, weil die allgemeinen Muster bezüglich des formalen Aufbaus, der Syntax, der Harmonik usw. eine scheinbare "Natürlichkeit" und "Einfachheit" erzeugen, andererseits jedoch genügend Spielraum für individuelles Gestalten gegeben ist.

Eine Untersuchung der Finalsätze in Beethovens Klaviersonaten ermöglicht einen Einblick in die Kompositionsweise Beethovens, in seinen persönlichen Stil. Zum einen wird man bei Beethoven vielfach konventionelle Schemata erkennen – zum Beispiel die Sonatensatzform –, zum anderen aber wird bewußt, wie individuell Beethoven im Einzelfall zu gestalten vermag. Vielfach wird man die Individualität einer Sonate erst richtig zu würdigen wissen, wenn ein Vergleich mit anderen Werken Ähnlichkeiten oder auch Unterschiede ergeben hat. Von allgemeinen Strukturen kann man schon sprechen, wenn Beethoven zwar nicht immer, aber doch in einigen Klaviersonaten auf eine bestimmte Art und Weise verfährt. Eine kompositorische Idee bleibt nicht beschränkt auf einen Einzelfall; sie zeigt ihre Wirkung in mehreren Werken – wenngleich auch nicht in allen. Werke, die hinsichtlich eines Aspekts in Beziehung zueinander stehen, können verstreut über Beethovens gesamten Schaffensbereich liegen. Bisweilen verfährt Beethoven aber auch in einer Phase seines Lebens auf eine ganz bestimmte Art und Weise. Man kann dann etwa die "frühen Sonatenrondos" charakterisieren, oder man grenzt ein "Spätwerk" ab. Die zeitliche Nachbarschaft von Werken äußert sich in diesen Fällen in strukturellen Ähnlichkeiten.
Bisweilen kann man sogar eine Entwicklung aufzeigen. Dabei stellt sich die Frage, ob es sich um ein kontinuierliches Verändern handelt, oder ob einige Phasen stufenweise aufeinanderfolgen. Handelt es sich – wenn man einmal in Metaphern sprechen mag – um eine Leiter, bei der eine Sprosse der anderen folgt, oder sind nur Gravitationszentren ausgeprägt, die in ihrem näheren Umfeld bestimmend sind? Es stellt sich natürlich dann die Frage, ob man bei den verschiedenen Entwicklungstendenzen eine übergeordnete Entwicklung erkennen kann. Stellt das Spätwerk, welches auf den ersten Blick eine Sonderrolle spielt, vielleicht nur die letzte Stufe einer Entwicklung dar, die sich bereits zuvor in zunehmendem Maße ankündigt?
Man kann Beethovens hörpsychologisches Geschick immer wieder bewundern. Selbst wenn Beethoven mit traditionellen Gepflogenheiten bricht, so verfährt er im allgemeinen nicht willkürlich, sondern sucht eine neue Ordnung, die zwar rein äußerlich mit der Konvention bricht, aber in Wirklichkeit manchmal ihren inneren Sinn noch verstärkt. Zum Beispiel gleicht er hin und wieder den Wegfall einer Schlußgruppe aus, indem er beim Seitenthema eine großangelegte schlußkräftige Steigerung erfolgen läßt. Es wird also trotz Wegfall eines Formteils die Balance wiederhergestellt, die das traditionelle Schema kennzeichnet. Meisterhaft beherrscht er den Einsatz der verschiedenen Parameter zur Erzeugung einer beabsichtigten Wirkung. Insbesondere bei Steigerungen, Höhepunkten usw. ist immer wieder bewundernswert, mit welchen kompositorischen Mitteln ihm hier Überzeugendes gelingt. Vielfach zeigt sich auch eine Ökonomie im Umgang mit kompositorischem Material. Motivisch-thematische Arbeit mit einem Motiv zum Beispiel erfolgt im allgemeinen erst, wenn der Effekt des "Neuseins" ausgereizt ist. Besonders spannend ist natürlich, wenn Beethoven konventionelle Schemata vermischt, etwa beim Sonatenrondo. Selbst wenn man verschiedene Modifikationen herausarbeiten kann, jedes Sonatenrondo ist auf seine Art und Weise doch recht individuell.

Die Bemerkungen zur individuellen Gestaltung der Finales berücksichtigen vor allem Skizzen und Autographe als Schlüssel zum Kompositionsprozeß. Ludwig van Beethoven war sicher ein Genie, besaß er doch eine hohe schöpferische Begabung. Als Normalsterblicher nun neigt man zu dem Trugschluß, das Genie brauche sich auf Grund seiner Begabung nicht übermäßig anzustrengen. Eine Beschäftigung mit den Skizzen und Autographen Beethovens wird jedoch jeden rasch eines Besseren belehren. Der Begabung und Inspiration einerseits steht andererseits ein teils unvorstellbar mühevolles Erarbeiten gegenüber. Hier zeigt sich die menschliche Seite des Genies, im Zweifeln und Abwägen, im Verwerfen, im Wiederaufgreifen schon durchgestrichener Versionen, im genauen Ausfeilen des Erreichten usw. Die Skizzen und Autographe sind ein sprechendes Zeugnis für Beethovens ungeheures Ringen um Vollkommenheit. Selbst zu der kantablen *Arietta* des Finalsatzes von op. 111, bei dem man als ahnungsloser Hörer keine übermäßige kompositorische Mühe erwarten würde, sind mehr als 50 – meist fragmentarische – Entwürfe bekannt (siehe Drabkin: op. 111, Vol. II, S. 36 - 41). Wenn zu den Finalsätzen der frühen Sonaten weniger Skizzen erhalten sind, so sollte man daraus nicht folgern, daß es sich Beethoven hier leicht gemacht habe. Vor allem was einzelne Skizzenblätter betrifft, so ist manches verschollen, manches befindet sich in Privatbesitz und wird hin und wieder von der wissenschaftlichen Forschung "entdeckt".
Eine Beschäftigung mit allgemeinen Strukturen und mit individuellen Aspekten kann die Hörgewohnheiten eines Menschen des 20. Jahrhunderts beeinflussen. Ein Zeitgenosse Beethovens hatte eine gewisse Erwartungshaltung, die er durch Hören und Spielen der Musik seiner Zeit entwickelte. Der Reiz einer jeweiligen Komposition liegt unter anderem auch im Spannungsfeld zwischen allgemeinen Konventionen und individueller Besonderheit. Der Hörer des 20. Jahrhunderts hat normalerweise nicht eine derartige Erwartungshaltung, da sein Ohr eine Vielfalt verschiedener Musikrichtungen gewöhnt ist. Er wird viele Stellen, die der zeitgenössische Hörer als aufregenden Verstoß gegen die üblichen Gepflogenheiten empfunden hat, nicht als einen solchen erleben. Analysen mögen also den Hörer des 20. Jahrhunderts stilistisch schulen.
Das vorliegende Buch wendet sich an Musikwissenschaftler, Pädagogen, Pianisten und Musikliebhaber. Die Abgrenzung zwischen Wissenschaftlern und Pädagogen dürfte jedoch fragwürdig sein, denn jeder Pädagoge sollte auch Wissenschaftler, jeder Wissenschaftler sollte auch Pädagoge sein. Selbst wenn sich ein Wissenschaftler in erster Linie als Forscher versteht, muß er seine Ergebnisse anderen Menschen schriftlich oder mündlich vermitteln. Und dabei sind natürlich seine pädagogischen Fähigkeiten gefragt. Pädagogische Konzepte wiederum sollten aus wissenschaftlicher Forschung erwachsen. Inhalte und Methoden des Unterrichts erhalten dann ein wissenschaftliches Fundament. Die vorliegende musikwissenschaftliche Arbeit möge vielleicht den Unterricht in Formenlehre und Werkanalyse an Musikhochschulen und musikwissenschaftlichen Instituten bereichern. Beim ausübenden Künstler spielt Pädagogik im allgemeinen weniger eine Rolle. Aber es ist natürlich wünschenswert, wenn ein guter Künstler auch ein guter Pädagoge ist und sein Können weitergeben kann.

Herzlich danken möchte ich Herrn Prof. Dr. Hans Schmidt, meinem Doktorvater. Er hat ganz entscheidend zur Beethoven - Forschung beigetragen, unter anderem durch sein *"Verzeichnis der Skizzen Beethovens"* (Bonn, Beethoven - Jahrbuch 1965 - 1968) und durch sein Werk *"Die Beethovenhandschriften des Beethovenhauses in Bonn"* (Bonn, Beethoven - Jahrbuch 1969 - 1970). Innerhalb der neuen Gesamtausgabe der Werke Beethovens im G. Henle Verlag (München) hat er die *"Werke für Klavier zu vier Händen"*, die *"Klaviersonaten I"* und die *"Klaviersonaten II"* herausgegeben.

Wuppertal, im November 1993 — Udo Zilkens

I. Allgemeine Strukturen

I.1. Sonate als Ganzes

I.1.1 Sonatenkonzepte Beethovens

In der hochklassischen Epoche mit Joseph Haydn, Wolfgang Amadeus Mozart und Ludwig van Beethoven spielt die Sonate – und auch die Sonatensatzform – eine ganz zentrale Rolle. Den Klaviersonaten Mozarts, aber auch den meisten Klaviersonaten Haydns liegt das Konzept *schnell - langsam - schnell* zugrunde. Der erste Satz ist im allgemeinen ein *Allegro* in Sonatensatzform, der langsame Satz steht meist in einer verwandten Tonart, das Finale steht wieder in der Grundtonart und besitzt überwiegend Rondo- oder Sonatensatzform. Die klassische Sonate stellt also zunächst ein Schema dar, welches bestimmte traditionelle Gewohnheiten bezüglich Tempo, Tonart und Form der einzelnen Sätze zum Ausdruck bringt. Doch ist die Abfolge der einzelnen Sätze nicht allein eine Frage der Tempi, sondern auch eine der Charaktere. Der schnelle Kopfsatz ist vielfach dramatisch, der langsame Satz eher lyrisch und kantabel. Nach Carl Dahlhaus *"läßt die prekäre, von den Norddeutschen zunächst als störend empfundene Einfügung des Menuetts in den Sonatenzyklus – einen Zyklus, dessen ursprüngliches Schema Allegro-Adagio-Allegro unmittelbar einleuchtet und einer Interpolation eigentlich widerstrebt – erkennen, daß die Ergänzung des Kontrasts zwischen Allegro und Adagio durch ein Scherzando als durchaus stimmig empfunden wurde. (Zu erwähnen wäre auch, daß das Schluß-Allegro des dreisätzigen Zyklus nicht selten einen Scherzando - Ton anschlug)".* [1]

Das viersätzige Konzept, welches durch Einschieben eines Menuetts bzw. eines Scherzos entsteht, ist bei Beethoven aber keine starre Regel. Knapp die Hälfte seiner Klaviersonaten ist immer noch dreisätzig. Beethoven bevorzugt zunächst eher die Vier- und Dreisätzigkeit, später dann eher die Drei- und Zweisätzigkeit. Ausnahmen hiervon sind meist durch die Dimension der Sonate zu begründen. Die gewaltige *Große Sonate für das Hammer - Klavier* op. 106 etwa ist nicht von ungefähr viersätzig, die frühen Sonatinen op. 49 sind nur zweisätzig. Bei den zweisätzigen Sonaten ist teils der erste, teils der zweite Satz der lebhaftere. Die Spanne reicht dabei von Abstufung (op. 78: ... *Allegro ma non troppo – Allegro vivace*) bis zu starkem Kontrast (op. 111: ... *Allegro con brio ed appassionato – Adagio molto semplice e cantabile*). Ein *Tempo di Menuetto* ist das Finale von op. 49 Nr. 2, *In Tempo d' un Menuetto* steht der 1. Satz von op. 54.

Neben traditionellen Konzepten der Sonate lassen sich bei Beethoven recht viele individuelle Lösungen finden. Ein unkonventioneller Beginn ist etwa das *Andante con Variazioni* in op. 26, das *Adagio sostenuto* in op. 27 Nr. 2. Insbesondere die letzten fünf Klaviersonaten zeigen jede ein wirklich außergewöhnliches Konzept. Dies liegt wohl weniger daran, daß für den späten Beethoven die konventionellen Konzepte zu abgegriffen sind, als daß Beethoven durch individuelles Gestalten dem Zyklusgedanken größeres Gewicht verleihen will.

1 Dahlhaus: Beethoven, S. 168.

		Tempo	Form	Takt	Tonart
Opus 2 Nr. 1	I	*Allegro*	Sonatensatzform	¢	f - Moll
(1795)	II	*Adagio*	Liedform	3/4	F - Dur
	III	*Allegretto*	*Menuetto*	3/4	f - Moll
	IV	*Prestissimo*	Rondosonate	¢	f - Moll
Opus 10 Nr. 1	I	*Allegro molto e con brio*	Sonatensatzform	3/4	c - Moll
(1796 - 98)	II	*Adagio molto*	Liedform	2/4	As - Dur
	III	*Prestissimo*	Sonatensatzform	¢	c - Moll
Opus 26	I	*Andante con Variazioni*	Thema mit Var.	3/8	As - Dur
(1800 / 01)	II	*Allegro molto*	*Scherzo*	3/4	As - Dur
	III	*Marcia Funebre ...*	Liedform	C	as - Moll
	IV	*Allegro*	Sonatenrondo	2/4	As - Dur
Opus 27 Nr. 2	I	*Adagio sostenuto*		¢	cis - Moll
(1801)	II	*Allegretto*	Menuett	3/4	Des - Dur
	III	*Presto agitato*	Sonatensatzform	C	cis - Moll
Opus 31 Nr. 3	I	*Allegro*	Sonatensatzform	3/4	Es - Dur
(1801 / 02)	II	*Allegretto vivace*	*Scherzo*	2/4	As - Dur
	III	*Moderato e grazioso*	*Menuetto*	3/4	Es - Dur
	IV	*Presto con fuoco*	Sonatensatzform	6/8	Es - Dur
Opus 53	I	*Allegro con brio*	Sonatensatzform	C	C - Dur
(1803 / 04)	II	*Adagio molto*	*Introduzione*	6/8	F - Dur
		Allegretto moderato	*Rondo*	2/4	C - Dur
Opus 81 a	I	*Das Lebewohl, Adagio*	langs. Einleitung	2/4	Es - Dur
(1809 / 10)		*Allegro*	Sonatensatzform	¢	Es - Dur
	II	*Abwesenheit, Andante ..*	Liedform	2/4	c - Moll
	III	*Das Wiedersehen*	Sonatensatzform	6/8	Es - Dur
Opus 106	I	*Allegro*	Sonatensatzform	¢	B - Dur
(1817 / 18)	II	*Assai vivace ...*	*Scherzo*	3/4	B - Dur
	III	*Adagio sostenuto ...*	Liedform	6/8	fis - Moll
	IV	*Largo ...*	Einleitung	C	F - Dur
		Allegro risoluto	*Fuga a tre voci ..*	3/4	B - Dur
Opus 111	I	*Maestoso - Allegro ...*	Einl. - Sonatens.	C	c - Moll
(1821 / 22)	II	*Arietta, Adagio ...*	Thema mit Var.	9/16	C - Dur

Jahreszahlen nach Kinsky/Halm: Verzeichnis, Seite 6 ff.

I.1.2 Schwerpunktverlagerung aufs Finale

In Beethovens 9. Sinfonie und in der *Großen Sonate für das Hammer-Klavier* op. 106 liegt der Schwerpunkt des ganzen Werkes unzweifelhaft auf dem Finale. Nicht nur bezüglich der ungeheuren Dimension, sondern auch durch Einführung neuer künstlerischer Mittel hebt sich der letzte Satz deutlich von den vorausgehenden Sätzen ab – so bedeutend diese auch für sich genommen sind. In der 9. Sinfonie sprengt die Einführung von Chor und Soli, in op. 106 die ausgedehnte Fuge die traditionelle Norm. Derartige Werke kann man charakterisieren durch den Begriff "Final-Sonate". Liegt also beim Spätwerk Beethovens fast immer der Schwerpunkt einer Sonate auf dem Finale, so deutet sich diese Entwicklung in den früheren Werken mal mehr, mal weniger deutlich an.
Ein erster Anhaltspunkt für das Gewicht eines Finalsatzes ist bisweilen schon die zeitliche Ausdehnung. Insbesondere bei den frühen Klaviersonaten sind einige Finales bereits nach wenigen Minuten zu Ende – selbst wenn man berücksichtigt, daß ein und dieselbe Tempovorschrift von Pianisten verschieden ausgeführt wird. Ebenfalls die zeitliche Relation zu den vorangegangenen Sätzen einer Sonate ist überaus aufschlußreich. Dauert in op. 10 Nr. 3 oder op. 26 der Finalsatz nur ungefähr halb so lang wie der Eröffnungssatz, so übertrifft in op. 109 der letzte Satz das Ausmaß aller vorhergehenden Sätze zusammen.
Auch der Charakter eines Finales spielt eine nicht unwesentliche Rolle. Gerade die spielerischen und scherzhaften Sätze sind meist recht knapp. Zum Wesen von Humor und Witz scheint eben auch eine gewisse Kürze und Prägnanz zu gehören. Ausgesprochen scherzhaft ist etwa das Rondo von op. 10 Nr. 3, sehr spielfreudig ist das *Allegro* von op. 26. Allgemein kann man sagen, daß in vielen Sonaten vor 1800 das Finale noch ein anmutiges Rondo ist, welches zwar hier und da Beethovensche Dramatik durchblicken läßt, aber insgesamt wesentlich unbeschwerter und unkomplizierter ist als etwa der Kopfsatz.
Gelegentlich können auch individuelle Merkmale einem Finalsatz ein besonderes Gewicht geben. Dem ausgedehnten Finalsatz der Waldsteinsonate etwa verleiht nicht nur die *Introduzione* einen besonderen Stellenwert, sondern ebenfalls die Tonartenfülle im zweiten Couplet und in der Coda. Im Spätwerk ist das Finale vielfach derart individuell gestaltet, daß es bereits dadurch auffällt. Ist in op. 101 der letzte Satz eine einzigartige Mischung von Sonatensatzform und Fuge, so durchdringen sich in op. 110 ein *Adagio* und eine *Fuga*.
Beethoven scheint also zunächst vor allem die traditionellen Möglichkeiten auszuloten – etwa bei den teils heiteren, teils spielfreudigen Rondos –, um sich dann aber in immer stärkerem Maße einer Intensivierung des Finales zuzuwenden, sei es durch Erzeugung eines eher dramatischen Charakters, sei es durch andere individuelle Merkmale. Allerdings verläuft die angedeutete Entwicklung keineswegs geradlinig, da Beethoven kein starres Schema zugrunde legt, sondern den Klaviersonaten immer wieder ein individuelles Gesicht zu geben vermag. Bereits die erste Wiener Sonate, die f-Moll-Sonate op. 2 Nr. 1, zeigt ein aufgewühltes *Prestissimo* am Schluß, welches mit seiner Dramatik durchaus dem *Allegro* zu Beginn ebenbürtig ist.

Beispiele für Finales von kurzer Dauer

Opus 10 Nr. 1	*Allegro molto e con brio*	*Adagio molto*	*Finale Prestissimo*	
Opus 10 Nr. 3	*Presto*	*Largo e mesto*	*Menuetto*	*Rondo*
Opus 26	*Andante con Variazioni*	*Scherzo*	*Marcia Funebre*	*Allegro*

Beispiele für Finales von langer Dauer

Opus 53	*Allegro con brio*	*Introduzione, Adagio molto Rondo, Allegretto moderato*	
Opus 106	*Allegro*	*Scherzo*	*Adagio sostenuto*
			Largo ... Fuga a tre voci
Opus 109	*Vivace, ... Adagio espressivo*	*Prestissimo*	*Gesangvoll, mit innigster Empfindung ...*
Opus 110	*Moderato ...*	*Allegro molto*	*Adagio ma non troppo ... Fuga ... L' istesso ...*

Individuelle Merkmale, die einem Finale ein besonderes Gewicht geben

Dramatischer Charakter	Opus 27 Nr. 2	*Presto agitato*
	Opus 57	*Allegro ma non troppo*
Tonartenfülle	Opus 53	*Rondo: 2. Couplet, Coda*
"Programm" der Sonate	Opus 81 a	*Das Wiedersehen*
Gewaltige Finalfuge	Opus 106	*Fuga a tre voci, con ...*
Vielfalt von Charakteren	Opus 109	*Charaktervariationen*
Einzigartiges Formkonzept	Opus 110	*Mischung: Adagio / Fuga*

I.1.3 Zyklusgedanke

Da die klassische Sonate mehrere verschiedene Sätze zu einer Einheit, zu einem Werk zusammenfaßt, ergibt sich die Frage nach dem Verhältnis zwischen dem Ganzen und seinen Teilen. Der Zusammenhalt des Ganzen ist zum Beispiel bei dem traditionellen Schema *Allegro-Adagio-Allegro* schon durch die Symmetrie gewährleistet. Ein *attacca*-Anschluß der Sätze bewirkt, daß die einzelnen Sätze immer stärker der Sonate als Ganzes untergeordnet werden. Der Zyklusgedanke erhält also mehr Gewicht. In der Waldsteinsonate etwa ist das *Adagio molto* eine *Introduzione*. Auch in der Appassionata führt der langsame Satz unmittelbar hin zum Finale. *"Hier kündigt sich eine Technik der Satzverbindung an, die in den letzten Sonaten Beethovens ihren Höhepunkt finden wird. Substanzgemeinschaft der Themen, Themenreminiszenzen und Wiederaufnahme ganzer Satzabschnitte führen zu fortschreitender Vertiefung des Zyklusgedankens. Auf diese Weise bereitet Beethoven der einsätzigen Sonatenlösung Schuberts, Chopins und vor allem Liszts den Weg."* [1]

Eine langsame Einleitung als solche – wie etwa das *Adagio molto* in op. 53 – führt zwar nahtlos zum eigentlichen Satz hin, der Eindruck einer Zweiheit aber besteht immer noch. Der eine Teil hat nämlich ganz eindeutig die Funktion des Vorbereitens und Hinführens, der andere Teil spielt dann die Hauptrolle. Wiederaufnahme von Abschnitten der Einleitung bedeutet jedoch ein Ineinandergreifen, denn die Einleitung wird aufgewertet zu einem Hauptakteur. Zum ersten Mal verwendet Beethoven diese Technik im Eröffnungsallegro der *Pathétique*. Das *Grave*, welches der Hörer vielleicht zunächst "nur" als Einleitung auffassen mag, erweist sich im weiteren Verlauf als grundlegend für den ganzen Satz, nicht nur durch direkte Wiederaufnahme innerhalb des ersten Satzes, sondern auch durch Substanzgemeinschaft mit den Themen der verschiedenen Sätze. In der Es-Dur-Klaviersonate op. 27 Nr. 1 verschmilzt zum ersten Mal der langsame Satz mit dem Finale, und zwar wie im ersten Satz der *Pathétique* durch Wiederaufnahme. Der erste Satz von op. 27 Nr. 1 zeigt eine Wiederaufnahme des *Andante*. Hinzu kommt, daß in dieser Sonate alle Sätze mit *attacca* bzw. *attacca subito* verbunden sind. Der ungewöhnliche formale Aufbau dieser Sonate mag ein Grund für die Bezeichnung *"quasi una fantasia"* sein.

Im Spätwerk dann erfolgt die Wiederaufnahme über sehr große Distanzen hinweg. Wenn in op. 101 der Anfang der Sonate kurz vor dem Finale nahezu unverändert wiederkehrt, werden die Grenzen des einzelnen Satzes bewußt und vor allem für jeden deutlich hörbar gesprengt. Es geht nicht um eventuelle versteckte Substanzgemeinschaften, sondern um ein bewußtes Signal: Der Eröffnungssatz ist nicht mit seinem Schlußtakt vorbei, seine Wirkung reicht vielmehr bis hin zum Finale. Hier zeigt sich der Zyklusgedanke par excellence. Das Finale von op. 110 ist eine einzigartige Verschmelzung von *Recitativo, Klagendem Gesang* und *Fuga.*

1 Kämper: Klaviersonate nach Beethoven, S. 8 – mit Bezugnahme auf: Noé, Günther von: Der Strukturwandel der zyklischen Sonatenform, in: Neue Zeitschrift für Musik 125, 1964, S. 55-62.

	attacca - Anschluß
op. 53	*Allegro con brio* ***Introduzione**, Adagio molto – Attacca subito il Rondo ...* *Rondo, Allegretto moderato.*
op. 57	*Allegro assai* *Andante con moto – attacca l' Allegro ...* *Allegro ma non troppo.*
op. 81 a	*Das Lebewohl, Adagio – attacca subito l' Allegro ... Allegro* *Abwesenheit, Andante espressivo ...* (nahtloser Übergang) *Das Wiedersehen, Vivacissimamente.*

	Wiederaufnahme von Abschnitten
op. 13, 1. Satz	***Grave** – attacca subito il Allegro: Allegro di molto e con brio –* ***Tempo I** - attacca subito Allegro molto e con brio ... – ...* ***Grave** – Allegro molto e con brio.*
op. 27 Nr. 1	**Andante** – Allegro – **Tempo I** – Attacca subito l' Allegro ... *Allegro molto e vivace – Attacca subito l' Adagio ...* ***Adagio con espressione** – Attacca subito l' Allegro vivace ...* *Allegro vivace – **Tempo I** – attacca ... Presto.*
op. 101, Finale	*Langsam und sehnsuchtvoll, Adagio ...* ***Zeitmaß des ersten Stückes*** **(Wiederkehr des Themenkopfes)** *Presto – Geschwinde, doch nicht zu sehr,* *und mit Entschlossenheit, Allegro.*
op 106, Finale	***Largo** – Un poco più vivace – **Tempo I** – Allegro –* ***Tempo I** – Prestissimo – Allegro risoluto, Fuga a tre voci ...*
op. 109, 1. Satz	***Vivace, ma non troppo** – Adagio espressivo –* ***Tempo I** – Adagio espressivo – **Tempo I**.*
op. 110, Finale	*Adagio ma non troppo – Recitativo – più adagio – Andante –* *Adagio – Meno adagio – Adagio – Adagio ma non troppo –* ***Klagender Gesang, Arioso dolente** –* *Fuga, Allegro ma non troppo –* ***L' istesso tempo di Arioso – Ermattet, klagend ...** –* *L' istesso tempo della Fuga poi a poi di nuovo vivente* *Nach und nach wieder auflebend –* *Meno Allegro. Etwas langsamer – tempo primo.*

Zyklusgedanke durch motivisch-thematische Beziehungen

Wenn auch der Zyklusgedanke im Spätwerk einen zuvor noch ungeahnten Rang erhält, so gehört das Prinzip des Verknüpfens von einzelnen Teilen zu einem übergeordneten Organismus im Grunde aber zu Beethovens Wesensart, zeigt es sich doch bereits in den ersten Wiener Klaviersonaten op. 2 sehr deutlich. Schon in der f-Moll-Sonate op. 2 Nr. 1 besteht eine recht bemerkenswerte Beziehung zwischen dem Hauptthema des Eröffnungssatzes und dem *sempre piano e dolce*-Thema des Finales. Die grundlegenden Elemente der Melodiestimme sind jeweils eine Akkordbrechung aufwärts zu Beginn und eine Wechselnotenfigur im Anschluß daran. Die Setzweise ist auffallend ähnlich, insbesondere auch die rhythmische Struktur der Akkord-Repetitionen. Das Staccato erzeugt natürlich im 1. Satz ein Vorwärtsdrängen, wogegen das *sempre piano e dolce*-Thema eher einen kantablen Charakter hat. Sehr aufschlußreich ist eine Skizze zum Kopfmotiv des 1. Satzes, bei der noch nicht die charakteristische auftaktige Quarte zu erkennen ist. Das *sempre piano e dolce*-Thema hat also gewissermaßen seine Volltaktigkeit von dem früheren Entwurf "geerbt", den Quartsprung aufwärts dagegen von der endgültigen Version des Kopfmotivs des 1. Satzes.
In der C-Dur-Klaviersonate op. 2 Nr. 3 weisen die Kopfmotive der einzelnen Sätze eine auffallende Substanzgemeinschaft auf, da sie alle mit einer Doppelschlag- bzw. Wechselnotenfigur beginnen (siehe Musikbeispiele). Es geht nicht nur darum, *"die inneren Verwandtschaften aller musikalischen Gedanken herauszustellen – man könnte in Beethoven-Sonaten alles mit allem vergleichen und auf den verschlungenen Wegen permanenten Variierens noch viele Entdeckungen machen –, sondern mehr darum, die Funktionen solcher elementarer Kräfte zu beschreiben. So ist etwa die Initiative des Doppelschlags in diesem Stück eine Art von drehendem Ausholen, die Figuren der Fortsetzungen entsprechen der ausgelösten Bewegung (vgl. etwa Diskuswurf)."* [2]
Wenn also den frühen Sonaten der Zyklusgedanke durchaus nicht fremd ist, so zeigt er sich doch versteckter als im Spätwerk. Ein direktes Wiederaufgreifen des Sonatenbeginns wie in op. 101 wird schon beim ersten Hören sofort ein Erstaunen hervorrufen, verschlüsselte motivisch-thematische Substanzgemeinschaften jedoch wird man oft erst entdecken, wenn man sich mit einer Klaviersonate intensiver beschäftigt. Außerdem bestehen bei *attacca*-Anschlüssen und bei der Wiederaufnahme von Abschnitten keine Zweifel, daß Beethoven hier ganz bewußt den Zyklusgedanken ausprägt. Bei versteckten Substanzgemeinschaften jedoch sind die Grenzen fließend zwischen allgemeinen Floskeln und Mustern (Tonleitern, Verzierungsfiguren etc.) und zwischen einer Gestaltung individueller Art. Es ist oft eine Frage der subjektiven Sichtweise, ob man stärker das Allgemeine oder stärker das Individuelle empfindet. Eine lange Tradition haben etwa in op. 28 der Ostinato-Baß im ersten Satz und der Bordun-Baß im Rondo. Und doch, für die meisten Hörer wird gerade diese konventionelle Ostinato-Technik ein ganz besonders individuelles Element der Sonate sein.

2 Uhde: Klaviermusik, Bd. 2, S. 77 f. und S. 79.

Opus 2 Nr. 1: Verknüpfung von 1. Satz und Finale

1. Satz: Skizze zum Hauptthema – Wien, Gesellschaft der Musikfreunde: A 31, Skizzenblatt, verso, Zeilen 13/14 und 15/16

Finale: *sempre piano e dolce*-Thema, Takt 59 ff.

Opus 2 Nr. 3: Substanzgemeinschaft zwischen den Kopfmotiven der Sätze

Wechselnotenfigur, im 3. und 4. Satz anschließend Tonleitern

Opus 28: Ostinato im 1. Satz und Finale

I.2 Formale Modelle
I.2.1 Tendenzen stilistischer Entwicklung

In den Klaviersonaten Ludwig van Beethovens entsprechen die Finalsätze ganz verschiedenen formalen Modellen. Es sei bereits hier angemerkt, daß die Wahl des formalen Modells nicht nur die Anordnung der einzelnen Formteile betrifft, sondern großen Einfluß auf Art der Themen, Charakter, Setzweise usw. hat. Daß bei Beethoven das Finale oft ein Rondo ist, mag jedem bekannt sein, hat doch Beethoven selbst zehn Schlußsätze als *"Rondo"* bezeichnet. Andere Finalsätze besitzen eindeutige Merkmale der Sonatensatzform, wobei die Exposition sich schon rein optisch durch die Wiederholungszeichen ‖: :‖ als Formteil abgrenzt. Durchführung und Reprise werden dagegen außer in op. 2 Nr. 1 nicht wiederholt. Wenn sich auch sowohl typische Rondos, als auch typische Finalsätze in Sonatensatzform finden lassen, so stehen etliche Finalsätze allerdings mehr oder weniger im Spannungsfeld zwischen Rondo- und Sonatensatzform, wobei das Sonatenrondo eine zentrale Rolle spielt. Die Anziehungskräfte der beiden Pole können dabei unterschiedlich stark sein, so daß mal Elemente der Rondoform, mal solche der Sonatensatzform überwiegen.
Bei einem Vergleich der verschiedenen Sonatenrondos in zeitlicher Reihenfolge fällt auf, daß die Elemente der Sonatensatzform vor allem ab 1800 zunehmen (siehe Abschnitt I. 2. 6). Hinsichtlich der Sonatenrondos ist somit eine gewisse Entwicklung feststellbar. Die Finalsätze insgesamt lassen keine derart eindeutige Entwicklung erkennen, allerdings kann man von einer Verlagerung des Schwerpunktes sprechen. Vor 1800 liegt der Schwerpunkt beim Rondo und den eher rondohaften Sonatenrondos, bis 1814 dann bei der Sonatensatzform und den eher sonatenhaft ausgeprägten Sonatenrondos.
So zeigt ungefähr die Hälfte aller Klaviersonaten Beethovens im Finale eine Formenmischung von Rondo- und Sonatensatzform. Wenn auch die Dialektik von Rondo- und Sonatensatzform von immer wieder anderer Gestalt ist, so kann man doch die meisten als Sonatenrondo bezeichnen. Einfache Rondos mit Elementen der Sonatensatzform sind genauso selten zu finden wie Finales in Sonatensatzform mit rondohaften Formteilen. Insgesamt experimentiert Beethoven vor allem mit der individuellen Ausgestaltung der mehr oder weniger standardisierten Rondo-, Sonatenrondo- und Sonatensatzform, weniger mit dem formalen Schema an sich – im Gegensatz etwa zu Wolfgang Amadeus Mozart.
Da die Sonatensatzform in der Klassik eine relativ zentrale Rolle spielt, ist es kaum verwunderlich, daß nicht nur Rondo und Sonatensatzform, sondern auch Fuge und Sonatensatzform sich vermischen. Der Finalsatz der ziemlich frühen Klaviersonate op. 10 Nr. 2 zum Beispiel hat zwar eine formale Gliederung, die der Sonatensatzform entspricht, aber er fällt durch seine fugierte Struktur aus der Reihe. Man kann diesbezüglich von einer ersten Andeutung der Spätwerk-Phase sprechen. Die letzten Klaviersonaten sind nämlich zum Teil durch eine ausgiebige Verwendung von Fugentechniken gekennzeichnet. Die Finalsätze von op. 109 und op. 111 allerdings sind als ein Thema mit Variationen gestaltet.

	Rondo		Sonatenrondo		Sonatensatzform		Fuge	Thema mit Variationen
Opus 2 Nr. 1		:		:	*	:		
Opus 2 Nr. 2		:	*	:		:		
Opus 2 Nr. 3		:	(*)	:		:		
Opus 49 Nr. 1		*		:		:		
Opus 49 Nr. 2	*	:		:		:		
Opus 7		:	*	:		:		
Opus 10 Nr. 1		:		:	*	:		
Opus 10 Nr. 2		:		:		*		
Opus 10 Nr. 3		:	*	:		:		
Opus 13		:	*	:		:		
Opus 14 Nr. 1		:	*	:		:		
Opus 14 Nr. 2	*	:		:		:		
Opus 22		:	*	:		:		
Opus 26		:	*	:		:		
Opus 27 Nr. 1		:	*	:		:		
Opus 27 Nr. 2		:		:	*	:		
Opus 28		:	*	:		:		
Opus 31 Nr. 1		:	*	:		:		
Opus 31 Nr. 2		:		:	*	:		
Opus 31 Nr. 3		:		:	*	:		
Opus 53		:	(*)	:		:		
Opus 54		:		:	(*)	:		
Opus 57		:		:	*	:		
Opus 78		*		:		:		
Opus 79	*	:		:		:		
Opus 81 a		:		:	*	:		
Opus 90		:	*	:		:		
Opus 101						*		
Opus 106						:	*	
Opus 109						:		*
Opus 110						:	*	
Opus 111						:		*

«——»

stärker rondohaft — stärker sonatenhaft

I.2.2 Modell und Charakter

Sonatensatzform und Rondo sind nicht allein Formgrundrisse, vielmehr gehorchen sie verschiedenen Prinzipien. Das Rondo im ursprünglichen, noch nicht von der Sonatensatzform beeinflußten Sinne ist vor allem geprägt durch Regelmäßigkeit, Ausgewogenheit und Abrundung. Eine prozeßhaft - dynamische Entwicklungstendenz dagegen ist der Sonatensatzform zu eigen. Damit hängt insbesondere zusammen, daß die Wahl des formalen Modells bei Beethoven ohne Zweifel in Korrelation zum Charakter eines Finalsatzes steht. Der Charakter eines Satzes ist natürlich schwer in Worte zu fassen, noch dazu da das subjektive Empfinden des Hörers hierbei eine große Rolle spielt. Einen ersten Hinweis gibt das Tempo. Hier hat der Kommentator noch festen Boden unter den Füßen. Etliche Schlußsätze in Sonatensatzform weisen ein äußerst schnelles Tempo auf, etwa *Prestissimo* oder *Vivacissimamente*. Man kann sogar sagen: Wenn Beethoven ein ganzes Finale als *Presto* und dergleichen konzipiert, dann greift er immer auf die prozeßhaft - dynamische Sonatensatzform zurück. Wählt er eine andere Form, so geht das Grundtempo nicht über ein lebhaftes *Allegro* hinaus, höchstens in den gelegentlichen Schluß-Strettas. Dies gilt insbesondere auch für die Sonatenrondos.
Da der Anfang eines Finales in seiner Exponiertheit sehr bedeutend ist, zeigt Beethoven dem Hörer oftmals schon dort, was zu erwarten steht. Kein einziges Rondo bzw. Sonatenrondo beginnt mit einem kraftvollen *f*-Akkord wie etwa das Finale in Sonatensatzform in op. 81 a. Zunächst ist immer *piano* oder *pianissimo* vorgeschrieben. Sehr typisch sind bei den Sonatenrondos auch Bezeichnungen wie *grazioso* und *sehr singbar vorgetragen*. Die Sonatenrondos haben insgesamt eher einen anmutigen, lieblichen und kantablen Charakter, der nur hier und da durch typisch Beethovensche Gesten unterbrochen wird. Gelegentlich kommt auch ein spielerischer Charakterzug hinein, insbesondere im Finale von op. 26 mit den unentwegten Sechzehntel - Figuren. Finales in Sonatensatzform sind bei Beethoven vielfach spannungsgeladen-dramatisch mit zupackenden Akkorden und virtuosen Akkordzerlegungen oder Läufen. Außerdem ist eine Mollgrundtonart dort wesentlich häufiger als in den Rondos und Sonatenrondos.
Die Verwendung von Fugentechniken hat großen Einfluß auf den Charakter eines Satzes – auch im Bewußtsein des Rückgriffs auf schon historisch Gewordenes. Kontrapunktische Techniken bewirken eine gewisse Strenge, im Gegensatz zum Beispiel zu einem lieblichen Dahinfließen einer kantablen Melodie. Bezeichnend sind die Vortragsangaben in op. 109 und op. 111, den Finales, die als Thema mit Variationen gestaltet sind (*Gesangvoll, ... cantabile*). Die 3. Variation von op. 109 ist zwar ein *Allegro vivace*, aber diese Steigerung wird schon in der 4. Variation wieder ausgeglichen (*Etwas langsamer als das Thema ...*).
Indirekt haben natürlich alle Aspekte, die in den anderen Abschnitten untersucht werden, einen Einfluß auf den Charakter des Stückes. Sind etwa in einigen späten Sonatenrondos die einzelnen Formteile nicht so stark abgegrenzt, sondern eng verflochten, so bewirkt dies ein dynamisches Element. Auch die motivische Vielfalt prägt einen Satz sehr stark. Handelt es sich eher um bunten Ideenreichtum oder um Entwicklung aus einer motivischen Keimzelle ?

Sammlung der Tempi

Rondo bzw. Sonatenrondo

Grazioso	op. 2 Nr. 2, op. 7
Dolce	op. 79, op. 90
Sehr singbar vorgetragen	op. 90
Allegro assai	op. 2 Nr. 3, op. 14 Nr. 2
Allegro vivace	op. 27 Nr. 1, op. 78
Allegro	op. 10 Nr. 3, op. 13, op. 26, op. 49 Nr. 1
Vivace	op. 79
Allegro comodo	op. 14 Nr. 1
Allegro ma non troppo	op. 28
Allegretto	op. 22, op. 31 Nr. 1
Poco Allegretto	op. 7
Allegretto moderato	op. 53
Tempo di Menuetto	op. 49 Nr. 2
Nicht zu geschwind	op. 90

Sonatensatzform

Prestissimo	op. 2 Nr. 1, op. 10 Nr. 1
Presto agitato	op. 27 Nr. 2
Presto con fuoco	op. 31 Nr. 3
Presto	op. 10 Nr. 2
Allegro ma non troppo - Presto	op. 57
Allegretto	op. 31 Nr. 2

Beginn des Finales von op. 81 a:

Fuga

Largo ... Allegro risoluto	op. 106
Adagio ma non troppo ... Allegro ma non troppo ...	op. 110

Thema mit Variationen

Gesangvoll, mit innigster Empfindung	
Andante molto cantabile ed espressivo ...	op. 109
Adagio molto semplice e cantabile ...	op. 111

I.2.3 Harmonik als formbildende Kraft
I.2.3.1 Tonartliche Ebenen

Es scheint kein Zufall, daß mit dem Aufkommen der *"Idee der absoluten Musik"* die Sonatensatzform eine besondere Rolle einnimmt. *"Die tonale Disposition und der thematische Prozeß sind die Konstituentien einer musikalischen Form, die als weitgespannter, differenzierter und dennoch lückenlos in sich zusammenhängender Verlauf ästhetisch für sich – ohne Rückhalt an einem Text oder einer Funktion – zu bestehen vermag."* [1] Der tonartliche Grundriß der Sonatensatzform trägt somit entscheidend dazu bei, einerseits die Gliederung deutlich hörbar zu machen, andererseits das Gefühl eines geschlossenen Ganzen zu erzeugen.
Geradezu lehrbuchhaft ist die tonale Disposition im Finale von op. 81 a. Deutlich werden in der Exposition zwei tonartliche Ebenen gegenübergestellt: Grundtonart und Dominanttonart (bei Sonaten in Moll: Grundtonart und parallele Durtonart). Das Gegenüberstellen tonartlicher Ebenen findet sich schon in einfachen Rondos, beispielsweise in op. 79. Allerdings ist die tonartliche Ebene der Couplets nicht so standardisiert wie die des Seitenthemas in der Sonatensatzform. Der eigentliche Unterschied aber zwischen der tonalen Disposition beim einfachen Kettenrondo und bei der Sonatensatzform liegt im Aufbrechen der flächigen Tonalität. Während man im einfachen Rondo nur zwischen verschiedenen tonalen Ebenen hin und her wandert, wird im Durchführungsteil der Sonatensatzform bewußt das Gefühl eines freien Schweifens erzeugt. Quasi als Ausgleich und Gegenreaktion wird in der ganzen Reprise dann die Ebene der Grundtonart beibehalten. Dieses Verdichten der tonartlichen Aktivität und die nachfolgende Beruhigung auf ein Niveau, welches unter dem der Exposition liegt, steigert im Vergleich zum Kettenrondo entscheidend das Gefühl für die Geschlossenheit des ganzen Satzes.
Ein Sonatenrondo mit durchführungsartigem zweitem Couplet – wie etwa das von op. 27 Nr. 1 – zeigt zumindest bezüglich der tonartlichen Aktivitätskurve eine große Nähe zur Sonatensatzform. Allerdings wird durch den zweiten Auftritt des Refrains dem Hörer noch einmal die Grundtonart ins Bewußtsein gerufen. Ungewöhnlich ist in der Waldsteinsonate op. 53 der tonartliche Verlauf. Zunächst überrascht die parallele Molltonart im ersten Couplet. Außerdem verdichtet sich die tonartliche Aktivität jetzt nicht nur im durchführungsartigen zweiten Couplet, sondern noch einmal in der ausgedehnten Coda.
Bei Finales in Sonatensatzform mit Moll-Grundtonart neigt Beethoven oft dazu, als tonartliche Ebene des Seitenthemas nicht die parallele Durtonart, sondern die Molldominant-Tonart anzusteuern (op. 2 Nr. 1, op. 27 Nr. 2, op. 31 Nr. 2 und op. 57). Der hörpsychologische Effekt dabei liegt wohl vor allem darin, daß dann in der ganzen Exposition eine Molltonart beibehalten wird. Wenn auch Moll nicht mit Traurigkeit gleichzusetzen ist, so unterstützt bei einigen Finalsätzen aber doch das beibehaltene Moll die einheitlich düstere Stimmung, beispielsweise in der Appassionata.

1 Dahlhaus: Absolute Musik, S. 109.

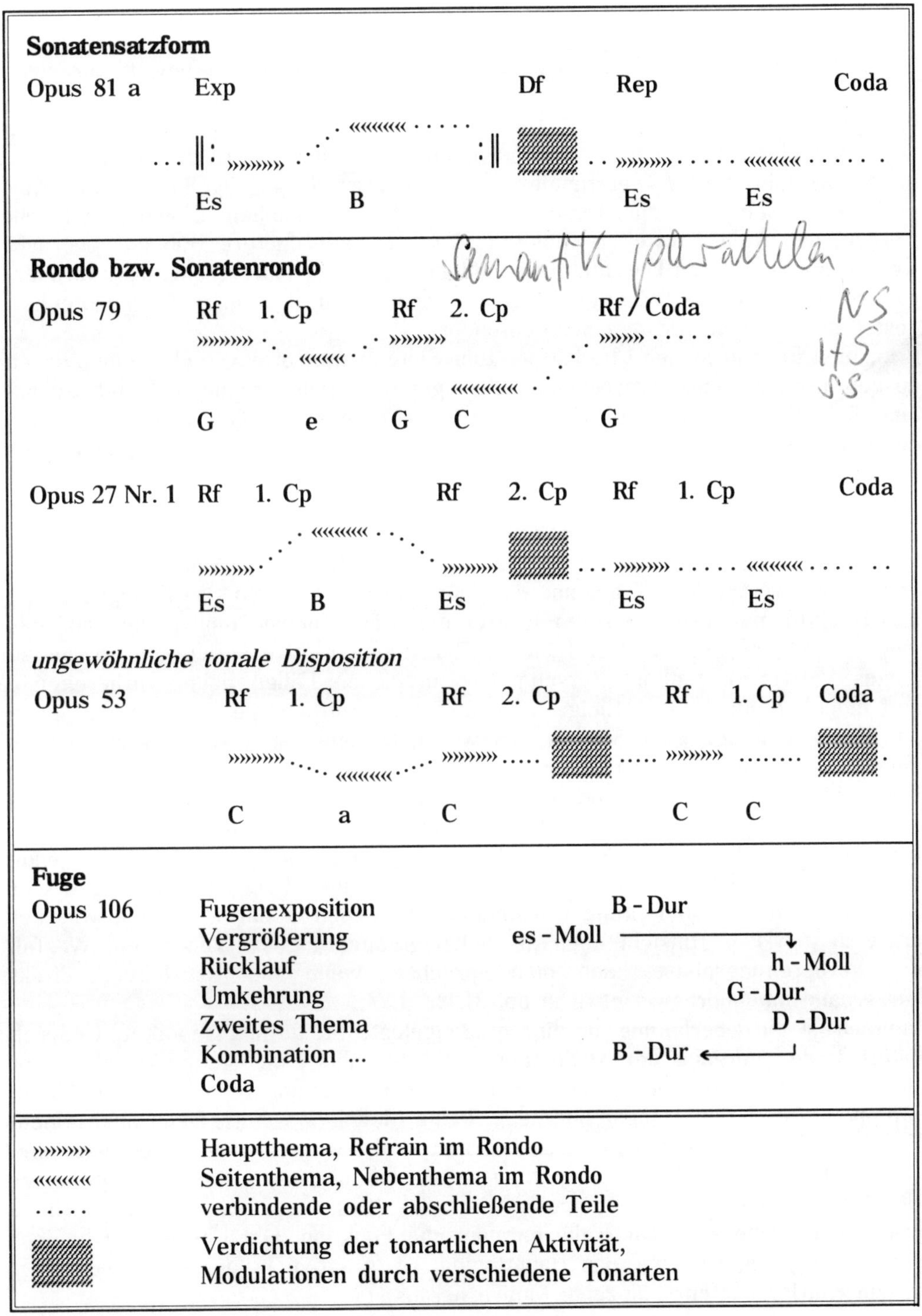
Sonatensatzform
Opus 81 a
Exp
Df
Rep
Coda
Es
B
Es
Es
Rondo bzw. Sonatenrondo
Opus 79
Rf
1. Cp
Rf
2. Cp
Rf / Coda
G
e
G
C
G
Opus 27 Nr. 1
Rf
1. Cp
Rf
2. Cp
Rf
1. Cp
Coda
Es
B
Es
Es
Es
ungewöhnliche tonale Disposition
Opus 53
Rf
1. Cp
Rf
2. Cp
Rf
1. Cp
Coda
C
a
C
C
C
Fuge
Opus 106
Fugenexposition
Vergrößerung
Rücklauf
Umkehrung
Zweites Thema
Kombination ...
Coda
B - Dur
es - Moll
h - Moll
G - Dur
D - Dur
B - Dur
Hauptthema, Refrain im Rondo
Seitenthema, Nebenthema im Rondo
verbindende oder abschließende Teile
Verdichtung der tonartlichen Aktivität,
Modulationen durch verschiedene Tonarten

I.2.3.2 Zielgerichtetes Schreiten und freies Schweifen

In der Exposition wird die tonartliche Ebene des Seitenthemas bewußt anvisiert, so daß man von zielgerichtetem Schreiten sprechen mag. Bei der Durchführung dagegen wird keine bestimmte Tonart erwartet, sondern ein freies Schweifen durch verschiedene Tonarten überrascht immer wieder den Hörer. Allerdings ist nicht das eine völlig determiniert, das andere völlig zügellos. Beim zielgerichteten Schreiten zur Tonart des Seitenthemas können Umwege gemacht werden, das freie Schweifen wiederum kann in "geordnetere Bahnen" gebracht werden auf Grund von Durchführungsmodellen, die dem Hörer zumindest vorübergehend eine gewisse Orientierung geben. Analog gilt dies auch für sonatenhaft gestaltete Abschnitte in den Sonatenrondos.
Prinzipiell können in der Überleitung zum Seitenthema drei verschiedene Phasen ausgeprägt sein, eine vorbereitende, die eigentlich modulierende und zum Schluß eine bestätigende. Hierbei zeigt sich wieder Beethovens Geschick für logisch durchdachtes Entwickeln und für ökonomisches Gestalten. Wann mag eine Vorbereitungsphase, in welcher die Grundtonart noch nicht angetastet wird, vom Gesamtverlauf her gesehen hörpsychologisch sinnvoll sein? Bei Beethoven lassen sich ausgedehnte Vorbereitungsphasen vor allem dann erkennen, wenn die Überleitung motivisch eigenständig ist. Es wird zunächst neue Motivik aufgestellt, erst beim zweiten Anlauf beginnt das harmonische Arbeiten. Wird dagegen auf das Hauptthema zurückgegriffen, wartet der Hörer quasi "ungeduldig" auf das modulierende Abweichen. Der fehlende Reiz neuer Motive spricht gegen ein zu langes Verweilen. Vielfach verschmelzen in diesen Fällen daher vorbereitende und modulierende Phase: Einige wenige Takte eröffnen die Überleitung, legen das Fundament bezüglich Motivik, Setzweise, Dynamik etc., kurz darauf beginnt dann die harmonische Entfremdung.
Doch nicht nur Verschmelzung, sondern auch Wegfall einzelner Phasen kommen vor. Es ist sicherlich kein Zufall, daß in den Sonatenrondos mit drei thematischen Gedanken (op. 13 und op. 90) die Überleitung zum zweiten keine bestätigende Phase erkennen läßt. Der zweite thematische Gedanke fungiert also in gewisser Hinsicht auch als Überleitung (Bestätigen der neuen Tonart), ähnlich wie der dritte in gewisser Hinsicht auch als Schlußgruppe fungiert. Von einem Wegfall der Vorbereitungsphase kann man sprechen, wenn die Überleitung direkt kurzerhand moduliert, wie etwa in op. 31 Nr. 1.
Vielfach ist die Überleitung als eine großangelegte Steigerung gestaltet, wodurch natürlich der Vorgang der Modulation ganz besonders die Aufmerksamkeit auf sich zieht. Im Rondo von op. 26 jedoch ist die Überleitung recht kurz, im Finale von op. 10 Nr. 1 findet sogar überhaupt keine Modulation statt. Denn nach einem Halbschluß in der Grundtonart setzt überraschend der Seitensatz in der parallelen Durtonart ein. Schließlich sei noch erwähnt, daß die harmonische Dichte einer Überleitung natürlich vom Tempo abhängt. Im *Presto agitato* von op. 27 Nr. 2 wechselt nur alle zwei Takte die harmonische Funktion. Die Überleitung beginnt diesmal originalgetreu wie das Hauptthema, sie greift nicht nur – wie sonst oft in den Klaviersonaten – einzelne Motive heraus.

Überleitung mit drei Phasen
Beispiel: Opus 2 Nr. 2, *Rondo*, T. 17 ff.

vorbereitende Phase *Motivik, Setzweise, "dolce"*	A-Dur:	D^7 — | T — | S^6 D^7 | T ...
modulierende Phase	A-Dur:	... T | D^7 — | T — |
		=
"dis" hinzugefügt T. 21	E-Dur:	S — | D^7 — | T ...
bestätigende Phase	E-Dur:	... T | S D^7 | T

Insgesamt macht diese Überleitung natürlich einen geschlossenen Eindruck, vor allem durch einheitliche Motivik und Setzweise, ferner durch das *"dolce"*.
weitere Beispiele: Opus 28 und Opus 81 a.

Überleitung mit zwei Phasen
Beispiel: Opus 31 Nr. 1, *Allegretto*, T. 33 ff.

modulierende Phase	G-Dur:	(D) | Tp (D) | Tp
		=
	D-Dur:	Sp D | T D | T ...
bestätigende Phase	D-Dur:	... D_3 | T $\not{D}^7$ | D_3 | T $\not{D}^7$ | D $\not{D}^7$ | D $\not{D}^7$ | D

Die Modulation zum zweiten Thema über die Tp ist bei Beethoven häufig, wohl auch auf Grund des doppelten Quintfalls bei Sp D T in der Zieltonart. Der Weg über Nebenfunktionen tritt oft bei ausgedehnten Steigerungen auf.

Überleitung mit einer Phase
Beispiel: Opus 27 Nr. 2, *Presto agitato*, T. 15 ff.

modulierende Phase	cis-Moll:	t | — | $\not{D}^v_5$ | — | $\not{D}^7_3$ | — | d
		=
Beginn wie Hauptthema	gis-Moll:	s | — | D^v_5 | — | D^7_3 | — | t

Schlußgruppe mit Rückmodulation (Sonatenrondo)
Beispiel: Opus 22, *Rondo*, *Allegretto*, T. 32 ff.

vorbereitende Phase	F-Dur:	T | $\underline{D^7}$ | T | $\underline{D^7}$ | T ...
modulierende Phase	F-Dur:	... T |
	B-Dur:	D | D_7 | t_3 | $\not{D}^v_{5>}$ | D ...

Bei den Sonatenrondos ohne eigenständige Schlußgruppe moduliert bisweilen der Seitensatz schon in die Grundtonart zurück (zum Beispiel op. 2 Nr. 2). Gelegentlich führt eine einstimmige Figur zum Refrain zurück (etwa op. 7).

Tonartliche Vielfalt der Durchführung

Freies Schweifen durch verschiedene Tonarten findet sich insbesondere in der Durchführung oder in durchführungsartig gestalteten zweiten Couplets. Aber auch die Coda nimmt bisweilen Züge einer regelrechten zweiten Durchführung an, insbesondere im Finale der Waldsteinsonate op. 53. Das freie Schweifen in der Durchführung beginnt nur selten unvermittelt. Im allgemeinen führt eine Einleitung zum sogenannten Kern der Durchführung. Die Einleitung kann den Kern rasch und zielstrebig erreichen – etwa wie in op. 10 Nr. 3 mit zwei kräftigen *ff* - Takten –, aber auch fragend und auf Umwegen. Ein typisches Signal für den Beginn der Durchführung ist bei Beethoven vielfach der Wechsel zur Moll - Grundtonart. So wird einerseits angeknüpft an die Exposition, andererseits sofort klar gemacht, daß jetzt ein Aufbruch zu neuen Ufern stattfindet. Am Ende bereitet oft ein ausgedehnter Dominantorgelpunkt die Reprise vor.

Durchführungsmodelle geben – wie schon erwähnt – dem freien Schweifen eine gewisse Struktur. Ein Abschnitt mit Modulation wird sequenziert, wodurch Schritt für Schritt ein Tonartenzirkel durchlaufen wird. Hinter der klassischen Technik des Durchführungsmodells mag sich vielleicht das folgende hörpsychologische Phänomen verbergen: Macht nicht die vorübergehende Regelmäßigkeit – die das Modell unbestreitbar hereinbringt – den Hörer um so empfänglicher für ein Empfinden der Freiheit? Der Hörer kennt zwar das Prinzip dieses durchführungsartigen Spielchens, aber er weiß nicht, wann und wie das Modell durchbrochen wird. Und dafür gibt es eine unübersehbar große Spanne an Möglichkeiten. Mal macht ein Modell einen intensiven Abspaltungsprozeß durch, mal erlebt es eine langsame Metamorphose usw. Hierin liegt insbesondere das Moment der Überraschung. Daß gerade das Durchbrechen der Regelmäßigkeit das besonders Reizvolle am Durchführungsmodell ist, zeigen vor allem die Finalsätze in Sonatensatzform. Denn dort treten noch mehr Unregelmäßigkeiten auf als in den durchführungsartig gestalteten zweiten Couplets der Sonatenrondos. Schlägt im einen Fall das Modell meist schon beim zweiten Auftreten neue Bahnen ein, so im letzteren Fall vielfach erst beim dritten Auftritt.

Bei den Durchführungsmodellen wird häufig ein Tonartenkreis in Terzen abwärts durchschritten, zum Beispiel op. 10 Nr. 3, T. 35: B - Dur – g - Moll – Es - Dur oder auch op. 27 Nr. 1, T. 140: es - Moll – Ces - Dur – as - Moll. Aber auch Sekundverwandtschaft ist häufig, etwa op. 14 Nr. 1, T. 48: G - Dur – a - Moll – h - Moll oder op. 26, T. 89: g - Moll – f - Moll – Es - Dur.

Bisweilen wird in der Durchführung auch auf Tonartenvielfalt verzichtet. Die Finales der kleinen (op. 2 Nr. 1) und großen Appassionata (op. 57) bekommen dadurch zum Beispiel einen rondohaften Charakterzug. Manchmal spricht auch der freudige und rauschende Finalcharakter dagegen, sich zu sehr in ferne Gefilde zu begeben. Dies mag für *Das Wiedersehen, Vivacissimamente* in op. 81 a zutreffen. Natürlich hat auch die Länge der Durchführung einen Einfluß auf die Tonartenvielfalt. Die Durchführung von op. 10 Nr. 1 etwa huscht derart schnell vorbei, daß man sie kaum wahrnimmt. In op. 31 Nr. 2 und op. 54 dagegen ist die Durchführung nahezu der gewichtigste Teil des Finales.

Waldsteinsonate op. 53: Durchführungsmodelle im zweiten Couplet

1. Modell, T. 221 ff.

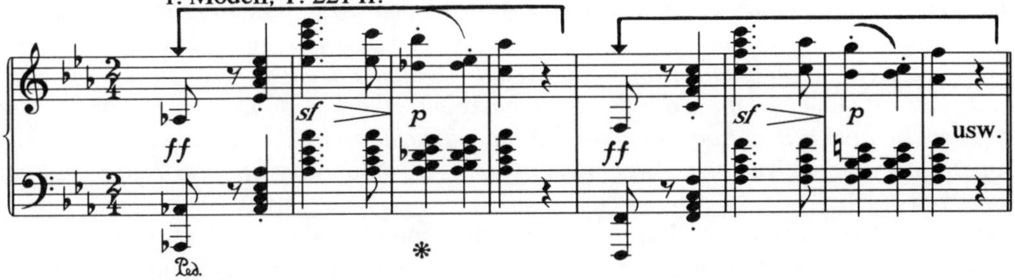

2. Modell, T. 240 ff.

Des-Dur: T _ _ D$^{4\ 3}$ _ d
=
es-Moll: s D^{V} t _ _ _ D$^{4\ 3}$ _

3. Modell, T. 251 ff.

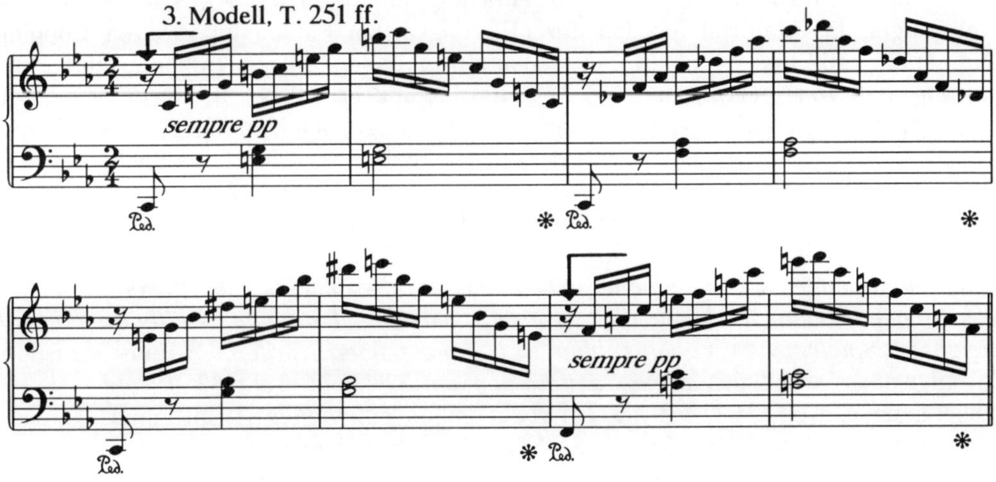

4. Modell, T. 269 ff.

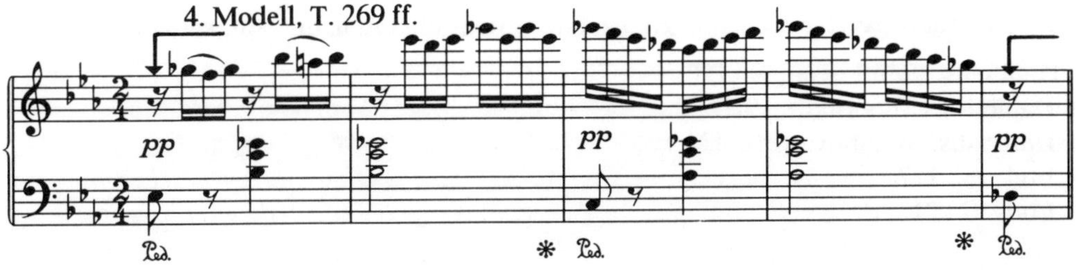

I.2.4 Modifikationen der Sonatensatzform

"Die Vorstellung, daß sich Schema und Abweichung wie Allgemeines und Besonderes zueinander verhalten, liegt nahe, ist jedoch unzulänglich. Die Differenzen zwischen dem Modell und der Realität der Beethovenschen Klaviersonaten sind zum Teil keineswegs individuelle Züge einzelner Werke, sondern Merkmale, die zwar nicht generell gelten, aber so häufig wiederkehren, daß man von Modifikationen, die sich zwischen Allgemeinem und Besonderem in der Mitte halten, sprechen kann." [1]

Von den Abschnitten der Exposition werden meist Haupt- und Seitensatz als thematisch, Überleitung und Schlußgruppe als nicht-thematisch gekennzeichnet. *"In der Regel wird die Schlußgruppe als bloßer Anhang – jedenfalls nicht als drittes Thema – aufgefaßt ... Eine Schlußgruppe, die thematisch selbständig ist, einen spezifischen Charakter ... ausprägt, zum Material der Durchführung gehört und in der Reprise wiederkehrt, erfüllt – so sollte man meinen – sämtliche Bedingungen, um als eigenes – drittes – Thema zu gelten. Dennoch zögert die Sonatentheorie ..., von drei Themen zu sprechen, und zwar einzig darum, weil die Schlußgruppe keine neue, vom Seitensatz abweichende Tonart etabliert."* [2]

Von den Finalsätzen besitzen vor allem zwei Sonatenrondos ein regelrechtes "drittes Thema", welches dabei gleichzeitig als Schlußgruppe fungiert. In der Pathétique erscheint T. 44 ein vierstimmiger Choral als achttaktige Periode, der sich bezüglich seines Charakters deutlich vom ersten und zweiten Thema abhebt. Ähnliches gilt für das *dolce*-Thema im Finale von op. 90, Takt 60 ff. Es stellt sogar das Material für das durchführungsartige Modell im zweiten Couplet dar. Auch Eröffnungssätze in Sonatensatzform haben solche Schlußgruppen im *"hymnischen Ton"*, etwa op. 2 Nr. 2, T. 104 ff., und op. 10 Nr. 3, T. 106 ff. [3] Bei den Finales in Sonatensatzform zeigen die Schlußguppen von op. 27 Nr. 2 und op. 31 Nr. 3 ein thematisches Auftreten. Es fehlt aber die Selbständigkeit, die die oben erwähnten hymnischen Themen auszeichnet, da hier die motivische Abstammung vom ersten bzw. zweiten Thema offenkundig ist.

Einige Finales in Sonatensatzform zeigen eine *"nicht-thematische Fortsetzung des Seitenthemas. ... Ein eigener Name ist ihr ausschließlich in Beschreibungen von Solokonzerten, in denen die Differenz zwischen kantablem Seitenthema und virtuoser 'Spielepisode' unübersehbar war, zugestanden worden."* [4] Eine derartige *"Spielepisode"* weist das *Presto agitato* von op. 27 Nr. 2, Takt 33 ff., auf.

Das Finale von op. 31 Nr. 3 hat ein recht unkonventionelles Hauptthema. Ähnlich wie beim Eröffnungssatz von op. 31 Nr. 2 ist dies *"weniger ein Thema als vielmehr eine 'thematische Konfiguration': eine Zusammenstellung von Elementen ..."* [5]. Ganz deutlich zeigen dies die zahlreichen Möglichkeiten der Abgrenzung.

1 Dahlhaus: Beethoven, S. 132.
2 Dahlhaus: Theorie, S. 511.
3 Dahlhaus: Beethoven, S. 136.
4 Ebd., S. 137.
5 Ebd., S. 212.

"Drei Themen" in op. 13 und op. 90

I.2.5 Rondo-Typen

Allgemeines Prinzip des Rondos ist die regelmäßige Wiederkehr des Refrains. Der Refrain ist das Rückgrat des ganzen Satzes, fortwährender Ausgangs- und Zielpunkt in einem. Die Rondo–Typen unterscheiden sich vor allem in der Vielzahl und Anordnung der verschiedenen Couplets. Bricht man fortlaufend zu neuen Gefilden auf, oder kehrt man nicht nur immer zum Refrain, sondern auch mal zu einem Couplet zurück ? Das Kettenrondo A B A C A D ... A ist bei Beethoven relativ selten. Dies hängt wohl damit zusammen, daß Beethoven meist eher eine entwickelnd-prozeßhafte Formung bevorzugt. Das Bogenrondo (A B A C A B A) wird bei den Klaviersonaten Beethovens immer zum Sonatenrondo mit Transposition in die Grundtonart bei Wiederkehr des ersten Couplets (A B A C A B̲ A). Das Prinzip des Abrundens ist auf die Spitze getrieben, da die Abschnitte A B A bzw. A B̲ A jetzt das zweite Couplet einrahmen.
In Beethovens Klaviersonaten läßt sich die Tendenz erkennen, in erster Linie das Sonatenrondo zu verwenden, sich andernfalls meist auf nur zwei Couplets zu beschränken. Zwei Finales der Klaviersonaten Beethovens sind einfache Rondos der Form A B A C A - Coda: In op. 49 Nr. 2 das *"Tempo di Menuetto"* und in op. 79 das *"Vivace"*. Während das eine ein frühes Werk aus den Jahren 1795/96 ist, stammt das zweite Beispiel dieser einfachen Rondoform aus einer erstaunlich späten Zeit (1809). Beide Schlußsätze besitzen je zwei mehr oder weniger kontrastierende Couplets. Typisch für ein Rondo ist insbesondere auch der zierliche und unbeschwerte Gesamtcharakter.
Das Finale von op. 14 Nr. 2 bezeichnet Beethoven selbst als *"Scherzo"*, aber *"nicht der Form wegen, sondern seines humorvollen, neckischen Inhalts"* [1]. Der Form nach ist dieses *Allegro assai* ein Rondo mit Wechsel von Refrain und Couplets. Die Schlußteile kann man verschieden deuten, je nachdem wie wichtig einem die letzte Andeutung des Refrains erscheint. Für eine zweiteilige Coda spricht in erster Linie, daß der Teil D schon in der Grundtonart steht und *"durch Triolenbegleitung auch noch mit dem 4. Rf. ... zusammengefaßt"* [2] wird. Faßt man in op. 14 Nr. 2 den Schlußteil als zweiteilige Coda auf, so rückt dieses Finale in die Nähe der beiden Rondos der Form A B A C A - Coda.
Es fällt auf, daß die Grundtonart dieser drei Rondofinales G-Dur ist, während das zweite Couplet jeweils in C-Dur steht. Strukturelle Ähnlichkeit haben das erste Couplet von op. 14 Nr. 2 und das zweite von op. 79 mit ihrer blockhaft-rondoartigen Statik.
Das schlichte G-Dur-Rondo von op. 49 Nr. 1 hat den Aufbau A B A B̲' A - Coda. Es handelt sich quasi um ein verkürztes Sonatenrondo, da das *dolce*-Thema des ersten Couplets bei der Wiederkehr in die Grundtonart transponiert wird. Daß vorher das *dolce*-Thema in B-Dur erscheint, entspräche der Sonatensatzform, wenn die Grundtonart Moll wäre. Eine recht komplexe, allerdings wohl doch rondohafte Struktur zeigt schließlich noch das Finale von op. 78 (siehe S. 210).

1 Volbach: Klaviersonaten, S. 107.
2 Tobel: Formenwelt, S. 202.

Struktur der Rondos bis 1800

(Cole: Rondo Finale,
Auszug aus den Tabellen S. 105 - 121)

	ABACA	ABACAD...A	ABACAB(A)	
1783		Son WoO 47, 1.+3.		
1784		Ron WoO 49		
1785				D-Kl.-Quartett
1790				Trio WoO 38
1792	Ron WoO 25			
1793	G–Rondo für Klavier u. Violine			
1795		Ron op. 129	**Son op. 2 Nr. 2**	Konzert Nr. 2
			(**Son op. 2 Nr. 3**)	Ron WoO 6
1796	Son op. 6			Son op. 5 Nr. 1
	Son op. 49 Nr. 2			Son op. 5 Nr. 2
1797	Ron op. 51 Nr. 1		**Son op. 7**	Son op. 12 Nr. 1
				Quartett op. 16
1798				Trio op. 9 Nr. 2
				Son op. 12 Nr. 3
			Son op. 10 Nr. 3	Konzert op. 15
1799			**Son op. 13**	Qu. op. 18 Nr. 1
		Son op. 14 Nr. 2	**Son op. 14 Nr. 1**	
1800		Son op. 17	**Son op. 22**	Son op. 24
			Son op. 26	Konzert op. 37
				Ron op. 51 Nr. 2

B Wiederkehr des 1. Couplets transponiert in die Grundtonart

Aufbau des Finales von op. 14 Nr. 2

(vgl. dazu die Tabelle in:
Rosenberg: Klaviersonaten, Bd. 1, S. 146)

A	B	A (	Zw. aus A	C	Zw.) aus A	A (	Zw. aus A	D — Coda: 1. Teil	A) — Coda: 2. Teil
T. 1	T. 23	T. 43	T. 65	T. 73	T. 125	T. 139	T. 161	T. 190	T. 238

Zw. Zwischenspiel (aus Motiven des Refrains)

I.2.6 Sonatenrondo

I.2.6.1 Theorie und Geschichte des Sonatenrondos

"Das Sonatenrondo ... ist nicht, wie manche Theoretiker behaupten, eine Zwischenform, sondern ein doppeldeutiges Schema, dessen Ambiguität zu seinem ästhetischen Sinn gehört. Die einzelnen Teile erfüllen gleichzeitig zwei verschiedene Funktionen, und zu sagen, die eine sei primär und die andere sekundär, ist zwar manchmal, aber nicht immer sinnvoll." [1] So individuell die Formenmischung zwischen Rondo- und Sonatensatzform bei Beethovens Sonatenrondos jeweils ist, es lassen sich doch gewisse Typen erkennen, die quasi Kulminationspunkte bilden auf dem Gebiet unendlich vieler Möglichkeiten. Die bei Beethoven häufig vorkommenden Typen des Sonatenrondos unterscheiden sich vor allem hinsichtlich der Gestaltung der Couplets. Hinsichtlich des großformalen Aufbaus sind die Sonatenrondos noch echte Rondos mit stetem Wechsel zwischen Refrain und Couplets. Die Wiederholungen ||: :||: :||, die häufig bei Sätzen in Sonatensatzform zu finden sind, entfallen. Eine Coda kommt natürlich auch beim einfachen Rondo vor, ist aber oft wichtiger Bestandteil der Verlaufsspannung der Sonatensatzform und wird bei den Sonatenrondos Beethovens zur Regel.
In den Sonatenrondos bis 1800 entspricht die Struktur des ersten Couplets noch nicht so stark der Sonatensatzform. Denn oft tendiert dort das erste Couplet noch zu einer gewissen Zweiteiligkeit. Erst später werden drei eigenständige Abschnitte, die jeweils die Funktion einer Überleitung, eines Seitenthemas und einer Schlußgruppe erfüllen, zur Regel. Die zunehmende Eigenständigkeit und Ausprägung dieser Abschnitte kann als eine Annäherung an die Sonatensatzform betrachtet werden. Das zweite Couplet ist in frühen Sonatenrondos Beethovens ein rondohafter Kontrastteil, später dagegen eher durchführungsartig.
Der Begriff "Sonatenrondo" hat sich in der Musikwissenschaft erst entwickelt, als Beethovens Werk schon abgeschlossen war. [2] Adolf Bernhard Marx benutzt 1845 den Ausdruck *"Das sonatenartige Rondo"* [3]. Viele Jahre später taucht ein weiteres Begriffspaar auf, als nämlich Ebenezer Prout in seinem Buch *Applied Forms* (8. Auflage 1895) ein Kapitel über *"The Modern Rondo (Rondo-Sonata) Form"* schreibt. [4] In Vincent d' Indy's *Cours de Composition Musicale* (1909) ist der Begriff *"Le Rondeau-Sonate"* zu finden. [4] Witold Chrzanowski untersucht in seiner Dissertation *Das instrumentale Rondeau und die Rondoformen im 18. Jahrhundert* (1911) die *"Sonatenrondoform"*. [5]

1 Dahlhaus: Beethoven, S. 275 f.
2 Cole: Sonata-Rondo, S. 191 f.
3 Marx: Kompositionslehre, III. Theil, S. 307 ff.
4 Zitiert nach Cole: Sonata-Rondo, S. 191.
 – Prout: Forms, S. 212 - 226. Bemerkung: Cole konnte bei seinen Forschungen keine frühere als die 8. Auflage von 1895 auftreiben.
 – d' Indy: composition, Bd. 2, S. 312.
5 Chrzanowski: Rondoformen, S. 66 f.

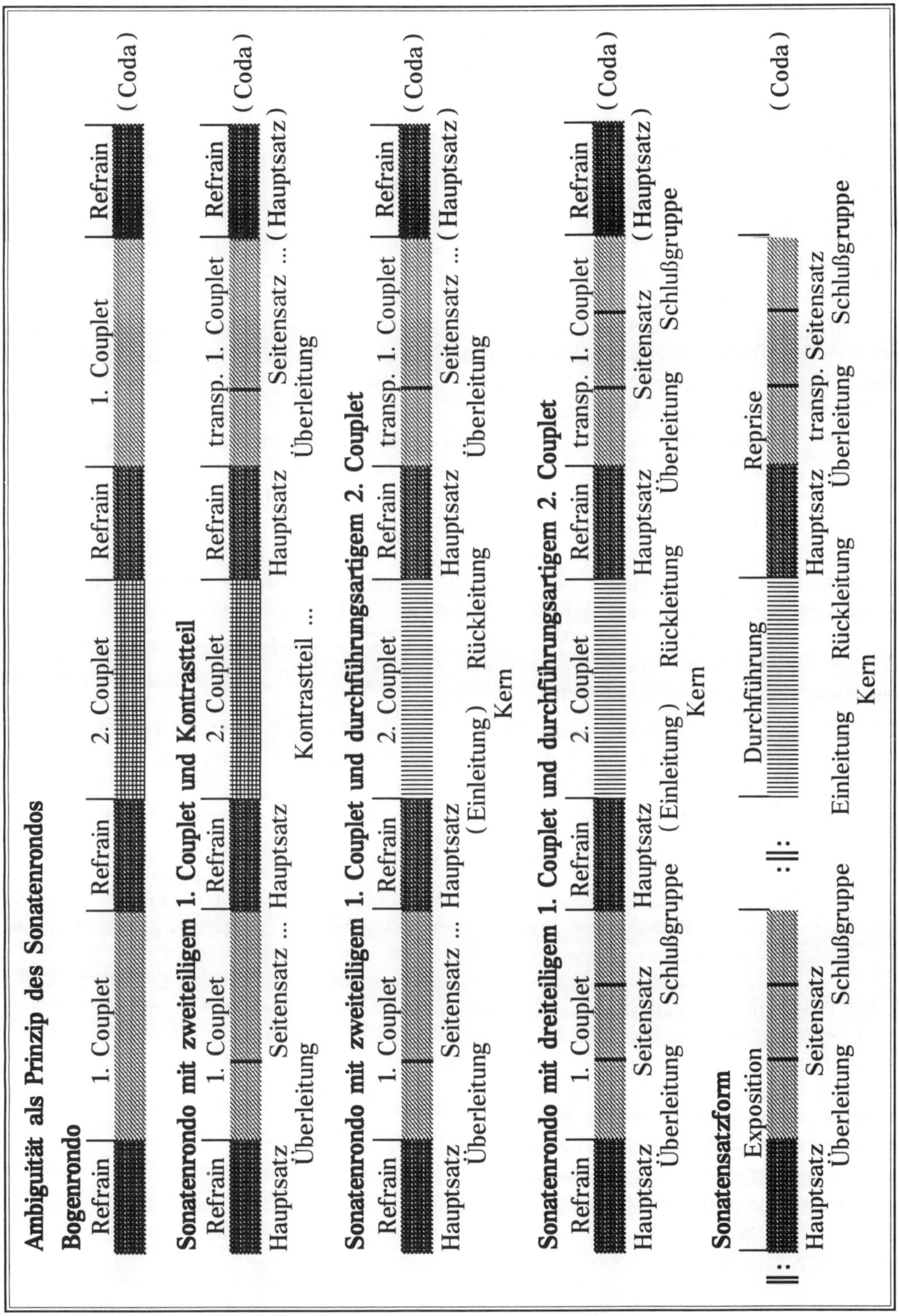
Ambiguität als Prinzip des Sonatenrondos
Bogenrondo
Refrain
1. Couplet
Refrain
2. Couplet
Refrain
1. Couplet
Refrain
(Coda)
Sonatenrondo mit zweiteiligem 1. Couplet und Kontrastteil
Refrain
1. Couplet
Refrain
2. Couplet
Refrain
transp. 1. Couplet
Refrain
(Coda)
Hauptsatz
Überleitung
Seitensatz ...
Hauptsatz
Kontrastteil ...
Hauptsatz
Überleitung
Seitensatz ...
(Hauptsatz)
Sonatenrondo mit zweiteiligem 1. Couplet und durchführungsartigem 2. Couplet
Refrain
1. Couplet
Refrain
2. Couplet
Refrain
transp. 1. Couplet
Refrain
(Coda)
Hauptsatz
Überleitung
Seitensatz ...
Hauptsatz
(Einleitung)
Kern
Rückleitung
Hauptsatz
Überleitung
Seitensatz ...
(Hauptsatz)
Sonatenrondo mit dreiteiligem 1. Couplet und durchführungsartigem 2. Couplet
Refrain
1. Couplet
Refrain
2. Couplet
Refrain
transp. 1. Couplet
Refrain
(Coda)
Hauptsatz
Überleitung
Seitensatz
Schlußgruppe
Hauptsatz
(Einleitung)
Kern
Rückleitung
Hauptsatz
Überleitung
Seitensatz
Schlußgruppe
(Hauptsatz)
Sonatensatzform
Exposition
Durchführung
Reprise
(Coda)
Hauptsatz
Überleitung
Seitensatz
Schlußgruppe
Einleitung
Kern
Rückleitung
Hauptsatz
Überleitung
transp. Seitensatz
Schlußgruppe

Musiktheorie im 19. Jahrhundert

Der Terminus "Sonaten(haupt)satzform" entwickelte sich erst relativ spät in der Musiktheorie. Der Rudolstädter Kammermusiker Heinrich Christoph Koch, welcher sich als erster gründlich der "Sonatensatzform" widmet, spricht noch von einem *"ersten Allegro der Sinfonie"* [6]. Der Pariser Kompositionsprofessor Anton Reicha wiederum behandelt den *"grossen zweitheiligen Rahmen"* [7]. Erst der Berliner Musikgelehrte Adolf Bernhard Marx benutzt den Begriff *"Sonatenform"*. [8] Die nach und nach entstandene *"pragmatische Sonatendefinition im 19. Jahrhundert"* [9] gliedert die Sonatensatzform nicht mehr in zwei Hauptteile (Exposition einerseits, Durchführung und Reprise andererseits), sondern in drei Hauptteile (Exposition, Durchführung und Reprise). Ferner wird die tonale Zweiteiligkeit der Exposition, die in allen früheren Darstellungen betont wird, akzentuiert durch die Forderung eines Themendualismus. [10]
Heinrich Christoph Koch äußert sich in seinem Werk *Versuch einer Anleitung zur Composition* (1782-93) nicht nur zur später so genannten "Sonatensatzform", sondern ebenfalls zum "Rondo" (siehe nachstehende Seite). Er geht mit seiner Beschreibung nicht über den Rondotyp ABACAD... A hinaus, den schon der Hamburger Musikschriftsteller Johann Mattheson 1713 in seinem Werk *Das Neu-Eröffnete Orchestre* und viele Musiktheoretiker danach erwähnen. [11] Doch bemerkenswerterweise findet man in dem neun Jahre später (1802) erschienenen *Musikalischen Lexikon* von Heinrich Christoph Koch weitergehende Ausführungen (siehe nachstehende Seite). Wenn auch hier noch Haupttonart und Tonart der Quinte für die Wiederkehr des ersten Couplets in Frage kommen, so erzeugt aber das zweimalige Auftreten des ersten Couplets an sich schon eine erste Analogie zur Reprise der "Sonatensatzform". Gemäß den intensiven Forschungen von Malcolm S. Cole ist diese Passage die allerfrüheste Äußerung eines Musiktheoretikers in Richtung "Sonatenrondo". [12] Heinrich Christoph Koch hat damit sowohl zur "Sonatensatzform", als auch zum "Rondo" bzw. zum "Sonatenrondo" wesentliche Beiträge geliefert.
Anton Reicha behandelt in seinem Werk *Traité de haute Composition Musicale* (1824-26) den *"Coupe du Rondeau"* (siehe nachstehende Seite). Dieser Rondotyp ist bei frühen Rondos von Mozart vertreten [13], nicht aber bei den Finales der Klaviersonaten Beethovens.

6 Koch: Anleitung, Teil III., S. 304; vgl. dazu:
Ritzel: Sonatenform, S. 180.
7 Reicha/Czerny: Lehrbuch, IV. Bd., S. 1159 ff.
8 Marx: Kompositionslehre, III. Theil, S. 202 (Fußnote).
9 Ritzel: Sonatenform, S. 196 ff.
10 z. B.: Marx: Kompositionslehre, III. Theil, S. 282,
vgl. dazu: Ritzel: Sonatenform, S. 230.
11 Cole: Sonata-Rondo, S. 183 f.
12 Ebd., S. 185.
13 Ebd., S. 185 f.

Heinrich Christoph Koch
Versuch einer Anleitung zur Composition (1782 - 93), Teil III, S. 248 ff.
Bemerkungen über das Rondo der Form A B A C A ...
"Nach dieser Cadenz (am Ende von C) *wird der Rondosatz wie zuvor wieder in der Haupttonart wiederholt, und das ganze Rondo geschlossen; oder man fügt auf die so eben beschriebene Art noch eine dritte Zwischenperiode in einer solchen Tonart hinzu, in welche noch nicht förmlich ausgewichen worden ist."*

Musikalisches Lexikon (1802), S. 1273 f.
"Die dritte Hauptperiode (Teil C) *fängt sodann in der weichen Tonart der Sexte, oder auch in der weichen Tonart des Grundtones an, ... wendet sich gemeiniglich nach der Tonart der Terz derselben hin, und schließt sodann in der Tonart, in welcher sie angefangen wurde. Nach dem Tonschlusse dieser Periode tritt der Rondosatz wieder in der Haupttonart ein, und beschließt entweder den ganzen Satz, oder man fügt noch eine vierte Hauptperiode hinzu, die entweder die melodischen Theile des ersten Zwischensatzes oder Couplets theils in der Haupttonart, theils in der Tonart der Quinte wiederholt, oder es wird ein neuer Zwischensatz in einer solchen nahe verwandten Tonart eingeschoben und geschlossen, in welcher vorher noch nicht förmlich ausgewichen worden ist ..."*

Anton Reicha
Traité de haute Composition Musicale (1824 - 26)
Bemerkungen zum *"Coupe du Rondeau"*
(Reicha / Czerny: Lehrbuch, IV. Bd., S. 1167 ff.)
Das Schema "A B A C A D A - *Dev* - Coda" ist gekennzeichnet durch drei Couplets B, C, D mit jeweils neuen Ideen und einem umfangreichen Schluß-Couplet (*"Développement"*) in der Haupttonart, welches die wichtigsten Elemente des Vorhergehenden aufgreift und verarbeitet.

Adolf Bernhard Marx
Lehre von der musikalischen Komposition (1837 - 47), III. Theil, S. 176 / 186 ff.
Bemerkungen zur *"vierten Rondoform"*

HS. SS. 1. HS. SS. 2. HS. SS. 1.

(**HS** = Hauptsatz , **SS** = Seitensatz)

" ... da nunmehr der Seitensatz, abgesehen vom Anhange, den Schluss macht, so versteht sich von selbst, dass er zuletzt im Hauptton auftreten muss. Aber auch in seinem ersten Auftreten schliesst er sich nun gern dem Hauptsatze näher an, indem er seinen Sitz in einer nächstverwandten Tonart (Oberdominante oder Parallele) zu nehmen liebt."

Bemerkungen zur *"fünften Rondoform"*

I.			**II.**	**III.**	
HS.	**SS. 1**	**[SZ.]**	**SS. 2**	**HS**	**SS. 1.**

Das Ende des ersten Teils bilde ein Schlußsatz (**SZ.**) in der Tonart des ersten Seitensatzes. Als Beispiel führt Marx das Finale von op. 2 Nr. 1 an.

Unter den vielen Theoretikern, die Reichas *"Coupe du Rondeau"* übernehmen, fällt vor allem der Wiener Komponist und Klavierpädagoge Carl Czerny auf. [14] Er war durch seine Übersetzung *Vollständiges Lehrbuch der musikalischen Composition ... von Anton Reicha* (Wien 1832) aus dem Französischen ins Deutsche sehr mit dessen Theorie vertraut. Nach Angaben von Malcolm S. Cole beschreibt Czerny in seiner *Schule der praktischen Komposition, op. 600* (1849) als größere Rondoform eine entscheidend veränderte Fassung des *"Coupe du Rondeau"*: Zwar behält Carl Czerny die Einteilung in vier Sektionen bei, aber in der dritten werden nun die Teile A und B des Anfangs wiederholt. [15]

Sektion	1.	2.	3.	4.	[16]
Anton Reicha	**A B**	**A C**	**A D**	**A *Dev.***	Coda
Carl Czerny	**A - B -**	**A C -**	**A <u>B'</u>**	**A**	Coda

Zum zentralen Teil C führt Czerny an, daß der Komponist hier neues und kontrastierendes Material einführen oder früheres entwickeln könne. Teilweise werde auch kontrastierendes Material kontrapunktisch verarbeitet, zum Beispiel in Beethovens op. 53 ab Takt 175. Der zentrale Mittelteil, auch wenn er mehr durchführungsartig sei, habe aber normalerweise eine geschlossenere Form und moduliere weniger stark als die Durchführungen der Sonaten-Allegros. [17] Im Gegensatz zum Rondo als selbständigem Stück müsse aber das "Sonaten-Rondo" – gemeint ist damit nur, daß das Rondo Finalsatz einer Sonate ist – eine bestimmte Verbindung mit den drei vorhergehenden Sätzen bilden in Bezug auf Charakter und Konstruktion. [18] Diese genaue Darstellung des Sonatenrondos läßt erkennen, daß Czerny ein Schüler Beethovens ist.
Adolf Bernhard Marx unterscheidet fünf Rondoformen. Die *"fünfte Rondoform"* hebt sich von der Sonatensatzform nur noch durch den kontrastierenden zweiten Seitensatz ab (siehe vorstehende Seite). Später führt Marx im Abschnitt *"Das sonatenartige Rondo"* [19] Beispiele einer *"Vermischung der Rondo- und Sonaten-form"* [20] an. Im Finale der Klaviersonate op. 31 Nr. 1 sei zum Beispiel eine *"sonatenartige Durcharbeitung aus dem Haupt- und dem neuen Satze"* innerhalb einer *"vierten Rondoform"* [21] zu erkennen.
Die klarste, detaillierteste Darstellung des Sonatenrondos, die in den musiktheoretischen Werken des 19. Jahrhunderts gefunden werden kann, bringt Arrey von Dommer in seiner umgearbeiteten Ausgabe von Heinrich Christoph Kochs *Musikalischem Lexikon* (Heidelberg 1865). [22]

14 Cole: Sonata-Rondo, S. 186.
15 Ebd., S. 187.
16 Vgl. dazu die Tabelle in: Cole: Sonata-Rondo, S. 187.
17 Cole: Czerny, S. 12.
18 Cole: Sonata-Rondo, S. 187.
19 Marx: Kompositionslehre, III. Theil, S. 307 ff.
20 Ebd., S. 312.
21 Ebd., S. 310 ff.
22 Cole: Sonata-Rondo, S. 189.

Arrey von Dommer
Umgearbeitete Ausgabe von Heinrich Christoph Kochs Musikalischem Lexikon (1865), S. 737 ff. / S. 787 ff.
Bemerkungen zum Sonatenrondo

"Die beiden Formen, welche das Rondo in neuerer Zeit angenommen hat, und welche beide in Beethoven's Sonaten häufig sich vorfinden, sind dem Sonatensatze sehr ähnlich.
Der erste Theil besteht bei beiden Arten aus erstem und zweitem Thema, Uebergang und Schlussperiode; das zweite Thema und die Schlussperiode stehen in der Dominanttonart, wenn die Haupttonart des Satzes Dur, in der Durparallele, wenn sie Moll ist. Doch ist das zweite Thema nicht so ausgeprägt, häufig ein nur mehr gangartig gebildeter und dem Hauptthema weit mehr noch als im Sonatensatze untergeordneter Nebengedanke. Das Hauptthema herrscht durchaus vor.
Repetirt wird dieser erste Theil nicht, am Schlusse desselben aber tritt das Hauptthema in der Haupttonart wieder auf, gemeinhin aber wenigstens in Einzelnheiten etwas anders gestaltet, anders begleitet und instrumentirt, oder sonst dem Entwickelungsgange entsprechend anders gewendet.
Bei der ersten (älteren) Art dieses neueren Rondo tritt darauf ein freier, aus eigenen Motiven (die aber kein breit angelegtes Thema bilden) gestalteter Mittelsatz ein, dessen Modulation in der Regel der Tonart des zweiten Thema angehört. Nachher hat Beethoven diesen freien Mittelsatz durch eine thematische Ausgestaltung des im ersten Theile enthaltenen Motivstoffes (mit dem Mittelsatze in der Sonate völlig übereinkommend) ersetzt.
Darauf erfolgt die Repetition des ersten Theiles, aber mit besonderer Betonung des Hauptthema, die Nebenthemen treten noch mehr zurück als im ersten Vortrage. Vor dem Schlusse pflegt dann das Hauptthema gemeinhin noch einmal aufzutreten, worauf dann endlich noch eine thematische Gruppe oder eine aus freien Motiven aufgebaute recht feurige und glänzende Periode den Satz völlig zu beschliessen pflegt."

Unter dem Stichwort *"Sonate"* führt Dommer noch einmal diese beiden Arten des *"modernen Rondos"* auf, allerdings in umgekehrter Reihenfolge. Seine schematische Aufstellung der Rondoteile verdeutlicht, daß das zweite Thema und die Schlußgruppe in der *"Repetition"* in die Tonika transponiert werden. Der *"Mittelsatz"*, der eine *"Thematische Verarbeitung des Motivstoffes des Ersten Theiles, wesentlich des Hauptthemas"* zeigt, moduliert frei und kehrt dann zur Halbkadenz der Tonika zurück. Die Rondoform mit *"zum Hauptthema contrastierendem Mittelsatz"* jedoch sei *"in neuester Zeit auch ausser Gebrauch gekommen"*. Die andere Rondoform sei deshalb vorzuziehen, denn *"die ganze Entwickelung ist eine noch einheitlicher thematische als die des Ersten Satzes"*. Sie sei *"ihrem ganzen Baue nach speciell Finalform"*.

Geschichte des Sonatenrondos

Schon der Wiener Komponist Georg Mathias Monn (1717-1750) beschreitet im Finalsatz seiner D-Dur-Symphonie (DTÖ, Band 19, 2) neue Wege: Die für die Sonatensatzform typischen Wiederholungen fallen weg und statt dessen wird an die Exposition das Hauptthema in der Tonika angehängt. [23] Der deutsche Komponist und Pianist Johann Schobert (1740-1767) wiederholt im Rondo-Finale seines Es-Dur-Klavierkonzertes (DdT, Band 39) die vier Schlußtakte des ersten Couplets im dritten – transponiert von der Dominant- in die Haupttonart. [23]
Auch Wolfgang Amadeus Mozart zeigt in seiner A-Dur-Klaviersonate KV 12 von 1764 solch eine transponierte Wiederkehr, allerdings hier im vierten Couplet. [23] Doch erst mit *"dem Jahre 1773 ist das Sonatenrondo geschaffen: C-Quartett* [KV] *157, D-Symphonie* [KV] *181; ... Von nun an gestaltet Mozart konsequent seine Rondo-Finales sonatensatzartig aus."* [23] Diese These Rudolf von Tobels haben Hans Engel [24] und Malcolm S. Cole [25] bestätigt. »*Der scharfe Form-Umbruch in Mozarts Rondo-Produktion ist auffallend. Nach 1773 erscheint das Sonatenrondo in 69 % der Rondos Mozarts.*« [26] Dabei experimentiert Mozart viel mit verschiedenen Arten des Sonatenrondos. Wichtige Typen in seinen 84 Sonatenrondos sind vermerkt in nachfolgender Übersicht. [26] Alle diese Typen sind einerseits durch die transponierte Wiederkehr des ersten Couplets, andererseits durch das wiederholte Auftreten des Refrains, zumindest im Anschluß an das erste Couplets am Anfang, als "Sonatenrondo" gekennzeichnet. Im weiteren Verlauf verzichtet Mozart des öfteren auf die regelmäßige Wiederkehr des Refrains. Die Rondoform mit vier Couplets erinnert natürlich an Reichas *"Coupe du Rondeau".* [27]
Es sei noch einmal auf die entscheidende Rolle Mozarts bei der Entwicklung des Sonatenrondos hingewiesen. »*Der Konservatismus geringerer Komponisten, zumindest in Hinblick auf die Form, ist offenkundig. Größtenteils waren sie anscheinend mit der älteren Rondoform zufrieden.* « [28] Joseph Haydn verwendet das Sonatenrondo seltener und erst von 1782 an, seit der Symphonie Nr. 77. [29] Allerdings hat Haydns thematische Arbeit wahrscheinlich Mozart beeinflußt, das »*Sonatenrondo mit Durchführung*« zu entwickeln. [30] Mozart ist also der eigentliche Schöpfer des Sonatenrondos und derjenige, der dieses in den Jahren nach 1773 zu einer der wichtigsten Formen der Klassik ausbaut, beeinflußt von der "thematischen Arbeit" Haydns. Bei Beethoven scheint die große "experimentelle Phase" des Sonatenrondos bereits vorbei zu sein. Das Sonatenrondo hat sich als ABACAB (A) - Coda-Form etabliert.

23 Tobel: Formenwelt, S. 182 f.
24 Engel: Rondo, S. 880 f.
25 Cole: Sonata-Rondo, S. 182.
26 Cole: Rondo Finale, S. 128 ff.
27 Reicha/Czerny: Lehrbuch, IV. Bd., S. 1167.
28 Cole: Rondo Finale, S. 128.
29 Cole: Rondo, S. 175.
30 Cole: Rondo Finale, S. 128.

Wichtige Sonatenrondo-Typen bei Wolfgang Amadeus Mozart

nach Cole: Sonata-Rondo, Seite 129 ff.

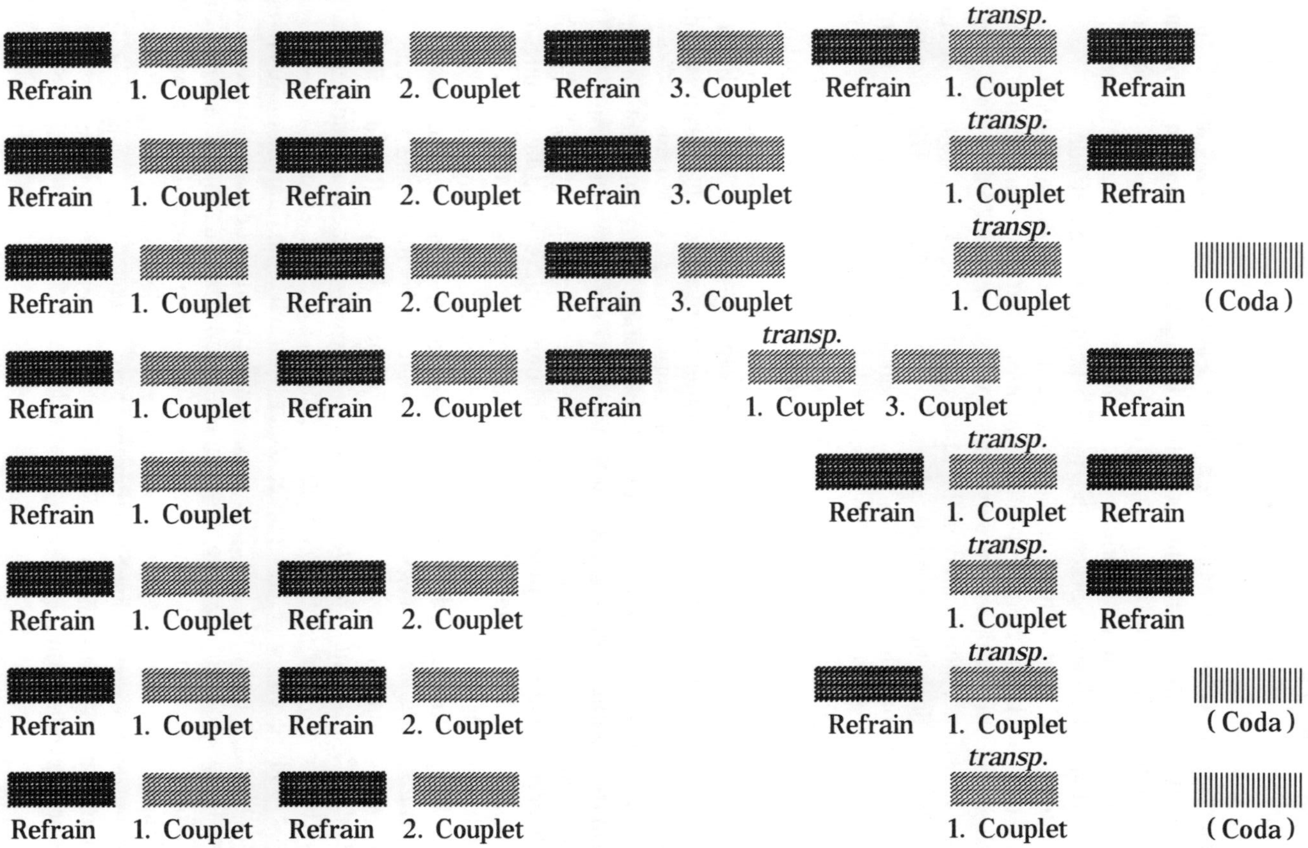

I.2.6.2 Couplets im Spannungsfeld von Sonatensatzform und Rondo

Beethoven gestaltet in den Klaviersonaten ungefähr ein Drittel der Finalsätze als Sonatenrondo. Wie die Tabelle zeigt, erscheint der Refrain im Anschluß an das erste Couplet fast immer in voller Länge – und zwar grundsätzlich wieder in der Grundtonart. Dadurch heben sich diese Finales ganz klar ab von denjenigen in Sonatensatzform mit Rondoelementen. Beethoven verkürzt in den Sonatenrondos auch den dritten Auftritt des Refrains nur äußerst selten. Insgesamt ist damit der rondohafte Gesamtaufbau dieser Finales deutlich zu erkennen. Der vierte Auftritt des Refrains verschmilzt jedoch häufig mit der Coda.
Als drittes Couplet kehrt wie beim Bogenrondo das erste Couplet wieder. Daß es sich hier aber um Sonatenrondos handelt, zeigt die tonartliche Anlage: Wendet sich das erste Couplet in den Dur-Finales zur Dominanttonart bzw. im Rondo der *Pathétique*, dem einzigen in Moll, zur parallelen Durtonart, so erscheint es bei der Wiederkehr im allgemeinen in der Grundtonart. Dies beides entspricht ganz der Sonatensatzform. Ungewöhnlich ist der Finalsatz der Waldsteinsonate op. 53, denn hier wendet sich das erste Couplet zur parallelen Molltonart, bei der Wiederkehr wird nur der Anfang aufgegriffen, der sich verselbständigt. So ist dieses von Beethoven selbst als *"Rondo"* bezeichnete Finale kein reguläres Sonatenrondo. Das Wesen dieses Satzes mit seiner individuellen Vermischung von Rondo- und Sonatensatzform wird aber am ehesten im Vergleich zu den späten Sonatenrondos deutlich. Denn abgesehen von der irregulären Wiederkehr des ersten Couplets zeigen sich dieselben Entwicklungstendenzen.
In der Tabelle werden auch die Proportionen zwischen Refrain und Couplets graphisch aufgezeigt. Es fällt auf, daß die Couplets in den meisten Fällen weit ausgedehnter sind als der Refrain. So ist zu erwarten, daß die Couplets aus mehreren Abschnitten bestehen, von denen einige als Überleitung und Schlußgruppe bzw. Ein- oder Rückleitung fungieren. Das bloße Reihungsprinzip des Rondos erhält damit ein dynamisches Element im Sinne der Sonatensatzform. Eine Rückleitung zum Beispiel *"macht gespannt, zögert hinaus, sehnt herbei, geht Umwege oder geradewegs auf den Refrain zu."* [1] Im Finale von op. 26 allerdings sind alle Couplets kürzer oder genauso lang wie der Refrain. Dies hängt wohl mit der *"Perpetuum mobile"*-Struktur [2] dieses Satzes zusammen, wodurch die hin- und rückführenden Abschnitte wenig ausgeprägt sind.
Insbesondere das zweite Couplet zeigt vielfach eine immense Ausdehnung, ganz unabhängig davon, ob Durchführungselemente zu finden sind oder nicht. Dies ist allerdings auch eine Sache des persönlichen Stils, denn bei Sätzen in Sonatensatzform zum Beispiel sind die Durchführungen Mozarts in den meisten Fällen deutlich kürzer als diejenigen Beethovens. Andererseits, wenn Beethoven schon das mittlere Couplet im Sonatenrondo zu einem derart ausgedehnten zentralen Höhepunkt des ganzen Satzes ausbaut, dann bietet sich natürlich Durchführungsarbeit besonders an.

1 Kühn: Formenlehre, S. 162.
2 Riemann: Solosonaten, Bd. 2, S. 188.

Überblick über die Sonatenrondos in den Klaviersonaten Beethovens

Opus	Takte insges.	A	B	A	C	A	B	(A)	Coda
Opus 2 Nr. 2	197 T.	16 T.	24 T.	16 T.	55 T.	16 T.	20 T.	37 T.	16 T.
Opus 7	208 T.	16 T.	33 T.	12T.	56 T.	16 T.	33 T.	12T.	29 T.
Opus 10 Nr. 3	113 T.	9 T.	15 T.	9 T.	22 T.	9 T.	19 T.	9 T.	21 T.
Opus 13	210 T.	17 T.	44 T.	17 T.	42 T.	8T.	42 T.	12 T.	28 T.
Opus 14 Nr. 1	131 T.	8 T.	22 T.	8T.	45 T.	8T.	17 T.	4T.	19 T.
Opus 22	199 T.	18 T.	31 T.	18 T.	44 T.	18 T.	23 T.	18 T.	17 T.
Opus 26	177 T.	28 T.	24 T.	28 T.	28 T.	28 T.	26 T.		15 T
Opus 27 Nr. 1	285 T.	24 T.	57 T.	24 T.	61 T.	24 T.	65 T.		10 + 20 T.
Opus 28	210 T.	16 T.	35 T.	16 T.	46 T.	16 T.	39 T.	24 + 18 T.	
Opus 31 Nr. 1	275 T.	32 T.	34 T.	20 T.	46 T.	32 T.	42 T.	36 + 33 T.	
(Op. 53)	543 T.	62 T.	51 T.	62 T.	137 T.	32T.	58 T.	141 T.	
Opus 90	290 T.	32 T.	37 T.	32 T.	38 T.	32 T.	58 T.	24 T.	37 T.

⌐ Refrain   Tempowechsel: ^^ *Adagio* , —— *Presto bzw. Prestissimo*

wichtig
DTV-Atlas +
STD

Erstes Couplet

In den Sonatenrondos entspricht der harmonische Verlauf des ersten Couplets insoweit der Sonatensatzform, als daß zur Dominanttonart bzw. zur parallelen Durtonart moduliert wird. Beethoven kehrt jedoch grundsätzlich noch innerhalb des ersten Couplets zur Haupttonart zurück. So bilden zwar in Beethovens Sonatenrondos Refrain und erstes Couplet eine Analogie zu einer Exposition im Sinne der Sonatensatzform, aber sie grenzen sich harmonisch nicht so sehr als geschlossener Formteil ab. Die neue tonartliche Ebene des ersten Couplets erhält im Sonatenrondo nicht das gleiche Gewicht wie die Tonart des Seitenthemas in der Sonatensatzform.

Die neue Tonart ist bei Beethoven nicht schlagartig präsent, sondern wird in allen Fällen durch einen überleitenden Abschnitt erreicht. Dadurch wird die blockhafte Aneinanderreihung von Refrain und Couplets, wie sie in einfachen Rondos zu finden ist, der Sonatensatzform angepaßt. Hinführende und abschließende Teile sind – wie bereits erwähnt – wichtige Bestandteile der Sonatensatzform.

Besonders sonatenhaft sind diejenigen Überleitungen, die Motive des Refrains verarbeiten. Durch eine thematische Substanzgemeinschaft dieser Art vermeidet Beethoven nämlich eine blockhafte Aneinanderreihung der einzelnen Formteile, die einfache Rondos bekanntlich oft kennzeichnet, und ordnet die einzelnen Abschnitte einem übergeordneten Entwicklungsprozeß im Sinne der Sonatensatzform unter. Auf Grund einer veränderten Setzweise allerdings heben sich die Überleitungen meist als eigener Formteil ab. Die Überleitungen mit eigenständiger Motivik haben vielfach einen figurativ-spielerischen, und damit eher noch rondohaften Charakter.

Abgesehen von op. 10 Nr. 3 tritt in den meisten Sonatenrondos recht deutlich ein als Seitensatz fungierender Abschnitt hervor. Dies bewirkt vor allem die neue tonartliche Ebene. Ferner hat, ganz unabhängig davon, ob die Überleitung auf den Refrain zurückgreift oder motivisch eigenständig ist, der darauffolgende thematische Teil meist eine andere Motivik und Setzweise.

Die Funktion einer Schlußgruppe erfüllt ein Formteil, falls er den Endpunkt einer mehr oder weniger expositionsartigen Entwicklung bildet. Um in den Sonatenrondos einen Abschnitt als schlußgruppenartig bezeichnen zu können, möge dieser zumindest eine gewisse Ausdehnung und Eigenständigkeit, meist auch neue Motivik und Schlußcharakter aufweisen. In den Sonatenrondos moduliert jedoch der Teil, der formal eindeutig als eigenständige Schlußgruppe fungiert, grundsätzlich schon zur Haupttonart zurück. So haben alle schlußgruppenartigen Abschnitte in den Sonatenrondos, so ausgeprägt sie jeweils auch sein mögen, in harmonischer Hinsicht den Charakter einer Rückführung.

In manchen Sonatenrondos fungiert eine Passage am Ende des ersten Couplets aber auch nur als Rückführung, und zwar dann, wenn diese nicht abschließende Funktion hat, sondern in erster Linie der Wiederkehr des Refrains zustrebt. Im allgemeinen sind solche Rückführungen sehr kurz und dann meist einstimmig, es sei denn sie antizipieren das Kopfmotiv des Refrains. In op. 22 verarbeitet Beethoven das Kopfmotiv des Refrains zu einer ausgedehnten Rückführung.

1. Couplet im Sonatenrondo: Rückführungen zum Refrain

Opus 2 Nr. 2, *Rondo, Grazioso,* T. 39 ff.

Opus 7, *Rondo, Poco Allegretto e grazioso,* T. 48 ff.

Opus 22, *Rondo, Allegretto,* T. 41 ff.

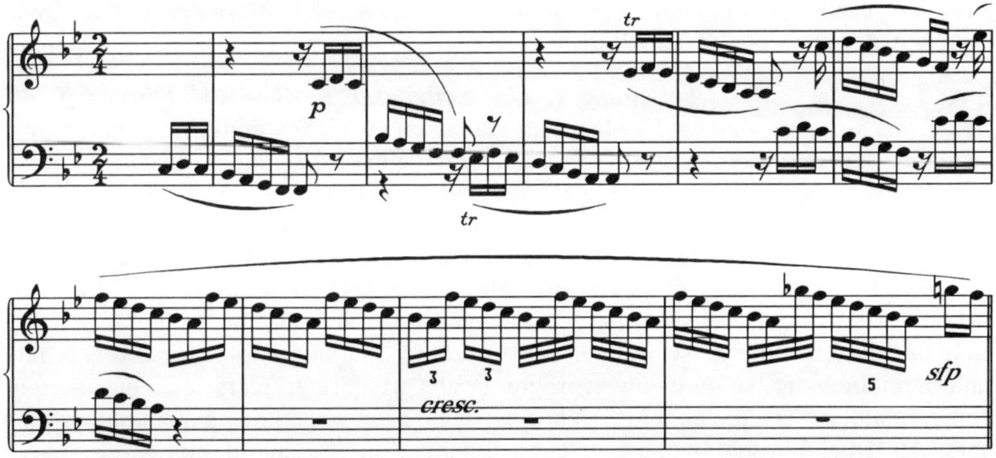

Opus 26, *Allegro,* T. 48 ff.

Zweiteiligkeit des ersten Couplets

Bei nur zweiteiliger Anlage des ersten Couplets zeigt vielfach der Abschnitt mit Seitensatz-Funktion in irgendeiner Weise Schlußgruppencharakter, meist durch eine großangelegte Intensivierung, in op. 14 Nr. 1 jedoch durch eine zunehmende Abschwächung. Die Steigerungen, teils sogar mit Abspaltungen, bewirken eine Entwicklung und Dynamik, wie sie der Sonatensatzform eigen ist. Zum Auftritt des Refrains führt in diesen Fällen nur eine kurze Rückführung.

Opus 2 Nr. 2 *Überleitung T. 17 – Seitensatz T. 27 – Rückführung T. 39*
In dialogischem Spiel leiten Sechzehntel-Figuren zum Seitensatz über. Innerhalb des Seitensatzes erfolgt eine Steigerung in vielen Parametern: Die Sforzati und Betonungszeichen treten zunächst als Viertel-, dann als Achtel-Synkope auf, ganz zum Schluß dreifach hintereinander. Ungewöhnlich sind auch die zunehmend größeren Spreizungen der linken Hand in der Begleitfigur. Allerdings moduliert das Seitenthema mit kurzen Ausweichungen nach D-Dur und H-Dur in die Haupttonart zurück, in der dann kurz darauf wieder der Refrain erscheint. So fungiert dieser Abschnitt als Seitenthema, aber auf Grund der ausladenden Schlußsteigerung gleichzeitig ebenfalls als Schlußgruppe. Außerdem erzeugt die Intensivierung einen vorwärtstreibenden, dynamischen Impuls und damit einen sonatenhaften Charakter. Die eigentliche Rückführung, eine einstimmige, abgerundete Sechzehntel-Figur bewirkt in erster Linie eine Markierung der Zäsur zwischen erstem Couplet und Refrain.

Opus 7 *Überleitung T. 17 – Seitensatz T. 37 – Rückführung T. 48*
Das erste Couplet dieses Finales hat weder eine eigenständige Schlußgruppe, noch ein ausgeprägtes "zweites Thema". Der Seitensatz macht geradezu einen *"kurzatmigen und damit humoristisch wirkenden"* [1] Eindruck. Was allerdings den Spannungsverlauf betrifft, ist eine zunehmende Steigerung zu erkennen. Vor allem die Imitationen in der rechten Hand Takt 41 f., der Kontrast von *f* bzw. *ff* und *p* und der zunehmend erweiterte Abstand zwischen Melodie und Baß bewirken eine starke Intensivierung. Immer wieder erscheint die Schlußkadenz in noch gesteigerter Form, so daß dieser Abschnitt Schlußgruppencharakter erhält. Außerdem beendet so eine ausgeprägte Schlußsteigerung nicht nur ein Seitenthema, sondern ist gleichzeitig der Abschluß des gesamten expositionsartigen Teils. Als Rückführung fungiert eine einstimmige Figur, die in nur zwei Takten unmittelbar zum Refrain zurückleitet.

Opus 10 Nr. 3 *Zwei Abschnitte mit Funktionstaktverschränkung T. 10 und T. 17*
Eine starke Zweiteiligkeit des ersten Couplets ist in diesem Rondo zu finden. Das erste Couplet besteht aus zwei, miteinander verschränkten achttaktigen Sätzen, von denen der erste sich am Schluß zur Dominanttonart wendet, der zweite im vorletzten Takt in die Haupttonart zurückkehrt. Die tonartliche Anlage legt nahe, die ersten acht Takte als überleitenden Abschnitt anzusehen und die

1 Nagel: Klaviersonaten, Bd. 1, S. 76.

zweiten als Seitenthema. Der überleitende Abschnitt allerdings *"präsentiert sich thematisch"* [2], während der nachfolgende Abschnitt, der formal als Seitenthema zu gelten hätte, nur aus chromatischen Skalen gebildet ist. In der Reprise wird nur der erste Abschnitt wiederholt. Noch dazu wird das Kopfmotiv beim dritten Mal eine Quinte nach unten transponiert, was an die übliche Rücktransposition erinnert. So können die beiden Teile einerseits als Überleitung und Seitenthema (mit Schlußgruppencharakter), andererseits als Seitenthema (mit Überleitungscharakter) und Schlußgruppe aufgefaßt werden. Die Möglichkeit solch gegensätzlicher Interpretationen zeigt deutlich, daß das Rondo von op. 10 Nr. 3 kein ausgeprägtes Seitenthema im Sinne der Sonatensatzform besitzt. Am Schluß des ersten Couplets stürzt die Melodie von dem *ff*-Höhepunkt herunter zum *sf* mit Fermate. Eine derartige dramatische Geste schließt nicht nur einen "Rondo-Zwischensatz" ab, sondern im Sinne der Sonatensatzform die ganze "Exposition".

Opus 14 Nr. 1 *Überleitung T. 9 – Seitensatz T. 22*

Die ersten sechs Takte des Refrains werden unverändert wiederholt, so daß man zunächst geneigt ist, diese noch dem Hauptthema zuzurechnen. Direkt danach erfolgt aber die Modulation zur Dominante, indem das Motiv des Nachsatzes imitatorisch verarbeitet wird. So wirkt die Wiederholung der Anfangstakte als erste Phase der Überleitung. Dies zeigt sich ebenfalls bei der Wiederholung des 1. Couplets, wo die Überleitung direkt mit dem imitatorischen Spiel beginnt. [3] Das Fehlen einer selbständigen Schlußgruppe wird diesmal nicht durch eine große Steigerung des Seitenthemas ausgeglichen. Im Gegenteil, die Dynamik geht zunehmend zurück (*p – pp – decresc. – pp*), der Melodieverlauf hat schon durch den Oktavsprung zu Beginn überwiegend absteigende Tendenz. Demnach ist dieses Thema eine *"graziös ausholende Kadenz, also eine hierhin genau passende Endgestalt"* [4]. So fungiert wieder das Seitenthema gleichzeitig auch als Schlußgruppe, nur daß Beethoven dies hier nicht wie sonst durch *»Intensivierung«*, sondern ausnahmsweise durch *»Detensivierung«* [5] erzielt. Die Rückmodulation zur Grundtonart schließlich erfolgt in diesem Sonatenrondo auf ungewöhnlich gedrängtem Raum, denn es wird nur ein einziger Takt an die Schlußkadenz des Seitenthemas angehängt.

Opus 26 *Überleitung T. 29 – Seitensatz T. 33 – Rückführung T. 48*

Das erste Couplet behält die unentwegten Sechzehntel-Figuren bei. Es besitzt keine eigenständige Schlußgruppe, allerdings ist das Seitenthema wieder durch eine zunehmende Intensivierung bis hin zum *ff* geprägt. Die führende Stimme des Seitenthemas stemmt sich mit synkopischen Sforzati gegen allzuviel Gleichmaß. Einige Takte führen quasi als verlängerter Auftakt zum Refrain zurück.

2 Uhde: Klaviermusik, Bd. 2, S. 202.
3 Riemann: Solosonaten, Bd. 2, S. 62.
4 Uhde: Klaviermusik, Bd. 2, S. 251.
5 vgl. die Begriffe "Intensification" und "Detensification" in:
Shamgar: Retransition, S. 30 ff.

Dreiteiligkeit des ersten Couplets

In den späteren Sonatenrondos sind im allgemeinen ganz klar drei selbständige Abschnitte zu erkennen. Erstaunlich vielfältig ist schon **Opus 13**, denn wie in **Opus 90** zeigt das erste Couplet ein zweites und ein drittes Thema, von denen das letztere vor allem bei der Wiederkehr des ersten Couplets Schlußgruppencharakter bekommt.

Opus 22 *Überleitung T. 19 – Seitensatz T. 25 – Schlußgruppe T. 32 – Rückf. T. 41*
Das erste Couplet setzt mit einem prägnanten Motiv ein, welches im zweiten Couplet verarbeitet wird. Da das Kopfmotiv und die Arpeggien die Modulation zur Dominanttonart vollziehen, fungieren sie in harmonischer Hinsicht als Überleitung. Das Seitenthema zeigt kontrapunktische Struktur. Im Anschluß an die Schlußgruppe mit ihren gebrochenen Akkorden leitet eine ausgedehnte Rückführung zur Wiederkehr des Refrains. Diese Rückführung ist ein unentwegtes, *"drängendes Hinstreben zum Thema"* [6] (Dialog und Engführung mit Kopfmotiv, rhythmische Beschleunigung, *cresc.* usw.)

Opus 27 Nr. 1 *Überleitung T. 25 – Seitensatz T. 36 – Schlußgruppe T. 57*
Die Takte, die formal eindeutig die Funktion eines Seitenthemas erfüllen, wirken zunächst *"rein klanglich"* [7]. Doch auch hier zeigt sich eine gesangliche Oberstimme, und zwar in den nachschlagenden Sechzehnteln. Die ausgedehnte, kraftvolle Schlußgruppe im unentwegten *Forte* mit vielen Sforzati schließt nicht nur ein Couplet eines Rondos ab, sondern im Sinne der Sonatensatzform die ganze "Exposition".

Opus 28 *Überleitung T. 17 – Seitensatz T. 29 – Schlußgruppe T. 43*
Deutlich sind drei Abschnitte zu erkennen, die als Überleitung, Seitenthema und Schlußgruppe fungieren. Das Seitenthema mit seiner kontrapunktischen Struktur hebt sich stark ab von der Überleitung mit ihren wogenden Akkordbrechungen. Schließt Beethoven das erste Couplet in op. 10 Nr. 3 und op. 13 mit einem emphatischen *ff*-Ausbruch, so schließt er es hier wie schon in op. 27 Nr. 1 mit einer kraftvollen *f*-Hochebene. Einmal wird durch Zuspitzung, das andere Mal durch eine ausgedehnte Fläche ein sonatenhafter Schlußcharakter erzeugt.

Opus 31 Nr. 1 *Überleitung T. 33 – Seitensatz T. 43 – Schlußgruppe T. 53*
Der Schlußteil entwickelt sich unmittelbar aus der Triolenbewegung des Seitenthemas, so daß eine Abgrenzung zunächst schwerfallen mag. Dennoch sind die Takte 53 ff. *"ganz gewiß nicht thematisch, sondern nur als natürlich sich ergebender Anhang (Schlußbestätigung) zu verstehen"* [8]. Eine eigene Physiognomie und damit den Charakter einer Schlußgruppe erzeugen insbesondere die Akkorde der linken Hand.

6 Erpf: Form und Struktur, S. 103.
7 Volbach: Klaviersonaten, Bd. 2, S. 356 f.
8 Riemann: Kompositionslehre, Bd. 1, Buch 2, S. 507.

Vgl. Küster

Erstes Couplet von op. 28

Abschnitt mit Funktion einer Überleitung, T. 17 ff.

Abschnitt mit Funktion eines Seitenthemas, T. 29 ff.

Abschnitt mit Funktion einer Schlußgruppe, T. 43 ff.

Wiederkehr des ersten Couplets

Die Transposition von Seitensatz und Schlußgruppe in die Grundtonart verstärkt sowohl die Prinzipien des Bogenrondos als auch die der Sonatensatzform. Das Prinzip des Abrundens, das sich in den regelmäßigen Auftritten des Refrains und in der Wiederkehr des ersten Couplets zeigt, wird intensiviert durch den Verbleib auf einer tonartlichen Ebene. Bezüglich der Sonatensatzform ist die Reduzierung der tonartlichem Aktivität – eine deutliche Gegenreaktion auf das freie Schweifen in der Durchfühung – von großer Bedeutung für die Verlaufskurve.
Interessant ist der reprisenartige Formteil in den beiden Sonatenrondos, die zwei thematische Gebilde im ersten Couplet aufweisen: In der *Pathétique* erscheinen das *dolce*-Thema und das choralartige Thema beide zunächst in C-Dur, der Dur-Variante der Grundtonart c-Moll. Da der Triolenteil danach nicht wiederkehrt, übernimmt das choralartige Thema mit seinen Erweiterungen die Funktion der Schlußgruppe. In op. 90 kehren das zweite Thema und das dritte Thema in der Grundtonart E-Dur wieder.
Im Finale von op. 14 Nr. 1 ist die Wiederkehr des ersten Couplets ungewöhnlich. Hier erscheint der Beginn des zweiten Themas in der subdominantischen Tonart A-Dur. Dies entspricht insofern der Rondoform, als daß das Couplet sich tonartlich vom Refrain abhebt. Der Nachsatz moduliert dann über F-Dur als selbständigem Neapolitaner zurück zur Dominante der Grundtonart E-Dur. Und doch kann man das Finale von op. 14 Nr. 1 als Sonatenrondo bezeichnen. Die Tonart A-Dur hat nämlich hier weniger die Funktion, das Couplet vom Refrain abzugrenzen. In viel größerem Maße sorgt sie für einen Überraschungseffekt: Da das dritte Couplet eine Wiederaufnahme des ersten ist, *"erwartet"* [1] der Hörer gewissermaßen die Haupttonart. In diesem Punkt bestehen denn einige Analogien zu den Eröffnungssätzen: Auch hier beginnt Beethoven gelegentlich das wiederkehrende Seitenthema in der Subdominant-Tonart, etwa in op. 10 Nr. 1, T. 215 ff. und in der *Pathétique* T. 221 ff. Allerdings erscheint im weiteren Verlauf dann der Anfang des Seitenthemas in der Haupttonart, um quasi den Regelverstoß wieder wettzumachen. Im Rondo von op. 14 Nr. 1 dagegen wird die Tonika der Grundtonart erst mit der Wiederkehr des Refrains erreicht. Das Seitenthema ist eben hier im Sinne der Rondoform weniger ausgeprägt.
Auch die Rondos von op. 10 Nr. 3 und op. 53 fallen aus dem Rahmen. Das erste Couplet in op. 10 Nr. 3 hat keine funktionell eindeutigen Abschnitte. Im ersten Couplet der Waldsteinsonate faßt der Hörer eindeutig den Arpeggio-Teil als Überleitung, das a-Moll-Thema als Seitenthema auf. Doch in beiden Finales kehrt nur der jeweilige Anfang des ersten Couplets wieder. So erwartet der Hörer zwar eine vollständige Wiederkehr, wird aber in op. 10 Nr. 3 durch eine Verarbeitung des Kopfmotivs, in op. 53 durch eine Fortspinnung der Arpeggien überrascht. Diese beiden Finalsätze besitzen daher weder ein neues, drittes Couplet im Sinne eines Kettenrondos, noch einen wirklich reprisenartigen Teil, wie ihn der Hörer bei einem Sonatenrondo erwartet.

1 Uhde: Klaviermusik, Bd. 2, S. 251

Ungewöhnliche Wiederkehr des Seitenthemas
Opus 14 Nr. 1, *Rondo, Allegro comodo,* T. 22/99 ff.

Verselbständigung der Überleitung bei der Wiederkehr des 1. Couplets
Opus 53, *Rondo, Allegretto moderato,* T. 345 ff.

Zweites Couplet

In den Klaviersonaten Beethovens behält das zweite Couplet der Sonatenrondos immer Taktart und Tempo des Refrains bei. Ein Wechsel dieser Parameter wie beispielsweise in Beethovens Rondo op. 51 Nr. 2 würde einen starken Kontrast zwischen Refrain und Couplet erzeugen. Wie nachfolgende graphische Übersicht zeigt, gestaltet Beethoven das zweite Couplet jeweils ganz individuell. Dennoch läßt sich eine gewisse Entwicklung erkennen. In den drei frühen Sonatenrondos existiert noch kein "Kern" im Sinne der Sonatensatzform, vielmehr stellt ein Kontrastteil das Zentrum des zweiten Couplets – und damit auch des ganzen Finales – dar. In op. 2 Nr. 3 enthalten jedoch Ein- und Rückleitung ein Durchführungsmodell. Ein Modell ist eine Taktgruppe, die eine Modulation enthält und sequenziert wird. Da hierbei das Modell mindestens zweimal erscheint, werden mehrere Tonarten durchlaufen. In den späteren Sonatenrondos benutzt Beethoven im "Kern" des zweiten Couplets verschiedene Techniken: 1) Durchführungsmodell aus neuen Motiven, 2) kontrapunktische Arbeit, 3) Durchführungsmodell aus bekannten Motiven. Das sonatenhafte Verarbeiten von bekannten Motiven wird schließlich in der Phase ab op. 31 Nr. 1 zum Prinzip.
Ein struktureller Vergleich zwischen erstem und zweitem Couplet in Beethovens Sonatenrondos zeigt Unterschiede auf: Beim ersten Couplet ist ein mehr oder weniger ausgedehnter Überleitungsteil, welcher die Modulation zur neuen Tonart durchführt, die Regel. Eine eigenständige Schlußgruppe jedoch fehlt bisweilen. Hier dagegen zeigt sich eine umgekehrte Tendenz: Das zweite Couplet tritt in manchen Sonatenrondos völlig unvermittelt ein, während zur reprisenartigen Wiederkehr von Refrain und erstem Couplet immer eine mehr oder weniger ausgedehnte, die Grundtonart vorbereitende Rückleitung führt.
Den Übergang zum zweites Couplet gestaltet Beethoven recht verschiedenartig. Ein blockhaft-kontrastierender Beginn ist überwiegend in den Sonatenrondos vor 1800 zu finden. Solch ein unvermittelter Beginn entspricht ganz dem Reihungsprinzip der Rondoform. In anderen Sonatenrondos dagegen sind meisterhafte Verschmelzungen von Refrain und zweitem Couplet zu erkennen. In gewisser Weise fungiert der verkürzte bzw. variierte Refrain dann als Einleitung. Im Finale von op. 27 Nr. 1 zum Beispiel moduliert der zweite Auftritt des Refrains gegen Schluß zur Anfangstonart des zweiten Couplets. Andere Sonatenrondos zeigen im Sinne der Sonatensatzform eine eigenständige Einleitung, welche oft Motive des Hauptthemas verarbeitet.
Die Rückleitung bereitet die reprisenartige Wiederkehr von Refrain und erstem Couplet vor, endet daher immer auf der Dominante der Grundtonart, teils mit Fermate, teils mit fließendem Übergang. Auch ein Orgelpunkt ist hier typisch. Ausdehnung und Gestalt der Rückleitung können sehr unterschiedlich sein. Vielfach entwickelt sich die Rückleitung aus Motiven des Kerns. In einigen Sonatenrondos ist die Rückleitung aber auch eher eigenständig. Bei Ähnlichkeit mit der Schlußgruppe im ersten Couplet wird besonders deutlich, welche Teile die Funktion einer Exposition und welche die einer Durchführung übernehmen. Die "Scheinreprise" in op. 10 Nr. 3 ist ein typisches Element der Sonatensatzform.

	Einleitung	Kontrastteil / Kern	Rückleitung
Opus 2 Nr. 2	keine Einleitung	**Kontrastteil** *ff, staccato sempre,* später *pp, legato*	*aus Motiven des Kerns*
Opus 2 Nr. 3	Modell T. 77 ff. C d e …	**Kontrastteil** *dolce* (T. 103 ff.), choralartiger Satz	Modell T. 147 f As c
Opus 7	*Refrain fungiert als Einleitung*	**Kontrastteil** *ff* und *sf*, Akkorde, Akkordzerlegungen	*aus Motiven des Kerns*
Opus 10 Nr. 3	Reminiszenz an Hauptthema	**Modell aus neuen Motiven** B g Es …	Scheinreprise
Opus 13	keine Einleitung	**Kontrapunktische Arbeit** ═ ^^ ═ ^^ , ═ ^^ ^^ ═ ^^ ═ , ^^ ═	eigenständiger Kontrastteil
Opus 14 Nr. 1	Reminiszenz an Hauptthema	**Modell aus neuen Motiven** G a h	*aus Motiven des Kerns*
Opus 22	Reminiszenz an Überleitung	**… Kontrap. Arbeit …** ^^ ^^ ═ ═ »» ≡.. ═ ═ ^^ ^^ ≡ »»..	Herantasten an Refrain
Opus 26	Reminiszenz an Hauptthema	**Modell aus neuen Motiven** g f Es	*aus Motiven des Kerns*
Opus 27 Nr. 1	*Refrain fungiert als Einleitung*	**Kontrapunktische Arbeit** ^^ ═ ═ … ^^ … ═ ^^ ^^ … ═ …	Modell es Ces as
Opus 28	Reminiszenz an Hauptthema	**Kontrapunktische Arbeit** ═ ^^ »» ═ «« … ^^ ═ »» ^^ «« ^^ ^^ ═ ^^ ═ …	eigenständig, wie Schluß-gruppe
Opus 31 Nr. 1	*Refrain fungiert als Einleitung,* Kp. Arbeit	**Modell aus bekannten Motiven** Es c f g	*aus Motiven des Kerns*
Opus 53	Kontrapunkt. Arbeit	**Modelle aus bekannten Motiven** **1.** As f Des **2.** f b es **3.** es Des c	*aus Motiven d. Kerns*
Opus 90	Reminiszenz an Hauptthema	**Modell aus bekannten Motiven** C / c cis / Cis	*aus Motiven des Kerns*

Zweites Couplet / Kontrastteil

In frühen Finalsätzen sind rondohaft kontrastierende, motivisch eigenständige zweite Couplets zu finden. Vor allem in op. 2 Nr. 2 und op. 7 hebt sich das zweite Couplet in fast allen Parametern und mit anderem Charakter nachdrücklich und blockhaft vom Refrain ab. Dies entspricht ganz dem Rondo, welches in erster Linie eine Reihungsform ist.

Kontrast zwischen Refrain und zweitem Couplet

	Opus 2 Nr. 2	Opus 2 Nr. 3	Opus 7
Tonarten	*	*	*
Rhythmik	*	*	*
Motivik	*	*	*
Setzweise	*		*
Artikulation	*	*	*
Dynamik	*		*
Charakter	*	*	*

Opus 2 Nr. 2 : So groß der Kontrast zwischen Refrain und zweitem Couplet ist, vom Raumverhalten her zeigt sich eine auffällige Analogie. Wilhelm von Lenz bezeichnet das zweite Couplet als *"Etüde im Stakkato"* [1]. Tragendes, nahezu ständig benutztes Element ist die chromatische Skala in Triolen zusammen mit markanten Akkorden. Bei der Wiederholung T. 80 erfolgt ein überraschender Wechsel zu *legato* und *pp*, gleichsam als Echo. Die Rückleitung zum Refrain ist in erster Linie ein Ausklang. Denn bei gleicher Motivik wird die Dynamik reduziert, die einstimmige Linie steigt vom d" bis zum Kontra-A herab.

Opus 7 : Auch hier zeigt sich eine regelrechte *"Hochebene"* [2] mit fortwährenden Zweiunddreißigstel-Figuren und entgegengestellten Akkorden. Es handelt sich um einen *"kräftigen c-Moll-Sturm"* [3] im *Fortissimo* mit vielen Sforzati. Die Rückleitung ist nicht ausgedehnt, weist dafür aber ein zweitaktiges *Ritardando* auf. Insgesamt ist die Rückleitung wenig selbständig und beeinträchtigt kaum den rondohaft geschlossenen, blockhaften Charakter des zweiten Couplets.

Opus 2 Nr. 3 : Der zentrale Mittelteil (Takt 103 ff.) hat einen völlig anderen Charakter als in den beiden schon erwähnten Finalsätzen. Er ist ein regelrechter *"Hymnus"* [4]. Der Gesamtaufbau – wenn man von den Veränderungen absieht: ||: A :||: B A :|| – ist ein dreiteiliger Liedsatz mit Wiederholungen. Takt 147 ff. folgt eine *"durchführungsartige Episode ... , deren Modulationen aber nur den Zweck haben, den letzten Auftritt des Hauptthemas vorzubereiten"* [5].

1 Lenz: Katalog, Bd. 3, S. 42; zitiert nach: Riemann: Solosonaten, Bd. 1, S. 146.
2 Uhde: Klaviermusik, Bd. 2, S. 129.
3 Badura - Skorda / Demus: Klaviersonaten, S. 43.
4 Ebd., S. 36.
5 Uhde: Klaviermusik, Bd. 2, S. 100.

Opus 2 Nr. 2 Beginn des Refrains, T. 1 ff.
Beginn des zweiten Couplets, T. 57 ff.

Notenbeispiele siehe Seite 157 oben

Opus 7 Beginn des Refrains, T. 1 ff.
Beginn des zweiten Couplets, T. 64 ff.

Opus 2 Nr. 3 Beginn des Refrains, T. 1 ff.
Beginn des zentralen Mittelteils, T. 103 ff.

Zweites Couplet / Durchführungsmodell aus neuen Motiven

Im jeweils ersten Satz der Klaviersonaten benutzt Beethoven als thematische Grundlage für ein Durchführungsmodell meist die Exposition und dabei vor allem das Hauptthema. Er greift zurück auf ein ganzes, eventuell leicht verändertes Motiv oder einen Ausschnitt daraus. [6] Doch findet man auch Durchführungen, in denen ein völlig neues Thema als Modell fungiert, etwa in op. 10 Nr. 1, 1. Satz, T. 118 ff. [7] In Sonatenrondos stellen durchführungsartige Modelle, die thematisch eigenständig sind, wiederum eine dialektische Vermischung von Rondo- und Sonatensatzform dar, denn die motivische Selbständigkeit entspricht eher dem Rondo, die Arbeit an Hand eines Modells eher der Sonatensatzform. Man kann auf Grund dieser Kompositionstechnik bei derartigen Sonatenrondos von einem durchführungsartigen Couplet sprechen.
Vielfach hat das Durchführungsmodell in Sonatenrondos zwar durchaus einen eigenständigen Habitus, weist aber eine gewisse Substanzgemeinschaft mit dem Refrain auf. Hier liegt gleichsam der Keim für Beethovens Entwicklung hin zum Durchführungsmodell aus bekannten Motiven in späten Sonatenrondos.

Opus 10 Nr. 3 : Zwei Takte im *Fortissimo* leiten über zu einem typischen Modell. Es ist das erste in den Sonatenrondos Beethovens, welches nicht nur ein- oder rückleitende Funktion hat wie in op. 2 Nr. 3. Es entspricht voll und ganz dem witzigen Charakter des ganzen Rondos, in großen Staccato-Sprüngen die Tonika hinunter, die Dominante in Oktaven wieder hinauf. Die neue Tonart wird mit Überraschungseffekt immer erst auf dem synkopischen Sforzato erreicht. Das Modell rückt praktisch jedesmal eine Terz nach unten. Interessanterweise wird dabei derselbe Modulationskreis durchzogen wie im ersten Satz dieser Sonate.

Opus 14 Nr. 1: Beethoven benutzt die Mollvariante des Refrains als Einleitung. Durch den Einsatz des Refrains für diesen Zweck geht ein Teil seiner ursprünglichen Funktion verloren: Der Refrain repräsentiert nicht mehr ausschließlich den Kehrreim. Das viertaktige Durchführungsmodell erscheint T. 47 ff. zunächst nur zweimal, später jedoch noch ein weiteres Mal. Dazwischen erfolgt eine *"andere Art"* [8] von Durchführungsarbeit: Eine Figur aus gebrochenen Akkorden über langen Orgelpunktbässen durchläuft h-Moll, G-Dur und e-Moll. Im Gegensatz zu einem eigentlichen Durchführungsmodell verändert sich die Intervallstruktur der Oberstimme und nur der Verlauf der Figur bleibt erhalten. Hier ist also vor allem der harmonische Verlauf wichtig, weniger das melodische Element. Insgesamt entspricht der modulatorische Verlauf des Kerns zwar der Sonatensatzform, der ständige Fluß der in Triolen gebrochenen Akkorde jedoch erzeugt eine formale Abgeschlossenheit, die eher dem Rondo entspricht. Dadurch entsteht eine gewisse Ähnlichkeit mit den drei frühen Sonatenrondos. Die Triolen besitzen natürlich eine Substanzgemeinschaft mit der Begleitung im Refrain.

6 Broel: Durchführungsgestaltung, S. 12.
7 Herold: Durchführungstechnik, S. 22.
8 Ebd., S. 17.

Opus 10 Nr. 3, Modell T. 35 ff.
B - dur » g - Moll » Es - Dur

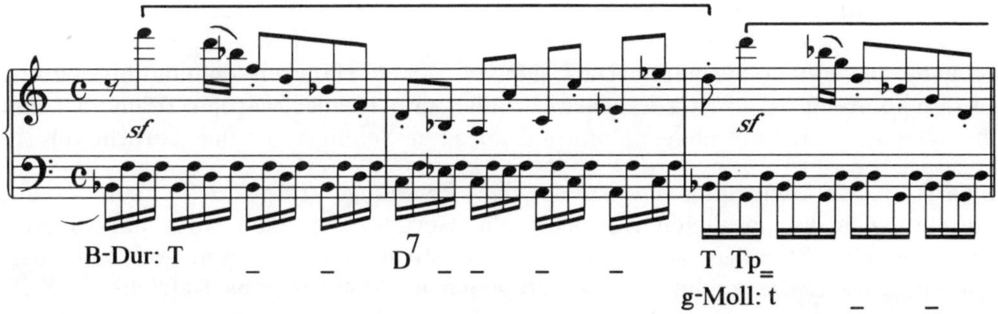

Opus 14 Nr. 1, Modell T. 47 ff.
G - Dur » a - Moll » h - Moll

Opus 26, Modell T. 89 ff.
g - Moll » f - Moll » Es - Dur

Opus 26: Das Durchführungsmodell T. 89 ff. zeigt nur eine gewisse Substanzgemeinschaft mit dem Refrain. Allerdings fungiert der Beginn des zweiten Couplets als eine Art Vorstufe des Modells. Das zweite Couplet zeigt sich also bezüglich der Motivik als rondohafte Fläche, analog zu op. 14 Nr. 1. Aber die Modulation mit einem Modell ist ganz eindeutiges Merkmale einer Durchführung. Die einstimmige Rückleitung entwickelt sich unmittelbar aus dem Modell.

Zweites Couplet / Kontrapunktische Arbeit

Kontrapunktische Techniken werden im zweiten Couplet von op. 13 noch nicht sehr durchführungsartig eingesetzt. Für spätere Sonatenrondos sind typische Kennzeichen eines "Durchführungskerns" im Sinne der Sonatensatzform in nachstehender Übersicht vermerkt. Daß quintverwandte Tonarten dominieren, beruht auf der kontrapunktischen Setzweise. In allen drei Rondos werden Teilmotive der "thematischen" Stimme abgespalten und zu einer Schlußsteigerung verarbeitet.

Opus 13: Der Zentralteil im Rondo der *Pathétique* Takt 79 ff. setzt ohne Überleitung in der parallelen Durtonart ein. Geradezu statisch wirkt der Beginn, der in beiden Stimmen ausschließlich aus steigenden Quarten und fallenden Quinten besteht. Diese Intervalle waren schon im Nachsatz des Refrains T. 5 ff. und auch zu Beginn des choralartigen Themas T. 44 ff. wichtige melodische » *Substanz* «[9]. Eine durchführungsartige Verarbeitung von bekannten Motiven ist dies allerdings nicht. Auch von einer prozeßhaft-dynamischen Entwicklung einer sonatengemäßen Durchführung kann man noch nicht sprechen. Eine Steigerung ist allenfalls bezüglich des Stimmregisters, der Dynamik und des rhythmischen Grundimpulses festzustellen. Tonartliche Vielfalt oder motivische Abspaltung mit Verarbeitung jedoch spielen keine Rolle. Vor allem bleibt die melodische und harmonische Abfolge fortwährend ähnlich.

Opus 22: Die Einleitung zum zentralen Teil ist in diesem Sonatenrondo sehr kurz, dafür aber energisch. Während die Sonatenrondos bis 1800 höchstens eine Substanzgemeinschaft aufzeigten, wird zum ersten Mal in op. 22 ein schon bekanntes Motiv aufgegriffen und durchführungsartig verarbeitet. Der kontrapunktische Teil Takt 81 ff. wird eingerahmt von figurativen Zweiunddreißigstel-Episoden. Somit erhält der Zentralteil insgesamt einen dreiteiligen, blockhaften, symmetrischen Gesamtaufbau, was dem Rondo entspricht. Als "Kern" im Sinne der Sonatensatzform fungiert eigentlich nur der kontrapunktische Abschnitt.

Opus 27 Nr. 1: Nicht nur das "Thema" sondern auch die Gegenstimme haben offensichtlich ihren Ursprung in den Anfangstakten des polyphon zweistimmigen Refrains. Bei dem Modell Takt 140 ff. kann man durchaus von einem *"zweiten Abschnitt der Durchführung"*[10] sprechen, andererseits leitet dieser Abschnitt natürlich zum Refrain zurück.

Opus 28: In diesem Rondo führt Beethoven im zweiten Couplet wieder neue Thematik ein. Dabei sind das "Thema" und die beiden parallel laufenden Kontrapunkte aus dem gleichen motivischen Material gebaut. Später erhält das "Thema" zwei neue, selbständige Gegenstimmen, die das Schlußmotiv Takt 4 des Refrains aufgreifen und sequenzieren. Somit zeigt sich zumindest in einer der kontrapunktischen Stimmen ein Anklang an den Refrain.

9 Reti: Thematic Patterns, S. 79.
10 Rosenberg: Klaviersonaten, Bd. 1, S. 177.

	Opus 22	Opus 27 Nr. 1	Opus 28
kontrapunktische Arbeit	doppelter Kontrapunkt	doppelter Kontrapunkt	"Thema" mit zwei Gegenstimmen

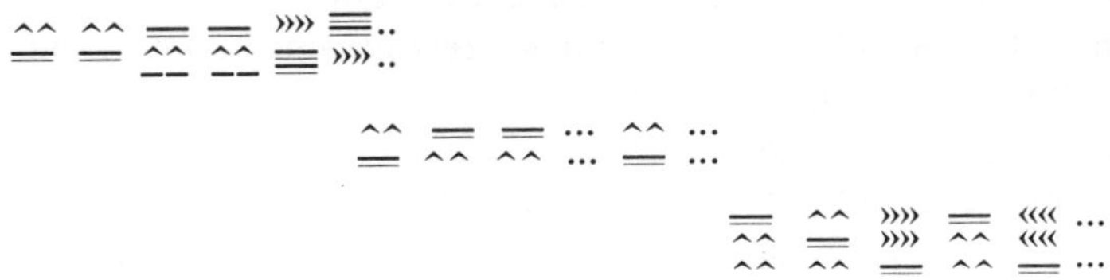

	Opus 22	Opus 27 Nr. 1	Opus 28
Rückgriff auf bekannte Motive	Kopfmotiv der Überleitung (in Moll)	Kopfmotiv des Refrains (verändert)	

Opus 27 Nr. 1, T. 1/106 ff.

	Opus 22	Opus 27 Nr. 1	Opus 28
tonartliche Vielfalt	f-Moll h-Moll b-Moll es-Moll ...	Ges-Dur Des-Dur Ges-Dur f-Moll	G-Dur D-Dur G-Dur g-Moll d-Moll
Abspaltung von Teilmotiven und durchführungsartige Verarbeitung	Schlußton und Auftakt entfallen, Abspaltung des ersten Teilmotivs und Umkehrung, Sequenz	Abspaltung der beiden Schlußtakte, Abspaltung der Schlußnoten, Sequenz	Sequenz mit Kopfmotiv, Abspaltung des Wechselnoten-Motivs und Sequenz

Opus 27 Nr. 1, T. 112/118 ff.

Zweites Couplet / Durchführungsmodell aus bekannten Motiven

Das zweite Couplet der späten, in großen zeitlichen Abständen komponierten Sonatenrondos gestaltet Beethoven nun endgültig als ausgedehnte Durchführung. Ganz im Sinne der Sonatensatzform wird motivisches Material aus dem Refrain oder der Schlußgruppe übernommen und zu einem Durchführungsmodell verarbeitet. Vor allem die Ausmaße zeigen eine neue Dimension: Op. 31 Nr. 1 und op. 90 haben nur ein Modell – und zwar jeweils acht Takte lang –, führen es jedoch durch mehrere Tonarten. Das zweite Couplet der Waldsteinsonate weist sogar vier Durchführungsmodelle auf, die alle je dreimal auftreten.
Die Vielfalt der Tonarten, die das Modell durchläuft, entspricht ganz und gar der Sonatensatzform. Vor allem in op. 53 wird ein großer Tonartenkreis durchschritten, wobei insbesondere die Tonarten Des-Dur und es-Moll relativ weit entfernt sind von der Grundtonart C-Dur. Innerhalb der vier Modellsequenzen bleibt der Modulationsschritt jeweils der gleiche. Im Gegensatz dazu überrascht Beethoven in op. 31 Nr. 1 und op. 90 jedesmal mit einer unerwarteten Tonart. Die Sequenz des Modells weist immer wieder veränderte Modulationswege auf, wodurch ein sehr unregelmäßiger Tonartenkreis entsteht.
So weisen diese Finales alle eine ausgiebige Arbeit mit Modellen und einen weiten Modulationskreis auf. Dies entspricht ganz dem Durchführungskern in der Sonatensatzform. Abspaltung und weitere Verarbeitung eines Teilmotivs jedoch sind von geringerer Bedeutung: Nur in op. 31 Nr. 1 wird damit eine Steigerung erzielt, wie sie typisch ist für eine Durchführung.

Opus 31 Nr. 1: Unmittelbar aus der zweiten Hälfte des Refrains heraus entwickelt sich ein kontrapunktischer Abschnitt mit Engführung. Er hat somit noch einen gewissen Einleitungscharakter, andererseits sind die kontrapunktischen Arbeiten mit dem Thema natürlich schon eine durchführungsartige Verarbeitung. Bei dem Modell ist schließlich auch motivische Abspaltung zu finden: Der erste Modellabschnitt wird beim dritten Auftritt T. 115 ff. nicht mit der ursprünglichen Kadenz abgeschlossen. Statt dessen bildet Beethoven aus dem ersten Teilmotiv des Hauptthemas (der Achtelfigur) und dem Synkopenmotiv des Modellanfangs ein neues Modulationsglied.

Opus 53: In Takt 233 ff. spaltet Beethoven im Anschluß an die dreimalige Sequenz des ersten Modells die beiden Schlußtakte ab. Nach der Wiederholung dieser Schlußwendung bleibt nur noch das Teilmotiv in der Mitte übrig. Anders als in op. 31 Nr. 1 stellt diese Abspaltung aber keine Steigerung, sondern sogar eine zunehmende Abschwächung dar. Diese Abspaltungen vermitteln organisch zwischen den *ff*-Ausbrüchen zu Beginn und der nachfolgenden, ausgedehnten *sempre pp*-Ebene.

Opus 90: Als Durchführungsmodell erscheint das unverkürzte *dolce*-Thema aus der Schlußgruppe. Während beim ersten Mal die Triolenbegleitung unverändert bleibt, werden danach die Sechzehntel der veränderten Harmonik angepaßt. Mit Abschluß des letzten Modell-Auftritts beginnt der Schlußteil.

	Opus 31 Nr. 1	Opus 53	Opus 90
Rückgriff auf bekannte Motive	Kopfmotiv des Refrains	Kopfmotiv des Refrains	*dolce* - Thema aus 1. Couplet
	Opus 31 Nr. 1, T. 1/103 ff. 		
Länge der Modelle	8 Takte	4 Takte 4 Takte (neue Motivik) 6 Takte 4 Takte	8 Takte
Häufigkeit	Opus 31 Nr. 1 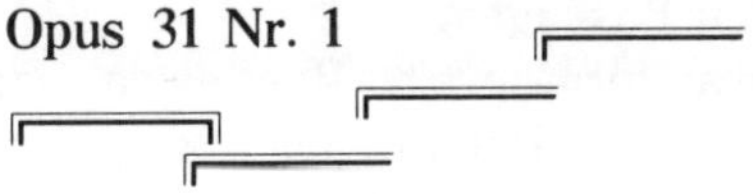	Opus 53 	Opus 90 
tonartliche Vielfalt	Es - Dur c - Moll f - Moll g - Moll	As - f - Des ... Des - es - f f - b - es es - Des - c	C - Dur c - Moll cis - Moll Cis - Dur E - Dur
Abspaltung von Teilmotiven	Teilmotiv in Umkehrung im Baß, Abspaltung des Kopfmotivs	Abspaltung der Schlußwendung (T. 233 ff.)	

I.2.7 Weitere Mischung von Sonatensatzform und Rondo

Bei einfachen Rondos könnte man von einer Analogie zur Sonatensatzform sprechen, wenn das erste Couplet zur Dominanttonart bzw. – bei Sonaten in Moll – zur parallelen Durtonart moduliert. Es handelt sich um strukturelle Ähnlichkeiten, ohne daß man hierbei von einer unmittelbaren gegenseitigen Beeinflussung reden sollte. In op. 49 Nr. 2 wendet sich das erste Couplet zur Dominanttonart, zeigt ein periodisches, gesangliches Thema. Während dort also analog zur Sonatensatzform verfahren wird, steht das erste Couplet von op. 79 in der parallelen Molltonart und *"macht einen fragmentarischen Eindruck."* [1] In stärkerem Maße erinnert an die Sonatensatzform, wenn das erste Couplet bei der Wiederkehr in die Grundtonart transponiert wird, wie beispielsweise in op. 49 Nr. 1 und op. 78. Hier verstärkt sich natürlich das Prinzip des Abrundens, welches die Rondoform kennzeichnet.

Von den Finalsätzen, die vom Aufbau her der Sonatensatzform entsprechen, zeigen op. 2 Nr. 1 und die *Appassionata* op. 57 vielerlei rondohafte Elemente. Einerseits erinnern formale Struktur und Charakter in diesen beiden Finales an die Sonatensatzform, andererseits sind mehrere Formteile rondoartig ausgeprägt. Man kann daher diese beiden Finales als "Rondosonate" bezeichnen (siehe nachstehende Doppelseite). Das Finale von op. 54 ist ungewöhnlich. Wenn auch das Hauptthema recht häufig erscheint – was an die Rondoform erinnert –, so ergibt dieser Finalsatz aber am ehesten noch in Bezug zur Sonatensatzform ein *"sinnvolles Ganzes"* [2], insbesondere wegen der ausgedehnten, durchführungsartigen Passagen.

Bei Finalsätzen in Sonatensatzform greift Beethoven nach der Reprise oft noch einmal auf den Beginn des Hauptthemas zurück, insbesondere wenn Durchführung und Reprise nicht wiederholt werden. Doch sollte dies nicht unbedingt auf die Rondoform zurückgeführt werden. Erscheint etwa in der Coda nur eine Verarbeitung von Motiven des Hauptthemas, so entspricht dies durchaus der Sonatensatzform. Selbst wenn Beethoven die Coda ganz deutlich erkennbar mit dem Kopfmotiv des Hauptthemas eröffnet, so zeigen bestimmte Veränderungen dem Hörer meist sofort, daß dabei nicht eine Wiederkehr des ganzen Hauptthemas beabsichtigt ist. Zum Beispiel liegt in op. 27 Nr. 2 den Anfangsarpeggios ein anderer Akkord zugrunde.

Eine umfassende und damit natürlich stärker rondohafte Wiederkehr des Hauptthemas findet sich in zwei Klaviersonaten von op. 31: In op. 31 Nr. 3 erscheint T. 279 ff. der ganze zwölftaktige Anfangsabschnitt, allerdings mit Lagenwechsel der Stimmen. Hier setzt Beethoven geradezu ein Schlußsignal, denn dieser Abschnitt trat nur zu Beginn der Exposition und natürlich zu Beginn der Reprise auf. Der Finalsatz von op. 31 Nr. 2 weist in der Coda sogar eine ungekürzte Wiederkehr des Hauptthemas auf, bei der allerdings der erregte Charakter die Schlußsituation erkennen läßt.

1 Rosenberg: Klaviersonaten, Bd. 2, S. 323.
2 Ratz: Formenlehre, S. 155 Fußnote *).

Opus 31 Nr. 2 Beginn des Hauptthemas, T. 1 ff.
Wiederkehr des Hauptthemas nach der Reprise, T. 351 ff.

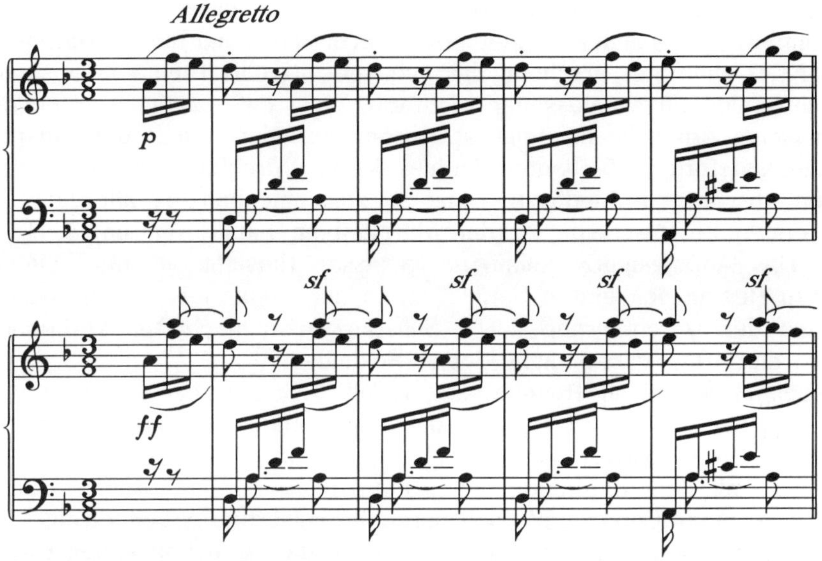

Jürgen Uhde
Beethovens Klaviermusik, Bd. 3, S. 77
Bemerkungen zur Coda von **op. 31 Nr. 2**
"Da setzt, in jähem Entschluß, ff noch einmal das Hauptthema ein, und zwar gerade nicht in einer Erinnerungsform wie so oft in Codateilen, sondern im Gegenteil zu äußerster Intensität gesteigert und in höchstem Maß gegenwärtig (T. 350 ff.). 7 Sforzati, synkopisch auf dem oben hinzugefügten a", unterstreichen dies Ereignis."

So erinnert einerseits die Vollständigkeit der Wiederkehr des Hauptthemas an die Rondoform, die dramatische Verlaufskurve mit zwei *ff*-Höhepunkten andererseits an die Sonatensatzform.

Rudolf von Tobel
Formenwelt der klassischen Instrumentalmusik (1935), S. 193
Nach Tobel *"braucht die Wiederkehr des Hauptthemas nach der Reprise nicht immer auf Rondo-Einfluß zurückgeführt werden: in zahlreicheren Fällen entspringt sie dem allgemeinen Bedürfnis der klassischen Meister nach Zusammenschluß und stellt über die Reprise hinaus eine aus demselben Formprinzip geborene, gewissermaßen potenzierte Abrundung dar".*

Man sollte daher vielleicht bezüglich der Wiederkehr des Hauptthemas in op. 31 Nr. 2 nicht von einem Rondo-Element sprechen, sondern nur von einer gewissen Analogie zur Rondoform.

Rondosonate

Als Rondosonate können die Finalsätze von op. 2 Nr. 1 und op. 57 bezeichnet werden. In beiden Fällen tritt in dem Abschnitt, der jeweils formal eindeutig als Durchführung fungiert, ein neues Thema auf. Die Einführung anderer Motive in der Durchführung als solche widerspricht nicht unbedingt der Sonatensatzform. In op. 2 Nr. 1 allerdings erscheint das neue gesangvolle Thema in ausgedehnter, abgerundeter und abgeschlossener Liedform, ohne daß zunächst irgendeine Art von motivischer Arbeit beabsichtigt ist. Ansonsten findet man in den entsprechend der Sonatensatzform aufgebauten Finales keine Durchführung mehr mit einem derartigen Abschnitt in Liedform. Ganz so zusammenhanglos allerdings, wie es auf den ersten Blick scheint, ist der Mittelteil im Finale von op. 2 Nr. 1 aber nicht. [3] Das Anfangsmotiv knüpft in gewisser Hinsicht an die "Mannheimer Rakete" zu Beginn des ersten Satzes an. In der *Appassionata* sind Hauptthema und Thema der Durchführung durch Substanzverwandtschaften verbunden, insbesondere durch die Verwendung kleiner Sekunden.
Nach Abschluß der neuen Themen setzt grundsätzlich wieder das Kopfmotiv des Hauptthemas ein – in op. 57 sogar in der Grundtonart –, was in gewisser Weise den rondohaften Charakter verstärkt. In op. 2 Nr. 1 wird das Kopfmotiv des Hauptthemas mit dem Kopfmotiv des *sempre piano e dolce* -Themas kombiniert. Wenn also zu guter Letzt doch noch durchführungsartige Arbeit erfolgt, so stellt dieser Teil in harmonischer Hinsicht aber schon die erste Phase der Rückleitung dar, da Beethoven direkt über den Dominantseptakkord zur Tonika von f-Moll moduliert. Als zweite Phase der Rückleitung erscheint dann ein ausgedehnter Dominantorgelpunkt mit ständiger Verarbeitung des Kopfmotives. Im Finale der *Appassionata* bleibt als Kennzeichen einer Durchführung nur die ausgiebige Verarbeitung des Kopfmotivs des Hauptthemas vor und nach dem neuen Thema. Diese Rückleitungen – in der *Appassionata* auch die Einleitung – verarbeiten das Hauptthema also durchführungsartig, so daß der rondohafte Charakter wieder abgeschwächt wird.
In op. 57 ist das Hauptthema sehr regelmäßig gegliedert und schließt deutlich in der Tonika ab. Außerdem greift in beiden Finales die Schlußgruppe das Hauptthema auf, allerdings in der Tonart des Seitenthemas und mit Veränderungen. Ein regelrechter zweiter Auftritt des Hauptthemas, so wie ihn grundsätzlich alle Rondos und Sonatenrondos Beethovens aufweisen, ist dies also nicht.
Die Coda in op. 57 überrascht T. 308 ff. mit einem neuen Thema im Presto. Die Abgeschlossenheit dieses fremden Abschnitts wird verstärkt durch den schlichten Aufbau von 8 + 10 Takten mit jeweiliger Wiederholung. Im Anschluß daran kehrt nach rondohafter Manier die erste Hälfte des Hauptthemas in der Grundtonart wieder, jetzt allerdings nicht mehr im ursprünglichen *pp*, sondern *forte* mit arpeggierten Akkorden in der linken Hand. Doch ist dieses Themazitat nur der Auftakt zu einem gewaltigen *ff*-Schluß. So bildet die Coda also insgesamt den Zielpunkt des sonatengemäßen Spannungsverlaufs im Finale.

3 Riemann: Solosonaten, Bd. 1, S. 108.

Tafeln dienen der Übersichtsverschaffung

Opus 2 Nr. 1, Durchführung

Rondomäßig-liedhafter Abschnitt T. 59 ff.

Kontrastierend	*sempre piano e dolce,* keine lebhafte Triolenbegleitung mehr
Thematische Eigenständigkeit	allenfalls Substanzgemeinschaft mit Kopfmotiv des ersten Satzes
Lyrischer Charakter	vgl. mit lyrischem *"dolce"*- Zentralteil op. 2 Nr. 3, *Allegro assai*, T. 103 ff.
Liedform: Teile	**a - a' - b - a" - b - a"**
Taktzahl	**10 - 10 - 8 - 8 - 8 - 7**
Aufbau	**‖: a :‖: b - a" :‖**
Blockhaft-kompakt	a und b sehr ähnlich bezüglich Setzweise und Charakter

Durchführungsartige Rückleitung T. 109 ff.

Verarbeitung durch Kombination	Kopfmotiv des Hauptthemas plus Kopfmotiv des neuen Themas, durchläuft Tonika von As-Dur, Dominante und Tonika von f-Moll

Abspaltung T. 120 ff.	Verarbeitung des Oktavsprungs

Opus 57, Durchführung

Neuer thematischer Gedanke T. 143 ff.

Regelmäßiger Aufbau, viermal viertaktiger Satz

"Von der Modulationsfreiheit hat der Komponist in der Durchführung dieses Satzes keinen Gebrauch gemacht. Mit einer gewissen Absicht scheinen Ausflüge in entferntere Tonarten vermieden."

(Rosenberg: Klaviersonaten, Bd. 2, S. 303)

I.2.8 Mischung von Sonatensatzform und Fuge

Die Sonatensatzform ist zunächst einmal ein großformales Modell, welches etwa durch folgende Elemente geprägt ist: Zwei tonartliche Ebenen in der Exposition, Verarbeitung von Material in der Durchführung und transponierte Wiederkehr des Seitensatzes in der Reprise. Bei der Fuge gibt es viele Möglichkeiten großformaler Gestaltung. Man denke etwa an Doppel- und Tripelfugen. [1] Mit dem Begriff "Fuge" sind allerdings vor allem einige kontrapunktische Techniken eng verknüpft. Eine Fugen-Exposition ist gekennzeichnet durch Wechsel von Dux und Comes, in den Fugen-Durchführungen werden oft bestimmte Fugenkünste verwendet. Dies hat vielfach zu der Meinung geführt, *"die Fuge sei keine Form, sondern nur ein 'kontrapunktales Verfahren' "* [1]. Dennoch können auch formale Aspekte eine gewichtige Rolle spielen, beispielsweise bei folgendem dreiteiligen Fugenkonzept: *"In einem ersten Teil wird das Fugenthema exponiert. Ein zweiter, tonartlich abgehobener Teil enthält die weitere Durchführung, Imitation und Variation (Diminution, Augmentation, Engführung, Umkehrung) des thematischen Materials. Mit dem dritten Teil führt das kraftvolle und letzte Themenzitat in der Ausgangstonart die Krönung und den Abschluß der Fuge herbei. Der am wenigsten klar zu bestimmende Teil ist der zweite, der also der Freiheit des Komponisten am meisten Spielraum läßt."* [2]
Um also von einer Mischung zwischen Sonatensatzform und Fuge sprechen zu können, muß einerseits der großformale Aufbau der Sonatensatzform noch mehr oder weniger deutlich hörbar sein. Andererseits bleibt zu untersuchen, ob der Einfluß der Fuge in erster Linie die Setzweise betrifft, oder ob formale Aspekte ebenfalls eine Rolle spielen. Ist etwa das oben erwähnte dreiteilige Fugenkonzept zu erkennen? Das Finale von op. 10 Nr. 2 ist ein Beispiel einer frühen Mischung von Sonatensatzform und Fuge bei Beethoven. Wirklich großes Gewicht erhält die Fuge aber erst im Spätwerk. Die Finales von op. 10 Nr. 2 und op. 101 entsprechen beide vom großformalen Aufbau her der Sonatensatzform. Die Exposition wird jedesmal wiederholt, Durchführung und Reprise treten in op. 101 nur einmal auf. Die Reprise zeigt in beiden Fällen die Transposition des Seitensatzes in die Grundtonart, die ja bekanntlich für die Sonatensatzform so überaus typisch ist.
An die Fuge erinnern zunächst die kontrapunktisch geprägten Abschnitte. Eng damit verknüpft ist natürlich der Charakter des Finalsatzes. *"Für den frühen Beethoven ist das Kontrapunktische der Träger des Humoristischen oder hat die Funktion der Störung der Periodizität."* [3] Die speziellen Fugentechniken wie Engführung, Augmentation oder Diminution spielen insgesamt in diesen beiden Finalsätzen tendenziell eine untergeordnete Rolle. Der Einfluß der Fuge ist in stärkerem Maße in der allgemeinen Setzweise zu erkennen. In op. 101 etwa ist schon das Hauptthema durch ausgiebige Imitationen geprägt.

1 Linke: Mißverständnis, S. 781.
2 Ebd., S. 783 f.
3 Einstein: Polyphonie, S. 74.

Opus 10 Nr. 2

Richard Rosenberg
Die Klaviersonaten Ludwig van Beethovens, Bd. 1, S. 95
"Vorklassisch wirkt das Finale deswegen, weil hier ein einziges Thema das ganze Stück ausfüllt und der Satz ziemlich polyphon behandelt ist."

Paul Badura-Skoda / Jörg Demus
Die Klaviersonaten von Ludwig van Beethoven, S. 54 f.
"Zwei Duces hintereinander, dann erst ein Comes und im zehnten Takt offene Oktavparallelen! Aber natürlich ging es Beethoven gar nicht darum, eine reguläre Fuge zu schreiben – gerade der »falsche« Kontrapunkt ist durchaus humoristisch gemeint."

Edwin Fischer
Ludwig van Beethovens Klaviersonaten, S. 39
"Bach dürfte mit der zweistimmigen F-dur-Invention Pate gestanden haben."

Opus 101

Richard Rosenberg
Die Klaviersonaten Ludwig van Beethovens, Bd. 2, S. 360 / 362
"Daß sich keine richtige Fuge daraus entwickelt, merkt man, wenn das Thema die vier Stimmen (Baß, Tenor, Alt, Sopran) durchlaufen hat. Danach nämlich gestaltet sich der weitere Aufbau so frei, daß das Ganze nur als Fugato bezeichnet werden kann, ..."
"Wenn dann schließlich der Anfang des Themas in doppelter Vergrößerung erscheint ... (T. 224), *so bedauert man etwas, daß die thematisch wichtige Linie, eingepackt in die Baßoktave ..., nicht recht zur Geltung kommen kann."*

Heinrich Schenker
Die letzten Sonaten, Erläuterungsausgabe, S. 56 ff.
Was die Durchführung *"mit einer wirklichen Fuge ... gemeinsam hat, ist, daß sie, obgleich als Durchführung eines Sonatensatzes gedacht, gleichwohl deutlich eine bestimmte Haupttonart wahrt, nämlich A-moll (Mischung der Haupttonart) ... Was sie ferner mit einer wirklichen Fuge gemein hat, ist eine deutliche Gliederung in drei Teile ... Was aber andererseits der Fuge hier die Selbständigkeit einer eigenen Form nimmt, ist nicht bloß der Umstand, daß sie in die Mitte eines Sonatensatzes gestellt wird, sondern, daß sie auch im Wesen beträchtliche Zugeständnisse an einen Durchführungsteil macht: Vor allem kommt hierbei in Betracht, daß nicht nur das Fugenthema selbst, sondern auch dessen Kontrapunkt aus dem Hauptmotiv entnommen ist. ..., so daß füglich auch im Sinne eines Sonatensatzes nicht leicht eine thematischere Durchführung gedacht werden kann."*

Das erwähnte dreiteilige Fugenkonzept vermischt sich in diesen beiden Finales ganz unterschiedlich mit der Sonatensatzform. Die "Fugen-Exposition", also der eröffnende Teil, beginnt in op. 10 Nr. 2 zusammen mit der Exposition im Sinne der Sonatensatzform. In op. 101 findet sich eine "Fugen-Exposition" erst in der Durchführung im Sinne der Sonatensatzform. Beide "Fugen-Expositionen" sind aber nicht "regelgerecht". In op. 10 Nr. 2 wird vor allem der Wechsel von Dux und Comes nicht so genau genommen: Das Thema erscheint zweimal in der Grundtonart, dann erst in der Dominante. Spätestens die in Terzen parallel geführten Gegenstimmen werden dem Hörer signalisieren, daß es sich hier nicht um eine strenge Fuge handelt. In op. 101 erscheint das Thema beim zweiten Mal eine Terz (plus Oktave), beim dritten Mal eine Quarte (plus Oktave) höher. Die Intervalle werden teilweise dem harmonischen Verlauf angepaßt.
Solch unterschiedlichem Standort der "Fugen-Exposition" innerhalb der Sonatensatzform ist es zu verdanken, daß die "Fugen-Exposition" in op. 10 Nr. 2 wiederkehrt, und zwar zu Beginn der Reprise, in op. 101 jedoch nicht. Bei der Wiederkehr der "Fugen-Exposition" in op. 10 Nr. 2 tritt die Gegenstimme direkt mit auf. Ein wiederholter einstimmiger Beginn entspräche ja auch weder der Fuge noch dem dynamischen Verlauf der Sonatensatzform. Aus dem unterschiedlichen Standort der "Fugen-Exposition" ergeben sich noch andere Folgerungen. In op. 101 kann Beethoven die Verarbeitung des "Fugen-Themas" in weiteren "Fugen-Durchführungen" direkt anschließen, ohne daß dadurch der großformale Aufbau der Sonatensatzform unkenntlich wird. In op. 10 Nr. 2, wo ja "Fugen-Exposition" und Hauptsatz verschmelzen, muß gemäß der Sonatensatzform noch ein mehr oder weniger erkennbarer Seitensatz folgen. Diesem Formproblem begegnet Beethoven mit seinem Geschick für Balance. Durch eine auffällige Substanzgemeinschaft zwischen Haupt- und Seitensatz (Motivik, Artikulation etc.) bleibt der fugenhafte Charakter der Exposition gewahrt. Außerdem erhält der Seitensatz nicht allzuviel Gewicht, indem er durch den Orgelpunkt gleichzeitig die Funktion einer Schlußgruppe erfüllt. Andererseits wird der Sonatensatzform Genüge geleistet, indem eine neue tonartliche Fläche etabliert wurde. Ebenfalls durch eine vielstimmigere Setzweise hebt sich der Seitensatz vom Hauptsatz genügend deutlich ab.
In der Durchführung von op. 10 Nr. 2 erscheint das "Fugen-Thema" in von der Grundtonart verschiedenen Tonarten. Jedoch nimmt Verarbeitung von sonatenhaft abgespaltenen Motiven einen größeren Raum ein. In der Reprise wandert das Thema überraschend nach Art eines Durchführungsmodells durch verschiedene Tonarten. Der abschließende Teil des dreiteiligen Fugenkonzepts, ein krönendes letztes Themenzitat, ist in den beiden Finalsätzen nur ansatzweise ausgeprägt. In op. 101 würde er wohl die Durchführung zu stark von der Reprise abgrenzen. Statt dessen endet die Durchführung gemäß der Sonatensatzform auf einer ausgedehnten Dominante zur Grundtonart (siehe Seite 115).
Die *Fuga a tre voci, con alcune lizence* in der *Großen Sonate für das Hammer-Klavier* ist zwar sicherlich nicht als Mischung von Sonatensatzform und Fuge zu bezeichnen, die Kantabilität des zweiten Fugenthemas allerdings erinnert an den Themendualismus, wie er sich häufig bei Sätzen in Sonatensatzform findet.

Opus 10 Nr. 2

Exposition

1. Thema

```
                                             Abspaltung und Fortspinnung
                      ##########^##^##^##^##^^^^^^^^^^^^
           ##########.....................................
##########.....................................................     Akkorde
F-Dur      F-Dur      C-Dur
```

2. Thema mit Schlußgruppencharakter

```
xxxxxxxxxx xxxxxxxxxx xxxx       wirkt wie Umkehrung des 1. Themas
#-#-#-#-#-#-#-#-#-#-#-#-#-#-#-#  Gegenstimme mit Motiv aus 1. Thema
- - - - - - - - - - - - - - - -  Orgelpunkt
```

Durchführung

Einleitung mit Umkehrung des 16tel Motivs aus 1. Thema

```
##^##^##^##   (zwei Stimmen unisono)
```

Kern

```
              ###########^##^
########(##)        ##^##^     ausgiebiges Spiel mit
.............. ## ## ## ##^##^  16tel Motiv aus 1. Thema
As-Dur
```

Rückführung mit Reminiszenz an 2. Thema

Reprise

1. Thema

```
                                                  .........########(##)
                          .........########(##)   ##########..........
.........########(##)     ##########..........
##########..........
F-Dur                     g-Moll                  B-Dur
```

danach Auflösung in gebrochene 16tel-Oktaven, Rückmodulation

2. Thema in Grundtonart F-Dur

```
xxxxxxxxxx xxxxxxxxxx       plus variierter Wiederholung,
#-#-#-#-#-#-#-#-#-#-#-#     dabei Gegenstimme in Gegenbewegung
- - - - - - - - - - - -
```

Coda verarbeitet Schlußmotiv der Gegenstimme

I.2.9 Verkürzen und Variieren als Formungsprinzip

Das Wiederholen von Formteilen ist ein wichtiges Gestaltungsprinzip klassischer Formen. Hörpsychologisch mag dabei folgender Aspekt eine Rolle spielen: Musik vollzieht sich in einem Nacheinander, ist gebunden an Vergangenheit, Zukunft und der Schnittstelle dazwischen, dem Jetzt. Kehrt ein Formteil wieder, so wird die Vergangenheit in der Gegenwart lebendig, wird die Zukunft transparent durch die Vergangenheit. Durch diese enge Verknüpfung von Vergangenheit, Gegenwart und Zukunft wird ein Musikwerk aus dem unmittelbaren Nacheinander herausgelöst. Es entsteht ein Organismus, der nicht nur im unmittelbaren Jetzt lebt, sondern in Vergangenheit und Zukunft verwurzelt ist.
Die Wiederkehr eines Formteils entspricht einer Rückkehr zum ursprünglichen Ausgangspunkt, es wird gewissermaßen ein Kreis geschlossen. Wichtige Formen der klassischen Epoche unterscheiden sich insbesondere darin, wieviele Kreise geschlossen werden. Beim einfachen Kettenrondo schließen sich mehrere kleine Kreise. Wird im ganzen Musikstück nur ein einziger Kreis gebildet, so erzeugt dies in besonders starkem Maße das Gefühl einer Einheit, eines organischen Ganzen. Dies gilt vor allem für die in der Klassik sehr dominierende Sonatensatzform, bei welcher die Reprise den Kreis schließt, den die Exposition eröffnet hat. Die Transposition des Seitensatzes in die Haupttonart bewirkt zusätzlich eine Abrundung.
Die vergangene Zeit wird oft durch gewisse Veränderungen bei der Wiederkehr erkennbar. Vor allem aber die Transposition des Seitenthemas in die Grundtonart bewirkt zum Teil vielfältige Änderungen. Doch selbst wenn einmal ein Formteil unverändert wiederkehrt – der Hörer wird die Wiederkehr eines Formteils anders wahrnehmen als beim ersten Mal. *"Niemand kann zweimal in denselben Fluß steigen"* (Heraklit). Unverändert ist bei Beethoven bisweilen der 2. oder auch 3. Auftritt des Refrains, insbesondere bei einfachen Rondotypen. In op. 27 Nr. 2 kehrt der Hauptsatz ohne Verkürzung oder Variation wieder.
Bei mehrmaligen Auftritten macht ein Formteil bei Beethoven in vielen Fällen eine prozeßhaft-dynamische Entwicklung durch. So bedeutet die Wiederkehr zwar das Schließen eines Kreises, aber auf einer neuen Stufe, also ähnlich wie bei einer Spirale. Es ist sicherlich kein Zufall, daß bei Beethoven die verkürzte Wiederkehr von Formteilen – meist mit Variation verknüpft – vor allem beim häufig auftretenden Refrain anzutreffen ist. Werden Formteile verkürzt wiederholt, so hat dies hörpsychologische Auswirkungen auf den großformalen Aufbau. Vor allem der 4. Auftritt des Refrains im Sonatenrondo verschmilzt bei Beethoven oft mit der Coda, was eine Annäherung an die Sonatensatzform bedeutet.
Schließlich sei noch bemerkt, daß die Übersicht natürlich nicht das Ausmaß der Verkürzung oder Variierung verdeutlicht. Ornamentierung oder geringfügige Abwandlungen können eher verzierenden Charakter haben. Teilweise sind auch grundlegende Änderungen zu finden, etwa bei der Setzweise. In den nächsten Abschnitten wird im einzelnen zu untersuchen sein, wann Beethoven eine Wiederkehr verkürzt, welche Variationstechniken er verwendet und wie er diese jeweils einsetzt.

Wiederkehr	**unverändert**	**verkürzt**	**variiert**	**verkürzt und variiert**
Opus 2 Nr. 1			HS SS^{tr}	
Opus 2 Nr. 2			2. 3. Rf B^{tr}	4. Rf
Opus 2 Nr. 3		2. Rf	3. Rf B^{tr}	(4. Rf)
Opus 49 Nr. 1	2. Rf			(3. Rf)
Opus 49 Nr. 2	2. 3. Rf			
Opus 7			3. Rf B^{tr}	2. 4. Rf
Opus 10 Nr. 1			HS SS^{tr}	
Opus 10 Nr. 2			HS SS^{tr}	
Opus 10 Nr. 3			2. 3. 4. Rf	B^{tr}
Opus 13	2. Rf	3. Rf	B^{tr}	4. Rf
Opus 14 Nr. 1	2. 3. Rf		B^{tr}	4. Rf
Opus 14 Nr. 2	2. 3. Rf			
Opus 22			2. 3. 4. Rf B^{tr}	
Opus 26	2. 3. Rf		B^{tr}	(4. Rf)
Opus 27 Nr. 1			2. 3. Rf B^{tr}	(4. Rf)
Opus 27 Nr. 2	HS		SS^{tr}	
Opus 28			2. 3. Rf B^{tr}	(4. Rf)
Opus 31 Nr. 1			3. Rf B^{tr}	2. Rf (4. Rf)
Opus 31 Nr. 2			SS^{tr}	HS
Opus 31 Nr. 3			HS SS^{tr}	
Opus 53	2. Rf	3. Rf		B^{tr} (4. Rf)
Opus 57			SS^{tr}	HS
Opus 78	2. Rf		$3.^{tr}$ 4. Rf	
Opus 79				2. 3. Rf
Opus 81 a			HS SS^{tr}	
Opus 90	2. 3. Rf		B^{tr}	4. Rf

HS	=	Hauptsatz
SS	=	Seitensatz
2./3./4. Rf	=	2./3./4. Auftritt des Refrains
B	=	Wiederkehr des ersten Couplets
( )	=	nur noch Andeutung
tr	=	in die Grundtonart transponierte Wiederkehr

Verkürzte Wiederkehr von Formteilen

Werden Formteile bei ihrer Wiederkehr gekürzt, so wird das Prinzip einer ausgewogenen oder gar symmetrischen Architektur durchbrochen zugunsten eines stärkeren Entwicklungsimpulses. Kein einziges Sonatenrondo läßt sich in den Klaviersonaten Beethovens finden, in dem der Refrain dreimal in Originalgestalt wiederkehrt. Sind Verkürzungen beim zweiten und dritten Auftritt noch relativ selten, so wird der vierte Auftritt nach 1800 meist nur noch angedeutet. Bei Finales in Sonatensatzform sind Verkürzungen in der Reprise nicht die Regel. In op. 31 Nr. 2 aber entfallen die Schlußwendungen des Hauptthemas zugunsten eines fließenden Übergangs. Die gekürzte Wiederkehr des Hauptsatzes in op. 57 erinnert an die entsprechende Stelle in op. 53 (siehe unten).
Der Refrain im Sonatenrondo ist beim dritten Auftritt nahezu immer unverkürzt und kadenziell abgeschlossen. Die Reprise in der Sonatensatzform wiederholt ja das Hauptthema im allgemeinen auch vollständig. In der *Pathétique* allerdings läßt Beethoven den wiederholten Nachsatz und den sehr schlußkräftigen Anhang weg. *"Die verkürzte, geraffte Gestalt dieser Reprise zeigt, daß der musikalische Prozeß sich nun dem Ende nähert."* [1] Im Finale der Waldsteinsonate op. 53 setzt direkt die zweite Hälfte des Refrains ein. Eine so drastische Kürzung mag im vorherigen *"umfangreichen Zwischenspiel"* [2] und in der *"häufigen Verwendung des Hauptmotives"* [3] begründet liegen. Der zweite Auftritt in op. 7 ist recht ungewöhnlich, denn der Schlußteil fällt weg, statt dessen leiten zwei Unisono-Oktaven direkt zum großen Zentralteil über.
Untersucht man im Sonatenrondo den vierten Auftritt des Refrains – im Anschluß an die reprisenartige Wiederkehr des ersten Couplets –, so ist ein deutlicher Unterschied zwischen den früheren und den späteren Finalsätzen festzustellen. In den Sonatenrondos der Jahre bis 1799/1800, also einschließlich des Rondos von op. 22, tritt der Refrain noch ein viertes Mal auf, entweder in ganzer Länge oder verkürzt. Ab 1800 wird zum Prinzip, was Beethoven schon im einfachen Rondo von op. 49 Nr. 1 ausgeführt hat: Der letzte Auftritt des Refrains wird ersetzt durch eine Andeutung zu Beginn der Coda. Meist werden nur die ersten ein oder zwei Takte des Themenkopfes zitiert, noch dazu mit Veränderung von Tonart, Tempo, Setzweise, Dynamik und dergleichen.
Ein vollständiger vierter Auftritt des Refrains – was dem Wesen des Rondos entspricht – ist nur in op. 10 Nr. 3 und op. 22 zu finden, allerdings in beiden Fällen stark variiert. Die Rondos von op. 2 Nr. 3, op. 13 und op. 14 Nr. 1 zeigen nach einer mehr oder weniger verkürzten Version des Refrains einen fließenden Übergang zu den Schlußtakten. In diesen Fällen tritt das Prinzip der Wiederkehr in den Hintergrund, der verkürzte Refrain fungiert gewissermaßen als Einleitung des Schlußteils, so wie in der Sonatensatzform vielfach das Hauptthema die Coda einleitet.

1 Uhde: Klaviermusik, Bd. 2, S. 233.
2 Rosenberg: Klaviersonaten, Bd. 2, S. 277.
3 Nagel: Klaviersonaten, Bd. 2, S. 204.

Andeutung des 4. Refrain-Auftritts	melodische Andeutung	Tonart	Tempo	Setzweise
Opus 49 Nr. 1, T. 136	T. 1 + 2	=	=	fast gleich
Opus 26, T. 155	T. 1 + 2	4 ↑	=	Orgelpunkt, *sf*
Opus 27 Nr. 1, T. 266	T. 1	=	*Presto*	Sechzehntel » kompl. Achtel
Opus 28, T. 169	T. 1 ff. Baß	4 ↑	=	komplementäre Viertel, *pp*
Opus 31 Nr. 1, T. 207	T. 9 + 10	=	=	5 st. » 3 st., *p*
(2. Codateil) T. 225	T. 1 ff.	=	*TempoI / Adagio / ... / Presto*	
Opus 53, T. 403	T. 1 ff. des Rf	=	*Prestissimo* ($\frac{2}{4}$ » ¢)	Sechzehntel » Achtel

Opus 49 Nr. 1, Rondo, Allegro, T. 1/136 ff.

Opus 27 Nr. 1, Allegro vivace, T. 1/266 ff.

Variierte Wiederkehr von Formteilen

Kehrt ein Formteil ziemlich häufig wieder, so neigt Beethoven zu Variierung. Beim Thema mit Variationen wird die fortlaufende Wiederholung des Themas erst interessant durch die mehr oder weniger überraschenden Veränderungen. Der Hörer erkennt schon Bekanntes in neuem Gewand. Ein ebenfalls sehr häufig wiederkehrender Formteil ist der Refrain im Rondo bzw. Sonatenrondo. Daher verwundert es nicht, daß Beethoven vielfach die späteren Auftritte zunehmend variiert. *"Die Rondo-Form ist im Grunde eine Form des Beharrens im Wechsel und keine auf dynamische Veränderung zielende Entwicklung. Durch das Hineinnehmen von typisch sonatenhaftem Wesen wird aber diese sonst mehr statische Form dynamisiert. Der Zeitverlauf, in einem Mozart-Rondo kaum merklich und etwa bei der Wiederkehr des Refrains nur an winzigen Varianten abzulesen, wird bei Beethoven deutlicher artikuliert."* [4]
Ein sehr eindrucksvolles Beispiel sind die Veränderungen des Refrains im Finale von op. 31 Nr. 1. Es handelt sich dabei nicht um willkürliches Variieren. Vielmehr greift der Refrain jeweils die Entwicklung auf, die das Finale bis dahin durchlebt hat, so daß ein prozeßhaft-dynamischer Organismus entsteht. Der Triolen-Rhythmus beim zweiten Auftritt ist eins der wichtigsten Charakteristika des ersten Couplets, das Führen der Melodie in Oktaven beim dritten Auftritt knüpft an die vielen Oktaven im Modell des zweiten Couplets an. Nach dieser Steigerung nimmt das Thema beim letzten Auftritt *"kontemplative Züge"* [5] an. Dazu tragen insbesondere das veränderte Tempo und die choralartige Setzweise bei. Auch in anderen Sonatenrondos durchlebt der Refrain eine starke Entwicklung. In op. 10 Nr. 3 belebt imitatorisches Spiel zunehmend die langen Pausen des Refrains, in op. 22 wandert beim zweiten Auftritt die Melodie sogar in den Baß.
Bei Beethovens Finalsätzen in Sonatensatzform sind verschiedene Veränderungen in der Reprise teilweise als Nachwirkungen der Durchführung zu erkennen. Im *Vivacissimamente* von op. 81 a etwa läuft in der Durchführung die Melodie meist in Oktaven. Diese Klangweitung wird schließlich in der Reprise vom Hauptsatz übernommen. Die Auflösung der Akkorde in Sechzehntel-Begleitung verhindert einen zu starken Spannungsabfall nach all den Trillern und Akkordbrechungen in Exposition und Reprise.
Bei der Wiederkehr von Formteilen hat das Variieren natürlich nicht immer die Funktion, für einen übergeordneten dynamischen Entwicklungsprozeß zu sorgen. Auch bei Beethoven haben viele Veränderungen – vor allem wenn sie geringfügig sind – eher verzierenden Charakter. Insbesondere in den frühen Finalsätzen fungieren Umspielungen der Melodie vielfach in erster Linie als Ornamentierung. In op. 2 Nr. 2 zum Beispiel unterscheidet sich der zweite Auftritt des Refrains von der Originalfassung nur in einem gesteigerten Anfangslauf und einer kurzen Figuration durch zusätzliche Sechzehntel im dritten Takt.

4 Uhde: Klaviermusik, Bd. 2, S. 97 f.
5 Ebd., Bd. 3, S. 41.

Wiederkehr von Refrain bzw. Hauptsatz

Opus 31 Nr. 1, Auftritte des Refrains (T. 1/67/133/225 ff.)

Opus 81 a, Exposition T. 11 ff./Reprise T. 110 ff.

Variierte Wiederkehr von Formteilen
Sonatenrondo

Bei den Sonatenrondos behält Beethoven im Hinblick auf die Variierung vielfach die Richtung bei, die er beim zweiten Auftritt eingeschlagen hat. Wenn er zum Beispiel den Refrain bei der ersten Wiederholung in Originalgestalt bringt, dann neigt er dazu, die nachfolgende Wiederholung ebenfalls nicht zu verändern. Ansonsten variiert Beethoven in den meisten Fällen den Refrain mit jedem neuen Auftritt in stärkerem Maße. Insbesondere die Sonatenrondos mit unverkürztem 4. Auftritt, op. 10 Nr. 3 und op. 22, zeigen zunehmend stärkere Veränderungen des Refrains.
Beethoven gestaltet den zweiten Auftritt des Refrains in fast allen Fällen so, wie es für das Rondo typisch ist, originalgetreu (+) oder mit gelegentlicher Figuration (✻). Im Gegensatz zum zweiten Auftritt wird der Refrain beim dritten Mal oft stärker variiert, quasi auf eine neue Entwicklungsstufe gebracht. Falls der Refrain figuriert erscheint, dann intensiver als beim ersten Mal. Ist der vierte Auftritt des Refrains in den Sonatenrondos bis 1800 meist nur wenig oder sogar überhaupt nicht verkürzt, so ist er aber in aller Regel stark variiert. Daß in der *Pathétique* Vorder- und Nachsatz in Originalgestalt erscheinen, ist eine seltene Ausnahme. Die Melodiestimme des wiederholten Nachsatzes ist dann aber aufgelöst in durchgängige Achtel. So nimmt der vierte Auftritt des Refrains in den Sonatenrondos bis 1800 eine gewisse Mittelstellung ein zwischen getreuer Wiederkehr und bloßer Andeutung: Daß meist ein großer Teil zitiert wird, ist typisches Merkmal der Rondoform. Andererseits sind die starken Veränderungen im allgemeinen das Ergebnis des sonatenhaften Entwicklungsprozesses, den der Refrain im Laufe des Stückes durchmacht.
Ungewöhnlich ist der vierte Auftritt des Refrains in op. 7: Wie beim Übergang zum zweiten Couplet entfällt der Schlußteil a". Wieder steigen die Unisono-Oktaven eine kleine Sekunde hinauf zum h, erhalten aber eine ganz andere Funktion: Die zielstrebige Überleitung zum Fortissimo in Takt 64 wird zu einem großen Fragezeichen in T. 155 f. Nun folgen die ersten vier Takte des Refrains, allerdings in der neapolitanischen Tonart E-Dur / Fes-Dur. So sind insgesamt die Proportionen des Refrains erhalten geblieben. Aber die Transposition und das nahtlose Hinübergleiten zu den Schlußtakten bewirken einen außergewöhnlichen Spannungsverlauf. Hin und wieder geht einem regulären Auftritt des Refrains ein Scheineinsatz in einer "falschen Tonart" voraus. An eine Scheinreprise erinnert insbesondere der Scheineinsatz in F-Dur vor dem dritten Auftritt des Refrains in op. 10 Nr. 3.
Bei der Wiederkehr des Seitenthemas sind – abgesehen von der Transposition in die Grundtonart – die Veränderungen meist eher geringfügig. In op. 2 Nr. 2 wird beispielsweise das Anfangsmotiv umgestaltet, in op. 7 werden zwei Akkorde hinzugefügt. Im Rondo von op. 26 weicht das transponierte Seitenthema nur an einer einzigen Stelle von der ursprünglichen Version ab. Gerade diese kleine Veränderung allerdings ist nicht zufällig, sondern sie bewirkt eine rhythmische Intensivierung des *ff*-Höhepunktes.

Variierte Wiederkehr des Refrains im Sonatenrondo

Auftritte des Refrains	Zweiter Auftritt	Dritter Auftritt	Vierter Auftritt
Opus 2 Nr. 2	✻	✻	✻✻ (a' | b | a")
Opus 2 Nr. 3	+ (B - A')	# mit Erw.	# (a'- B - A')
Opus 7	✻ (a")	✻	# (a"), transp. a
Opus 10 Nr. 3	+ ...	» #	#
Opus 13	+	+ (b' - c)	✻ (c)
Opus 14 Nr. 1	+ wdh. ...	+	# (b)
Opus 22	✻	#	» #
Opus 26	+	+	(-)
Opus 27 Nr. 1	# ...	#	(-)
Opus 28	✻	✻	(-)
Opus 31 Nr. 1	# (.. $b^{v} b^{v'}$)	#	(-)
Opus 53	+	+ (-- |--//)	(-)
Opus 90	+	+	# (a a'^{v})

( ) weggelassene Teile, meist mit kurzer Andeutung am Anfang

(-) Wegfall des ganzen Refrains mit Andeutung

Bezüglich der wiederkehrenden Teile

+ unveränderte Wiederkehr

✻ wenig veränderte Wiederkehr, Figuration

stärker veränderte Wiederkehr, zum Beispiel Melodie im Baß

... fließender Übergang durch veränderte Schlußtakte

» Scheineinsatz in anderer Tonart

✻✻ zweimaliges Auftreten des Refrains in der Coda von op. 2 Nr. 2

Variierte Wiederkehr von Formteilen
Techniken

Beim Rondo, Sonatenrondo oder beim Finalsatz in Sonatensatzform verwendet Beethoven zahlreiche Variationstechniken. Insgesamt steht allerdings in diesen Sätzen eine variierte Wiederkehr eines Formteils in größerer Nähe zum Original als dies bei einem Thema mit Variationen der Fall ist. Dort zeigt meist jede Variation einen ganz individuellen Charakter mit eigener Setzweise, die auch die ganze Zeit mehr oder weniger festgehalten wird. Hinzu kommen Veränderungen von Taktart, Tempo usw. Beim Rondo, Sonatenrondo oder auch beim Finalsatz in Sonatensatzform jedoch würde ein allzu freizügiger Gebrauch von Variationstechniken die Einheit des Satzes gefährden. Eine variierte Wiederkehr eines Formteils ist eben doch noch in erster Linie eine Wiederkehr und nicht eine Variation mit selbständigem Auftreten.
Beethoven begnügt sich im allgemeinen mit der Veränderung von ein oder zwei Parametern. Wenn Beethoven beispielsweise als neue Setzweise "Melodie mit Akkordzerlegung" wählt, dann läßt er meist Melodik und Harmonik unverändert. Wenn er andererseits bei Wiederkehr eines Formteils unerwartet moduliert, dann behält er im allgemeinen Motivik und Setzweise bei. Beethoven verwendet die Variationstechniken also sehr ökonomisch, um einerseits das Prinzip der Wiederkehr nicht zu sehr zu verschleiern, andererseits aber doch eine dynamisch-prozeßhafte Entwicklung zu ermöglichen. Dazu gehört schließlich auch, daß der Charakter des Originals weitgehend erhalten bleibt. Die variierte Wiederkehr eines Formteils soll keine kontrastierende Version darstellen, vielmehr entfaltet sie das, was im Thema schon verankert ist. Beethoven verwendet daher im allgemeinen jeweils solche Variationstechniken, die den Charakter des Themas verstärken. In op. 10 Nr. 3 zum Beispiel intensivieren die bei der Wiederkehr eingeschobenen imitatorischen Spiele den witzig-neckischen Charakter des Refrains. Auch die Verwendung der Triolenbegleitung bei der Wiederkehr des Refrains in op. 31 Nr. 1 und op. 79 wird doch durch die äußerst kantable Melodie nahegelegt. Es ist in diesem Zusammenhang bemerkenswert, daß ein Wechsel der Dynamik relativ selten ist.
Interessant sind einige Bezüge zwischen ganz verschiedenen Finalsätzen. Es zeigt sich, daß Beethoven mit einem bestimmten Phänomen ähnlich umgeht, auch wenn der Satz einen anderen Charakter hat. In zwei Sonatenrondos zum Beispiel zeigt der Refrain sehr lange Pausen. Die ausgedehnten Generalpausen im Refrain von op. 10 Nr. 3 verunklaren die Taktart des Finales. Der Beginn in op. 28 ist recht unkonventionell, weil die eigentliche Melodie erst im dritten Takt einsetzt. Bei häufiger Wiederkehr des Refrains verlieren die langen Pausen ihren Reiz. Um einerseits die Pausen zu füllen, um andererseits aber die typische Struktur des Refrains nicht zu gefährden, wendet Beethoven folgenden Kunstgriff an: Er setzt kurze Motive ein, die in op. 10 Nr. 3 noch dazu ein imitatorisches Spiel treiben. Da nun diese kurzen Motive beim dritten Auftritt des Refrains ausladender sind als beim zweiten Auftritt, wird wieder eine dynamisch-prozeßhafte Entwicklung im Sinne der Sonatensatzform erzeugt.

Variierte Wiederkehr von Formteilen Rondo - Sonatenrondo - Sonatensatzform	
Melodische Varianten	
Gesteigerter Anfangslauf	op. 2 Nr. 2 T. 41, 53, 100, 112
Einfügen von zusätzlichen Noten in Melodie	op. 2 Nr. 2 T. 43, 102
Umspielen der Melodie	op. 2 Nr. 2 T. 108 ff., op. 7 T. 99 ff. op. 13 T. 179 ff., op. 22 T. 165 ff.
Teilmotive vertauschen	op. 2 Nr. 2 T. 124 ff.
Imitatorisches Spiel mit Motiven	op. 10 Nr. 3 T. 57, 60, 84, 88, 91
Chromatik	op. 7 T. 147 ff., op. 10 Nr. 1 T. 67 op. 22 T. 52, 60
Gebrochene Oktaven	op. 22 T. 121 ff.
Rhythmische Varianten	
Melodie in Synkopen	op. 7 T. 147 ff., op. 14 Nr. 1 T. 109 ff.
16tel » 16tel Triole mit Pause	op. 22 T. 173 ff.
Ausfüllen von Pausen	op. 10 Nr. 3 T. 57, 60, 84 ff. op. 28 T. 56 f., 118 f.
Harmonische Varianten	
Trugschluß	op. 10 Nr. 3 T. 33
Mollvariante	op. 14 Nr. 1 T. 39 ff.
Modulation	op. 13 T. 160 ff., op. 14 Nr. 1 T. 104 ff. op. 27 Nr. 1 T. 104 ff. op. 31 Nr. 2 T. 233 ff.
"Regelwidrige" Transposition	op. 14 Nr. 1 T. 92 ff.
Veränderung der Setzweise	
Melodie mit Triolenbegleitung	op. 31 Nr. 1 T. 67 ff. op. 79 T. 35 ff.
Melodie mit 16tel-Begleitung	op. 79 T. 72 ff., op. 81 a T. 110 ff.
Melodie in Oktaven	op. 31 Nr. 1 T. 133 ff., op. 81a T. 110 ff.
Melodie im Baß	op. 22 T. 112 ff. op. 27 Nr. 1 T. 183 ff.
Kontrapunktische Gegenstimme	op. 10 Nr. 2 T. 87 ff.

I.3 Themen und Motive
I.3.1 Gestaltung der Themen

Daß bei Beethoven ein enger Zusammenhang zwischen Charakter eines Finales und Wahl des großformalen Modells erkennbar ist, wurde schon in Abschnitt I. 2. 2 angesprochen. Das Hauptthema in seiner exponierten Stellung zu Beginn prägt ein Finale natürlich sehr. Dramatische Akkorde sind bei Finalsätzen in Sonatensatzform zu finden. Man beachte etwa, wie bei den erregten Akkordzerlegungen im Hauptthema von op. 27 Nr. 2 die *sf*-Akkorde quasi wie Blitze einschlagen. Wenn im Rondo mal Akkorde in einem Thema vorkommen, sind sie im allgemeinen nicht so affektgeladen. Eine Besonderheit des Finales von op. 2 Nr. 3 ist die Sextakkord-Kette zu Beginn.
Eine andere eher sonatenhafte Technik ist das Herausstellen eines prägnanten kurzen Motivs, zum Beispiel im *Presto con fuoco* von op. 31 Nr. 3. Das Kopfmotiv von op. 10 Nr. 1 erscheint sogar im Unisono, was in keinem Rondo vorzufinden ist. In vielen Refrains dagegen überwiegt die langatmige melodische Linie, der durchgehende gesangliche Fluß. Die Oberstimme verläuft dann vielfach in kleinen, gesanglichen Intervallen wie Sekunden und Terzen. Häufig ist dabei der zweistimmige Satz mit kantabler Melodie und fließender Begleitung. Der "lange Atem" der Melodien zeigt sich auch in der Häufigkeit der Pausenzeichen. *"Spannungspausen"* [1] wie im Refrain von op. 10 Nr. 3 findet man kaum. Aber auch Pausen, die eine Zäsur setzen sollen, sind selten. Einige Refrains weisen im ganzen Verlauf der Melodie nur eine kurze Pause auf, die noch dazu überbrückt wird von der Unterstimme.
Refrains zeigen bisweilen einen regelrecht abgerundeten Verlauf der Melodie. In op. 14 Nr. 1 zum Beispiel steigt die Oberstimme im Vordersatz nach oben zum a" und fällt im Nachsatz bis zum kleinen e. Eine *"schöne Abrundung der ganzen Melodielinie"* [2] zeigt auch das erste Thema in der *Pathétique*. Der Refrain von op. 90 weist eine ausgeprägte Symmetrie auf: Vier achttaktige Sätze, jeweils mit Ganzschluß sind spiegelbildlich angeordnet zur zentralen Zäsur: I / II //II / I. *"Das zweite Zitat von I wirkt ungewöhnlich, weil wir nach der Wiederholung von II bereits das Empfinden des Thema-Abschlusses haben ... Daß nun nochmals I erscheint, wirkt zunächst als Annex, bis wir innewerden, daß gerade dieser 'Anhang' das Melodieganze erst auf die vollkommene Balance bringt, nämlich auf 16 + 16 Takte."* [3] Einen ausgewogenen Aufbau hat der Refrain von op. 31 Nr. 1 durch die variierte Wiederholung der ersten 16 Takte.
Wenn bei einem Finale in Sonatensatzform ein Motiv innerhalb des Hauptthemas dominiert, dann kommt im allgemeinen ein Entwicklungsprozeß hinzu. Refrains dagegen sind oft durch eine *"gewisse Wiederholungsfreudigkeit"* [4] gekennzeichnet.

1 Rosenberg: Klaviersonaten, Bd. 1, S. 108.
2 Riemann: Solosonaten, Bd. 2, S. 30.
3 Uhde: Klaviermusik, Bd. 3, S. 320.
4 Ebd., S. 319.

Dramatische Akkorde
Opus 27 Nr. 2, Finale, Beginn des Hauptthemas

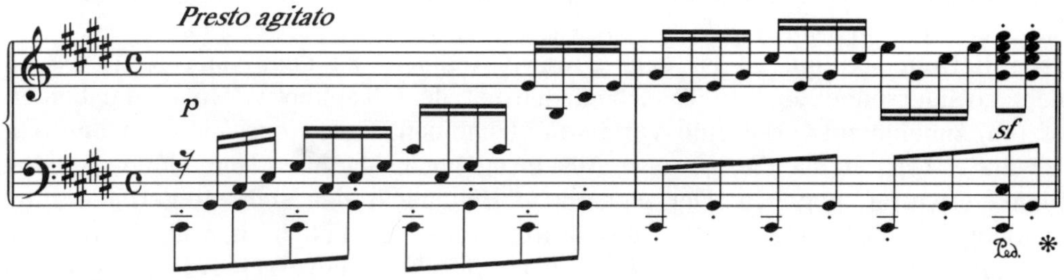

Prägnante kurze Motivik
Opus 10 Nr. 1, Finale, Beginn des Hauptthemas

Kantabilität
Opus 13, Finale, Beginn des Refrains

Scherzhafte Rhythmik
Opus 14 Nr. 2, Finale, Beginn des Refrains

Es treten beispielsweise ganze vier- und achttaktige Sätze ein zweites Mal auf, nur anders abkadenziert oder leicht variiert. Ein Rezensent schreibt in der *Allgemeinen Musik Zeitung* von Februar 1800 zu op. 13 sogar die Bemerkung, *”dass das Thema vom Rondo zu viel von einer Reminiscenz an sich hat”* [5].
Beim Refrain von op. 53 ist eine gewisse Analogie zu dem von op. 10 Nr. 3 nicht zu übersehen: Je drei Teile beginnen mit dem Kopfmotiv, wobei die beiden letzten, zunehmend verkürzten Varianten zusammen die gleiche Länge haben wie der erste Teil. So ist die gewisse Ausgewogenheit, die man von einem Rondo-Thema erwartet, gegeben. Der eigentliche Höhepunkt der sich steigernden Entwicklung jedoch liegt zu Beginn des dritten Teils, deutlich hörbar im *Fortissimo.* Verstärkt wird dies in op. 10 Nr. 3 noch durch Klangverschärfung ($\not{D}^{V}$) und parallele Terzen, in op. 53 durch hohe Lage der Melodie mit durchgehendem Triller auf g” und den 32stel-Läufen. Diese Steigerung in mehreren Anläufen bis hin zu einem *ff*-Höhepunkt bewirkt einen Spannungsverlauf, der in gewisser Hinsicht dem dynamischen Charakter der Sonatensatzform nahekommt. Auch bei Seitenthemen im Sonatenrondo ist bisweilen eine Intensivierung in mehreren Parametern zu erkennen.
Kontrapunktische Struktur weist natürlich das Hauptthema von op. 10 Nr. 2 auf, welches eine Art Fugen–Exposition darstellt. Im Finale von op. 101, das auch eine Mischung von Sonatensatzform und Fuge darstellt, hat das Hauptthema imitatorische Struktur. In allen anderen Finales beginnt das Hauptthema nicht derartig. Beethoven berücksichtigt also die Exponiertheit der Anfangstakte und weckt keine falschen Erwartungen beim Hörer durch einen imitatorischen Beginn des ganzen Finales. Bei Seitenthemen dagegen greift Beethoven gelegentlich auf imitatorische Techniken zurück.
Die rhythmische Gestaltung eines Themas kann bisweilen sehr den Charakter eines Themas prägen. Das eine Extrem ist gleichbleibende Motorik – wie zum Beispiel in op. 26 – das entgegengesetzte Extrem sind Verschleierungen des zugrundeliegenden Taktes. In op. 10 Nr. 3 geschieht dies durch die ausgedehnten Generalpausen, in op. 14 Nr. 2 durch die metrische Stellung des Kopfmotivs. Im Seitenthema von op. 27 Nr. 2 unterstützen die zunehmend verschärften Synkopen den dramatischen Charakter des ganzen Satzes.
Natürlich werden die Finalsätze auch dadurch entscheidend geprägt, daß sie eine ganze Sonate abschließen. Die erste Phrase des Schlußsatzes von op. 28 zum Beispiel klingt wie eine *”Schlußwendung”* und wäre *”als Thema eines Anfangssatzes ganz ungeeignet”.* [6] Aber auch harmonisch kann sich der Finalcharakter zeigen, etwa durch Beginn auf der Dominante und Bestätigung der Tonika erst im achten Takt (op. 7 und op. 31 Nr. 1). *”Ein solcher Beginn klingt, als nähme man ein schon weit gediehenes Gespräch wieder auf, um es zu befriedigendem Abschluß zu bringen.”* [7]

5 Siehe Verzeichnis: *zeitgenössische Rezensionen* zu op. 13.
6 Uhde: Klaviermusik, Bd. 2, S. 409.
7 Ebd., S. 126.

Dramatische Akkorde		
Opus 2 Nr. 1	Hauptthema	Zupackende Akkorde
Opus 27 Nr. 2	Hauptthema	Akkordbrechungen, *sf* - Akkorde
Prägnante kurze Motivik		
Opus 10 Nr. 1	Hauptthema	Eintaktiges Motiv im Unisono
Opus 31 Nr. 3	Hauptthema	Anfangsimpuls durch Akzent
Kantabilität		
Opus 7	Refrain	Graziös fließende Melodie
Opus 13	Refrain	Überwiegend kleine Intervalle, Quinten abwärts in Halben
Opus 22	Refrain	Sehr geschmeidige Melodie
Opus 31 Nr. 1	Refrain	Gesangliche Stimmen
Opus 90	Refrain	*Sehr singbar vorgetragen*
Opus 109	Thema	*Gesangvoll, mit innigster Empfindung*
Raumverhalten der Melodie		
Opus 2 Nr. 1	Seitenthema	Abwärtssteigende Motivik
Opus 14 Nr. 1	Refrain	Anstieg im Vordersatz, Abstieg im Nachsatz
Symmetrie		
Opus 90	Refrain	Spiegelbildliche Anordnung
Wiederholungsfreudigkeit		
Opus 27 Nr. 1	Refrain	Takt 9 ff. viermal hintereinander
Opus 53	Refrain	Anfangsmotiv prägt ganzen Refrain
Opus 57	Hauptthema	Kopfmotiv in unablässiger Folge
Intensivierung		
Opus 2 Nr. 2	Seitensatz	Steigerung in vielen Parametern
Opus 7	Seitensatz	Steigerung bis *ff* in weiter Lage
Opus 53	Refrain	Hohe Lage der Melodie mit durchgehendem Triller
Imitatorische Struktur		
Opus 2 Nr. 2	Refrain	Imitatorisches Spiel im Mittelteil
Opus 28	Seitenthema	Imitation in drei Stimmen
Opus 101	Hauptthema	T. 59 vertauschter Stimmeneinsatz
Spielfreudigkeit		
Opus 26	Refrain	Sequenzierung einer Spielfigur
Rhythmische Auffälligkeiten		
Opus 10 Nr. 3	Refrain	Ungewöhnliche Pausen
Opus 14 Nr. 2	Refrain	Scherzhaft
Opus 27 Nr. 2	Seitenthema	Viele Synkopen, Punktierungen

I.3.2 „Themendualismus" und „Kontrastierende Ableitung"

Die *"pragmatische Sonatendefinition im 19. Jahrhundert"* ist sehr stark geprägt vom Begriff des *"Themendualismus"* zwischen Haupt- und Seitenthema.[1] Doch wie bei allen musiktheoretischen Begriffen stellt sich die Frage nach der historisch adäquaten Anwendung. Bei Haydn etwa ist das Verhältnis zwischen Haupt- und Seitenthema vielfach nicht dualistisch, sondern monothematisch. Die neue tonartliche Ebene des Seitenthemas ist in diesen Fällen das entscheidende Faktum. *"Im 19. Jahrhundert ist allmählich die thematische statt der tonalen Struktur in den Vordergrund gerückt ..., und im 20. Jahrhundert, bei Arnold Schönberg, wurde als extreme Konsequenz des Vorrangs der Thematik das Paradox einer Sonatenform unter den Bedingungen der Atonalität möglich. Bei Beethoven ist demgegenüber die tragende Bedeutung der tonalen Struktur noch ungebrochen."* [2]

In Beethovens Sonatenrondos und den Finales in Sonatensatzform läßt sich ein Beispiel echter Monothematik nicht finden. Beethoven verwendet also in keinem einzigen Fall den transponierten Hauptthemenkopf als Beginn des Seitenthemas. Der Begriff des "Themendualismus" ist zwar bei Beethoven oft anwendbar, doch beschreibt er das Verhältnis zwischen erstem und zweitem Thema recht pauschal. Vor allem wohnt ihm die Gefahr inne, in der Exposition nur das Aufstellen eines Kontrastes zweier Themen zu sehen. Die musikalische Wirklichkeit aber ist wesentlich differenzierter und vielschichtiger. Das *"Prinzip der kontrastierenden Ableitung"* [3] etwa wird schon erkennbar bei den Themen im Eröffnungssatz der f-Moll-Klaviersonate op. 2 Nr. 1. Beethoven gibt dem Seitenthema zwar im allgemeinen ein individuelles Profil, verknüpft es allerdings in mancher Hinsicht mit dem Hauptthema. Anschaulich gesprochen bilden die Themen weder einen Schwarzweiß-Kontrast noch farbliches Einerlei.

Um also das Verhältnis zwischen den Themen eines Satzes zu charakterisieren, möge man Verknüpfungspunkte und Unterschiede herausarbeiten. Erst wenn die vielen verschiedenen Ebenen (Motivik, Rhythmik, Harmonik, Syntax, Setzweise, Dynamik, Artikulation, Phrasierung usw.) berücksichtigt werden, kann zumindest annähernd das Verhältnis zwischen zwei Themen eines Finalsatzes aufgespürt werden. Der unvoreingenommene Hörer wird in op. 28 vor allem wahrnehmen, welch ähnlichen Charakter die beiden Themen haben. Ein genauer Vergleich der beiden Themen läßt aber erstaunlich viele feine Differenzen erkennen, durch die sich das zweite Thema ganz klar als eigenes Individuum abgrenzt. Da allerdings insgesamt die Unterschiede nicht so ins Gewicht fallen, überwiegen doch für den Hörer die Anknüpfungspunkte an das erste Thema. Natürlich beeinflußt indirekt auch die Gestaltung der Überleitung die Wirkung der Themen. Die völlig andere Struktur der Überleitung mit den gebrochenen Akkorden wird das Hauptthema umso deutlicher ins Gedächtnis rufen.

1 Ritzel: Sonatenform, S. 196 ff. / S. 230.
2 Dahlhaus: Beethoven, S. 133 f.
3 Schmitz: Zwei Prinzipe, S. 38.

Opus 28 Vergleich zwischen 1. und 2. Thema, T. 1/29 ff.

	Gemeinsamkeiten	Unterschiede
Aufbau	weitgehend viertaktig	1. 4 + 4 (Wdh.) + 4 + 4 2. 4 + 4 + 2 + 1 + 1 + 1 + 2 Direkt verzierte Variante, danach Schlußwendungen
Motivik		1. Baßstimme mit Bordun, Motiv (a" ... cis' d") und verk. Umkehrung (d" cis' a") 2. zentrales Motiv
Tonart		1. Grundtonart D - Dur 2. Dominanttonart A - Dur
Harmonik	schlicht	
Rhythmik	sehr ähnlich	
Setzweise	einstimmiger Beginn	1. bis Dreistimmigkeit 2. bis Vierstimmigkeit, imitatorisch
Dynamik	*piano* als Grundlage	1. kurze < > 2. *sf*, *f* als Schlußsteigerung
Artikulation	*legato*, an Schlüssen: *staccato*	
Phrasierung	zunächst zweitaktig, später zunehmend eintaktig	16tel - Figur unterschiedlich phrasiert
Spannungsverlauf	relativ statisch, viele Ganzschlüsse	1. nur Verzierung 2. Schlußsteigerung
Charakter	pastoral, unbeschwert	

Nicht nur für die Anfangssätze, sondern tendenziell auch für die Finales gilt, *"dass das Seitenthema im Verlaufe von Beethovens Entwicklung mehr und mehr zu einer Einschmelzung in den Gesamtorganismus des Satzes neigt."* [4] Doch bei den Finalsätzen kommt ein wesentlicher Aspekt hinzu: Das Verhältnis zwischen Haupt- und Seitenthema wird entscheidend dadurch geprägt, ob es sich um ein Sonatenrondo oder um ein Finale in Sonatensatzform handelt. Bei vielen Sonatenrondos bestehen sehr deutliche motivische Beziehungen zwischen Haupt- und Seitenthema. Bei Finales in Sonatensatzform dagegen greift das Seitenthema im allgemeinen nicht die Motivik, sondern vielmehr strukturelle Prinzipien oder den rhythmischen Impuls der Begleitung auf. Daraus kann man vielleicht folgern, daß für die Sonatenrondos das melodische Element eben doch mit das Wichtigste darstellt. Hingegen kommt es bei Finales in Sonatensatzform meist vor allem auf den erregten Charakter an. Die ungestüme Bewegung der Begleitfiguren hat das Seitenthema in op. 2 Nr. 1 und op. 27 Nr. 2 mit dem jeweiligen Hauptthema gemeinsam. In op. 10 Nr. 1 erbt das Seitenthema vom Hauptthema die Struktur des dreimaligen Anlaufs. Das Kreisen der Motivik verbindet Haupt- und Seitenthema in op. 81 a.

Mit diesen Unterschieden im Verhältnis zwischen Haupt- und Seitenthema hängt ein weiterer sehr wichtiger Gesichtspunkt zusammen: *"Der Charakter des Satzes und der des Themas fallen beim sogenannten Charakterstück, zu dessen Wesen die Monothematik gehört, zusammen. Einem Sonatensatz aber liegt in der Regel eine Mehrzahl thematischer Charaktere – das also, was Hölderlin 'Wechsel der Töne' nannte – zugrunde."* [5] Dahlhaus zeigt in op. 10 Nr. 3 – und zwar sowohl bezüglich der ganzen Sonate als auch innerhalb des ersten Satzes – sehr überzeugend das *"Schema Marcato-Cantabile-Scherzando"* auf. [6] Die Gruppierung *"Marcato-Cantabile"* zeigt sich recht deutlich bei manchen Finalsätzen in Sonatensatzform, insbesondere in op. 2 Nr. 1 und op. 27 Nr. 2. Bei den Sonatenrondos entspricht vielfach schon das Hauptthema dem *Cantabile*. Ein *Marcato* für das Seitenthema würde in diesen Fällen wohl den Gesamtcharakter des Rondos gefährden. So lassen sich bei Beethoven tendenziell zwei Verfahren erkennen: In op. 7 ist das Seitenthema, welches gleichzeitig auch Schlußgruppenfunktion besitzt, ein *Scherzando*. In den meisten Fällen bringt das Seitenthema allerdings ein weiteres *Cantabile*. Was liegt dann näher, als motivisch beim Hauptthema anzuknüpfen?

Bei den beiden Sonatenrondos mit drei Themen besteht interessanterweise nicht zwischen Haupt- und Seitenthema der eigentliche Kontrast. Weit mehr hebt sich der Schlußgruppen-Hymnus von den ersten beiden Themen ab (op. 13, T. 44 ff. und op. 90, T. 60 ff.). Ähnliches gilt auch für den *dolce*-Hymnus zu Beginn der Durchführung von op. 2 Nr. 1, allerdings unterscheidet sich das Seitenthema in diesem Finale wesentlich deutlicher vom Hauptthema.

4 Fischer: Form und Motiv, S. 137.
5 Dahlhaus: Beethoven, S. 167.
6 Ebd., S. 168.

Verbindende Elemente zwischen 1. und 2. Thema

Opus 13, Rondo, Allegro, T. 12/25 ff.

Opus 22, Rondo, Allegretto, T. 2/25 ff.

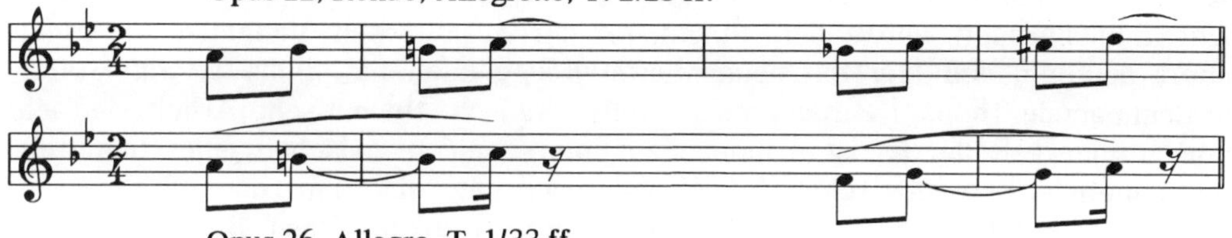

Opus 26, Allegro, T. 1/33 ff.

Opus 31 Nr. 1, Rondo, Allegretto, T. 1/42 ff.

Opus 90, Nicht zu geschwind ..., T. 2/42 ff.

I.3.3 „Musikalische Logik“ durch motivisch-thematische Arbeit

Das Prinzip motivisch-thematischer Arbeit besteht im Entwickeln eines größeren Zusammenhangs aus motivischen ”Urzellen” oder gar aus einem ganzen Thema. Werden die musikalischen Gedanken folgerichtig auseinander entwickelt, so kann man von ”musikalischer Logik” sprechen. Motivisch-thematische Arbeit findet sich innerhalb der Sonatensatzform vor allem im Kern der Durchführung – und zwar verknüpft mit tonartlichem Schweifen. Außerhalb der Durchführung können die Formteile selbständig sein mit eigener Motivik, Setzweise usw. Falls aber Beethoven unmittelbar nach einem Thema Motive daraus für eine Überleitung oder Schlußgruppe verwendet, macht er durch motivisch-thematische Arbeit sofort deutlich, daß hier ein neuer Formteil begonnen hat. Falls er auf weiter zurückliegende Themen zurückgreift, spielt motivisch-thematische Arbeit vielfach eine geringere Rolle. Es ist demnach zu unterscheiden zwischen einer unmittelbaren motivisch-thematischen Arbeit und einer mit rückerinnerndem Charakter. Bei der Überleitung gilt sogar das umgekehrte Prinzip: Wenn Beethoven hier motivisch-thematische Arbeit verwendet, so verarbeitet er grundsätzlich Motive aus dem Hauptthema. Es widerspricht wahrscheinlich seinem Sinn für Ökonomie, in der Überleitung neues Material einzuführen und dies gleich einer motivisch-thematischen Arbeit zu unterziehen. Die Überleitung würde sonst vielleicht auch zu viel Aufmerksamkeit auf sich lenken und zu eigenständig werden. Die drei Rückleitungen in op. 22, die alle das Kopfmotiv des Refrains imitatorisch verarbeiten, bereiten die Auftritte des Refrains vor.

Beim Hauptthema spielt motivisch-thematische Arbeit eine sehr unbedeutende Rolle, wenn man einmal von kleineren imitatorischen Episoden absieht (etwa op. 2 Nr. 2 Mittelteil des Refrains). Beim Seitenthema verwendet Beethoven zum Teil kontrapunktische Techniken. Das Seitenthema in op. 31 Nr. 1 zeigt einen Abspaltungsprozeß. Insgesamt spielt Verarbeitung von Motiven beim Seitenthema jedoch eine relativ geringe Rolle.

Variierte Auftritte des Refrains sind bereits im Abschnitt I. 2. 9 angesprochen worden. Häufige Variationstechniken sind Umspielungen der Melodie, Verändern der Begleitung usw. Bisweilen variiert Beethoven den Refrain aber auf eine solche Art und Weise, daß man von motivisch-thematischer Arbeit sprechen kann. Paradebeispiele sind der dritte und vierte Auftritt des Refrains im Rondo von op. 10 Nr. 3. Beethoven füllt zunächst die charakteristischen Pausen, indem er das Kopfmotiv in der Ober- und Unterstimme imitatorisch verarbeitet. Beim letzten Auftritt verwendet er sogar die Umkehrung des Kopfmotivs und eine durch Sechzehntelbewegung variierte Fassung.

Die Coda schließlich ist neben dem Kern der Durchführung bei Beethoven einer der wichtigsten Formteile für motivisch-thematische Arbeit. Erscheint in der Coda bekanntes Material, so bedeutet dies eine Rückschau auf den ganzen Satz. Durch eine Verarbeitung wird die Coda zu einem krönenden Abschluß. Wie in Abschnitt I. 5. 2 noch zu zeigen sein wird, entwickelt sich bei Beethoven die Coda bisweilen zu einer gewaltigen Schluß-Durchführung.

Clemens Kühn
Formenlehre der Musik, S. 75
"Entwicklung ist Ausdruck ***musikalischer Logik****. Sie verknüpft statt locker zu reihen, sie denkt statt zu assoziieren, sie zielt vorwärts statt Gleichgewicht zu suchen. Denn jeder Moment einer musikalischen Entwicklung ist zweifach eingebunden: Er ist* ***Ergebnis*** *des Vorherigen und* ***Ausgangspunkt*** *des Folgenden."*

	Sonatenrondos und Finales in Sonatensatzform Formteile mit motivisch-thematischer Arbeit			
	Rf 1. Couplet Rf	2. Couplet	Rf 1. Couplet Rf	Coda
	Exposition	Durchführung	Reprise	Coda
Opus 2 Nr. 1		Rü		
Opus 2 Nr. 2				Coda
Opus 7	Üb		Üb	Coda
Opus 10 Nr. 1		Ker		Coda
Opus 10 Nr. 2		Ein Ker Rü	HS	
Opus 10 Nr. 3		Ein Ker	Rf 1. Couplet Rf	Coda
Opus 13		Ker	Rf	
Opus 14 Nr. 1	Üb	Ein Ker	Üb	Coda
Opus 22	SS Rü	Ker Rü	SS Rü	Coda
Opus 26		Ker		
Opus 27 Nr. 1	Üb	Ker Rü	Üb	Coda
Opus 27 Nr. 2		Ker		Coda
Opus 28	SS	Ker	SS	Coda
Opus 31 Nr. 1	Üb SS	Ker	Üb SS	Coda
Opus 31 Nr. 2		Ker		
Opus 31 Nr. 3		Ker		Coda
Opus 53		Ein Ker Rü		Coda
Opus 54		Ein Ker Rü		
Opus 57	Sg	Ker Rü	Sg	
Opus 81 a		Ker		
Opus 90		Ker Rü		Coda

Durchführung bzw. durchführungsartiges zweites Couplet

Die Durchführung ist bekanntlich der eigentliche Platz für motivisch-thematische Arbeit. Die Exposition stellt von ihrem Wesen her zunächst nur Themen auf, die dann in der Durchführung verarbeitet werden. Bei Beethoven allerdings dringt vielfach die motivisch-thematische Arbeit auch in die Formteile außerhalb der Durchführung vor, in Exposition, Reprise und Coda. Es ergibt sich dann natürlich die Gefahr, daß die Durchführung ihre eigentliche Funktion verliert. Beethoven vermeidet dies Problem im Einzelfall sehr geschickt, indem er zum Beispiel in der Durchführung nicht die Motive verarbeitet, die er schon in der Exposition für motivisch-thematische Arbeit herangezogen hat.
Beethoven greift in der Durchführung in erster Linie auf Motive des Hauptthemas zurück, und zwar meist auf das Kopfmotiv. Dies berücksichtigt insbesondere die hörpsychologische Gesetzmäßigkeit, daß sich dem Hörer der Anfang auf Grund der Exponiertheit besonders einprägt. Außerdem mag auch ein dramaturgischer Gesichtspunkt eine Rolle spielen: Seitensatz und anschließende Schlußgruppe klingen beim Hörer zu Beginn der Durchführung noch recht stark nach. Um also den neuen Formteil deutlich erkennbar zu machen, liegt der Rückgriff auf weiter zurückliegendes motivisch-thematisches Material sehr nahe. Der Rückgriff auf das Hauptthema unterstützt also die Gliederung eines Finales in Exposition einerseits, Durchführung und Reprise andererseits.
Wenn auf Motive aus mehreren Formteilen der Exposition zurückgegriffen wird, werden sie im allgemeinen gesondert in verschiedenen Teilen der Durchführung verarbeitet. Eine kombinierende Verarbeitung von unterschiedlichen Motiven aus der Exposition ist bei Beethoven eher für durchführungsartige Codas typisch. Die Kombination bildet dann praktisch den Schlußstein der Entwicklung, die Synthese der Elemente. Motivik aus dem Seitensatz wird in der Durchführung nur im Kern oder in der Rückleitung verwendet. Die Gegenüberstellung von Haupt- und Seitensatz in der Exposition wiederholt sich in der Durchführung, wenn die Einleitung Motive des Hauptsatzes, der Kern Motive des Seitensatzes verarbeitet (etwa op. 27 Nr. 2 und op. 81 a). Der Rückgriff auf Motive aus Überleitung oder Schlußgruppe liegt insbesondere dann nahe, wenn diese Teile in der Exposition eine starke motivisch-thematische Eigenständigkeit entwickelt haben (op. 22 und op. 90).
Bisweilen liegt keine direkte Verarbeitung von Motiven vor, sondern nur eine gewisse Substanzgemeinschaft. Insbesondere in einigen Sonatenrondos wendet Beethoven durchführungsartige Techniken auf relativ eigenständige Motivik an. In op. 13 werden beispielsweise die charakteristischen fallenden Quinten des Themas aufgegriffen.
Durchführungsmodelle (nachfolgende Seite: ⊓) sind sowohl in Finalsätzen in Sonatensatzform als auch in Sonatenrondos zu finden. Übernimmt Beethoven dabei Motive aus der Exposition, so verändert er sie bisweilen auch. In vielen Fällen durchbricht Beethoven den regelmäßigen Ablauf des Modells und moduliert zu unerwarteten Tonarten. Solche überraschenden Wendungen sind typisch für den schweifenden Charakter einer Durchführung.

	Motive aus Exposition	Besondere Merkmale der Durchführung bzw. des durchführungsartigen zweiten Couplets
Opus 2 Nr. 1	HS	Erst nach neuem Thema Arbeit mit HS
Opus 10 Nr. 1	HS	Sehr knappe Durchführung
Opus 10 Nr. 2	HS SS	Kern mit HS, Rückleitung mit SS
Opus 10 Nr. 3	HS	Einleitung mit HS, Kern aus neuen Motiven,
		B g Es ... Scheinreprise
Opus 13	(HS)	Substanzgemeinschaft mit Thema, Kp. Arbeit
Opus 14 Nr. 1	HS	Einleitung mit Mollvariante von HS
		G a h
Opus 22	HS Üb	Kp. Arbeit mit Üb, Rückleitung mit HS
Opus 26	(HS)	Substanzgemeinschaft mit Thema
		g f Es
Opus 27 Nr. 1	HS SS	Kp. Arbeit mit HS, Rückleitung mit SS es Ces as
Opus 27 Nr. 2	HS SS	Einleitung mit HS, Kern mit SS
		fis G ...
Opus 28	(HS)	Substanzgemeinschaft mit Thema, Kp. Arbeit
Opus 31 Nr. 1	HS	ausgiebige Arbeit mit HS
		Es c f g
Opus 31 Nr. 2	HS	ausgiebige Arbeit mit HS, Scheinreprise
Opus 31 Nr. 3	HS	ausgiebige Arbeit mit HS
		1. c h 2.
Opus 53	HS	Einleitung mit neuen Motiven, Kern mit HS
		1. 2. 3.
Opus 54	HS SS	ausgiebige Arbeit mit HS und SS
		G c f
Opus 57	HS	Ein- und Rückleitung mit HS, neues Thema
Opus 81 a	HS SS	Ein- und Rückleitung mit HS, Kern mit SS
Opus 90	HS Sg	Einleitung mit HS, Kern mit Sg - Thema
		C / c cis / Cis

Techniken motivisch - thematischer Arbeit

Die Art motivisch-thematischer Arbeit steht in einem vielseitigen Verhältnis zu dem jeweiligen spannungsmäßigen Verlauf. In zahlreichen Fällen setzt Beethoven Techniken wie Abspaltung oder Engführung zu einer Spannungssteigerung ein, wobei im allgemeinen natürlich dynamische und räumliche Intensivierung etc. hinzukommen. Die Überleitung in op. 7 etwa zeigt eine ausgedehnte Steigerung mit dialogischem Spiel, Abspaltung, Figuration und Verkürzung. Besonders in der Coda haben Episoden mit motivisch - thematischer Arbeit aber auch eher einen rückblickend - abschließenden Charakter (etwa op. 10 Nr. 3, Takt 100 f., op. 22, Takt 195 ff., usw.).
Beethoven sorgt im allgemeinen dafür, daß sich dem Hörer ein Motiv in seiner ursprünglichen Form genügend einprägt und daher stärkere Veränderungen als solche erkennbar bleiben. Oft bleibt das Motiv nahezu unverändert, wird aber imitatorisch oder engführungsartig verflochten. Häufig sind engführungsartige Spiele mit bekannten kurzen Motiven. Engführung eines längeren thematischen Abschnitts erinnert an entsprechende Fugenkünste (op. 31 Nr. 1, T. 87 ff.). Als doppelten Kontrapunkt gestaltet Beethoven bisweilen die Verarbeitung des Themas in Durchführung oder Coda. Im 2. Couplet von op. 27 Nr. 1 erfährt der Refrain eine regelrechte Metamorphose: Die thematische Stimme greift in der Kadenz den Quartsprung des Themenkopfes auf. Die kontrapunktische Stimme verwendet Motive aus der Begleitstimme des Hauptthemas. An dieser Stelle sei auf tendenziell verschiedene Verfahrensweisen hingewiesen: Beethoven bringt hier direkt eine motivische Variante, führt diese dann kontrapunktisch durch. In anderen Fällen wird das Motiv zu Beginn original zitiert, erfährt dann aber eine zunehmende Veränderung und dynamische Entwicklung.
Gelegentlich werden auch verschiedene Motive miteinander kombiniert. Eine Kombination von erstem und zweitem Thema in der Coda stellt in besonderem Maße die Endphase des sonatenhaften Entwicklungsprozesses dar, quasi als Auflösung des Themendualismus.
Motivisch - thematische Arbeit wird bei Beethoven vielfach eingesetzt, um den Zusammenhang des ganzen Satzes zu festigen und um einen Entwicklungsprozeß zu erzeugen. Einen besonders sonatenhaften Entwicklungsprozeß zeigt das Sonatenrondo von op. 10 Nr. 3. Der prägnante Themenkopf wird im Verlaufe des Satzes immer wieder aufgegriffen und verarbeitet. Vor allem der dritte und vierte Auftritt des Refrains zeigen eine zunehmende Verarbeitung. Sogar die Wiederkehr des ersten Couplets gerät in den Sog dieser Entwicklung. Statt des chromatischen zweiten Teils des ersten Couplets erscheint ein ausgedehntes Spiel mit dem Kopfmotiv des Hauptthemas. In der Coda dann allerdings wird die Chromatik mit dem Kopfmotiv kombiniert. Der Anfang des Hauptthemas legt natürlich eine motivisch - thematische Verarbeitung sehr nahe: Der Themenkopf prägt sich dem Hörer besonders eindringlich ein, denn die langen Pausen zu Beginn bewirken eine starke Exponiertheit. Außerdem liegt der Keim zu motivisch-thematischer Arbeit schon im Themenkopf verankert, da das Baßmotiv quasi die Umkehrung des Sopranmotivs ist.

Motivisch - thematische Arbeit im Rondo von op. 10 Nr. 3

Motivische Varianten — Sopranmotiv: T. 1, 76, 73, 80
Baßmotiv: T. 1, 85, 93

Imitatorische Verarbeitung — Einleitung des 2. Couplets, T. 33 f.
3. Auftritt des Refrains, T. 60 f.
Coda, T. 100 f.

Kombination mit Chromatik aus 1. Couplet — Coda, T. 106 f.

Motivisch-thematische Arbeit in anderen Finalsätzen

Abspaltung und Sequenzierung — Opus 10 Nr. 1, Durchführung, T. 47 ff.

Abspaltung und Intensivierung — Opus 27 Nr. 1, Überleitung, T. 25 ff.

Engführung — Opus 14 Nr. 1, Überleitung, T. 15 ff.
Opus 31 Nr. 1, T. 87 ff.

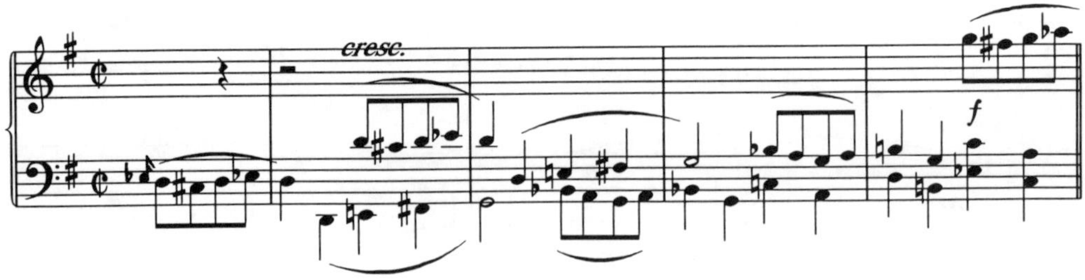

Doppelter Kontrapunkt Opus 31 Nr. 1, Coda, T. 206 ff.

Variation der rhythmischen Grundstuktur Opus 31 Nr. 3, Durchführung, T. 128 ff. im Vergleich zum Hauptthema

Hauptthema, T. 13 ff.

Kombination von 1. und 2. Thema Opus 10 Nr. 1, Coda, T. 115 ff.

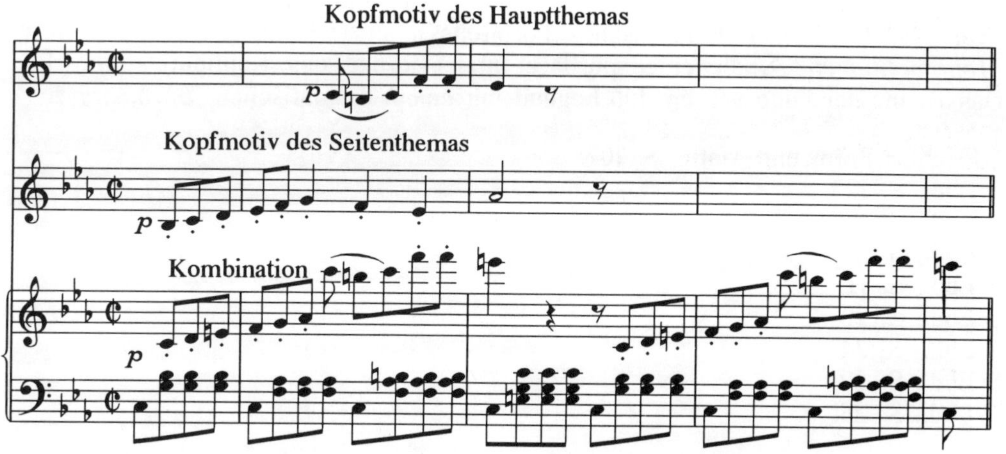

I.3.4 „Entwicklungsmotive“

"Das klassische Thema ist 'Hingestelltes', persönlich 'Geprägtes', aktives Element; das Entwicklungsmotiv hingegen ist 'Herausentwickeltes', oft formelhaft Allgemeingültiges, gewissermaßen passiv Entstandenes." [1] Bei Beethoven sind allerdings Thema und Entwicklungsmotiv nicht immer eindeutig abzugrenzen. *"Was sich besonders in den Klaviersonaten des Frühstils vorbereitet hatte, findet in den Werken von Beethovens mittlerem Stil seine Vollendung: Thema und Entwicklungsmotiv schmelzen zu einem einheitlichen Organismus zusammen; das Thema herrscht über weite Strecken entwickelnder Teile; umgekehrt greifen aber auch Entwicklungsmotive bis in die Themen hinein."* [2] Im Spätwerk sogar *"liegt, trotz vieler thematischer Beziehungen innerhalb von Sätzen und Werken, das Schwergewicht oft nicht mehr auf dem Thema, sondern auf der Entwicklung."* [3] Als Beispiel sei auf die unterschiedliche Bedeutung von Arpeggienfiguren in den Hauptthemen der Finalsätze von op. 2 Nr. 2 und op. 27 Nr. 2 hingewiesen. Im ersten Fall gibt die traditionelle "Mannheimer Rakete" nur den Anfangsimpuls, im andern Fall werden die Arpeggien zum tragenden Element. Es handelt sich dabei nicht allein um einen quantitativen Unterschied in der Verwendung von Arpeggien, sondern auch um einen qualitativen. Denn die zerlegten Akkorde in op. 27 Nr. 2 tragen ganz entscheidend bei zum unruhig-drängenden Charakter dieses Hauptthemas.

Auch andere Grundtypen von "Entwicklungsmotiven" sind in Finales der Klaviersonaten reichhaltig zu finden. Die *"unter dem Namen 'Seufzermotiv' bekannte Zweitonfolge"* [4] etwa prägt weite Teile des Finales von op. 78, aber auch das Seitenthema in op. 27 Nr. 1. *"Zu den bei Beethoven häufigsten Entwicklungsmotiven gehört die Tonleiter; ... Bei den Mannheimern und vielfach auch noch bei Mozart bedeuten sie vor allem spielerische Elemente, während sie bei Beethoven zum Ausdruck zielstrebiger Kräfte werden."* [5] In der *Pathétique* zum Beispiel enden erstes und zweites Couplet mit einer abstürzenden Tonleiter als dramatischer Geste. Ausgedehnte chromatische Läufe prägen das erste Couplet in op. 10 Nr. 3. *"Rankenartig"* [6] ist vor allem das Kopfmotiv des Hauptthemas in der Appassionata. *"Kreisende Motive"* zeigt etwa der Finalsatz der *Pathétique* (Takt 187 ff). [7] Den Beginn eines Formteils in op. 54, Takt 45 ff., markieren *"Tonrepetitionen"* [8], die eine spürbare Intensivierung des Kopfmotivs bewirken. Das Thema der Fuge von op. 106 beginnt mit einem dramatischen *"Sprungmotiv"* [9].

1 Fischer: Form und Motiv, S. 107.
2 Ebd., S. 123.
3 Ebd., S. 129.
4 Ebd., S. 8.
5 Ebd., S. 11.
6 Ebd., S. 20 ff.
7 Ebd., S. 34.
8 Ebd., S. 29.
9 Ebd., S. 26.

Arpeggien Opus 2 Nr. 2, Beginn des Finales
Opus 27 Nr. 2, Beginn des Finales

Seufzermotive Opus 78, *Allegro vivace,* Takt 23/52 f.

Rankenartige Motive Opus 57, *Allegro ma non troppo,* Takt 21 ff.

Tonrepetitionen Opus 54, *Allegretto,* Takt 45 ff.

I.3.5 „Thematic Patterns“ und „Urlinien“

Die ”thematischen Zellen” von Réti und die ”Urlinien” von Schenker sind beide gekennzeichnet durch das Prinzip der Reduzierung. Es werden jeweils Tonhöhenstrukturen untersucht, wobei aus den Motiven und Melodien einzelne ”wichtige” Noten selektiert werden. Andere Parameter, insbesondere rhythmische Aspekte, bleiben weitgehend unbeachtet. Das Prinzip der Reduzierung hat zur Folge, daß sowohl die ”thematischen Zellen” als auch die ”Urlinien” recht elementar wirken. *”Beim Anblick der Urlinien lasse man sich aber dadurch nicht ernüchtern, daß sie alle einander ähneln in ständigen Zügen von Sekunden, in Wiederholungen oder auch in einem Auf und Nieder, regelmäßig wie Ein- und Ausatmen.”* [1]
Aus der starken Einschränkung der Perspektive ergibt sich, daß – wie bei vielen anderen Methoden natürlich auch – eine durchgängige Anwendung dieser Analysetechniken nicht immer sehr aufschlußreich ist. Hin und wieder können auf diese Weise jedoch bemerkenswerte ”verborgene Strukturen” aufgezeigt werden. Réti zeigt überzeugend, daß die langsame Einleitung zu Beginn der *Pathétique* mit der steigenden kleinen Terz als *”prime cell”* das Fundament für weite Teile der ganzen Sonate legt, insbesondere auch für den Refrain des Rondos (siehe Musikbeispiel). Der Zyklusgedanke ist also schon recht ausgeprägt. Beim Finale der Appassionata besteht eine Substanzverwandtschaft zwischen dem Hauptthema und dem Thema der Durchführung, welches sich auf den ersten Blick als völlig neu präsentiert. Die ”thematischen Zellen” sind demnach geeignet, übergeordnete Zusammenhänge zu erkennen. Die ”Urlinien” Schenkers können vor allem das Raumverhalten mancher Melodien bewußt machen. Der Beginn des Hauptthemas in op. 101 etwa zeigt eine ”Urlinie” mit einem Sekundgang abwärts.
Sucht man normalerweise nur ”thematische Zellen” innerhalb eines Werkes, so fallen gelegentlich aber auch Beziehungen zwischen verschiedenen Sonaten auf. Eine Sekunde aufwärts und eine Terz aufwärts – beziehungsweise umgekehrt – sind die Grundsubstanz der Kopfmotive vom Seitenthema in op. 7, vom Refrain in op. 10 Nr. 3 und vom Refrain in op. 14 Nr. 1. Natürlich ergeben sich solche ”Zellen” aus der klassischen Harmonik (Leitton und Wechsel von Grundton zu Terz).

Für ein tiefergehendes Verständnis müssen auch andere Aspekte berücksichtigt werden. In den ersten beiden Fällen zeigt sich eine ”Offenheit” des Kopfmotivs, da es auf leichter Zeit mit dem Terzton der zugrundeliegenden harmonischen Funktion endet. In op. 14 Nr. 1 dagegen stellt die halbe Note einen vorläufigen Ruhepunkt dar.

1 Schenker: op. 101, S. 22.

"Thematische Zellen" in Opus 13 Réti: "Thematic Patterns", S. 70.

"Thematische Zellen" in Opus 57 Réti: "Thematic Patterns", S. 70.

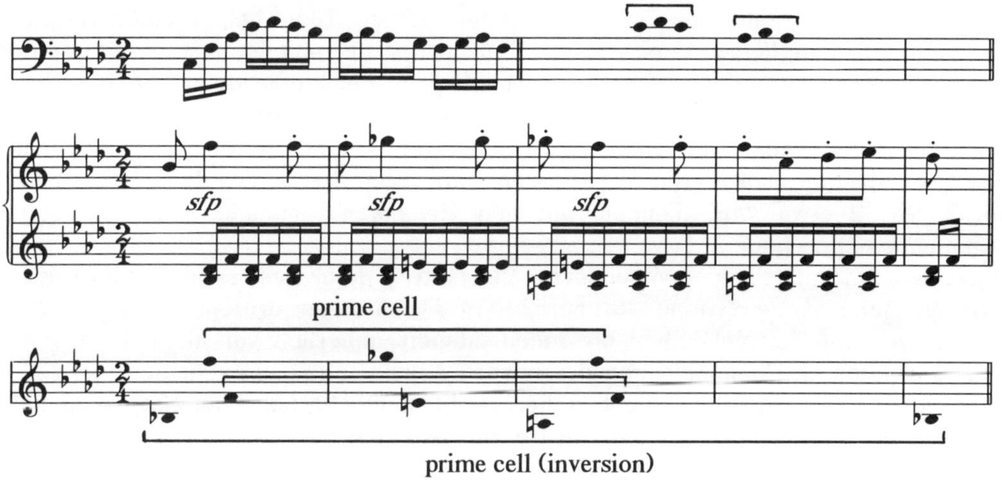

"Urlinien" in op. 101 Schenker: "Opus 101", S. 49.

I.4 Aspekte des „Handwerks“
I.4.1 Setzweise

Wie Beethovens Skizzen zeigen, ist der Vorgang des Komponierens nicht ausschließlich eine Frage der Inspiration, sondern auch eine der Beherrschung des "Handwerks". Am deutlichsten zeigen dies vielleicht solche Skizzen, bei denen Beethoven zuerst nur verschiedene Versionen der Melodiestimme festhält, sich danach erst dem Gestalten der Begleitung widmet. Insbesondere was die Setzweise angeht, stehen dem Komponisten der Klassik eine Vielzahl von "Mustern" zur Verfügung. Der Rückgriff auf konventionelle "Muster" bedeutet allerdings in keiner Weise eine Abwertung der kompositorischen Leistung. Es stellt sich allein die Frage, ob hier Überzeugendes gelungen ist.
Versucht man eine Charakterisierung der Setzweise eines bestimmten Abschnitts, so kann zunächst einmal ganz nüchtern untersucht werden, wieviele Töne auf jeweils einem rhythmischen Impuls erklingen. Einige Töne haben eindeutig nur die Funktion klanglicher Verstärkung. Typischstes Beispiel ist etwa, wenn eine Melodie in Oktaven geführt wird. Hörpsychologisch neigt man dazu, die jeweilige Randstimme als führend, die Innenstimme als klangverstärkend zu empfinden. Doch auch bei vollgriffigen Akkorden haben die Innentöne oft rein klangliche Funktion. Bei den bekannten "*sf*-Blitzen" im Hauptthema des Finalsatzes von op. 27 Nr. 2 etwa wird niemand auf den Gedanken kommen, hier von sechs Stimmen zu sprechen.
Doch bei choralartigen homophonen Abschnitten kann es schon schwieriger werden. Beim *dolce*-Hymnus in op. 2 Nr. 3 und beim dritten Thema in der *Pathétique* zum Beispiel haben die Innenstimmen sicherlich vor allem klangliche Funktion, aber hier kommt schon der lineare Aspekt hinzu. Entscheidend ist, wie sehr die Akkorde im Rampenlicht stehen. Bei einem choralartigen Satz mag der Hörer eher geneigt sein, auf versteckte Innenstimmen zu achten, als wenn die Akkorde nur das rhythmisch-harmonische Fundament einer alle Aufmerksamkeit erheischenden Kantilene sind, wie etwa bei dem *dolce*-Thema in op. 2 Nr. 1. Bei einem akkordischen Satz gerät in Beethovens Klaviermusik vor allem der Baß oft zu einer regelrechten Gegenstimme. In op. 10 Nr. 3 stellt etwa der Baß die Umkehrung des Kopfmotivs im Sopran dar.
Eine andere Frage ist, wie man zwischen führenden Stimmen und Begleitung unterscheiden kann. In den meisten Fällen ist für eine Begleitung irgendeine Art von Monotonie kennzeichnend, sei es rhythmischer, melodischer, harmonischer oder sonst einer Art. Die Begleitung erhält dadurch einen untergeordneten Rang, obwohl sie natürlich klangliches Fundament für die führenden Stimmen bildet. Die Unterscheidung in führende oder begleitende Stimmen ist aber nicht absolut. Ein und dieselbe Stimme kann je nach Kontext ganz unterschiedlich wirken. Deutlichstes Beispiel ist etwa das Hauptthema im Finale der Appassionata. Zunächst treten ganz klar die Sechzehntel-Figuren des Soprans als führende Stimme auf. Doch schon acht Takte später meldet sich der Baß so deutlich zu Wort, daß die gleiche Wendung des Soprans schon ein wenig begleitend wirkt.

"Entmachtung" des Kopfmotivs
Opus 57, *Allegro ma non troppo,* T. 21/29/36 ff.

Weitere acht Takte später ist der Sopran völlig entmachtet. Beethoven hilft dabei dem Hörer auf die Sprünge, indem er jetzt statt der charakteristischen Wechselnote nur noch die einfache Akkordzerlegung verwendet. Es wird also in harmonischer Hinsicht eine gewisse Monotonie geschaffen.
Während bei der Setzweise "Melodie und Begleitung" Haupt- und Nebenrolle im allgemeinen eindeutig verteilt sind, weisen dialogische oder imitatorische Abschnitte von vorneherein mehrere Hauptakteure auf. Kontrapunktische Setzweisen finden sich natürlich in allen Finalsätzen mit Fugenelementen. In einigen Sonatenrondos besitzt das zweite Couplet kontrapunktische Abschnitte, so daß man fast schon von einem Durchführungskern im Sinne der Sonatensatzform sprechen kann. Typisch für derartige kontrapunktische Abschnitte ist vor allem das vielfältige Umschichten der verschiedenen Stimmen. Die thematische Stimme erscheint mal oben, mal unten, hin und wieder mal in der Mitte. In op. 27 Nr. 1 klingt schon bereits der Beginn des Refrains nach "Thema mit kontrapunktischer Gegenstimme".
Schließlich werde noch kurz ein Blick auf ein- oder zweistimmige Passagen geworfen. Ein einstimmiger Beginn eines Finales kann auf ein Fugato hinweisen, wie etwa in op. 10 Nr. 2. Oder aber das Kopfmotiv soll eben nur ganz exponiert ohne jede Ablenkung präsentiert werden, zum Beispiel in op. 14 Nr. 2. Im Baß erfolgt bisweilen eine Begleitvorgabe, etwa in op. 28 und op. 31 Nr. 3. Der Dudelsack-Baß in op. 28 hat natürlich fast schon thematische Qualitäten, da er das Finale entscheidend prägt. Im Unisono erscheint das Kopfmotiv in op. 10 Nr. 1. Innerhalb eines Finalsatzes findet sich Einstimmigkeit vor allem an größeren Zäsuren. Einige Finales sind fast durchgängig zweistimmig, so zum Beispiel das spielfreudige Rondo von op. 26, aber auch das *Allegretto* von op. 54, welches von seiner Struktur her stark an eine zweistimmige Invention erinnert. Überwiegend dreistimmig ist die *Fuga a tre voci* der *Großen Sonate für das Hammer-Klavier.*

Setzweise als formbildende Kraft

Die Setzweise ist eine stark formbildende Kraft. Fast immer wird der Beginn eines neuen Formteils auch durch mehr oder weniger starke Veränderungen der Setzweise verdeutlicht. Bisweilen macht sogar die Setzweise allein dem Hörer deutlich, daß ein neuer Formteil begonnen hat. Wenn Beethoven zum Beispiel in op. 7 die Überleitung mit Motiven des Refrains gestaltet, so zeigt die veränderte Setzweise sofort, daß hier nicht ein Anhang des Refrains, sondern vielmehr ein neuer Formteil folgt.
Bei den thematischen Abschnitten wird erkennbar, daß die Setzweise in einem deutlichen Bezug zum formalen Modell eines Finales steht. Die Rondos weisen vielfach einen graziösen, lieblichen und kantablen Charakter auf, was natürlich vor allem die häufige Setzweise "Melodie mit Begleitung" zum Ausdruck bringt. Die Begleitung ist in diesen Fällen selten akkordisch, weitaus häufiger stimmlich strukturiert. Selbst bei scheinbar konventionellen Begleitfiguren ist oft verdeckte Mehrstimmigkeit erkennbar, etwa im Refrain von op. 2 Nr. 2 oder op. 14 Nr. 1. Imitatorische Setzweise ist bei thematischen Abschnitten eher selten. Daß in op. 101 das Hauptthema direkt mit ausgiebigen Imitationen beginnt, bereitet den Hörer natürlich auf das Fugato in der Durchführung vor. Imitatorisch strukturiert ist auch der Mittelteil der dreiteiligen Liedform beim Refrain von op. 2 Nr. 2. Im pastoralen Finale von op. 28 ist das ganze Seitenthema imitatorisch gestaltet. In der E-Dur-Klaviersonate op. 14 Nr. 1 stellt die Setzweise des Seitenthemas im Finale einen deutlichen Bezug zum Eröffnungssatz der Sonate her, denn in beiden Sätzen beginnt das Seitenthema einstimmig, geht dann im folgenden über zu einer vierstimmigen Kadenz. Was die veränderte Wiederkehr des Refrains im Rondo bzw. Sonatenrondo betrifft, so stellt eine Veränderung der Setzweise meist einen recht drastischen Eingriff dar, zumindest wesentlich auffälliger als zum Beispiel leichte Ornamentierung oder Figuration. Ab und zu wandert etwa die Melodie vom Sopran in den Baß.
Die Überleitung zum zweiten Thema ist ein Formteil, bei dem insbesondere der harmonische Verlauf von Interesse ist. Beethoven verwendet dort manchmal ein kompositorisches Mittel, welches die Modulation zur neuen Tonart besonders ins Rampenlicht rückt. Es wird jeweils zu Beginn der Überleitung ein Muster einer bestimmten Setzweise aufgestellt, welches im folgenden dann beibehalten wird und durch verschiedene Harmonien wandert. Als typischste Beispiele seien die Überleitungen von op. 28 und von op. 90 angeführt.
Ansonsten ist bei den vermittelnden Formteilen dialogische bzw. imitatorische Setzweise häufig, insbesondere wenn auf Motive aus Haupt- oder Seitenthema zurückgegriffen wird. Ein ausgedehntes Frage- und Antwortspiel zeigt beispielsweise die Überleitung in op. 7. Ein imitatorisches Spiel prägt die Überleitung in op. 14 Nr. 1. Im Finale der Appassionata zeigen Schlußgruppe und Rückleitung Imitationen mit dem Kopfmotiv.
Die Fugen in op. 106 und op. 110 sind überwiegend dreistimmig, allerdings mit gelegentlichem Führen einer Stimme in Oktaven. Der Schlußteil in op. 110 ist sogar ausgesprochen homophon strukturiert.

Zyklusgedanke durch Ähnlichkeit der Setzweise

Opus 14 Nr. 1, Seitenthema des 1. Satzes und des Finales

Überleitung mit Verwendung eines "Musters"

Opus 28, *Allegro ma non troppo,* T. 17 ff.

Opus 90, *Nicht zu geschwind ...,* T. 32 ff.

Imitatorische Schlußgruppe

Opus 57, *Allegro ma non troppo,* T. 97 ff.

I.4.1.1 „Obligates Akkompagnement“ und „Durchbrochene Arbeit“

Bei der Setzweise ”Melodie und Begleitung” denkt man zunächst an typisch klassische Klaviertechniken wie Alberti-, Murky- oder Trommelbässe. Diese Art der Begleitung ist gekennzeichnet durch geringe Eigenständigkeit, da sie in erster Linie den Hintergrund bildet für den eigentlichen Hauptakteur. Aber gerade bei Beethoven ist die Begleitung so gut wie niemals ”nur” Begleitung. *”Kaum sind die letzten Ueberreste barocker Polyphonie verschwunden, beginnen sich innerhalb der neuen homophonen Setzweise wieder dynamische Kräfte zu regen. Dies geschieht vor allem in der Art des obligaten Akkompagnements und des durchbrochenen Satzes. ... Die Entstehung des obligaten Akkompagnements läßt sich bei Beethoven in zwei hauptsächlichsten Entwicklungszügen verfolgen: 1. Die Begleitung durchsetzt sich mit Einzelmotiven. 2. Die Begleitung ballt sich zu einem der Hauptstimme gegenübertretenden Gesamtkomplex zusammen.”* [1] Diese Tendenzen lassen sich auch bei den Themen der Finales in den Klaviersonaten mehr oder weniger deutlich erkennen:

- Die Begleitfiguren haben zwar konventionelles Gepräge, aber sie enthalten Motive, die die Wirkung der Melodie unterstützen. In der ersten Klaviersonate op. 2 Nr. 1 spiegelt sich das Kopfmotiv f-e-f in den Baßfiguren wieder. Im Seitenthema von op. 2 Nr. 2 ergeben die unteren Randtöne eine eigene Linie.
- Eine stärkere Aufwertung der Begleitung bedeutet es, wenn sie nicht nur einzelne versteckte Motive, sondern sogar eine echte Gegenstimme enthält. In op. 14 Nr. 1 wird der aufwärtsstrebenden Melodie eine in gleicher Intensität abwärts steigende Stimme entgegengestellt. Während hier die Gegenstimme durch die metrische Stellung ihrer Töne – jeweils der erste Ton der Triolenfiguren – hörbar wird, greift Beethoven im Refrain von op. 22 zu drastischeren Mitteln. Die sonst oft versteckte Zweistimmigkeit der Begleitung wird auch rhythmisch offenkundig gemacht. Beim zweiten Thema von op. 90 erscheint sogar die eigentliche Melodie gleichzeitig spiegelbildlich im Baß.
- Die Begleitung kann sogar mal gewichtiger sein als die Melodie. In op. 28 etwa prägt der Dudelsackbaß – im Gegensatz zur kurzen Melodiephrase – den ganzen Refrain, in rhythmischer Hinsicht sogar das ganze Finale.
- Schließlich kann die Begleitung auch in den thematischen Prozeß einbezogen sein, wenn zum Beispiel ein Motiv daraus vom Seitenthema aufgegriffen wird (op. 31 Nr. 1, Tenor T. 1 erscheint im Seitenthema Takt 43 ff.; T. 4 f. bereitet er die Chromatik vor, welche die eigentliche Melodie im Nachsatz bringt).
- Die Arpeggien in op. 53 stellen keine einfache Begleitung dar, sondern sind der *”bewegend-erregende Untergrund der Melodie”* [2]. Dies gilt natürlich auch schon für die scheinbar konventionellen Triolen in op. 2 Nr. 1. Beidemale sind die Figuren unabdingbar für den Charakter des Themas, erst sie bringen *”die dynamischen Kräfte des Themas zum Ausdruck”.* [3]

1 Fischer: Form und Motiv, S. 80.
2 Ebd., S. 84.
3 Ebd., S. 89.

Versteckte Motive in Begleitfiguren
Opus 2 Nr. 1, Finale, Beginn des Hauptthemas

Versteckte Gegenstimme in Begleitfiguren
Opus 14 Nr. 1, Finale, Beginn des Refrains

Bewegter Untergrund der Melodie
Opus 53, Finale, Beginn des Hauptthemas

Beethovens Sinfonik und Kammermusik weist vielfach durchbrochene Arbeit auf, eine Kompositionstechnik, die Beethoven wohl vor allem von Joseph Haydn übernommen hat. Die Motive einer Melodie werden dabei verteilt auf verschiedene Instrumente oder Instrumentengruppen. Das Klavier hat zwar keine Vielfalt an verschiedenen instrumentalen Klangfarben; bisweilen entsteht aber dennoch ein orchestraler Höreindruck, und zwar insbesondere bei deutlichem Wechsel der Regionen. Oft erscheinen hierbei die Motive um ein oder gar zwei Oktaven versetzt, wobei starke dynamische Kontraste hinzukommen (etwa op. 27 Nr. 1: Überleitung – op. 31 Nr. 1: Coda – op. 79: Coda – op. 10 Nr. 1: Coda).

I.4.1.2 Kontrapunktische „Freiheiten“

Das Finale von op. 101 ist nicht nur eine einzigartige Mischung aus Fuge und Sonatensatzform, in der Durchführung durchdringen sich kontrapunktische und thematische Arbeit: *"Dort wo die kontrapunktische und durchbrochene Setzart sich ins frei Spielerische aufzulösen scheint, setzt also verdeckt die thematische Arbeit ein, so daß analog zur Ricercar-Fuge kein Ton mehr thematisch frei bleibt. ... Die Lockerung des Kontrapunkts hat die Intensivierung des thematischen Prozesses zur Folge, der sich allerdings hinter dem toccatenartigen Passagenwerk verbirgt."* [1] Tendenziell gilt dies sogar für die "echten" Fugen des Spätwerks. Auch in der *Fuga a tre voci* von op. 106 findet sich regelrechte thematische Arbeit. Zum Beispiel spaltet Beethoven das auffällige Triller-Motiv des Themenkopfes ab und gestaltet mit ihm ausdrucksstarke Steigerungen.

Gelegentlich verdeutlichen die "Freiheiten" bestimmte formale Beziehungen. *"Die Umakzentuierung* (op. 106, siehe Musikbeispiel) *enthält ein Moment von Gewaltsamkeit, erfüllt aber eine – über die Fuge hinausgreifende – formale Funktion: Sie läßt den Zusammenhang zwischen dem Fugenthema und dem Hauptthema des ersten Satzes – einen Zusammenhang, der zunächst wegen der metrischen Differenz latent blieb – sinnfällig werden."* [2] Bei der Augmentation Takt 94 ff. fallen die parallelen Sexten auf, die ja im traditionellen Sinne die Selbständigkeit der Stimmen gefährden. Hier besteht ein deutlicher Bezug zu Takt 70 ff. *"Die 'Zergliederung' in der zweiten Durchführung ist als Antizipation der dritten zu verstehen."* [3] Doch abgesehen von diesem formalen Zusammenhang scheinen die parallelen Sexten noch eine andere Funktion zu haben. Der markante Charakter mit Staccato und heftigen Sforzati erhält durch die Verstärkung das klangliche Fundament. *"Das Fugenhauptthema zeigt Prägnanz am Beginn, zerfließende Gestalt gegen Ende. Es gleicht einem langen Wimpel, dessen eine Seite an der Fahnenstange befestigt ist, während das andere Ende frei im Wind flattert."* [4] Hier scheinen die "Freiheiten" den Charakterwandel des Themas wiederzuspiegeln. Einem markanten Beginn mit dem geradezu pathetischen Kopfmotiv folgt ein allmählicher Übergang zu figurativem Fließen (fast nur Sekunden).

Ein Führen einer Stimme in Oktaven verstärkt die Klangfülle. Beethoven setzt dieses kompositorische Mittel in op. 110 insbesondere an wichtigen Stellen der Verlaufskurve ein. Die modulierende Passage T. 73 ff und die Schlußsteigerung der *Fuga* zum Beispiel zeigen im Baß einen derartigen Themeneinsatz. Gerade bei diesen beiden Höhepunkten durchbricht Beethoven auch die eigentliche Form des Themas. Die Quartsprünge werden T. 106 ff. rhythmisch intensiviert, erhalten so ein drängendes Element.

Die "Freiheiten" in op. 10 Nr. 2 verstärken vor allem den humorvollen Aspekt, stellt doch die "Fugen-Exposition" fast schon eine Persiflage dar.

1 Zenck: Bach-Rezeption des späten Beethoven, S. 171.
2 Dahlhaus: Beethoven, S. 265.
3 Ebd., S. 266.
4 Uhde: Klaviermusik, Bd. 3, S. 446.

Umakzentuierung des Themas

Opus 106, *Fuga a tre voci,* T. 16/52/66 ff. (Auszug)

Parallele Sexten

Opus 106, *Fuga a tre voci,* T. 70/94 ff. (Auszug)

Intensivierung des Themas

Opus 110, Finale, Takt 28/106 ff. (Auszug)

I.4.2 Syntax

In schlichten Rondos und in frühen Sonatenrondos Beethovens hat der Refrain häufig Liedform, was ganz dem abgerundeten Charakter dieser Form entspricht. In den Sonatenrondos nach op. 7 verwendet Beethoven jedoch meist periodische Strukturen bzw. Gliederungen in Vorder- und Nachsatz. Eine achttaktige Periode beispielsweise ist das Seitenthema im Finale von op. 14 Nr. 1. Die klassische Syntax mit deutlicher Gliederung in "Teilmotive" (halber Takt mit Auftakt), "Motive" (1 Takt mit Auftakt), "Satzmotive" (2 Takte mit Auftakt), "Teilsatzlängen" (4 Takte mit Auftakt) usw. ist bei Beethoven meist klar zu erkennen. Der Beginn des Hauptthemas ist zum Beispiel fast immer als "Motiv - Motiv - Satzmotiv" oder als "Satzmotiv - Satzmotiv" gestaltet. Das "Satzmotiv" am Ende dieser Einheit verstärkt die Zäsur nach den ersten vier Takten.
Werden einige Takte abgespalten und als Schlußbestätigung angehängt, bewirkt dies vielfach eine Steigerung. Diese Technik verwendet Beethoven vor allem bei Seitenthemen. Meist werden die Abspaltungen verstärkt durch Sforzati und beschleunigte Bewegung etc. In Sonatenrondos, die keine eigene Schlußgruppe, sondern nur einige wenige rückführende Takte besitzen, erzielt Beethoven dann eine Balance der Formteile durch Intensivierung des Seitenthemas.
Halten sich im allgemeinen die Themen an die Norm des vier- und achttaktigen Satzes, so ist jedoch das Hauptthema von op. 10 Nr. 3 ziemlich unkonventionell. *"Die 'Oberfläche' dieses Gebildes ist tatsächlich ein Widerspruch zum Begriff eines 'Themas'."* [1] Trotz des unsymmetrischen Aufbaus sind aber *"die Gewichte sehr genau ausbalanciert"*, nämlich durch eine *"stetige Steigerung"* und eine zunehmende *"Verdichtung"*. [1] Bei der *Pathétique* dienen die Unregelmäßigkeiten des Refrains vor allem dem Erzeugen einer kräftigen Schlußwirkung. Ein Anhang mit Crescendo bis hin zum Forte setzt ein deutliches Signal.
Eine zentrale Zäsur in der Mitte kennzeichnet in den späten Sonatenrondos den Refrain. Die Gesamtanlage des Refrains der Waldsteinsonate wird unterschiedlich beurteilt: Nach Riemann hat der Refrain die *"Gliederung a b a"* , wobei die Takte 24 - 31 den Zwischensatz b bilden. [2] Czerny dagegen unterteilt in eine Hauptidee mit Erweiterung plus Bindeglied (Takt 1 - 31) und zwei variierte, zunehmend verkürzte Wiederholungen (Takt 31 - 55 und Takt 55 - 62). [3] In ähnlicher Weise spricht Leichtentritt von *"drei verschiedenen Fassungen des nämlichen Themas"* [4], Rosenberg von einem *"a, a^1, a^2"*-Aufbau [5], Uhde von der 1.-3. *"Strophe"* [6] eines Liedes. Die Gliederung in drei zunehmend verkürzte und intensivierte Auftritte entspricht wahrscheinlich am ehesten dem Höreindruck (Verschränkung der Funktionstakte in Takt 31).

1 Uhde: Klaviermusik, Bd. 2, S. 201.
2 Riemann: Solosonaten, Bd. 3, S. 38.
3 Cole: Czerny, S. 9.
4 Leichtentritt: Formenlehre, S. 123 f.
5 Rosenberg: Klaviersonaten, Bd. 2, S. 275.
6 Uhde: Klaviermusik, Bd. 3, S. 163.

Einige Besonderheiten beim Bau der Themen

Liedform

Opus 2 Nr. 2	Refrain	a a' b a"	16 Takte
Opus 7	Refrain	a a' b a"	16 Takte
Opus 49 Nr. 1	Refrain	a a' b a"	16 Takte
Opus 49 Nr. 2	Refrain	a a' b a" a"'	20 Takte
Opus 14 Nr. 2	Refrain	a a' b b' a" (+2)	22 Takte

Angehängter Nachsatz

Opus 27 Nr. 1	Refrain	8 + 8 + 8

Abspaltung von Schlußteilen

Opus 22	Refrain	8 + 8 + 2 (Doppelperiode)
Opus 7	Seitenthema	4 + 4 + 2 + 2
Opus 28	Seitenthema	4 + 4 + 2 + 1 + 1 + 1 + 2
Opus 31 Nr. 1	Seitenthema	4 + 2 + 2 + 1 + 1

Unregelmäßiger Aufbau

Opus 10 Nr. 3	Refrain	a(4) a'(3) a"(2)

Opus 13	Refrain	a(4) b(4) b'(4) c(5)
Opus 26	Refrain	a(6) a(6) b (4) b' (4) b"(4) b"' (4)
Opus 81 a	Hauptsatz	a(7) a'(7) a"(7) mit Taktverschränkung

Ausgedehnte Themen in späten Rondos

Opus 31 Nr. 1	Refrain	a a' b b | a" a"' b' b"	(32 T.)
Opus 53	Refrain	a a a' a' ... | a" a" a"' a"' ...	(62 T.)
Opus 90	Refrain	a a' b c | b' c' a a"	(32 T.)

I.4.3 Gestaltung der Nahtstellen

Bei Beethoven ist eine große Bandbreite zwischen starker Zäsur und nahtloser Verflechtung zu finden, etwa Generalpause, starker Kontrast, Überraschung durch Trugschluß, verlängerter Auftakt, Verschränkung (ein Takt Schluß- und Anfangstakt zugleich) oder vollkommene Verschmelzung. Bei den Finales ist vor allem auffällig, daß Beethoven je nach formalem Modell die Nahtstellen der Formteile unterschiedlich deutlich gestaltet. Das Prinzip der Reihung einerseits, das der Entwicklung andererseits zeigt nicht nur im Großen, sondern auch im Kleinen seine Wirkung. Der Refrain in den Sonatenrondos hebt sich meist kristallklar vom ersten Couplet ab. Grundsätzlich wird er mit einer schlußkräftigen Kadenz in der Haupttonart abgeschlossen. Ein offenes Hauptthema, eine Modulation zur Dominante, wie es Anfangssätze in Sonatensatzform vielfach zeigen, ist für das Sonatenrondo bei Beethoven untypisch.

Bei der Wiederkehr des Refrains verschmilzt aber bisweilen der Refrain mit den Couplets. Man kann in dieser Beziehung mit aller Vorsicht eine persönliche Entwicklung formulieren: Was beispielsweise den Übergang vom Refrain zum zweiten Couplet betrifft, so neigt Beethoven in frühen Sonatenrondos eher zum Kontrast, in späteren Sonatenrondos dann eher zur Verschmelzung. Im folgenden sind einmal exemplarisch verschiedene Übergänge vom Refrain zum zweiten Couplet angeführt. Der Kontrast bei op. 2 Nr. 2 ist wirklich recht ausgeprägt (Triolen, Chromatik, *staccato sempre*, Akkorde, *fortissimo* und *sforzato*). Eine sehr deutliche Zäsur entsteht im Rondo der *Pathétique* durch den schlußkräftigen Anhang und durch die Generalpause. Die Verschmelzung in op. 31 Nr. 1 ist insofern außerordentlich, als daß der Baß dem Refrain entspricht, darüber aber eine Engführung einsetzt.

Im Gegensatz zu den Refrains schließt das Hauptthema bei Finales in Sonatensatzform nur relativ selten mit einer Kadenz auf der Tonika, was natürlich dem dramatisch - vorwärtsdrängenden Charakter entspricht, den diese Sätze oft haben. In op. 27 Nr. 2 endet das Hauptthema mit einem Halbschluß (Dominante der Grundtonart mit Fermate). Im Finale von op. 2 Nr. 1 bilden zwar bezüglich der Motivik die ersten zwanzig Takte eine "a-b-a"- Form [1], aber andererseits wird die Dominante der neuen Tonart schon ungewöhnlich rasch erreicht. So fungiert das Takt 14 ff. wiederkehrende Kopfmotiv in harmonischer Hinsicht schon als Überleitung (siehe auch Seite 154 f., frühere Skizze Beethovens zur Exposition). Daß in op. 31 Nr. 3 das Hauptthema einen offenen Charakter hat, zeigen schon die verschiedenen Möglichkeiten der Abgrenzung. Man wird je nach Ebene der Betrachtung andere Grenzen setzen. Die ersten zwölf Takte kadenzieren zwar zur Tonika, sind aber als Hauptthema allein ein wenig knapp. In motivisch - rhythmischer Hinsicht fungiert der Abschnitt bis Takt 34 ff. als Hauptthema mit Überleitungsfunktion. Bezüglich der Dynamik wiederum hebt sich der Teil Takt 21 ff. mit seiner räumlichen Ausdehnung als Überleitung ab. Harmonisch schließlich beginnt erst Takt 29 ff. die Überleitung.

1 Rosenberg: Klaviersonaten, Bd. 1, S. 18.

Verschiedenartiger Übergang zum zweiten Couplet

Kontrastierender Beginn — Opus 2 Nr. 2, T. 56 ff.

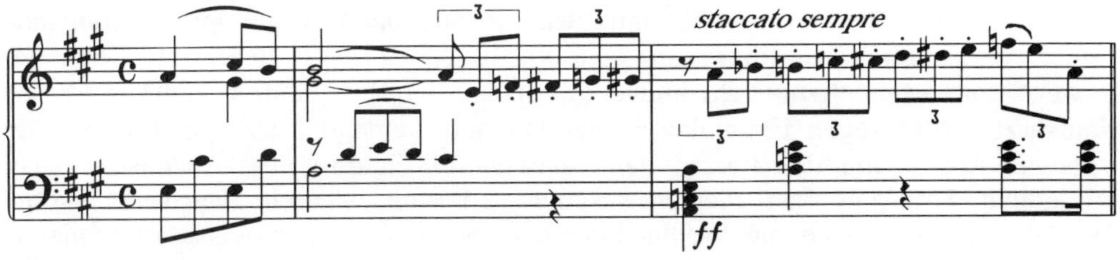

Deutliche Zäsur — Opus 13, T. 77 ff.

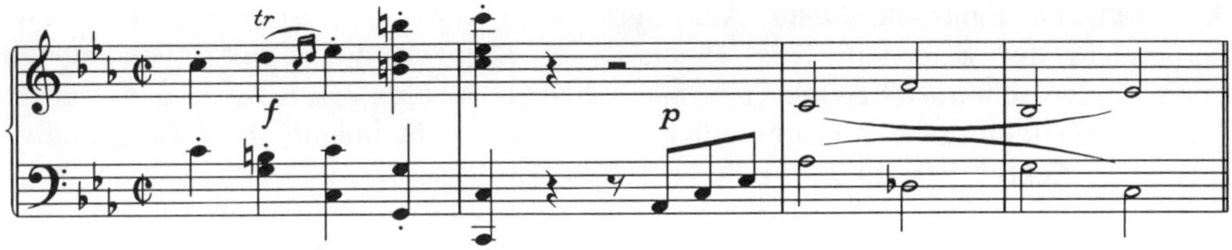

Überraschung durch Trugschluß — Opus 10 Nr. 3, T. 32 ff.

Abwandlung des Refrains zur Modulation — Opus 27 Nr. 1, T. 104 ff.

Nahtlose Verschmelzung durch Engführung — Opus 31 Nr. 1, T. 87 ff.

I.4.4 Rhythmik im Großen und Kleinen

"Rhythmik im Großen" trägt bei den Finalsätzen vielfach ganz entscheidend zur Ausprägung des Charakters bei, und zwar gerade dann, wenn auf rhythmische Vielfalt verzichtet wird. Im *Presto* von op. 10 Nr. 2 etwa unterstützt der unentwegt vorwärtspochende rhythmische Impuls den fugenhaften Habitus dieses Finalsatzes. Nur gegen Ende der Exposition setzt einmal kurz das Pochen der *staccato*-Achtel und das Perlen der Sechzehntel-Figuren aus. Ansonsten zieht der ganze Satz mit fast metronomischer Präzision wie ein Uhrwerk vorbei. Zeigt das Thema durch die Wechselnotenfiguren noch eine gewisse rhythmische Entwicklung, so erstarrt die Bewegung am Ende von Exposition und Durchführung, vor allem aber in der Coda zu gleichbleibendem Pochen der Achtel. Der statische Eindruck dieser Abschnitte wird verstärkt durch das Hin- und Herpendeln der Stimmen. Das Thema zeigt dagegen noch einen Anstieg zu einem melodischen Höhepunkt mit allmählichem Abstieg. Der Kern der Durchführung erscheint auf den ersten Blick rhythmisch recht belebt, da gleichermaßen pochende Achtel wie auch Sechzehntelfiguren vorkommen. Achtet man beim Hören aber mal nicht auf die Rhythmik der einzelnen Stimmen, sondern auf den Grundimpuls, so wird man mit Erstaunen ein starres Festhalten an einem Muster erkennen. 24 Takte lang – mit einer einzigen Abweichung T. 50 – erklingt unentwegt der Rhythmus . In rhythmischer Hinsicht geradezu entgegengesetzt konzipiert ist der Finalsatz der nachfolgenden Klaviersonate op. 10 Nr. 3. Vor allem der Refrain verkörpert nicht metronomisches Gleichmaß, sondern fast rhapsodische Freizügigkeit.
Die nahezu unentwegten Sechzehntel-Figuren in dem *"Perpetuum mobile"* [1] von op. 26 tragen entscheidend zum heiteren und spielfreudigen Charakter dieses Satzes bei. Einen in rhythmischer Hinsicht ebenso homogenen Eindruck macht das Finale von op. 54. Der durchgehende Sechzehntel-Impuls wird dort erst in den beiden Schlußtakten der Reprise einmal gebremst. Im Vergleich zu op. 26 hat dieses Finale allerdings einen etwas ernsteren Charakter, was zum Beispiel schon die Vortragsangaben *dolce* und *espressivo* verdeutlichen. Hinzu kommt noch das Ausmaß durchführungsartiger Arbeit.
In den anderen Finalsätzen haben die Abschnitte meist einen unterschiedlichen rhythmischen Impuls. Im *Prestissimo* von op. 2 Nr. 1 wirken Exposition und Reprise erregt durch die Triolenfiguren. Der *dolce*-Hymnus in der Durchführung jedoch bringt etwas Ruhe hinein. In op. 27 Nr. 2 ist die Schlußgruppe weniger lebhaft, den Höhepunkt ergeben die 32stel-Ballungen in der Coda.
"Rhythmik im Kleinen" zeigt sich vor allem im Finalsatz von op. 31 Nr. 2. Das Wesentliche des Kopfmotivs ist weniger seine intervallische, als vielmehr seine rhythmische Struktur. Nahezu die ganze Durchführung ist mit dem rhythmischen Muster des Kopfthemas – bzw. dessen Abwandlungen – gestaltet. Dieses Finale ist geradezu ein Paradebeispiel dafür, daß auch mal ein bestimmter Rhythmus "thematisch" sein kann.

1 Riemann: Solosonaten, Bd. 2, S. 188.

Metronomisches Gleichmaß

Opus 10 Nr. 2, *Presto,* Rückleitung zur Reprise, T. 69 ff.

Durchgehender Sechzehntel - Impuls

Opus 54, Finale, Beginn des Hauptthemas

Rhythmische Muster

Opus 31 Nr. 2, *Allegretto,* T. 1/9/31/68/112/119

I.4.5 Dynamik und Raum

Dynamik und Raum sind zwei Parameter, die den Charakter eines Satzes recht deutlich prägen. Vor allem die Häufigkeit von Extremen lassen bestimmte Rückschlüsse bezüglich der Dramatik zu. Daß zum Beispiel das Finale der Waldsteinsonate kein einfaches Rondo üblicher Machart ist, wird schon deutlich durch die häufigen *ff*, *pp* und sogar *ppp* (T. 400 ff. und T. 461 ff.). Ferner bewegt sich die Melodie bisweilen in extremen Grenzlagen. Andere Rondos dagegen, die bei weitem weniger dramatisch, allerdings ausgesprochen kantabel und lyrisch sind, verwenden die Extrema *ff* und *pp* nur in der Coda – eben um ein Schlußgefühl zu erzeugen. Wird die Dynamik in den Rondos und Sonatenrondos häufig flächig verwendet – etwa bei den *ff*-Hochebenen der frühen Sonatenrondos –, so überwiegen bei den Finales in Sonatensatzform Kontrastbildung oder ausgedehnte Steigerungen. Eine Besonderheit stellt allerdings der Refrain in op. 10 Nr. 3 dar. Die extremen dynamischen Kontraste sind dort eines der wichtigsten Mittel zum Erzeugen des witzig-scherzhaften Charakters. In einigen Sonatenrondos ist das Seitenthema sehr verhalten. In op. 14 Nr. 1 etwa entspricht die Reduzierung von *piano* auf *pianissimo* der Abwärtstendenz der Melodie.
Beethovens Angaben zur Dynamik sind nicht nur eine Frage des beabsichtigten Charakters, sondern vielfach verdeutlichen sie auch formale und spannungsmäßige Vorgänge. Vor der Wiederkehr des Refrains etwa oder vor der Reprise reduziert Beethoven oft die Dynamik auf *pp*. Eine andere Möglichkeit, diese Zäsur für den Hörer klar zu gestalten, ist ein schlußkräftiges Fortissimo mit Fermate (etwa op. 28, T. 113). Im Finalsatz der *Pathétique* wird auch räumlich ein deutliches Signal gesetzt: Vom höchstmöglichen Ton der damaligen Klaviatur – einem f''' – stürzt ein Lauf im *ff* bis zum Sforzato auf dem kleinen h. Die Scheinreprise in op. 10 Nr. 3 erfolgt nicht ohne Grund im *pp*. Gerade die reduzierte Dynamik läßt beim aufmerksamen Hörer sofort Zweifel aufkommen. Andererseits lassen sich Beispiele finden, bei denen die Reprise nicht mit der originalen Dynamik beginnt, sondern sofort im *ff* loslegt, zum Beispiel in der Waldsteinsonate op. 53 – quasi als Nachwirkung der gewaltigen Durchführung.
Bei spannungsgeladenen Höhepunkten kombiniert Beethoven meist eine extreme Raumweitung mit einem Fortissimo. Man beachte zum Beispiel die dreimalige Steigerung gegen Ende des ersten Couplets von op. 7 und op. 26. Diese Höhepunkte schließen nicht nur das Couplet ab, sondern den ganzen bisherigen Teil – die Reprise im Sinne der Sonatensatzform. Ähnliches gilt auch für die sehr ausgedehnten Steigerungen im Verlauf des zweiten Couplets in op. 27 Nr. 1 und op. 28, nur daß hierbei eben im Sinne der Sonatensatzform die Durchführung abgeschlossen wird.
In der Coda ist die Spannweite der Dynamik im allgemeinen am größten, reicht sie doch fast immer vom *pp* bis zum *ff*. Auch die dynamischen Kontraste sind dort vielfach ziemlich groß, vor allem wenn die Extreme direkt nebeneinander gesetzt werden. Hörpsychologisch wirkt natürlich ein *ff*-Schluß ganz besonders laut, wenn ihm ein *pp* vorausgeht. Umgekehrt verstärkt ein *ff* die Wirkung eines *pp*-Schlusses.

Extreme Dynamik
Opus 53, *Allegretto moderato,* Zäsur vor der Coda, T. 400 ff.

Extreme Lagen im Spätwerk: Abschließende Höhepunkte
Opus 101, Finale, Ende der Durchführung (Fuge), T. 224 ff.

Opus 109, Finale, Variation VI, T. 177 ff.

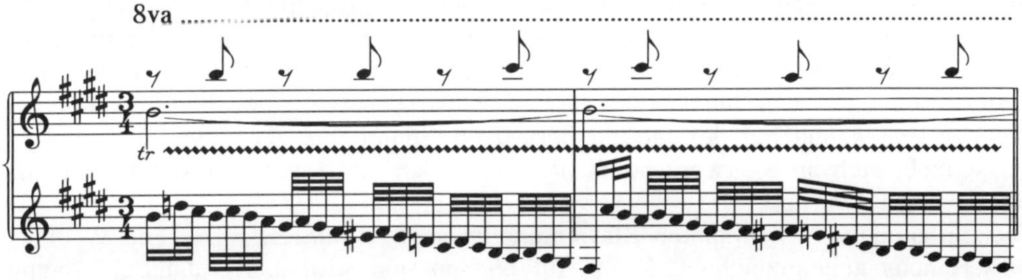

Opus 110, Finale, Höhepunkt der Coda, T. 206 ff.

I.5 Einleitung und Coda
I.5.1 „Introduzione“

Bisweilen schließt der langsame Satz in den Klaviersonaten Beethovens nicht mit einer deutlichen Zäsur, vielmehr leitet er unmittelbar über zum Finalsatz. In der Waldsteinsonate erfüllt zwar das *Adagio molto* innerhalb der ganzen Sonate die Funktion eines langsamen Satzes, Beethoven hat es aber ausdrücklich als *Introduzione* bezeichnet. Sicherheitshalber fügt er noch *Attacca subito il Rondo* hinzu. Ursprünglich war das » Andante favori « WoO 57 als langsamer Satz der Sonate vorgesehen, jedoch – nach Kritik eines Freundes – ersetzte Beethoven dies durch die später komponierte *Introduzione* (siehe Seite 199). *"Wirklich einleuchtend kann der Austausch wohl nur vom Prozeßverlauf der ganzen Sonate her begründet werden. ... könnte ein 2. Satz wie so oft die Funktion einer ausführlichen Besinnung haben und 'ruhender Pol' sein. Was soll aber, angesichts des mächtigen Vorwärtsimpulses im 1. Satz, hier ein längeres Verweilen nützen, ehe das Ziel, der Rondo-Beginn, erreicht ist?"* [1] Der Zyklusgedanke erhält also durch diese *Introduzione* ein starkes Gewicht.

Der Zyklusgedanke ist schon in der *Sonata quasi una fantasia* op. 27 Nr. 1 sehr ausgeprägt, denn dort sind sogar alle Sätze mit *Attacca subito* verbunden. Das *Adagio con espressione* erscheint immer wieder in einem anderen Licht. Zu Beginn erwartet der Hörer einen langsamen Satz, durch den nahtlosen Übergang zum *Allegro vivace* erhält dieser Abschnitt aber die Funktion einer Einleitung. Durch die überraschende Wiederaufnahme in der Coda schließlich werden das *Adagio con espressione* und das *Allegro vivace* zu einer übergeordneten Einheit verwoben. Beethoven schreibt ganz bewußt nicht *Adagio*, sondern *Tempo I*. Eine auffallende Ähnlichkeit besteht in dieser Hinsicht zwischen op. 27 Nr. 1 und op. 110, denn auch dort wird der Abschnitt, der zunächst "nur" Einleitung zu sein scheint, zum tragenden Bestandteil des ganzen Finalsatzes. So verschieden also Einleitungen des Finalsatzes in den Klaviersonaten sind, Beethoven greift bei der ersten und bei der letzten derartigen Sonate auf dieselbe Idee zurück. Es schließt sich im Spätwerk somit der Kreis, den die *Sonata quasi una fantasia* op. 27 Nr. 1 eröffnete.

Die Einleitungen in den späten Klaviersonaten sind alle durch zahlreiche Wechsel des Tempos gekennzeichnet. In op. 101 und op. 106 wird das endgültige Tempo vor Beginn des Final-Themas erreicht. Die vielen Tempowechsel sind allerdings nur ein Kennzeichen für die Vielfalt der Charaktere.

Die Klaviersonaten op. 57 und op. 81 a haben quasi eine "doppelte Einleitung". Der zweite Satz erhält jeweils durch den unmittelbaren Übergang die Funktion einer langsamen Einleitung, das eigentliche Finale beginnt aber nicht direkt mit dem Hauptthema, sondern bereitet den Hörer mit einem lebhaften Vorspann auf die neue Stimmung vor. Einem kräftigen Akkord, welcher in der Appassionata rhythmisch markant repetiert wird, folgen erregte Sechzehntel-Figuren.

1 Uhde: Klaviermusik, Bd. 3, S. 156 f.

Langsamer Satz mit *attacca*-Anschluß
Wiederaufnahme vor *Presto*-Coda des Finales

Opus 27 Nr. 1 *Adagio con espressione – Attacca subito l' Allegro vivace*

Langsame Einleitung

Opus 53 *Introduzione, Adagio molto – Attacca subito il Rondo*

Langsamer Satz mit *attacca*-Anschluß
Lebhafter Vorspann vor eigentlichem Hauptthema

Opus 57
1. *Andante con moto – attacca l' Allegro*
2. *Allegro ma non troppo*, Takt 1-20

Opus 81 a
1. *Abwesenheit, Andante espressivo*
   In gehender Bewegung, doch mit viel Ausdruck
2. *Das Wiedersehen, Vivacissimamente*
   Im lebhaftesten Zeitmaße, Takt 1-10

Einleitung mit Tempo- und Charakterwechsel

Opus 101
Langsam und sehnsuchtvoll
Adagio, ma non troppo, con affetto –
Zeitmaß des ersten Stückes, Tempo del primo pezzo
Presto
Geschwinde, doch nicht zu sehr, und mit Entschlossenheit
Allegro

Opus 106
Largo
Un poco più vivace
Tempo I
Allegro
Tempo I
Prestissimo
Allegro risoluto ... Fuga a tre voci, con alcune licenze

Einleitung mit Tempo- und Charakterwechsel
Wiederaufnahme vor *Umkehrung der Fuge*

Opus 110
Adagio ma non troppo
***Recitativo**, più adagio ... Andante ...*
Adagio ... Meno adagio ... Adagio
Adagio ma non troppo ... ***Klagender Gesang, Arioso dolente***
Fuga ... ***L' istesso tempo di Arioso ...***

Die Einleitungen der Finalsätze verstärken in den Klaviersonaten Beethovens nicht nur den Zyklusgedanken, sie haben meist außerdem noch einen anderen Sinn. Daß in op. 81 a das *Andante espressivo* und das *Vivacissimamente* dicht verknüpft sind, liegt natürlich in dem "Programm" dieser Klaviersonate begründet. Der lebhafte Vorspann bringt vor allem die "Wiedersehensfreude" zum Ausdruck. Der Vorspann in der Appassionata verdeutlicht nicht nur die Stimmung dieses Finales, er bereitet auch in motivischer Hinsicht den Auftritt des Hauptthemas vor. Das kreisende Wechselnoten - Motiv ist bereits vollständig ausgeprägt, der arpeggierte Beginn fehlt jedoch noch. In op. 81 a ist kein derart deutlicher motivischer Bezug zwischen Vorspann und eigentlichem Finalsatz zu erkennen, allerdings kündigt sich hier schon die Erregtheit der Sechzehntel - Figuren von Überleitung und Schlußgruppe an.
In der *Sonata quasi una fantasia* op. 27 Nr. 1 weisen das *Adagio con espressione* und das *Allegro vivace* eine gewisse Substanzverwandtschaft auf, da jeweils eine fallende Terz und ein aufsteigender Tetrachord den Beginn prägen. Die Analogie ist in den Skizzen noch offenkundiger, da das *Allegro vivace* ursprünglich ohne Auftakt beginnen sollte (siehe Seite 183). Die *Introduzione* der Waldsteinsonate komponierte Beethoven bekanntlich, als das *Rondo* schon vollendet war. Sollte sich etwa in der Quinte F - c der charakteristische Themenbeginn des *Rondos* wiederspiegeln? Stellt vielleicht die Abwandlung des E - Dur - Akkords zu einem e - Moll - Akkord eine nachträglich komponierte Antizipation der häufigen Wechsel zwischen Dur - und Moll - Tonika dar? In der *Großen Sonate für das Hammer - Klavier* sind die Bezüge zwischen Einleitung und Fugenthema mit Sicherheit kein Zufall. Die für das Thema so typischen fallenden Terzen werden in der Einleitung mit aller Deutlichkeit präsentiert. Wie wichtig die Terzstrukturen der Einleitung sind, zeigt auch eine frühe Skizze, bei der noch nicht die lebhaften Zwischenspiele das Fallen der Terzen unterbrechen (siehe Seite 223).
Bisweilen *"nimmt die langsame Einleitung das allgemeine Kontrastprinzip der Sonatensatzform vorweg"*. [2] Bereits eine langsame Einleitung als solche bildet einen Kontrast zum nachfolgenden lebhafteren Satz. In viel stärkerem Maße wird der Kontrast dem Hörer bewußt, falls ein Rückgriff auf die langsame Einleitung erfolgt. In op. 27 Nr. 1 erfährt die Idee des Themendualismus gewissermaßen eine Umkehrung, denn das *Adagio* - Thema ist sehr kantabel, das *Allegro vivace* - Thema ist eher kraftvoll mit vielen Sforzati.
So selbständig der Charakter der langsamen Einleitungen sein mag, harmonisch jedoch findet eine Hinwendung zum nachfolgenden Hauptthema statt. Am Schluß der langsamen Einleitung wird jeweils die Dominante der Grundtonart mehr oder weniger deutlich ausgeprägt. Die Wichtigkeit dieser Übergangsstellen wird meist zusätzlich durch ganz bestimmte Signale herausgehoben. Den Fermaten gehen in op. 27 Nr. 1 und op. 101 virtuose Läufe voraus, die an eine Solokadenz eines Klavierkonzertes erinnern. Mit Gewalt bricht in der Appassionata der vollgriffige D^{V} - Akkord in das vorhergehende *Pianissimo*. In op. 101 und op. 106 erfolgt eine Steigerung zu einem *Presto* bzw. *Prestissimo*, hinzu kommen ausgedehnte Triller.

2 Klinkhammer: langsame Einleitung, S. 116.

Vorbereitung der Motive des Hauptthemas
Opus 57, Finale, Vorspann und Hauptthema, T. 6/20 ff.

Substanzverwandtschaften
Opus 27 Nr. 1, *Adagio con espressione – Allegro vivace*

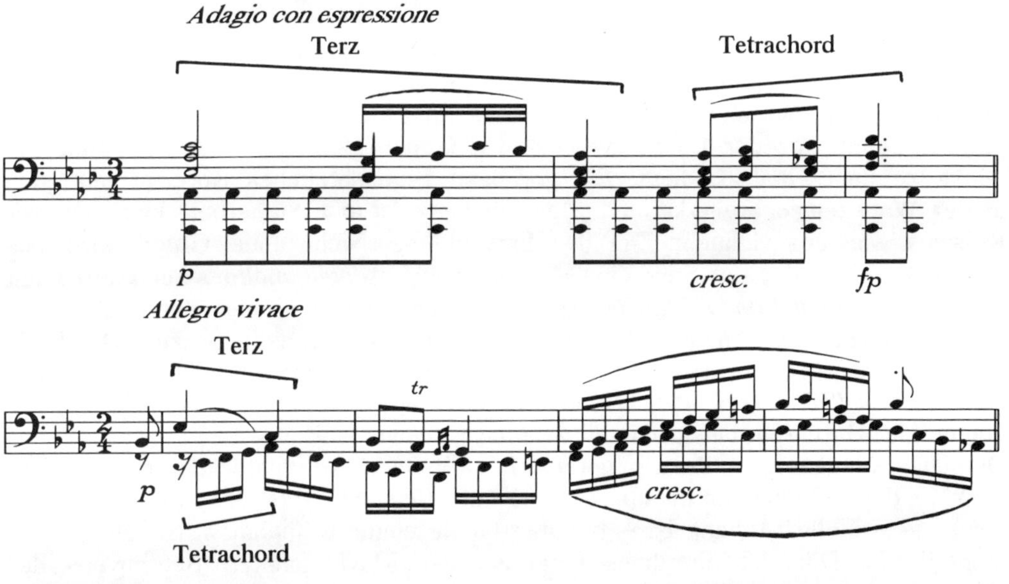

Terzstrukturen in Opus 106
Finale, Einleitung (Auszug) und Fugenthema, T. 1/16 ff.

I.5.2 Finale im Finale

Wenn man das italienische Wort "Finale" in der allgemeineren Bedeutung von "Schlußteil" benutzt, kann man die Coda des Schlußsatzes als "Finale im Finale" bezeichnen. Diese Formulierung macht schlagartig bewußt, daß sich bei Coda und Finale gleiche kompositorische Aspekte ergeben. Das Finale ist "Schlußteil" einer meist drei- oder viersätzigen Sonate, die Coda im Finalsatz ist wiederum "Schlußteil". Die wichtigste Frage, die sich bei Coda und Finale aufdrängt, ist die nach den Beziehungen zu den vorausgehenden Abschnitten. Ist im konkreten Fall der "Schlußteil" nur der "Teil", der eben halt an letzter Stelle steht, oder hat er vor allem die Funktion des Abschließens des Vorherigen? Wie ist der "Schlußteil" verwoben mit dem Vorherigen, gibt es Bezüge motivischer Art oder ist eine Substanzverwandtschaft zu erkennen? Dem "Schlußteil" ist natürlich das "Ganze" übergeordnet. Der Finalsatz ist also eingebunden in die Sonate, die Coda in den Finalsatz. Es stellt sich die Frage nach Schwerpunkten im Verlauf des "Ganzen", ferner nach der Abfolge der Charaktere.

Bei Beethoven kann man bisweilen sogar feststellen, daß die Gestaltung des Finalsatzes – des "Schlußteils" der Sonate – in enger Beziehung zur Gestaltung der Coda des Finalsatzes steht. In op. 26 etwa, wo der Finalsatz den Charakter eines spielerischen, unbeschwerten Ausklangs hat, stellt ebenfalls die Coda des Finalsatzes nur ein einfaches Ausschwingen dar. Der Schwerpunkt des Finales liegt eindeutig vor der Coda, genauso wie in der ganzen Sonate der Schwerpunkt vor dem Finalsatz liegt. Ein geradezu gegensätzliches Konzept läßt sich in der Waldsteinsonate erkennen. Der Finalsatz ist mit Sicherheit kein heiterer Kehraus, sondern vielmehr Ziel der Entwicklung. Nicht ohne Grund wird aus dem langsamen zweiten Satz eine *"Introduzione, Adagio molto"*, noch dazu mit *"Attacca subito il Rondo"*. Analog ist auch innerhalb des Finales der "Schlußteil" nicht Ausklang oder Anhängsel, sondern Zielpunkt des ganzen Satzes. Die Coda erwächst zu einer gewaltigen Schluß-Durchführung, die vor allem durch das zum *Prestissimo* gesteigerte Tempo und die außergewöhnliche Ausdehnung die eigentliche Durchführungsarbeit im zweiten Couplet überhöht.

Dem hier aufgezeigten Prinzip unterwirft sich Beethoven natürlich nicht immer, denn in der f-Moll-Sonate op. 2 Nr. 1 zum Beispiel – bei der das *Prestissimo* sicher kein bloßer Anhang ist – hat das Finale sogar ausnahmsweise einmal gar keine Coda. Dies ist allerdings innerhalb der Klaviersonaten Beethovens das einzige Beispiel. Trotzdem spiegelt sich Beethovens Entwicklung bezüglich der Gestaltung des Finales auch in derjenigen der Coda des Finales. Zumindest tendenziell wird der "Schlußteil" immer mehr aufgewertet, immer häufiger wird er zum Zielpunkt. Ein wichtiger – wenn auch eher äußerlicher – Hinweis sind bei der Coda des Finales die zunehmenden Tempoänderungen. Insbesondere in der mittleren Stilperiode bildet oft eine Stretta im *Presto* oder *Prestissimo* den krönenden Abschluß des Finalsatzes und natürlich der ganzen Sonate. Wie die Skizzen zeigen, war sogar für die Coda in op. 54 ursprünglich ein *Presto* statt eines *Più Allegro* vorgesehen (Mendelssohn 15, S. 20). Eine ähnliche, allerdings weniger dramatische Wirkung erzeugt ein *Tempo I* mit vorherigem *Ritardando*.

Den Schluß zuerst?

"Daß Beethoven den Schluß eines Satzes in Angriff genommen haben könnte, noch ehe dessen Beginn seine definitive Gestalt gefunden hätte, mag zunächst als abstruse Vorstellung erscheinen. Sie stünde im Widerspruch zum Prinzip des Prozeßhaften, das nicht nur unser Verständnis der Werke Beethovens bestimmt, sondern auch unser Bild von seiner Arbeitsweise. Dieses Prinzip impliziert die Bezugnahme des Folgenden, später Erklingenden auf Vorangegangenes, sei es als Konsequenz, als Kontrast, als Variante oder wie immer. Gedankliche Vorarbeit an der Schlußgestaltung gerade erst begonnener Sätze begegnet jedoch in Beethovens Skizzenbüchern so oft, daß sich die Frage nach den möglichen Rückwirkungen frühzeitig komponierter Satzschlüsse auf den Anfang und auf die Formgestaltung des Ganzen stellt." (Cahn: Schlußgestaltung, S. 19)

Skizzen zur Coda

Opus 7	aut 28	siehe S. 163
Opus 13	aut 28 und Add. Ms 29801	siehe S. 173
Opus 26	Landsberg 7	siehe Prod' homme S. 105
Opus 27 Nr. 2	Skizzenblatt SV 309	siehe S. 187
Opus 57	Autograph, Paris	siehe S. 209

Tempoänderungen in der Coda	
Opus 2 Nr. 3	*calando, rallentando ... Tempo I (Allegro assai)*
Opus 10 Nr. 1	*ritardando, calando, Adagio ... Tempo I (Prestissimo)*
Opus 27 Nr. 1	*Tempo I (Adagio con espressione) ...* ***Presto***
Opus 27 Nr. 2	*Adagio ... Tempo I (Presto agitato)*
Opus 28	***Più Allegro quasi Presto***
Opus 31 Nr. 1	*Adagio, Tempo I, Adagio ...* ***Presto***
Opus 31 Nr. 3	*poco ritardando, a tempo*
Opus 53	***Prestissimo***
Opus 54	***Più Allegro*** *(in Mendelssohn 15:* ***Presto*** *)*
Opus 57	*sempre più allegro,* ***Presto***
Opus 81 a	*Poco Andante, poco rit. ... Tempo I (Vivacissimamente)*
Opus 90	*ritardando ... accelerando, a tempo*
Opus 101	*ritardando ... Tempo I (Geschwinde, doch nicht zu sehr ...)*
Opus 106	*ritardando, Poco adagio ... Tempo I (Allegro risoluto)*

"Peroratio"

Das Verständnis der Coda-Problematik mag auch die musikalische Rhetorik aufhellen. Mattheson greift im *Vollkommenen Capellmeister* (Hamburg 1739) das *"Modell der antiken Gerichtsrede mit den Teilen Exordium - Narratio - Propositio - Confirmatio - Peroratio"* auf. [1] Johann Sulzer beschreibt in seiner *"Allgemeinen Theorie der schönen Künste"* (Leipzig [2] 1778/79) den *"Beschluß"* einer Rede als *"kurze Zurückführung auf den Inhalt, wodurch dasjenige, was weitläufig vorgetragen worden, in eine Hauptvorstellung vereiniget wird."* [1] Diese Konzentration auf Wesentliches läßt sich auch in den Finalsätzen von Beethovens Klaviersonaten erkennen, allerdings auf ganz unterschiedliche Art. Im Finalsatz der *Sonata quasi una fantasia* op. 27 Nr. 2 stellt die Coda eine regelrechte zweite Reprise dar, aber nicht als bloßes "Noch-einmal-Sagen", sondern als nachdrückliches "Betonen". In der Coda werden nacheinander Hauptthema, Seitenthema und die Motivik der Schlußgruppe aufgegriffen und jeweils bis zu einem emphatischen *forte*-Ausbruch hin verarbeitet. Ähnlich wie in der Waldsteinsonate liegt der Höhepunkt des Finales, ja der ganzen Sonate in dieser Coda, und zwar in der ungeheuren Zusammenballung Takt 163 ff. Beethoven setzt nahezu alle Mittel ein, um hier eine Zuspitzung zu erreichen. In den Skizzen ist dieser Höhepunkt des ganzen Finalsatzes zwar schon ansatzweise zu erkennen, aber er ist noch wesentlich weniger dramatisch (siehe Seite 187).

Ein sehr deutliches "Zusammenfassen" des ganzen Finales bedeutet es auch, wenn Motive aus Haupt- und Seitenthema kombiniert werden, wie etwa in op. 10 Nr. 1. Was zuvor einzeln vorgetragen wurde, wächst in der Coda zu einer unzertrennlichen Einheit und bildet den Schlußpunkt eines Entwicklungsprozesses. Ähnliches gilt in abgeschwächter Form für eine Coda, welche zwar Erinnerungen an verschiedene Motive des Satzes wachruft, dies dann aber in getrennten Abschnitten geschehen läßt. In op. 31 Nr. 1 etwa greift die Coda zunächst auf den Nachsatz des Hauptthemas zurück, bringt erst im zweiten Abschnitt ein Zitat des Vordersatzes. *"So blickt die Coda aus ihrer Perspektive (der der 2. Themateil zunächst liegt) auf das Thema zurück."* [2] Im Finale von op. 10 Nr. 3 gleicht die Coda sogar ein "Versäumnis" der Reprise aus, indem sie die chromatischen Passagen aufgreift und verarbeitet, die bei der Wiederkehr des ersten Couplets nicht noch einmal aufgetreten waren.

Vielfach beschränkt sich Beethoven in der Coda auch auf die Motive des Hauptthemas, wobei er im allgemeinen besondere Verarbeitungstechniken verwendet (siehe Übersicht). Daraus läßt sich nur bedingt folgern, daß das Hauptthema bzw. dessen Kopfmotiv nun das "Ein-und-Alles" des Finales sind. Hier zeigt sich eher das Prinzip "pars pro toto", so daß mit dem Rückgriff auf das Motiv, mit dem alles angefangen hat, nicht das andere wieder vergessen ist, sondern quasi in der Erinnerung mitschwingt. Das Kopfmotiv ist am Ende nicht mehr das, was es zu Beginn war, da es durch das zwischenzeitlich Geschehene geprägt wurde.

1 Cahn: Schlußgestaltung, S. 28 f.
2 Uhde: Klaviermusik, Bd. 3, S. 42.

Coda	**Motivik**	**besondere Verarbeitungstechniken**
Opus 2 Nr. 2	HS **2. Cp**	Imitatorisches Spiel mit Kopfmotiv
Opus 2 Nr. 3	HS	Kopfmotiv in A - Dur (statt C - Dur)
Opus 49 Nr. 1		
Opus 49 Nr. 2	HS	Sequenz mit Kopfmotiv
Opus 7	HS **2. Cp**	Kopfmotiv in E - Dur
Opus 10 Nr. 1	HS SS	Kopfmotiv in Des - Dur, **Kombination von HS und SS**
Opus 10 Nr. 2	SS	
Opus 10 Nr. 3	HS 1. Cp	Umkehrung des Kopfmotivs, **Kombination von HS und 1. Couplet**
Opus 13	HS 1. Cp	Kopfmotiv in Des - Dur
Opus 14 Nr. 1	HS	
Opus 14 Nr. 2	HS	
Opus 22	HS Üb	Engführung des Kopfmotivs
Opus 26	HS	Orgelpunkt
Opus 27 Nr. 1	HS SS	Kopfmotiv auf 2 Stimmen verteilt
Opus 27 Nr. 2	HS SS Sg	
Opus 28	HS Üb	Kopfmotiv in G - Dur
Opus 31 Nr. 1	HS	Kontrap. Arbeit mit 2. Teil des HS
Opus 31 Nr. 2	HS	
Opus 31 Nr. 3	HS	
Opus 53	HS	Durchführungsmodelle mit HS
Opus 54	HS	
Opus 57	HS	Abschnitt mit neuer Thematik
Opus 78	HS Cp	
Opus 79	HS	
Opus 81 a	HS	*Poco Andante*, harmonische Steigerung variierte Abspaltungen
Opus 90	HS	
Opus 101	HS	Orgelpunkt auf contra E
Opus 106	Fugenthema	Orgelpunkt, Sequenz des Kopfmotivs
Opus 109	Thema	Rückkehr zur ursprünglichen Form
Opus 110	Fugenthema	Aufbrechen der strengen Polyphonie
Opus 111	Thema	

Überraschende Momente

Da bei den Finalsätzen der Klaviersonaten Beethovens das Auftreten einer Coda eine Norm ist, die nur in op. 2 Nr. 1 nicht erfüllt wird, stellt die Coda als solche bei Beethoven keine Überraschung mehr dar. Doch wie Beethoven jeweils die Coda gestaltet, ist für den Hörer immer mit Spannung und Überraschungselementen verbunden. Denn für die Coda Beethovens gibt es kein "Schema" wie etwa das Aufstellen von Haupt- und Seitenthema in der Exposition. Der Aufbau der Coda ist immer sehr individuell und oft recht vielgliedrig. Es bleibt als Gemeinsamkeit nur das allgemeine Prinzip des "Zum-Abschluß-bringen-Wollens". Welche Erwartungen mag in dieser Beziehung der Hörer an eine Coda stellen? Die Reprise ist ja im allgemeinen durch eine spürbare Beruhigung tonartlicher und motivischer Aktivität gekennzeichnet, da einerseits das Seitenthema in die Grundtonart transponiert wird, andererseits keine Einführung von neuen Motiven erfolgt. Die Coda kann diesen eingeleiteten Prozeß der Beruhigung fortsetzen und endgültig zum Abschluß bringen. Ganz besonders deutlich wird dies bei den ausgedehnten tonikalen Orgelpunkten am Ende der Codas von op. 10 Nr. 3 und op. 26. Einer Beruhigung tonartlicher und motivischer Art stehen andererseits in der Coda oft Steigerungen zu energiegeladenen Höhepunkten entgegen, die etwa das Hauptthema noch einmal in einem strahlenden Licht erscheinen lassen.
Sehr ungewöhnlich ist in der *Presto*-Coda der Appassionata das eigenständige Thema. Denn obwohl es mit Haupt- und Seitenthema das Kreisen der Motivik gemeinsam hat, scheint es doch motivisch recht neu zu sein. Letztlich ist dieses Thema allerdings nur der Auftakt zu einer gewaltigen Schlußsteigerung mit Verarbeitung des charakteristischen Kopfmotivs des Hauptthemas.
Bei einer sehr ausgedehnten Coda können Modulationen zu anderen Tonarten auch dazu dienen, die *"Gefahr nachlassender Spannung"* [3] zu verringern. Es gibt natürlich auch harmonische Wendungen, die schon eine gewisse Tradition haben, beispielsweise die *"herkömmliche Tendenz der Coda zur Subdominantregion"*, welche *"gerade der Festigung der Haupttonart diente"*. [3] Doch selbst bei diesen so konventionellen Ausflügen in ferne Tonarten bleibt für den Hörer immer noch ein gewisser Überraschungseffekt. Häufig ist bei Beethoven die Hinwendung zur Tonart des verselbständigten Neapolitaners. In diesem Sinne wird man in op. 7 bei der *"überraschenden Rückung in das ferne E-Dur"* [4] wohl eher ein Fes-Dur hören – so wie Beethoven diese Stelle in den Skizzen notierte (siehe Seite 163). Ansonsten lassen sich auch mediantische Ausweichungen finden. Im Finale der *Pathétique* mag das As-Dur eine *"unüberhörbare Anspielung auf den 2. Satz"* [5] sein. Während die tonartlichen Ausflüge sich meist auf eine Tonart beschränken, werden in der Coda der Waldsteinsonate mehrere Tonarten mit durchführungsartigen Modellen durchlaufen. Allerdings bleibt die tonartliche Aktivität spürbar unter derjenigen der eigentlichen Durchführung.

3 Cahn: Schlußgestaltung, S. 25.
4 Badura-Skoda / Demus: Klaviersonaten, S. 43.
5 Uhde: Klaviermusik, Bd. 2, S. 234.

Überraschung durch neue Motive

Opus 57 — Beginn der *Presto*-Coda, T. 308 ff.

	Überraschung durch fremde Tonarten Reminiszenzen in fremden Tonarten	Verstärkung des Überraschungseffekts
Opus 2 Nr. 2 A-Dur	T. 159 ff. **B-Dur**	*sf, fortissimo,* Motivik aus 2. Couplet
Opus 2 Nr. 3 C-Dur	T. 298 ff. **A-Dur**	Kopfmotiv im Baß, *calando, rallentando*
Opus 7 Es-Dur	T. 155 ff. **E-Dur**	*pianissimo*
Opus 10 Nr. 1 c-Moll	T. 107 ff. **Des-Dur**	andere Phrasierung, *ritardando, calando*
Opus 13 c-Moll	T. 203 ff. **As-Dur**	schlichte Setzweise mit Orgelpunkt
Opus 28 D-Dur	T. 169 ff. **G-Dur**	*staccato*-Gegenstimmen, *pianissimo*
Opus 53 C-Dur	T. 441 ff. **Modelle**	*ff,* später ausgedehnte Triller **As-Dur, f-Moll, Des-Dur** **c-Moll, As-Dur, f-Moll**

Charaktere in der Coda

Bei Beethoven prägt die Coda meist mehrere Charaktere aus. Teilweise äußern sich in extremen Unterschieden bezüglich Tempo und Dynamik radikale Wechsel der Charaktere. Die Strettas im *Presto* oder *Prestissimo* haben einen wirklich virtuosen Charakter mit kraftvollen Steigerungen. Vor den Strettas erfolgt meist ein spannungsvolles Verharren auf einem Dominantseptakkord oder sogar auf einem Dominantseptnonenakkord (op. 27 Nr. 1, Takt 265). An diesen Nahtstellen wirken oft große Kontraste.

So unterschiedlich die Codas sind, bestimmte Charaktere jedoch kehren immer wieder. An das traditionelle *"Schema Marcato - Cantabile - Scherzando"* [6] fühlt man sich bei der Coda von op. 31 Nr. 1 erinnert. Der kontrapunktische Abschnitt Takt 206 ff. wirkt ein wenig streng durch das "Pochen" der Gegenstimme. Das nachfolgende zweimalige *Adagio* läßt das Kopfmotiv in einem fragend - verklärten Licht erscheinen. Scherzhaft und humorvoll wirkt dann der *Presto* - Abschluß. *"Ein urkomischer Disput zwischen dem Baß, der beharrlich das Motivchen in 'falscher' Tonart zitiert, und der Oberstimme, die das - nicht minder beharrlich - 'korrigiert', entspinnt sich."* [7] Ebenfalls in der Coda von op. 2 Nr. 3 werden drei Charaktere einander gegenübergestellt. Nach der fragenden Trillerkette mit spannungsvoller Fermate erscheint eine verklärte Erinnerung an das Kopfmotiv in "falscher" Tonart. Hinzu kommen *calando* und *rallentando*. Zuletzt tritt das Kopfmotiv *fortissimo* mit erregter Kraftentfaltung im *Tempo I* auf.

Motivischer Rückbezug in der Coda bedeutet nur in den seltensten Fällen eine Gleichheit im Charakter. Gerade in der Coda werden bei Beethoven fast immer andere Stimmungen geweckt, sei es eine verklärte Rückbesinnung im *Adagio*, sei es eine gesteigerte Erregtheit im *Prestissimo*. Der Hörer wird zum Beispiel in der Coda von op. 27 Nr. 1 erstaunt sein, zu welch starkem Drängen sich im *Presto* das Kopfmotiv des Hauptthemas entwickelt. Insbesondere nach den Fermaten erscheint jeweils eine deutliche "Verfremdung" des Themas. Zunächst neigt Beethoven eher dazu, nach einer Fermate eine "Verklärung" des Hauptthemas zu bringen. In der mittleren Stilphase dagegen zeigt die Reminiszenz an das Hauptthema vielfach eine stärkere "Erregung" als die ursprüngliche Fassung. In den späteren Klaviersonaten schließlich verwendet Beethoven in der Coda kaum noch Fermaten. Eine "Verklärung" des Hauptthemas kann erzeugt werden durch verhaltene Dynamik, tonartliche Verfremdung, Reduzierung der Begleitung, imitatorische Setzweise, veränderte Artikulation, *calando* und *rallentando*, ein verlangsamtes Tempo, Verzierung der Melodie usw. Affektvoll dagegen sind schnelles Tempo, kraftvolle Akkordbrechungen, Verkürzung auf das Kopfmotiv (vor allem op. 81 a und op. 101), starke Dynamik usw. In Opus 101 folgen einem energischen Aufstellen der fallenden Anfangsterz eine lange Generalpause, dann ein verhaltenes Echo. Einige Passagen erinnern an eine Solokadenz, wie man sie von den Klavierkonzerten her kennt (op. 10 Nr. 3, op. 27 Nr. 1, op. 27 Nr. 2).

6 Dahlhaus: Beethoven, S. 168.
7 Rosenberg: Klaviersonaten, Bd. 2, S. 225 f.

Drei Charaktere in der Coda von op. 31 Nr. 1

Kontrapunktischer Ernst, T. 206 ff.

Verhaltenes *Adagio*, T. 225 ff.

Scherzhaftes Spiel, T. 241/249 ff.

"Verfremdung" des Hauptthemas nach Fermate

		"Verklärung"	"Erregung"
Opus 2 Nr. 3	T. 298 ff.	*	
Opus 7	T. 155 ff.	*	
Opus 10 Nr. 1	T. 107 ff.	*	
Opus 10 Nr. 3	T. 100 ff.	*	
Opus 13	T. 203 ff.	*	
Opus 14 Nr. 1	T. 122 ff.	*	
Opus 27 Nr. 1	T. 266 ff.		*
Opus 28	T. 193 ff.		*
Opus 31 Nr. 1	T. 225 ff.	*	
Opus 31 Nr. 3	T. 309 / 319 ff.	*	
Opus 53	T. 403 ff.		*
Opus 81 a	T. 191 ff.		*
Opus 101	T. 314 ff.		*

I.6 Spätwerk
I.6.1 „Neues“ im Spätwerk

Immer wenn man auf Beethovens Spätwerk zu sprechen kommt, drängt es sich auf, das "Besondere" herauszustellen. Die nachfolgenden Zitate etwa heben die pianistischen Schwierigkeiten, die poetische Tendenz, die scheinbare Zeitlosigkeit usw. hervor. Die Konzepte der fünf späten Klaviersonaten sind individuell wie nie zuvor, eine Schwerpunktverlagerung aufs Finale erfolgt in ungeahnter Weise, der Zyklusgedanke erhält eine einzigartige Ausprägung, die traditionellen Dimensionen einer Klaviersonate werden gesprengt durch die gewaltige *Große Sonate für das Hammer-Klavier*, auch formal werden neue Wege beschritten durch Verwendung von Fuge und Variation, aber selbst die Fugen sind in keiner Weise traditionell – Beethoven verwendet in der *Fuga a tre voci* von op. 106 nahezu alle Fugenkünste, so wie J. S. Bach in der Kunst der Fuge –, die Einleitungen der Finales zeigen eine ungewöhnliche Vielfalt der Charaktere, die Codas dringen in extreme, bisher noch nicht verwendete Lagen vor (contra E, cis'''') usw.
Doch scheint sich all dies bei Beethoven schon vorher angekündigt zu haben. Alles "Neue" ist zugleich "Altes", alles "Alte" ist zugleich "Neues". Fast könnte man sagen, daß Beethoven ein Zusammenfassen bisheriger Entwicklungsströme gelingt, wobei das Resultat weit über seine Zeit hinausweist. Das Ausarbeiten individueller Sonatenkonzepte etwa kennzeichnet schon die *Sonaten quasi una fantasia*. In op. 27 Nr. 1 ist der Eröffnungssatz ein "Thema mit Variationen", so wie später dann das Finale in op. 109 und in op. 111. Final-Sonaten, worunter solche Klaviersonaten zu verstehen sind, bei denen der Schwerpunkt auf dem Finale liegt, sind bereits die Waldsteinsonate und die Appassionata. Beethovens häufiger Gebrauch der Fuge im Spätwerk kündigt sich im *Presto*-Finale von op. 10 Nr. 2 an, einer individuellen Mischung von Sonatensatzform und Fuge. Aber auch andere Finales weisen kontrapunktische Episoden auf. Einige Sonatenrondos der mittleren Schaffensperiode zum Beispiel zeigen kontrapunktische Arbeit im zweiten Couplet.
Die Konzentration auf wenige thematische Gedanken scheint in den Finales der späten Klaviersonaten ein bisher noch nicht geahntes Ausmaß zu erhalten. Diese Entwicklung bahnt sich schon bei der Schwerpunktverlagerung vom Rondo und den eher rondohaften Sonatenrondos zu Sonatensatzform und den eher sonatenhaften Sonatenrondos an. Das Rondo entspricht nämlich von der Idee her eher einem Kaleidoskop der Vielfalt, die Sonatensatzform dem Aufstellen und Verarbeiten einer Zweiheit. Außerdem ist vor allem bei den entwickelnd-prozeßhaften Finalsätzen, wo alles mehr oder weniger deutlich vom Hauptthema abzustammen scheint, der Sprung zur Fuge nicht mehr allzu groß. Ist nämlich die "Idee des Verarbeitens" einfachen Rondos noch fremd und wird ihr in der Durchführung der Sonatensatzform eine respektierliche Rolle eingestanden, so durchsetzt sie in entwickelnd-prozeßhaften Finales den ganzen Satz. Eine Zunahme der "Idee des Verarbeitens" ist jedoch bei Beethoven mit einer Konzentration auf immer weniger thematische Gedanken verknüpft. Sowohl bei der Fuge wie bei einem Thema mit Variationen prägt das Arbeiten mit einem Thema das ganze Finale.

Joseph Schmidt - Görg / Hans Schmidt
Ludwig von Beethoven, S. 175
"Mit der Sonate op. 101 (A - dur) tritt Beethoven in die reifste und letzte Phase seines klavieristischen Schaffens ein. Konnte er 1810 Therese Malfatti noch den Gefallen erweisen, leichte Sonaten zu liefern, so betrachtete er von nun an die Schwierigkeit solcher Werke als innere Notwendigkeit."

Hugo Riemann
Solosonaten, Band 3, S. 251 (zur Klaviersonate op. 101)
"Das merkwürdigste ist aber, daß diese Manieren in keiner Weise veraltet und stilistisch kontrastierend wirken, da die Gesamtführung eine so überaus freie ist, daß man zu dem Bekenntnis gezwungen wird, Beethoven steht über den Zeitstilen und verwirklicht ein Programm, das er um diese Zeit (1817) Karl Holz gegenüber so formulierte (Lenz, 'Beethoven' V, S. 219): 'Die Phantasie will auch ihr Recht behaupten, und heutzutage muß in die althergebrachten Formen ein anderes, ein wirklich poetisches Element kommen.' "

Michael Komma
Beiheft zur Faksimile Ausgabe von op. 110, S. 68
"Die poetische Tendenz des Schlußsatzes von op. 110 geht parallel mit der des Finales der IX. Symphonie, d. h. sie verquickt auch ohne Worte Dichtung und Musik."
"Op. 110 steht als ein Hauptwerk an einem Scheitelpunkt der europäischen Musikgeschichte, da es das Klassische mit dem Barocken vermählt und mit vielen Zügen auf die Romantik und den romantischen Klassizismus vorausweist. In op. 110 ist auf eigentümliche Weise der alte klassische Sonatenzyklus überwunden und überhöht."

Carl Dahlhaus
Ludwig van Beethoven und seine Zeit, S. 264
"Der 'archaisierende' Zug – der Terminus ist strenggenommen untriftig, aber kaum ersetzbar – bedeutet nicht, daß Vergangenheit durch kontrapunktische Techniken oder Kirchentonarten 'heraufgeholt' würde, sondern, daß sie in bestimmter Weise immer noch 'gegenwärtig' ist, genauer: daß der Unterschied zwischen Vergangenheit, Gegenwart und Zukunft verblaßt und an Bedeutung verliert."

Gustav Ernest
Beethovens Instrumentalfugen, S. 99
"Nur eine Kompositionsgattung noch gibt es, die in der Kraft, einen einzigen Gedanken voll erschöpfend auszusprechen, der Fuge sich annähert, und zwar das ihr in so vielen Beziehungen ähnelnde 'Thema mit Variationen'. Und auch diese Form hat Beethoven gerade in den letzten Werken gern herangezogen und hat sie – und hierin liegt ein bedeutendes Moment – genau wie die Fuge besonders häufig für die Schlußsätze benützt."

Gegenseitige Durchdringung von Fuge und Variation

Die *Grosse Sonate für das Hammerklavier* mit ihrer gewaltigen Schlußfuge wird umrahmt von den Liedvariationen op. 105 und op. 107 (Entstehungszeit 1817/18). *"Die Anregung zu diesen Liedvariationen ging von dem Londoner Verleger R. Birchall aus."* [1] So erstaunlich die Nachbarschaft dieser Werke auf den ersten Blick erscheint, Thema mit Variationen und Fuge stehen sich insofern nahe, als beide Male bestimmte Künste eine große Rolle spielen – nämlich einerseits die Fugenkünste, andererseits die Variierungskünste. In Beethovens Spätwerk durchdringen sich sogar Fuge und Variation gegenseitig. *"Die späteren Variationszyklen vor dem Schlußteil enthalten oft polyphone Gebilde und sogar Fugen. Die 5. Variation im Finalsatz der Sonaten op. 109, die Fuge in den Variationen op. 102, die Doppelfuge im Finale der 9. Sinfonie sind Beweise dafür."* [2] Es verwundert somit nicht, daß bei den *33 Veränderungen über einen Walzer von A. Diabelli* op. 120 die 24. Variation eine *Fughetta*, die vorletzte Variation eine *Fuga* – wenngleich mit gewissen Freiheiten – ist.

In den Finalsätzen der vier letzten Klaviersonaten scheint bezüglich des großformalen Aufbaus die Zuordnung zu Thema mit Variationen einerseits, zur Fuge andererseits eindeutig. Die gegenseitige Beeinflussung ist also eher im Detail zu erkennen. Das Prinzip des Variierens bemächtigt sich beispielsweise der Fugenthemen von op. 106 und op. 110. Beethoven schreibt in der *Großen Sonate für das Hammer-Klavier* ja auch ausdrücklich *"con alcune lizence"* (mit einigen Freiheiten). Das Thema in op. 106 erscheint sogar im Verlauf des ganzen Finales kein einziges Mal in der Form, in der es zum ersten Mal auftritt. Vielmehr wird es am Themenschluß immer wieder variiert. Die Veränderungen, die ja gegen die Tradition verstoßen, hängen in vielen Fällen mit Charakter und Spannungsverlauf zusammen. In op. 110 etwa bewirken die Veränderungen eine Schlußsteigerung unmittelbar vor der Wiederkehr des *Klagenden Gesangs*. Die Reduktion T. 94 ff. kündigt bereits die Verkleinerung in der Umkehrung der Fuge an, bei der ebenfalls eine aufsteigende Quarte entfällt.

Der *Klagende Gesang* von op. 110 wird bei seiner Wiederkehr stark variiert. Dabei stehen die Variierungskünste eindeutig im Dienste der poetischen Idee, denn sie bringen den Zustand *Ermattet, klagend* zum Ausdruck. Wenn nun die Wiederkehr des *Klagenden Gesangs* eine Variation darstellt, so kann man die *Umkehrung der Fuge* gewissermaßen als eine Variation der Fuge ansehen. Bezüglich dieser Perspektive bedeuten auch die kontrapunktischen Freiheiten, die vor allem in dem überaus homophonen Schlußteil sehr zunehmen, keinen eigentlichen Bruch mit der Tradition. Relativ unbedeutend erscheint die Frage, ob hier mit Hilfe von Fugenkünsten variiert wird, oder ob hier eine Fuge geschrieben wird, bei der zunehmend variiert wird – man sehe sich einmal die Verarbeitung der doppelten Verkleinerung an. Beethoven kommt es allein darauf an, die poetische Idee – *nach und nach wieder auflebend* – glaubhaft zu machen.

1 Kinsky/Halm: Verzeichnis, S. 288.
2 Propotow: Polyphonie, S. 388.

Einige Varianten des Fugenthemas in op. 106
"offenes" Ende des Fugenthemas, T. 1/23/33/42 ff.

Varianten des Fugenthemas in op. 110
Reduktion T. 94 ff. Baß, Steigerung T. 106 ff. Sopran

Variierte Wiederkehr des "Klagenden Gesangs" in op. 110
Klagender Gesang T. 9 f. und *Ermattet, klagend* T. 116

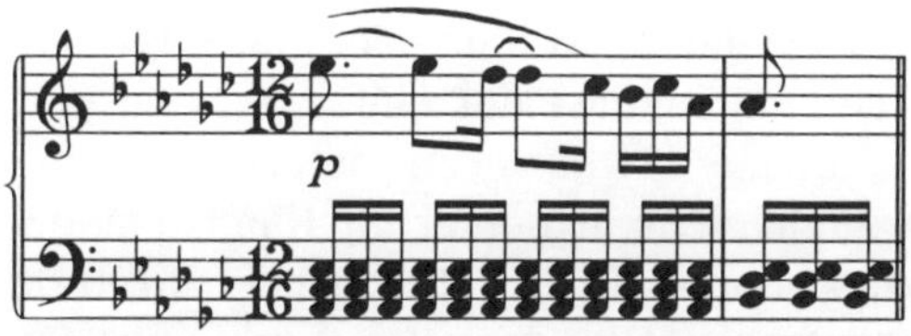

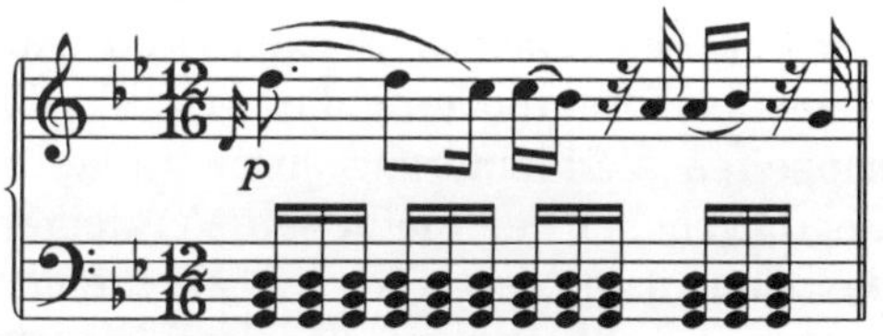

Polyphonie der 5. Variation von op. 109

I.6.2 Außergewöhnliche Fugenkonzepte

Kann man bei op. 10 Nr. 2 und op. 101 von einem Einfluß der Fuge sprechen, so hat Beethoven bei den Finales von op. 106 und op. 110 selbst den Begriff *Fuga* verwendet. Daß diese Bezeichnung berechtigt ist, zeigt schon das überwiegende Festhalten an der Dreistimmigkeit, schreibt Beethoven doch in op. 106 sogar ausdrücklich *a tre voci*. In beiden Finales werden eine Fülle von Fugenkünsten verwendet. Die Einführung eines kantablen zweiten Themas in op. 106 erinnert an eine Doppelfuge, allerdings schimmert in der gegensätzlichen Ausprägung der beiden Themen der Themendualismus der Sonatensatzform durch.
Sind also eine Fülle traditioneller Fugen-Elemente zu erkennen, so sind diese beiden Finales doch in vieler Hinsicht außergewöhnlich. Hat op. 106 bereits eine Einleitung, die eine völlig andere Stimmung zum Ausdruck bringt, so bringt das Finale von op. 110 eine variierte und transponierte Wiederkehr des einleitenden *Klagenden Gesangs*. Somit ist schon der formale Aufbau recht ungewöhnlich, es überrascht auch die Fülle der Fugenkünste. Demonstriert Johann Sebastian Bach in den Fugen seiner *Kunst der Fuge* jeweils die ein oder andere Fugenkunst, so geschieht dies in der *Großen Sonate für das Hammer-Klavier* in jeweils einer Fugen-Durchführung.
Die Fugenkünste haben bei Beethoven vielfach eine ganz besondere Funktion. Natürlich erzeugen die Fugenkünste bei der *Kunst der Fuge* J. S. Bachs jeweils einen andersartigen Ausdruck, bei Beethoven kommt jedoch ein dramaturgischer Gesichtspunkt hinzu. Bei der Durchführung mit Rücklauf in op. 106 – wo nicht die markanten Sprünge, sondern die figurativen Schlußwendungen den Anfang bilden – erscheint eine Melodie im *cantabile*, die den *cantabile*-Charakter des zweiten Themas ankündigt. In op. 110 stehen die Fugenkünste im Dienste der *"poetischen Idee"* [1]. *Poi a poi di nuovo vivente/nach und nach wieder auflebend* – diese Idee gestaltet Beethoven sehr überzeugend, indem er erst zu einer einfachen Verkleinerung übergeht, schließlich dann zu einer doppelten Verkleinerung. Diese Fugenkünste an sich haben natürlich eine sehr drastische Wirkung. Sie bringen weniger ein *"nach und nach"* zum Ausdruck, vielmehr stehen sich drei Blöcke gegenüber. Beethoven gelingt es allerdings, der Fugenkunst der einfachen und der doppelten Verkleinerung ihre starke blockbildende Wirkung zu nehmen. Indem Beethoven bei der einfachen Verkleinerung zugleich in exponierten Randstimmen das Thema in Vergrößerung erscheinen läßt (Sopran T. 153 ff., Baß T. 161 ff.), wird die Lebhaftigkeit der Verkleinerung gedämpft. Die doppelte Verkleinerung wiederum erscheint zunächst im *Meno Allegro. Etwas langsamer*. Die Rückkehr zum *tempo primo* erfolgt bezeichnenderweise nicht plötzlich, vielmehr schreibt Beethoven *poi a poi più moto, nach und nach wieder geschwinder*. Ziel dieses ganzen Steigerungsprozesses ist der relativ homophone Schlußteil, bei dem die doppelte Verkleinerung zunehmend übergeht zu bloßen Begleitfiguren. Ganz am Ende schließlich werden die einzigen *ff* der ganzen *Umkehrung der Fuge* ereicht, noch dazu in exponierter Lage.

1 siehe Seite 129, Zitat von Riemann.

	op. 101	op. 106	op. 110
Veränderter Schluß des Themas	*	*	*
Vergrößerung	*	*	*
Verkleinerung			*
doppelte Verkleinerung			*
Kombination von Vergrößerung und Verkleinerung			*
Rücklauf, Krebs		*	
Umkehrung		*	*
Gleichzeitig Original und Umkehrung		*	
Engführungsspiele	*		
Engführung		*	*
Engführung von Original und Umkehrung		*	
2. Thema		*	
Kombination von 1. und 2. Thema		*	
Doppelter Kontrapunkt		*	
Verarbeitung von Teilmotiven	*	*	*

Gestaltung der Zwischenspiele

Eine Fugen-Exposition weist vielfach kleinere Zwischenspiele auf, insbesondere zwischen zweitem und drittem Auftritt des Themas, um zur Grundtonart zurück zu modulieren. Ein solches Zwischenspiel läßt sich in op. 106 und in der *Fuga* von op. 110 finden. Das Zwischenspiel in op. 106 entwickelt sich unmittelbar aus dem Sechzehntel-Figurenwerk des Themas. Wenn also schon das Thema nicht in der Form erscheint, wie es beim allerersten Mal auftritt, so bleibt zumindest seine Ausdehnung andeutungsweise erhalten (zunächst 10 Takte, dann 9 Takte). In op. 110 führt ein kurzes und recht unauffälliges Zwischenspiel zum dritten Auftritt des Fugenthemas.

Bei der Einführung des zweiten Themas in op. 106 und bei der Exposition der *Umkehrung der Fuge* in op. 110 fehlt bezeichnenderweise ein modulierendes Zwischenspiel. In op. 110 folgt auch im weiteren Verlauf nahezu unentwegt ein Themeneinsatz nach dem anderen – teils in Vergrößerung, teils in einfacher oder doppelter Verkleinerung. Der Verzicht auf Zwischenspiele über eine derart lange Strecke, wodurch eine ungewöhnliche thematische Dichte entsteht, hängt sicher mit der poetischen Idee *"nach und nach wiederauflebend"* zusammen. Beethoven wollte einen kontinuierlichen Prozeß des *"Wiederauflebens"* gestalten, bei dem wohl Zwischenspiele allzu hinderlich gewesen wären.

Der *Fuga*-Abschnitt von op. 110 dagegen zeigt ausgedehnte Zwischenspiele, nur am Ende nimmt die thematische Dichte erkennbar zu. Der Schlußsteigerung dort dienen einerseits Engführungen, andererseits Variantenbildungen des Themas. Daß die Zwischenspiele der *Fuga* in erster Linie eine vermittelnde Rolle spielen, zeigt insbesondere die Häufigkeit von sequenzierenden Wendungen. Unentwegt währt das Fließen der Achtel-Figuren, eine rhythmische Intensivierung bis hin zu Sechzehnteln bzw. Zweiunddreißigsteln – wie in der *Umkehrung der Fuge* – fehlt. Dennoch weist der Spannungsverlauf der *Fuga* ganz ausgeprägte Höhepunkte auf. Neben der schon erwähnten Schlußsteigerung fällt auch der modulierende Abschnitt T. 73 ff. aus dem Rahmen. Hier kann man einerseits von einem ausgedehnten Zwischenspiel sprechen, andererseits wird das Thema verarbeitet. Der Themenkopf erscheint mit einer Deutlichkeit, die ihresgleichen sucht: 1) *ff*, zum ersten Mal im ganzen Finalsatz, 2) Oktavverstärkung, 3) extreme, bisher noch unerreichte Baßregion, 4) punktierte Halbe statt punktierter Viertel, 5) vorangehende längere Pause im Baß – wogegen zuvor das unablässige Fließen der drei Stimmen überwiegt. Erwartet der Hörer also eine zwar emphatische, aber reguläre Themenwiederkehr, so überrascht die freie Weiterführung, bei der sich die steigenden Quarten verselbständigen. Die traditionellen Grenzen zwischen Fugen-Durchführungen und Zwischenspielen verwischen sich.

In der *Großen Sonate für das Hammer-Klavier* verarbeiten einige Zwischenspiele ebenfalls den Kopf des Themas, jedoch handelt es sich nicht um ein derartiges "Täuschungmanöver" wie in op. 110. Vor dem Einsatz des Themas Takt 52 etwa erfolgt ein vorbereitendes Spiel mit dem raumgreifenden Triller-Kopfmotiv. Der erste Auftritt des Kopfmotivs wird aber nicht hervorgehoben, vielmehr liegt er versteckt im Alt. Recht eigenständig sind die Episoden T. 86 ff. und T. 130 ff.

Verarbeitung des Themas in Zwischenspielen
Opus 106, *Fuga a tre voci,* T. 48/180 ff.

Episoden vor Abschnitten mit Vergrößerung bzw. Rücklauf
Opus 106, *Fuga a tre voci,* T. 86 ff. (bzw. T. 130 ff.)

Zwischenspiel mit Verselbständigung des Themenkopfes
Opus 110, *Fuga,* T. 73 ff.

I.6.3 Thema mit Variationen

Während Beethoven um 1800 die Klaviersonate op. 26 mit einem "Thema mit Variationen" eröffnet, schließt er 20 Jahre später die Klaviersonaten op. 109 und op. 111 mit einem solchen Satz. Insbesondere das Finale von op. 111 hat Kritik der Zeitgenossen hervorgerufen. *"Als Schindler Beethoven fragte, warum er denn keinen 'Schlußsatz' geschrieben hätte, wurde er mit der Bemerkung abgespeist, er habe dazu keine Zeit gehabt. Wir wissen, daß Beethoven zu allem, was er wirklich wollte, Zeit und Kraft besaß."* [1]

Noch stärker als im Finale von op. 109 verwendet Beethoven in der letzten Klaviersonate *"die alte strenge Variierungskunst der Doubles"* [2]. Figuration und umfangreiche Umspielungen der Melodie sind Kennzeichen dieses Finalsatzes. *"Die Variationen zeigen den einfachsten Typus jener ältesten Technik, die von Variation zu Variation mittels gesteigerter rhythmischer Bewegung fortschreitet und die als die älteste wohl auch schon zu Beethovens Zeiten galt."* [3] Die *"Kühnheit"* besteht darin, *"scheinbar längst Verbrauchtes zu erneuern und schon gewöhnlich Gewordenes zu adeln".* [4] In op. 111 dominiert also insgesamt die *"rhythmische Progression"* [5], wie sie Uhde eindrucksvoll aufzeigt.

Einige Variationen gestaltet Beethoven als *"Doppel- oder Kontrastvariation"* [6], so die 2. Variation in op. 109 und auch die 4. Variation in op. 111. Bei der Wiederholung der achttaktigen Sätze ändert sich zum Beispiel die Setzweise. In op. 109 bilden die einzelnen Variationen einen recht individuellen Charakter aus – vor allem durch Änderungen von Tempo, Taktart, Setzweise –, stehen daher zum Teil in recht starkem Kontrast zueinander. Das Konzept dieses Finales scheint aus einer anfänglichen Entfernung von der Originalform und einer allmählichen Rückkehr zum Ursprung zu bestehen.

Am Schluß kehrt das Thema in op. 109 nahezu unverändert wieder, in op. 111 mit Verwendung einer *"Nebennoten-Technik"* [7]. Zu einer solchen Rückkehr zum Ausgangspunkt schreibt Rosenberg: *"So versinnlicht sich uns, wie das Eine, das am Anfang war, die aus ihm hervorgegangenen Ausstrahlungen wieder in sich zurücknimmt. Die Grundgestalt überdauert allen Wandel, ja stellt recht eigentlich dessen Ziel dar: ein Gedanke, der uns namentlich in den Lehren des Fernen Ostens immer wieder begegnet. Sowohl bei Laotse wie in den indischen Veden ist 'Entwicklung' gleichbedeutend mit 'Rückkehr zum Ursprung': das Vollkommene, dem alles Erscheinende zustrebt, ist Anfang und Ende zugleich und die ganze Bewegung des Lebens somit die eines Kreislaufs."* [8]

1 Badura-Skoda/Demus: Klaviersonaten, S. 210.
2 Riemann: Solosonaten, Bd. 3, S. 451.
3 Schenker: op. 111, S. 51.
4 Rosenberg: Klaviersonaten, Bd. 2, S. 437.
5 Uhde: Klaviermusik, Bd. 3, S. 593.
6 Rosenberg: Klaviersonaten, Bd. 2, S. 410.
7 Schenker: op. 111, S. 73.
8 Rosenberg: Klaviersonaten, Bd. 2, S. 413.

Takt, Tempo und Charakter

Opus 109

Thema	3/4	*Andante*	*Gesangvoll mit innigster Empfindung*
Var. I	3/4		*Molto espressivo*
Var. II	3/4	*Andante*	*Leggiermente*
Var. III	2/4	*Allegro vivace*	vielfach *forte* und *sf*
Var. IV	9/8	*Etwas langsamer als das Thema*	*piacevole*
Var. V	₵	*Allegro ma non troppo*	*sempre f ... sempre p*
Var. VI	3/4	*Tempo I del tema*	*Cantabile*
Thema	3/4		*cantabile*

Opus 111, Finale

Thema	9/16	*Adagio*	*molto semplice e cantabile*
Var. I	9/16		*dolce, sempre ligato*
Var. II	6/16	*L'istesso tempo*	*dolce, sempre ligato*
Var. III	12/32	*L'istesso tempo*	*f, sempre f, sf*
Var. IV	9/16		*sempre pp*
Var. V	9/16		

Rhythmische Progression in op. 111

Uhde: Klaviermusik, Bd. 3, S. 593 ff.

Thema

9/16 (= 3 mal 3)

pro Takt 3 und mehr Anschläge

Variation 1

pro Takt 6 - 9 Anschläge

Variation 2

6 / 16 (= 2 mal 3)
16 tel triolisch geteilt – zwei 16 tel von Var. 2 entsprechen drei 16 teln von Var. 1

pro Takt 12 Anschläge

Variation 3

12 / 32 (= 4 mal 3)
32 stel triolisch geteilt

pro Takt 24 Anschläge

Variation 4 und 5

9/16 (= 3 mal 3)
16 tel triolisch geteilt

pro Takt 27 Anschläge

Durchbrechen der Regelmäßigkeit

Hält sich Beethoven in den Finales von op. 109 und von op. 111 zunächst streng an den regelmäßigen Aufbau des Themas (8 + 8 + 8 + 8 = 32 Takte), so zeigt sich allerdings bei den letzten Variationen jeweils ein Durchbrechen der Regelmäßigkeit. In dieser Hinsicht lassen sich auffällige Unterschiede zwischen den beiden Klaviersonaten erkennen. In op. 109 fungieren nämlich die angehängten Erweiterungen in erster Linie als Ausklang, teilweise sogar als eine Art Echo. Dagegen finden sich in den ausgedehnten Episoden von op. 111 recht bedeutende Steigerungen bis hin zu *f* - Höhepunkten.

In op. 109 zeigen die fünfte und die sechste Variation einen mehr oder weniger ausgedehnten Anhang. Die abschließende Wiederkehr des Themas allerdings hält sich wieder an den ursprünglichen Aufbau. Der klare Verzicht auf syntaktische Unregelmäßigkeiten, auf abschließende Abspaltungen und Anhänge ist eins der kompositorischen Mittel, welche die Rückkehr zum Ursprung verdeutlichen. Nur relativ geringfügige Veränderungen signalisieren dem Hörer die Schlußsituation, außerdem entfallen die Wiederholungen. Zwischen der sechsten Variation und dem abschließenden Auftritt des Themas vermittelt ein Anhang von drei Takten. Es würde wohl einen zu starken Kontrast ergeben, wenn die rauschende *forte* - Ebene und der *cantabile* - Schluß unmittelbar nebeneinander gestellt würden. Beethoven reduziert daher stufenlos die Dynamik (*dimin. ... più dimin. ... pp*). Ebenfalls versucht Beethoven einen allzu plötzlichen Wechsel der Regionen zu vermeiden, denn ein Absturz von höchster Höhe (bis cis'''') in die eingestrichene Oktave würde dem Prinzip des Abrundens – welches sich in der Rückkehr zum Ursprung zeigt – arg widerstreben. Die sechste Variation beginnt schlicht mit fast choralartiger Setzweise, so daß deutliche Assoziationen an die ursprüngliche Version des Themas geweckt werden. Wieder versucht Beethoven, einen allzu großen Kontrast zur vorhergehenden Variation zu vermeiden. Allerdings stellt der Anhang an die fünfte Variation keine allmähliche Anpassung dar, sondern quasi eine Art Zwischenstufe. Beethoven hängt schlichtweg die letzten acht Takte noch einmal an, wobei nur die Reduzierung von *sempre f* zu *sempre p* das nachfolgende *Cantabile* vorbereitet. Da die Achttaktigkeit gewahrt bleibt, handelt es sich um keine auffällige syntaktische Unregelmäßigkeit.

Scheint op. 111 hinsichtlich der Variationstechniken von älterer Manier zu sein als op. 109, so kann man dies nicht behaupten bezüglich des Durchbrechens der Regelmäßigkeit. Im Anschluß an die 4. und 5. Variation von op. 111 folgen eigenständige Episoden, die keineswegs ein bloßer Ausklang sind. Außerdem zeigt die Coda keine derart deutliche Rückkehr zum Ursprung wie in op. 109. Bisweilen besitzen die Episoden sogar Höhepunkte der Verlaufskurve. Nicht nur finden sich ausgedehnte Steigerungen, es werden auch bekannte Motive verarbeitet. Bezüglich der *"Konzertkadenz"* [9] T. 106 ff. existiert eine interessante Skizze in Artaria 201, bei der noch eher die dialogische Struktur im Vordergrund steht. Die endgültige Version dagegen hat in stärkerem Maße einen fragenden Charakter.

9 Uhde: Klaviermusik, Bd. 3, S. 607.

Anhang an 6. Variation in op. 109
Opus 109, Finale, T. 184 ff.

Episode zwischen 4. und 5. Variation
Opus 111, Finale, T. 106 ff.

Skizze zu dieser Episode
Artaria 201, Berlin StPK, S. 44, Zeilen 4 / 5 ff.
SIEHE AUCH: Drabkin: op. 111, Vol. II, S. 69.

I.7. „Charakter“ und „Idee“

I.7.1 Marcato, Cantabile, Scherzando ...

Außer mancherlei Vortragsangaben, die sich auf Dynamik, Artikulation, Agogik usw. beziehen, verwendet Beethoven auch solche zum Charakter. Häufig kommt in den Klaviersonaten zum Beispiel ein *dolce* vor. Beim Spätwerk Beethovens fällt die außergewöhnliche Zunahme individueller Charakterbeschreibungen auf. Hierin scheint sich die Romantik anzukündigen. Das Ringen Beethovens um den Charakter zeigt sich auch darin, daß Beethoven oft mehrere Vortragsangaben miteinander verknüpft, diese teilweise dann sogar zweisprachig notiert. *Cantabile* erhält zum Beispiel im Spätwerk den Zusatz *sempre dolce, espressivo* oder gar *molto semplice.* Beethoven differenziert also fein zwischen verschiedenen Arten einer gesangvollen Melodie. Und diese Zusätze scheinen durchaus treffend, denn das Thema der C-Dur-Klaviersonate op. 111 etwa ist zwar überaus kunstvoll, aber es wirkt doch schlicht und ungezwungen. Einem *cantabile*-Charakter recht nahe steht auch die *piacevole*-Angabe der IV. Variation in op. 109. "Gefällig, lieblich" wirkt vor allem das schwingende Anfangsmotiv. Gegen eine *cantabile*-Angabe spricht weniger der Ausdruck dieser Variation, als ihre durchbrochene Setzweise. Beim *Cantabile* ist meist der Sopran die führende Stimme. Die anderen Stimmen – vor allem der Baß – mögen zwar auch gesangvoll sein, aber sie sind doch untergeordnet. Beim *Klagenden Gesang* von op. 110 verschiebt sich das *Cantabile* ins Depressive. Bei der Wiederkehr – *Ermattet, klagend* – gerät sogar das Fließen der Melodie ins Stocken durch viele Pausen. *Klagend* einerseits, *nach und nach wiederauflebend* andererseits – dies ist natürlich eine *"poetische Idee"* [1], ja fast schon ein außermusikalisches Programm. Auch hierin kündigt sich die Romantik an.
Ein geradezu entgegengesetzter Pol der *cantabile*-Charaktere sind die *marcato*-Charaktere. Im Spätwerk schreibt Beethoven beispielsweise *ben marcato* oder gar *sempre ben marcato.* Den Tempoangaben bei op. 101 und op. 106 fügt er *risoluto* bzw. *mit Entschlossenheit* hinzu. Ist das Spätwerk demnach eine Fundgrube für Vortragsangaben gegensätzlicher Charaktere, so sind in früheren Klaviersonaten solche Charaktere aber zumindest teilweise schon zu finden. Viele Themen der Sonatenrondos beispielsweise sind *cantabile,* auch wenn Beethoven dies nicht ausdrücklich vermerkt. Hin und wieder allerdings kennzeichnet Beethoven diese Stellen bereits mit *dolce.* Einen verwandten, jedoch wesentlich unbeschwerteren Charakter stellt das *Grazioso* zweier früher Rondos dar.
Interessant ist noch die Bezeichnung des Rondos von op. 14 Nr. 2 als *Scherzo.* Hier bringt die Überschrift den überaus scherzhaften Charakter dieses Satzes zum Ausdruck, der beispielsweise durch die metrische Gestaltung des Beginns und durch die dialogischen Spiele im dritten Couplet entsteht. Ausgesprochen humorvoll ist sicherlich das Thema des Rondos von op. 10 Nr. 3, selbst wenn Beethoven hier keine spezielle Vortragsangabe zum Charakter macht.

1 siehe Seite 129, Zitat von Riemann.

Vortragsangaben Beethovens

grazioso	op. 2 Nr. 2, op. 7
dolce	Hauptsatz: op. 79, op. 90, op. 54 – Überleitung: op. 2 Nr. 2 – Seitensatz op. 49 Nr. 1, op. 13, op. 101 – III. Thema op. 90 – Df / II. Cp. op. 2 Nr. 1, op. 14 Nr. 2 – op. 2 Nr. 3 – Coda op. 53
con espressione	op. 27 Nr. 1
espressivo	op. 54, op. 81 a
Scherzo	op. 14 Nr. 2

op. 90	*sehr singbar vorgetragen – teneramente*
op. 101	*sehnsuchtvoll, con affetto – dolce – mit Entschlossenheit – dolce – dolce poco espressivo*
op. 106	*risoluto – ben marcato – cantabile – dolce – sempre dolce, cantabile – (sempre) ben marcato – sempre dolce*
op. 109	*Gesangvoll, mit innigster Empfindung, cantabile ed espressivo – Molto espressivo – teneramente – piacevole – cantabile*
op. 110	*Klagender Gesang, Arioso dolente – Ermattet, klagend, Perdendo le forze, dolente – nach und nach wieder auflebend, poi a poi di nuovo vivente*
op. 111	*molto semplice e cantabile – dolce – espressivo*

Beschreibungen in der Literatur zu den Klaviersonaten Beethovens

beschwingt, pochend, lebendig, lebhaft, munter, frisch, rasch, drängend, vorwärtsdrängend, rauschend, brausend, wilddahinbrausend, ungestüm, stürmend, rastlos, kraftvoll, kräftig, kühn, markant, prägnant, klar, willensbetont, trotzig, grimmig, heftig, jäh aufschreiend, leidenschaftlich, spannungsvoll, konflikthaft, erregt, wild, jubelnd, glühend, feurig, grandios, gewaltig, mächtig, ekstatisch, bizarr, exzentrisch, emphatisch, überschwenglich, dramatisch, donnernd, rumorend, flammend, zupackend, massiv, machtvoll, pompös, grandios, brillant, hell, glänzend, konzertant, virtuos, motorisch, flüssig, fließend, blockhaft, kontrastreich, figurenreich, zierlich, elegant, bezaubernd, sonor, klangvoll, choralhaft, barockisierend, historisierend, altherrenhaft, behäbig, scherzhaft, launig, neckisch, übermütig, humorvoll, ungetrübt, fröhlich, vergnügt, locker, tänzerisch, heiter, anspruchslos, harmlos, simpel, unverbindlich, banal, nichtssagend, sprechend, redselig, lakonisch, tiefsinnig, geheimnisvoll, unheimlich, weihevoll, erhaben, beseelt, still, verträumt, verhaltend, zurückhaltend, besänftigend, zart, empfindsam, sanft, liebevoll, schlicht, ergreifend, würdig, ernst, schwerbewegt, traurig, melancholisch, depressiv, seufzend, keuchend, flehend, ergeben, demütig, gemächlich, beschaulich, weich, gedämpft, verhallend, verunsichert, nervös, gedrängt usw.

Quellen ?

Charakter eines ganzen Finales

Am leichtesten scheint die Beschreibung des Charakters eines ganzen Finales dort zu gelingen, wo der ganze Satz recht homogen ist. Bei einigen Finalsätzen kann man geradezu von einem "Charakterstück" sprechen. Allerdings soll damit nur gesagt sein, daß der ganze Satz einen einheitlichen individuellen Charakter hat. Ein außermusikalischer Titel, wie ihn meist "Charakterstücke" der Romantik aufweisen, tritt bei Beethovens Klaviersonaten natürlich noch nicht auf. Scheint beim Finale von op. 31 Nr. 2 die Romantik nicht mehr allzu fern, so orientieren sich dagegen einige "Charakterstücke" anderer Sonaten an barocken Vorbildern. Gewissermaßen eine "Einheit des Affekts" zeigen die Finalsätze von op. 10 Nr. 2 und op. 54. Im einen Fall ist die Welt der Fugen, im anderen die der Inventionen von entscheidendem Einfluß auf den Charakter. Eine Einheit des Charakters besagt allerdings nicht, daß ein Werk keinen ausgeprägten Spannungsverlauf hat. Den beiden zuletzt erwähnten Finales liegt als formales Modell die dynamische Sonatensatzform zugrunde, wobei vor allem in der immensen Durchführung von op. 54 überaus bedeutende Höhepunkte auftreten. In op. 26 sind alle Formteile derart spielfreudig, daß dem Finalsatz im ganzen gesehen sicherlich das gleiche Prädikat gegeben werden kann.

Doch was für Schlüsse soll man ziehen, wenn Themen oder Formteile einen gänzlich unterschiedlichen Charakter haben ? Viele Sonatenrondos sind insgesamt recht kantabel, auch wenn stellenweise ein anderer Charakterzug hineinkommt. Bei einigen Finalsätzen kann man aber nicht von gelegentlichen Ausweichungen sprechen, vielmehr werden nämlich bewußt kontrastierende Charaktere einander gegenübergestellt. Bereits in der f-Moll-Klaviersonate op. 2 Nr. 1 erfolgt eine effektvolle Konfrontation zweier Charaktere. Sowohl innerhalb kleiner Abschnitte als auch hinsichtlich ganzer Formteile stellt Beethoven zwei Pole kontrastierend gegenüber. In der Fuge von op. 106 werden zwar auch zwei Charaktere ganz besonders ausgeprägt, allerdings kommt es hier nicht so sehr auf Kontraste an, vielmehr verändern sich schon einmal die Charaktere. Das Thema beispielsweise beginnt zwar markant, aber es erfolgt ein Wandel ins Figurative. Im Anschluß an die Einführung des kantablen zweiten Themas erfolgt eine schrittweise Rückkehr zum Marcato. Die Wiederaufnahme der langsamen Einleitung in op. 27 Nr. 1 und op. 110 bewirkt natürlich, daß hier zwei gänzlich verschiedene Charaktere mit starkem Kontrast einander gegenübergestellt werden. Schließlich sei noch das Finale von op. 78 erwähnt, denn dort haben alle Couplets einen einheitlichen Charakter durch fortwährende Verwendung der Sechzehntel-Zweiergruppen.

Eine Vielfalt unterschiedlicher Charaktere weisen natürlich die Variationen von op. 109 auf. Anders als sonst treten hier ja auch spürbare Wechsel des Tempos auf. Man kann allerdings sagen, daß Beethoven die langsameren Variationen im allgemeinen doch ziemlich kantabel gestaltet. Zum Konzept von op. 14 Nr. 2 scheint es zu gehören, in jedem der drei Couplets einen individuellen Charakter auszuprägen. Das erste Couplet zeigt markante *f*-Akkorde, die durch vorherige Generalpausen besonders wirkungsvoll sind. Überwiegt beim zweiten Couplet das kantable Fließen, so ist später das dialogische Spiel recht scherzhaft.

"Charakterstück"		
Opus 10 Nr. 2	*Presto*	
Opus 26	*Allegro*	
Opus 31 Nr. 2	*Allegretto*	
Opus 54	*Allegretto*	
Wechsel zwischen zwei Polen		
Opus 2 Nr. 1	**Marcato**	Exposition / Reprise: Beginn des Hauptthemas, Überleitung, Schlußgruppe
	Cantabile	Exposition / Reprise: Zweiter Teil des Hauptthemas, Seitenthema Durchführung: *sempre piano e dolce* - Thema
Opus 27 Nr. 1	***Adagio con espressione*** – *Tempo I* ***Allegro vivace*** – *Presto*	
Opus 106	**Marcato**	Thema (mit Wandel ins Figurative), Vergrößerung, Umkehrung, Engführung von Original und Umkehrung
	Cantabile	Rücklauf, zweites Thema
Opus 110 ...	***Klagender Gesang*** – *Ermattet, klagend* ***Fuga*** – *L' inversione della Fuga*	
Vielfalt von Charakteren		
Opus 14 Nr. 2	**Scherzando**	Refrain, 3. Couplet (dialogisches Spiel)
	Marcato	1. Couplet (blockhaft, mit Tendenz zum Figurativen)
	Cantabile	*dolce* - Thema des 2. Couplets
Opus 109	**Cantabile**	Thema: *Gesangvoll, mit innigster Empfindung* *Andante molto cantabile ed espressivo* 6. Variation: *Cantabile*
	piacevole	4. Variation
	Energisch	3. Variation (mit Tendenz zum Figurativen)
	Imitatorisch	5. Variation

I.7.2 Beginn als Basis

Das Hauptthema in den Finales hat schon durch sein häufiges Auftreten eine gewichtige Bedeutung. Insbesondere im Rondo dominiert der Refrain ja in außergewöhnlicher Weise. Gewissermaßen wird zu Beginn des Satzes der Grundstein gelegt, der auf alles Weitere einen mehr oder weniger starken Einfluß zu haben scheint. Doch inwieweit das Hauptthema nun die Weichen für das Nachfolgende stellt, ist teils offenkundig, teils eher verborgen. Für den Hörer sehr deutlich sind Bezüge motivisch-thematischer Art. Mal greift die Überleitung ein Motiv des Hauptthemas auf, mal die Schlußgruppe oder sogar das Seitenthema. Durchführung und Coda verarbeiten vielfach Motive des Hauptthemas. Hin und wieder ist aber auch die "Idee" eines Themas von Bedeutung für das Nachfolgende. Es handelt sich um einen Einfall bezüglich der allgemeinen Struktur des Themas. Ohne diese Idee wäre das Thema nicht mehr das, was es ist. Hat man eine solche Idee erkannt, so stellt sich die Frage nach den Auswirkungen innerhalb des ganzen Finales. Der Bogen beispielsweise, den der Refrain in op. 14 Nr. 1 schlägt, findet sich wieder in der Einleitung und in dem Kern der Durchführung (siehe nachfolgende Doppelseite). Die Figuren des Refrains von op. 26, die an eine "Spieluhr" erinnern, finden sich immer wieder innerhalb des Finales – wenn auch mit gewissen Abwandlungen.
Bei Haupt- und Seitenthema bestehen hörpsychologisch zwei völlig verschiedene Situationen. Das Hauptthema bildet den Beginn und wird mehr oder weniger vorbehaltlos gehört – es sei denn, daß das Finale ganz deutliche Bezüge zu vorherigen Sätzen aufnimmt. Das Seitenthema dagegen kann noch so individuell ausgeprägt sein, das Hauptthema wird immer noch nachschwingen. Dieser hörpsychologische Effekt des Nachschwingens kann bisweilen bewußt auf die Spitze getrieben werden. Offenkundige motivische Beziehungen sind jetzt hier nicht angesprochen, sondern das Fortpflanzen eines Gedankens des Hauptthemas im Seitenthema. Die "Idee" des Seitenthemas im *Finale* von op. 10 Nr. 1 ist diegleiche wie die des Hauptthemas. Der dreimalige "Anlauf" des Kopfmotivs ist beim Seitenthema allerdings auf doppelte Proportionen ausgedehnt. Einem kreisenden Prinzip unterliegen Haupt- und Seitenthema in der Appassionata und in op. 81 a.
Der Charakter des Hauptthemas läßt den Gesamtcharakter des Finales erahnen, denn meistens wird ein dem Hauptthema entgegengesetzter Charakter nur in einzelnen Episoden ausgeprägt. Erinnert sei etwa an das *dolce*-Thema in der Durchführung von op. 2 Nr. 1 und an die *ff*-Hochebene im *Poco Allegretto e grazioso* von op. 7. Bisweilen sind sogar schon die ersten Takte grundlegend für das ganze Finale, insbesondere bei rhythmisch-motorischer Monotonie. Die Spielfreudigkeit in op. 26, die Ähnlichkeit mit einer zweistimmigen Invention in op. 54, der Fugencharakter in op. 10 Nr. 2 zum Beispiel werden schon zu Beginn sofort mit aller Deutlichkeit erkennbar. Das rhythmische Modell des Hauptthemas in op. 31 Nr. 2 liegt weiten Teilen des Satzes zugrunde. Im Rondo von op. 10 Nr. 3 wiederum ist es vor allem der Refrain mit seiner ungewöhnlichen Syntax, der dem Finale einen scherzhaft-witzigen Charakter gibt.

"Idee" eines Themas

Dreimaliger Anlauf

Opus 10 Nr. 1, Finale, Beginn des Hauptthemas

Großer Bogen

Opus 14 Nr. 1, *Allegro comodo,* Melodieverlauf des Refrains

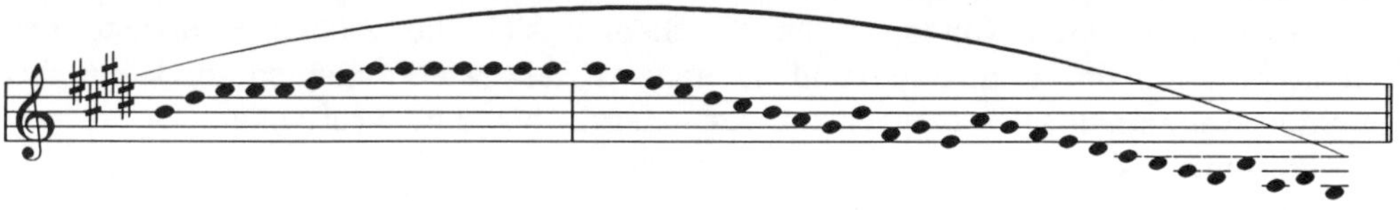

"Spieluhr"

Opus 26, Finale, Beginn des Refrains

Kreisendes Prinzip

Opus 81 a, *Vivacissimamente,* T. 11 ff.

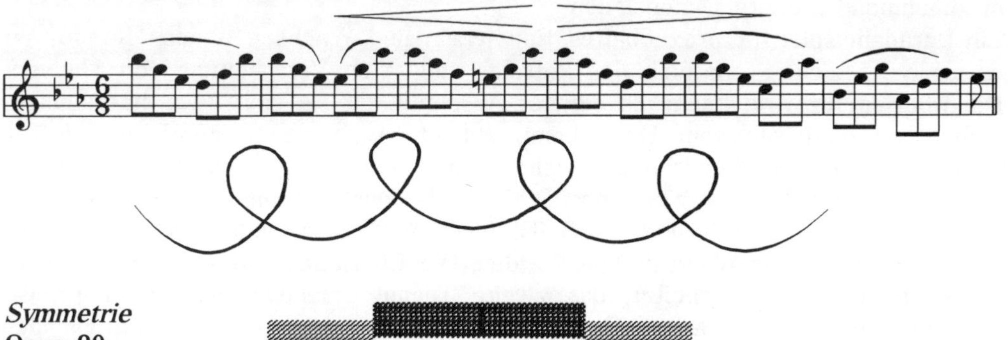

Symmetrie

Opus 90,

ganzes Thema

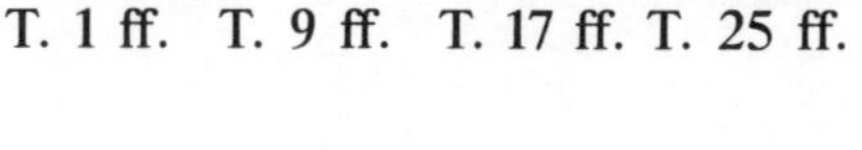

T. 1 ff. T. 9 ff. T. 17 ff. T. 25 ff.

I.7.3 „Projektion“ und „Wachstum“

Frühe Finalsätze zeigen bisweilen die Idee einer ”Projektion”, spätere dagegen die Idee eines organischen ”Wachstums”. Beidemal bildet das Hauptthema den Ausgangspunkt, allerdings handelt es sich im einen Fall um Wiederkehr eines Prinzips in größeren Dimensionen, im anderen Fall um eine fortwährende Metamorphose, ein beständiges Wachsen und Werden in einem entwickelnden Prozeß. Die Idee der ”Projektion” ist quasi etwas Statisches, denn sie hängt eher mit der Architektur eines Satzes zusammen. Man kann von einem Bauwerk sprechen, welches gewisse Analogien erkennen läßt zwischen seinen kleinen Bausteinen, einigen Gebäudeabschnitten und sogar dem ganzen Gebäude. Dagegen hat die Idee des ”Wachstums” etwas höchst Impulsives, etwas Dynamisches. Hier kann man eher von einem lebendigen Organismus sprechen, bei dem eins aus dem anderen hervorgeht, wo jeder Abschitt Ergebnis des Vorhergehenden, Ausgangspunkt des Nachfolgenden ist.

Im *Prestissimo*-Finale von op. 2 Nr. 1 scheinen sich die großen Kontraste des Hauptthemas in der Exposition und im ganzen Satz wiederzuspiegeln. Denn das kantable Seitenthema ist eingerahmt von energischen und kraftvollen *fortissimo*-Abschnitten, das ausgedehnte *sempre piano e dolce*-Thema der Durchführung stellt eine ruhige Ebene zwischen der aufgewühlten Exposition bzw. der Reprise dar. In der Reprise verzichtet Beethoven zu Beginn des Themas auf den taktweisen Kontrast. Dies mag natürlich zum einen damit zusammenhängen, daß Beethoven den Beginn der Reprise deutlicher markieren will. Im Anschluß an die ausgedehnte *sempre piano e dolce*-Ebene soll sich eben das Hauptthema durch ein flächiges Forte deutlich abheben. Aber spiegelt sich hier nicht auch die Idee des Projizierens kleiner Kontraste ins Große? In einer Skizze (siehe S. 154 f.) zur Exposition fehlt noch zu Beginn der taktweise Kontrast zwischen *p* und *f*. Die Idee der ”Projektion” ist dort also noch nicht derart ausgeprägt. Ähnliches gilt auch für den Entstehungsprozeß von op. 14 Nr. 1, denn in frühen Entwürfen des Themas fehlt noch der Bogen der endgültigen Fassung.

So ungewöhnlich, geradezu verwirrend zunächst der formale Aufbau des Finales von op. 2 Nr. 3 erscheinen mag, in Wirklichkeit steckt eine ganz einfache Idee dahinter. Es erfolgt nämlich ein Projizieren einer aufgebrochenen Dreiteiligkeit in zunehmend größere Dimensionen.

Ein Paradebeispiel für prozeßhaftes Entwickeln und Wachsen ist das Rondo von op. 31 Nr. 1. Schon innerhalb des Refrains zeigt sich Verarbeitung von Motiven. Die Überleitung wirkt kaum als eigener Abschnitt, da sie sich zwar harmonisch, nicht aber motivisch vom Hauptthema abhebt. Auch das Seitenthema verläßt nicht den Bann des Hauptthemas, vielmehr erscheint es als eine Metamorphose. In einzigartiger Weise ergibt sich T. 87 ff. die durchführungsartige Arbeit fast zwanglos aus der Engführung der Baßstimme. Auch das Rondo von op. 90 zeigt ein bemerkenswertes Wachsen und Werden. Die Überleitung ist mit dem Kadenzmotiv des Refrains gearbeitet, das zweite Thema erscheint als Metamorphose des Hauptthemas, das dritte Thema schließlich ist quasi eine Verklärung der beiden ersten.

Projektion eines Kontrastes
Opus 2 Nr. 1, *Prestissimo* - Finale

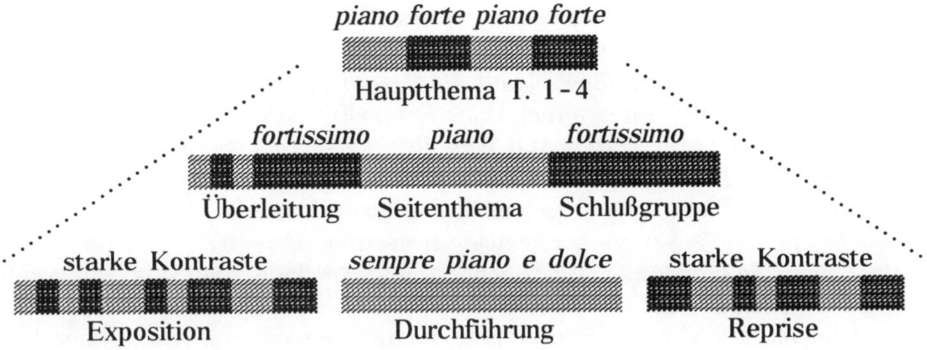

Projektion einer aufgebrochenen Dreiteiligkeit
Opus 2 Nr. 3, *Allegro Assai*
(siehe auch Seite 159)

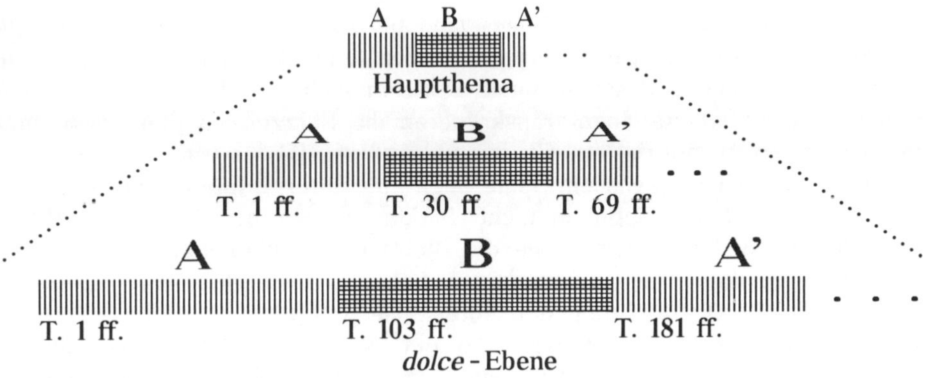

Projektion eines Bogens
Opus 14 Nr. 1, *Rondo, Allegro comodo*

Thema
T. 1/4/8

Einleitung des 2. Couplets
T. 38/41/47

Kern des 2. Couplets
T. 47/54/66

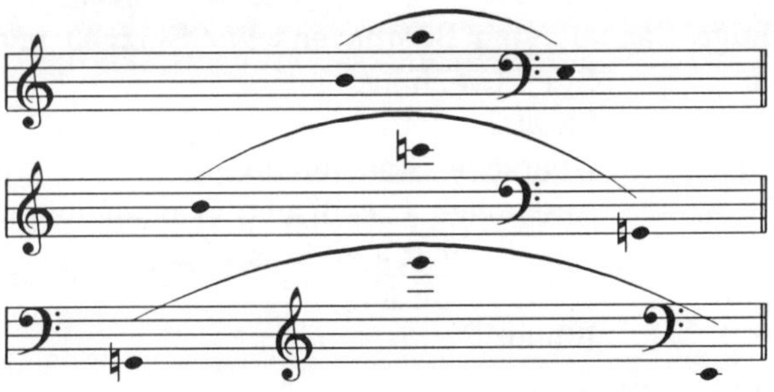

II. Individuelle Gestaltung

Skizzen und Autographe als Schlüssel zum Kompositionsprozeß

"Die Skizzen Beethovens sind ein einzigartiges Zeugnis musikalischen Schaffensprozesses. Sie führen in die Werkstatt des Meisters, lassen die Entstehung seiner Werke verfolgen und darüber hinaus seine ferneren künstlerischen Absichten ahnen." [1] Mit diesen Worten eröffnet Hans Schmidt das Verzeichnis der Skizzen Beethovens, in dem *"zum ersten Mal eine Bestandsaufnahme alles Erreichbaren versucht wird "*.[1] *"Die Dringlichkeit einer Erfassung nüchterner Daten hat sich allein darin gezeigt, daß entgegen den bisherigen Schätzungen von rund 5000 Seiten mehr als 7500 Seiten nachgewiesen werden konnten."* [1] Hans Schmidt legte 1969 mit seinem Skizzen-Verzeichnis die Grundlage der Skizzenforschung der letzten Jahrzehnte. In *The Beethoven Sketchbooks* (1985) beschäftigen sich Douglas Johnson, Alan Tyson und Robert Winter speziell mit Datierung, Inhalt und Überlieferung der Skizzenbücher. Durch Untersuchung der Wasserzeichen, der Papierbefunde und der Papierlagen gelingt ihnen manche aufsehenerregende Rekonstruktion eines Skizzenbuches. Die Skizzen zu op. 27 Nr. 2 zum Beispiel, die ursprünglich zum Sauer-Skizzenbuch gehörten, sind heute auf losen Skizzenblättern verstreut und werden in verschiedenen Bibliotheken aufbewahrt.

Transkriptionen der Skizzen Beethovens sind bis heute nur teilweise vorhanden. Einige Skizzenbücher sind vollständig übertragen, zum Beispiel Landsberg 7, das Keßlersche Skizzenbuch, das Wielhorsky-Skizzenbuch und Landsberg 5. Einige englischsprachige Dissertationen transkribieren die Skizzen zu ganz bestimmten Klaviersonaten, so zu op. 54, op. 57, op. 109 und op. 111.

Jede Transkription ist in gewissem Sinne auch eine Interpretation. Daher stimmen die nachfolgenden Transkriptionen nicht immer mit den bereits veröffentlichten Büchern überein. Insbesondere wurde die Richtung der Notenhälse der Originalhandschrift beibehalten. Die Übertragungen dienen ja nicht dem Vortrag, sondern der Dokumentation. Die Richtung der Notenhälse gibt teilweise – natürlich nicht immer – Aufschlüsse über Beethovens Absicht. Notiert er etwa eine Baßstimme mit Notenhälsen nach unten, so kann dies darauf hinweisen, daß Mittelstimmen vorgesehen sind. In der Skizze zu der chromatischen Passage von op. 10 Nr. 3 wechselt Beethoven genau an der Stelle die Richtung der Notenhälse, wo der Übergang zu den gebrochenen Oktaven erfolgt (siehe S. 169).

Wichtige Sammlungen Beethovenscher Skizzen und Autographe

Bonn	Beethovenhaus
Berlin	Staatsbibliothek der Stiftung Preußischer Kulturbesitz
Berlin	Deutsche Staatsbibliothek
Berlin	Ehemalige Preußische Staatsbibliothek (zur Zeit in Krakau)
Wien	Gesellschaft der Musikfreunde
London	British Library
Paris	Bibliothèque Nationale

1 Schmidt: Verzeichnis, S. 7.

Chronologie der Skizzenbücher
mit Skizzen zu den Klaviersonaten
(Jahreszahlen nach: Johnson / Tyson / Winter S. 72 f. und S. 332 ff.)

Name		Klaviersonaten	Jahre
Add. Ms 29801 (Skizzenblätter)	London BL	op. 49, op. 7, op. 10 Nr. 3 op. 13, op. 14 Nr. 1	
aut. 28 (Skizzenblätter)	Berlin StPK	op. 7, op. 10 Nr. 1, op. 10 Nr. 3 op. 14 Nr. 1, op. 13	
Grasnick 1	Berlin DStB	op. 10 Nr. 1	1798 - 99
Autograph 19 e	Berlin StPK	op. 22	1800
Landsberg 7	Berlin StPK	op. 26, op. 27 Nr. 1	1800 - 1801
Sauer	verstreut	op. 27 Nr. 2, op. 28	1801
Kessler	Wien GdM	op. 31 Nr. 1, op. 31 Nr. 2	1801 - 02
Wielhorsky	Moskau	op. 31 Nr. 3	1802 - 03
Landsberg 6	Berlin PrStB	op. 53	1803 - 04
Mendelssohn 15	Berlin StPK	op. 54, op. 57	1804 - 05
Landsberg 5	Berlin DStB	op. 81 a	1809
Dessaur	Wien GdM	op. 90	1814
Miller / Scheide	Princeton	op. 101	1815 - 16
Ms 78 / MS 103	Paris BN	op. 101, IV. Satz	1816, Herbst
Autograph 11	Berlin StPK	op. 101	1816 - ?
Boldrini	Berlin PrStB	op. 106 I. - II. Satz	1817, Herbst - 1818, Frühjahr
A 45	Wien GdM	op. 106 III. - IV. Satz	1818, April bis Juni / Juli
A 44	Wien GdM	op. 106, IV. Satz	1818, Sommer
BH 107	Bonn	op. 109 I. Satz	1819, Nov. bis 1820, April
Wittgenstein	Bonn	op. 109 I. Satz	1819 - 20
Artaria 195	Berlin StPK	op. 109	1820 - 21
Artaria 197	Berlin StPK	op. 110, 111	1821
Pocket Sketchbook of late 1821		op. 110 II. - III. Satz	1821, Aug. bis November
MS 51	Paris BN	op. 110, op. 111 I. - II. Satz	1821 Ende bis 1822 Anfang
Pocket Sketchbook of early 1822		op. 111 I. - II. Satz	1822 Anfang
Artaria 201	Berlin StPK	op. 111	1821 - 23

Sinn der Veränderungen

Interessanter noch als der kompositionstechnische Aspekt als solcher ist vielfach die Frage nach dem Sinn einer Veränderung. Bisweilen verstärkt Beethoven den Charakter der Themen. Durch Verzicht auf Pausen etwa erhält in op. 49 Nr. 2 und op. 90 der Refrain einen kantableren Charakter. Der spielerische Charakter des Refrains von op. 26 wird intensiviert durch Verzicht auf Chromatik und durch Wechseln der Spielfigur in den Baß. Die drängende Dramatik der Themen in op. 27 Nr. 2 und op. 2 Nr. 1 wird spürbar verstärkt, im einen Fall durch syntaktische Verkürzung des zweitaktigen Anfangsmotivs, im anderen Fall durch ein Aufbrechen der konventionellen Form. Beim Seitenthema von op. 27 Nr. 2 erfolgt eine synkopische Verschärfung. Die scheinbar geringfügige melodische Änderung beim Hauptthema der Waldsteinsonate dient der Intensivierung der Anfangsgeste. Einen markanten Charakter erhält das Thema in op. 106, indem statt der ursprünglichen Triolen Sechzehntel-Läufe gesetzt werden.
Hin und wieder überträgt Beethoven Prinzipien, die im ganzen Finalsatz eine wichtige Rolle spielen, aufs Thema. Das Finale von op. 2 Nr. 1 ist durch starke Kontraste geprägt. Dies macht Beethoven in der endgültigen Version schon in den ersten Takten klar, indem er statt des durchgehenden *f* einen häufigen Wechsel zwischen *p* und *f* setzt. Daß in op. 14 Nr. 1 die Melodie des Themas später einen deutlichen Bogen schlägt, spiegelt das Raumverhalten weiter Teile dieses Finales wieder. Der fünfteilige Aufbau der Couplets in op. 22, der durch eine akkordische Umrahmung eines kontrapunktischen Abschnitts entsteht, ist in der Skizze noch nicht so ausgeprägt.
Änderungen am Hauptthema machen zum Teil auch Elemente bewußt, die im weiteren Verlauf von großer Bedeutung sind. In op. 27 Nr. 1 zum Beispiel wird der hinzugefügte Auftakt zum tragenden Element der Überleitung. Ebenfalls das Ersetzen der Sechzehntel-Begleitfiguren durch Triolen in op. 14 Nr. 1 hat einen bestimmten Sinn, denn im zweiten Couplet erhalten die Triolen-Begleitfiguren thematischen Rang. Die veränderte Richtung der Triolen in op. 2 Nr. 1 ist eine Vorankündigung der Abwärtsbewegung des Seitenthemas.
Bestimmte Änderungen hängen eindeutig mit der Verlaufsspannung des Finales zusammen. Oft intensiviert Beethoven zum Beispiel die Spannungshöhepunkte in der Coda. Das Skizzenblatt zur Coda von op. 27 Nr. 2 zeigt zwar schon eine beachtliche Steigerung, aber die gewaltige Zusammenballung Takt 163 ff. – der krönende Abschluß des Finalsatzes und der ganzen Sonate – läßt sich dort nur erahnen. In op. 57 intensiviert Beethoven die Coda, indem er schon wesentlich früher die extreme Grenzlage c'''' erreicht, daher auch länger dort verweilt. In op. 10 Nr. 1 bringt die Coda Ideen, die ursprünglich für die Durchführung vorgesehen waren. Die enharmonische Verwechslung in op. 7 mag vor allem die Lesbarkeit erleichtern, aber Beethoven will dem Spieler wohl andeuten, daß hier ein Wandern in die Ferne erfolgt, auch wenn die Heimat nah ist (neapolitanische Tonart). Kontrapunktische Techniken erzeugen einen überraschenden Höhepunkt in der Reprise von op. 101. Die veränderte Setzweise beim 3. Auftritt des Refrains in op. 22 ist eine Nachwirkung der kontrapunktischen Episode im zweiten Couplet.

		: Skizze	: Endgültige Version
Auftakt	:		:
op. 27 Nr. 1	Rf	: Kein Auftakt	: Beide Stimmen mit Auftakt
Pausen	:		:
op. 49 Nr. 2	Rf	: Zahlreiche Viertel-Pausen	: Durchgehenderer Fluß
op. 90	Rf	: Achtel-Pausen	: Durchgehenderer Fluß
Rhythmik	:		:
op. 14 Nr. 1	SS	: Nachsatz wie Vordersatz	: Belebung des Nachsatzes
op. 27 Nr. 2	SS	: Nachsatz nur Achtel	: Synkopische Verschärfung
op. 106	Th	: Triolen-Rhythmus	: 16 tel-Anläufe
Form	:		:
op. 2 Nr. 1	HS	: Abgeschlossen	: Offen
op. 22	2. Cp	Nur Rahmenfragment	: Ausgedehnter Rahmen
Enharmonik	:		:
op. 7	Coda	Fes-Dur (neapolitanisch)	: E-Dur
Begleitfiguren	:		:
op. 2 Nr. 1	Üb	: Triolen aufwärts	: Triolen abwärts (T. 23 ff.)
op. 14 Nr. 1	Rf	: Sechzehntel abwärts	: Triolen aufwärts (T. 1 ff.)
Melodik	:		:
op. 26	Rf	: Chromatik im Baß (T. 13)	: Akkordische Melodik
op. 53	Rf	: Punktierte = Terzton	: Punktierte = Quintton
Motivik	:		:
op. 10 Nr. 1	Df	: Auch mit Motiven des SS	: Beschränkung auf HS
Setzweise	:		:
op. 22	3. Rf	wie Refrain	: Melodie im Baß
op. 26	Rf	: 16tel-Figuren bleiben oben	: Teils Wechsel in den Baß
Kontrapunkt	:		:
op. 101	Rep.	Engführungsspiele T. 238 ff.	Gleichzeitig Umkehrung
Syntax	:		:
op. 27 Nr. 2	HS	: 2-2-2-2 ... Takte	: 2-2-2-1-1 ... Takte
op. 81 a	HS	: 1-1-1-1/1 (Verschränkung)	1-1-1-1-1-1-1/1 (Ver.)
Dynamik	:		:
op. 2 Nr. 1	HS	: Einheitliches *Forte*	: Kontrast *p* und *f*
Raumverhalten	:		:
op. 14 Nr. 1	Rf	: Melodie wellenförmig	: Melodie bogenartig
op. 28	Rf	: Eher stagnierend	: Deutliche Abwärtsbewegung
op. 109	Th	: Drei Versionen	: Höhepunkt im 5. Takt
Region	:		:
op. 57	Coda	Zunächst nur bis c'''	: Direkt bis c''''
Spannungshöhepunkte			:
op. 27 Nr. 2	Coda	Einstimmige 16tel-Figur	: Dramatische 32stel-Figuren
op. 110	*Fuga*	Thema bleibt original	: Intensivierung des Themas

Opus 2 Nr. 1, Prestissimo

Dieses erregte, vorwärtsdrängende *Prestissimo* weist viele starke Kontraste auf. Schon das prägnante Kopfmotiv erscheint zunächst im *p*, darauf im *f* in weiter Lage. Dieser Kontrast legt das Fundament zu den großflächigen Kontrasten des ganzen Satzes. Das *piano*-Thema, ein wirklich gesangvolles zweites Thema, ist eingerahmt von aufbrausenden *ff*-Ebenen. Der größte Kontrast allerdings wird zweifelsohne erzeugt durch das neue gesangvolle *dolce*-Thema, welches diesen Finalsatz zu einer Rondosonate macht (siehe I. 2. 7). Mit einem Schlag glätten sich quasi die aufgewühlten Wogen des Meeres: keine rastlose Triolenbegleitung mehr, die erste ganze Note des Finalsatzes, *sempre piano e dolce*, Melodie mit schlichter Akkordbegleitung, Dur-Sphäre mit einfacher Harmonik, abgerundete Liedform usw. Und doch werden Brücken geschlagen, und zwar sowohl zum Eröffnungssatz als auch zur Exposition: 1) Die Akkordbrechungen erinnern an die Mannheimer Rakete im ersten Satz. 2) Innerhalb der Exposition des Finales beruhigt sich schon einmal die rastlose Triolenbewegung (T. 6 ff.). Sogar das As-Dur wird in dieser *piano*-Episode bereits vorweggenommen. Hinzu kommt eine Substanzgemeinschaft durch das Quartintervall es-as. Die Beschwichtigung innerhalb des Hauptthemas spiegelt sich also im Großen wieder im Verhältnis zwischen Exposition und Durchführung.

Ein Beginn der Reprise unmittelbar nach dem *dolce*-Thema würde die Gefahr heraufbeschwören, daß die starken Kontraste den Zusammenhang des ganzen Finales sprengen. Hier wendet Beethoven einen sehr geschickten Kunstgriff an: In der Rückleitung verzahnen sich das prägnante Kopfmotiv des Hauptthemas mit dem Kopf des *dolce*-Themas. Doch beide müssen Zugeständnisse machen: 1) Das Kopfmotiv erhält zwar seine lebhafte Triolenbegleitung, aber ihm wird die Massivheit der Akkorde genommen. Dynamisch wird es auf gleichbleibendes *pp* zurückgestutzt. Außerdem kommt es über sein Anfangsniveau nicht mehr hinaus. 2) Was ist andererseits aus unserem *dolce*-Thema geworden? Die Zielnote des Kopfmotivs vom Hauptthema wird zu der eröffnenden ganzen Note, die sich unerwartet mit einem Doppelschlag eine Oktave emporschwingt zu einem *sf*. Die viertaktige Verzahnung durchläuft durchführungsartig verschiedene harmonische Funktionen. Schließlich verselbständigt sich das Oktavmotiv und bäumt sich mit vielen *sf* auf zu dem einzigen *ff*-Höhepunkt der Durchführung. Einerseits wächst das *dolce*-Thema damit endgültig über sich hinaus, andererseits verabschiedet es sich – und zwar auf eine dem Charakter des Stückes angemessene Weise.

Insgesamt kann man also sagen, daß der sonatenhafte Entwicklungsprozeß nicht wie sonst mit erstem und zweitem Thema, sondern hier einmal mit Hauptthema und einem neuen Thema der Durchführung stattfindet. Das zweite Thema hebt sich in diesem Finale zwar mit seiner lyrischen Abwärtsbewegung vom ersten Thema ab (legato, zweitaktige Motivik, keine Akkorde etc.), aber vor allem die bewegte Triolenbegleitung verbindet die beiden Themen.

Exp 1, 14/23, 35, 51 – Df 59 (*dolce*-Thema), 110 - Rep 139, 153/162, 174, 190.
SIEHE AUCH: S. 19, S. 65, S. 105, S. 143, S. 147.

So außergewöhnlich die Durchführung in diesem Finale ist, so regulär ist – quasi als Gegenreaktion – anschließend die Reprise. Die Änderungen sind weniger substantieller als funktioneller Art, liegen etwa im Verbleib in der Grundtonart begründet. Eine Coda, wie man sie sonst in jedem Finalsatz der Klaviersonaten findet, ist hier nicht einmal ansatzweise vorhanden. Dies mag daran liegen, daß die Schlußgruppe mit ihren zupackenden Akkorden schlußkräftig genug wirkt. Hinter dem Fehlen der Coda scheint sich aber auch eine mehr oder weniger bewußte Absicht zu verbergen: Die Kontraste dieses Finalsatzes werden dem Prinzip symmetrischer Abrundung unterworfen, wodurch natürlich wiederum eine gewisse Nähe zum Rondo erzeugt wird. Das *dolce*-Thema wird eingerahmt von der aufgewühlten Exposition und der kaum veränderten Reprise. Die Exposition erfährt eine Abrundung, indem die Schlußgruppe sehr deutlich an das Kopfmotiv des Hauptthemas anknüpft.

In einer Skizze des belgischen Sammlers Tonnelier (siehe Musikbeispiel), ist der Aufbau der Exposition noch eher traditionell. Das Hauptthema besteht dort aus der Wiederholung eines regelmäßig gebauten achttaktigen Satzes, dessen Halbsätze stark kontrastieren. Das Kopfmotiv selbst erscheint bemerkenswerterweise noch durchgängig im *Forte*. Dem Halbschluß auf der Dominante folgt eine zweiphasige Überleitung. Zunächst wird der Dominantseptakkord bezüglich der Tonart des Seitenthemas aufgebaut, und zwar durch Hinzufügen der Septime, des f''' als exponiertestem Ton der ganzen Exposition – außerdem wird auch im Baß mit dem Kontra-G die tiefste Region der Exposition erreicht. Die zweite Phase der Überleitung bestätigt die erreichte Dominante durch chromatisches Kreisen um den Ton g. Das Seitenthema besteht wie das Hauptthema aus einer Wiederholung eines achttaktigen Satzes.

Eine solche Konzeption des Hauptthemas hätte natürlich einen recht rondohaften Charakter erzeugt. Man mag spekulieren, daß Beethoven zum Zeitpunkt dieses frühen Entwurfs noch nicht die Idee des *dolce*-Themas in der Durchführung gekommen ist, daß die Gestaltung der Durchführung dann aber Rückwirkungen auf die Exposition hatte. Es scheint aber vielleicht einen viel tieferliegenden Grund für die Umgestaltung der Exposition zu geben, einen, der im Charakter des Hauptthemas selbst zu suchen ist. Die rollende Triolenbegleitung ist nicht eine bloße Begleitung des Kopfmotivs, erst sie bringt das Moment des rastlosen Vorwärtsdrängens. Zu diesem Charakter jedoch paßt die Originalfassung besser als die allzu konventionelle Blockhaftigkeit der früheren Version. Außerdem wird die Unruhe der Triolen nicht mehr zweimal, sondern nur noch ein einziges Mal unterbrochen – allerdings für längere Zeit und mit größerer harmonischer Vielfältigkeit. Dadurch wird der bloße Kontrast der Halbsätze überhöht zur kontrastierenden Abrundung, die ja wie oben erwähnt das ganze Finale prägt. In der Originalfassung stützt die erste Phase der Überleitung, die im Vergleich zur Skizze wesentlich intensiviert wurde, in motivischer Sicht das Hauptthema. Die zweite Phase der Überleitung bereitet durch ihre melodiöse Struktur den Hörer innerlich auf das Seitenthema vor. Ferner kündigt sich in der Umkehrung der Triolenfiguren – in der Skizze ist dies noch nicht derart ausgeprägt – die Abwärtstendenz des Seitenthemas an.

Skizze zur Exposition von Opus 2 Nr. 1
zitiert nach: Jacques - Gabriel Prod' homme:
Die Klaviersonaten Beethovens, Wiesbaden 1948, S. 42 - 45.
"dem belgischen Sammler Tonnelier gehörige Seite".
nicht im Skizzen - Verzeichnis von Hans Schmidt,
Original konnte leider nicht eingesehen werden.

(Überleitung 2. Phase)
8va
8va
8va
(Seitenthema)
6
4
(Schlußgruppe)

Opus 2 Nr. 2, Rondo, Grazioso

Der Refrain ist in der Tat "graziös, anmutig, lieblich", denn abgesehen von dem effektvollen Sprung abwärts nach dem Anfangs-Arpeggio ist er eher cantabile. Hinzu kommen eine sehr durchsichtige Setzweise und eine verhaltene Dynamik (*p* bzw. *pp*). Die von Beethoven so geliebten Sforzati finden hier nur spärlich Verwendung, noch dazu auf schwerer Zeit, nicht wie sonst so oft synkopisch. Auch der Aufbau als dreiteilige Liedform trägt nicht unerheblich zum Gesamtcharakter des Refrains bei. Graziös wirken ferner die imitatorische Episode in der Mitte des Hauptthemas und die dialogischen Spiele der *dolce*-Überleitung. Unentwegt fließt die Achtel- bzw. Sechzehntelbewegung, das ganze Finale enthält nicht eine einzige Generalpause.
Doch wer Beethoven kennt, dem wird die ausgedehnte Grazie unheimlich sein. Immerhin braut sich zumindest gegen Ende des ersten Couplets schon einmal etwas zusammen: Die Steigerungen des zweiten Themas ersetzen in gewisser Hinsicht das Fehlen der Schlußgruppe (siehe I. 2. 6. 2). Das zweite Couplet jedoch setzt dann mit kaum zu überbietendem Kontrast ein: *staccato sempre*, zupackende Akkorde und Chromatik, *fortissimo* und Sforzati (diesmal auch auf leichten Zeiten), Triolen und Punktierungen, Moll-Grundtonart etc. Das zweite Couplet ist eine regelrechte *ff*-Hochebene, allerdings mit *pp*-Echos.
Während also in op. 2 Nr. 1 das insgesamt stürmische Finale einen relativ ruhigen Mittelteil besitzt, zeigt hier dagegen das insgesamt eher graziöse Finale einen fast gewaltsam aufgewühlten Mittelteil. Das kompositorische Problem, welches sich daraus ergibt, ist in beiden Fällen das gleiche: Wie kann erreicht werden, daß solch starke Konstraste das Werk nicht sprengen? In op. 2 Nr. 1 gelingt Beethoven dies durch eine durchführungsartige Rückleitung. In op. 2 Nr. 2 führt zunächst eine einstimmige *pp*-Linie, die fast den gesamten Tonraum durchschreitet, zum figuriert wiederkehrenden Refrain zurück. Dadurch wird zwar die Energie der *ff*-Hochebene genügend abgebaut, der Hörer kann sich innerlich schon einmal auf den graziösen Refrain einstellen, eine Verarbeitung des Kontrastes ist dies aber noch nicht. Es stehen sich immer noch Refrain und zweites Couplet als Blöcke gegenüber. Und doch gelingt es Beethoven, das scheinbar Unvereinbare einander näher zu bringen. Diesmal wendet Beethoven allerdings nicht den Kunstgriff einer Verzahnung an, sondern den eines Rückgriffs in der ausgedehnten Coda. Dort läßt er zweites Couplet und Refrain beide noch einmal ansatzweise Revue passieren. Die Endgestalt dieser Rückerinnerung zeigt sich sehr deutlich in dem orgelpunktartigen Verweilen des Basses auf F (neapolitanische Passage) bzw. E. Das zweite Couplet steht also nicht mehr isoliert im ganzen Satz, es wird in den Verlauf des Finalsatzes einbezogen.
Beim Refrain nehmen mit jedem Auftritt die Verzierungen zu. Insbesondere der Anfangsimpuls wird immer virtuoser. Insgesamt sind die Veränderungen aber eher figurativ-ornamentierend, verstärken sogar den graziösen Charakter des Refrains.

Rf 1 - 1. Cp 17, 27 - Rf 41 - 2. Cp 57 - Rf 100 - 1. Cp 116, 124 - Rf/Coda 135, 173.
SIEHE AUCH: S. 27, S. 45, S. 46, S. 54, S. 97, S. 111.

Starker Kontrast zwischen Refrain und 2. Couplet
Refrain, T. 1 ff.
Zweites Couplet, T. 57 ff.

Annäherung der kontrastierenden Blöcke durch Rückgriff in der Coda
Coda, T. 156 ff.

Opus 2 Nr. 3, Allegro assai

Der Finalsatz von op. 2 Nr. 3 ist innerhalb der Klaviersonaten Beethovens ein bemerkenswertes Experiment. Dem unvoreingenommenen Hörer wird zunächst einmal die häufig wiederkehrende Sextakkordkette – quasi das Rückgrat des Stückes –, dann aber auch die ausgedehnte *dolce*-Ebene T. 103 ff. in der Mitte auffallen. Vielleicht wird ihn die Idee eines derartigen Mittelteils an das *sempre piano e dolce*-Thema im Finale von op. 2 Nr. 1 erinnern. Was in op. 2 Nr. 3 jedoch dem *dolce*-Mittelteil vorausgeht, mag zunächst verwirren, denn es erfüllt kaum gängige Hörerwartungen, wie man sie von Sonatensatzform oder Rondo her kennt. Unbewußt wird der Hörer allerdings spüren, daß insgesamt doch die Proportionen ausgewogen sind.
Die grundlegende Idee dieses Finales ist eine zunehmende Potenzierung einer ABA'-Dreiteiligkeit vom Kleinen ins Große, wobei jeweils der Teil A bei seiner Wiederkehr zu Beginn noch die Aufgabe der Abrundung erfüllt, dann allerdings rasch aus sich herauswächst und ein vorwärtsdrängendes Eigenleben entwickelt. Während einerseits das Prinzip der Abrundung dem Finale rondohafte Züge gibt, erinnert andererseits gerade das jeweilige Aufbrechen dieser Ordnung an die Sonatensatzform. Aus Teil A' (Takt 19 ff.) entwickelt sich ein modulierender Abschnitt nach Art einer Überleitung, aus Teil **A'** (Takt 69 ff.) ein durchführungsartiger Abschnitt. Der vorsichtige Gebrauch von Begriffen der Sonatensatzform ist durch die tonartlichen Verhältnisse gerechtfertigt: Steht nämlich das Hauptthema zu Beginn in der Grundtonart, so erscheint Takt 30 ff. eine Art Seitenthema in der Dominanttonart. Die Rücktransposition des zweiten Themas in die Grundtonart Takt 218 ff. rechtfertigt es, von einer "Reprise" zu sprechen. Als eine Art "Durchführung" bliebe dann der Teil Takt 69 ff. Die vorsichtige Verwendung der Begriffe "Exposition", "Durchführung" und "Reprise" ist auch deshalb nicht völlig abwegig, weil Beethoven die entsprechenden Zäsuren ganz bewußt hervorhebt: Genau an diesen Stellen tasten sich nämlich ein- bis zweistimmige Spiele mit dem Kopfmotiv an die Rückkehr der Sextakkordkette heran (Takt 63 ff. und Takt 175 ff.). Beidemal wird erhöhte Aufmerksamkeit und Spannung auf die Wiederkehr erzeugt. Diese Sonatensatzform-Gliederung ist wohlgemerkt nur eine Sichtweise für dieses Unicum. Besonders reizvoll ist bei diesem Finale gerade die schillernde Vieldeutigkeit, so wie bei manchem Vogel je nach Lichteinfall bzw. Blickwinkel die Farben des Gefieders wechseln – und trotzdem bleibt es natürlich ein- und derselbe Vogel.
Der *dolce*-Mittelteil Takt 103 ff. stellt bezüglich der "Rondo"-Perspektive eine Art zweites Couplet dar. Bezüglich der Sonatensatzform jedoch steht er inmitten der "Durchführung". Wie gelingt es nun Beethoven ein zu starkes Auseinanderbrechen der "Durchführung" durch diesen blockhaften Mittelteil zu vermeiden? Zunächst einmal ist der Kontrast zwischen der Sextakkordkette und dem *dolce*-Thema geringer als etwa zwischen den entsprechenden Themen in op. 2 Nr. 1. Es gibt doch relativ viel Verbindendes, zum Beispiel Dynamik und Setzweise

SIEHE AUCH: S. 19, S. 54 f., S. 147.

Aufbau des Finales von op. 2 Nr. 3

A B A'... T. 1 – T. 9 – T. 19 ff.

A B A'... T. 1 – T. 30 – T. 69 ff.

A B A'... T. 1 – T. 103 – T. 181 ff.

(*dolce*-Ebene, dreiteilige Liedform)

"Exposition"	"Durchführung"	"Reprise"	Coda
Rf 1. Cp	Rf ... 2. Couplet	Rf 1. Couplet	

Motivische Verwandtschaften zwischen Hauptthema und *dolce*-Thema
Sextakkordkette zu Beginn des Hauptthemas
Mittelteil des *dolce*-Themas, T. 119 ff.

(dreistimmige Akkorde in der rechten Hand bei kaum beteiligter linker Hand). Man hat weniger das Empfinden von zwei gegensätzlichen Wesen, als von einem Wesen, welches in sich gekehrt zur Ruhe kommt. Dieses Wesen gelangt dann nach und nach wieder in Bewegung (Achtel T. 111 ff.), bis sich dann im Zwischensatz des *dolce*-Mittelteils nahezu verstohlen im Staccato wieder die Wechselnote des Kopfmotivs sequenzierend zu Wort meldet (T. 119 ff.). Kurz darauf erscheint sogar die Umkehrung (T. 122 ff.). Insgesamt macht also der *dolce*-Mittelteil doch gewisse Zugeständnisse an seinen Standort innerhalb der "Durchführung". In wesentlich stärkerem Maße entsprechen einer "Durchführung" natürlich die viertaktigen Modelle, die dem *dolce*-Mittelteil vorausgehen bzw. ihm folgen (T. 77 ff. und T. 147 ff.). Es werden jeweils verschiedene Tonarten durchlaufen, hinzu kommen Abspaltungsprozesse.

Opus 49 Nr. 1, Rondo, Allegro

Die beiden *"leichten Sonaten"* op. 49 komponierte Beethoven früher, als es ihre Opuszahl vermuten läßt. Denn erst im Jahre 1805 konnte sich jemand zur Veröffentlichung dieser Werke entschließen (Bureau d' Arts et d' Industrie in Wien). Beide Sonaten besitzen nur zwei Sätze, wobei der Eröffnungssatz im einen Fall ein *Andante*, im anderen Fall ein *Allegro, ma non troppo*, das Finale jeweils ein einfaches Rondo ist. Das Rondo von op. 49 Nr. 1 im schwingenden 6/8-Takt hat einen sehr einheitlichen Grundcharakter, wobei starke Kontraste vermieden werden. Die Melodiestimme fließt nahezu unentwegt und pausenlos (nur einige wenige Achtelpausen), begleitet von einer ausgeterzten Gegenstimme oder von klaviertypischen Begleitfiguren.
Trotz einheitlichem Gesamteindruck gelingt es Beethoven aber doch, den verschiedenen Abschnitten eine eigene Physiognomie zu geben. Refrain und *dolce*-Thema – beide in Liedform und mit motivischer Substanzverwandtschaft – erhalten einen eigenständigen Ausdruck durch unterschiedliche Artikulation und Begleitung. Und dennoch scheinen Beethoven diese feinen Unterschiede noch nicht genug zu sein, um das *dolce*-Thema herauszustellen. Es wird nämlich umrahmt von einem lebhafteren Abschnitt: 16tel-Begleitung, Crescendi bis zu Forte / Sforzati, exponierte Lage der Melodie (sogar bis zum f''', der damaligen Begrenzung der Tastatur). Der Hörer empfindet dadurch den nachfolgenden *dolce*-Charakter viel stärker als solchen. (Ähnlich wie eine bestimmte Temperatur nach einem Kaltreiz als viel wärmer empfunden wird.) In motivischer Hinsicht schließlich bereitet der überleitende Abschnitt das *dolce*-Thema vor, insbesondere durch die häufige Verwendung des Wechselnoten-Motivs.
Ungewöhnlich ist der tonartliche Verlauf: Während der Refrain in G-Dur steht, erscheint das *dolce*-Thema in B-Dur, was der Sonatensatzform dann entspräche, wenn die Grundtonart Moll wäre. Andererseits erhält in der Tat g-Moll im überleitenden Abschnitt ein sehr starkes Gewicht. Bei der Wiederkehr des Couplets wird das *dolce*-Thema nach Art eines Seitenthemas in die Grundtonart transponiert.
Wenig typisch für ein Rondo ist in diesem Finale der zunehmende Verkürzungsprozeß. Das Rondo zielt ja eigentlich mehr auf Abrundung und Ausgewogenheit der Proportionen, nicht auf prozeßhafte Vorgänge. Da aber bei der Wiederkehr des Couplets die überleitende bzw. abschließende Passage nicht noch einmal erscheint, werden Refrain und *dolce*-Thema nicht mehr so deutlich getrennt, fast wachsen sie zusammen zu einem einheitlichen Gebilde. Die letzte Stufe der Entwicklung stellt die Coda dar, die quasi dem dritten Auftritt des Refrains nach zwei Takten das Zepter aus der Hand nimmt. Die Motive des Themas gelangen jetzt sogar mal in die Baßstimme, so daß imitatorische Spiele entstehen. Zwei Akkorde – das einzige *Fortissimo* des ganzen Satzes – setzen einen deutlichen Schlußpunkt.

Rf 1 - Cp 17, 32 (*dolce*), 65 - Rf 81 - Cp 97, 104 (*dolce*) - Rf / Coda 136, 149.
SIEHE AUCH: S. 32, S. 73.

Opus 49 Nr. 2, Tempo di Menuetto

Skizze zum Refrain

London, British Library: Add. Ms 29801, Blatt 106 verso (Ausschnitt), Zeilen 1, 2

SIEHE AUCH: Kerman: 'Kafka Sketchbook', Vol. II, S. 62

Die Skizze zum Refrain, die nur die Melodie festhält – was bei Beethoven oft vorkommt –, entspricht der Originalfassung schon recht deutlich. Allerdings hatte das Thema ursprünglich in stärkerem Maße einen tänzerischen Charakter, der sich durch den Wegfall von Pausen und durch die Überbindung im dritten Takt mehr ins Cantabile verlagerte. Der Mittelteil des Refrains zeigt noch nicht die Intensivierung durch chromatische Leittöne.

Insgesamt hat das Rondo zwar einen unbeschwerten und gesangvollen Charakter wie der Finalsatz von op. 49 Nr. 1, aber es gibt doch einen ganz entscheidenden Unterschied: Der gewissen Entwicklungstendenz dort steht hier ein Festhalten am Reihungsprinzip par excellence entgegen. Der Refrain tritt in diesem Finale dreimal völlig unverändert auf. Dazwischen stehen zwei eigenständige Couplets, das eine in der Dominant-, das andere in der Subdominant-Tonart. Die Coda benutzt zwar bekannte Motive, dennoch stellt sie in erster Linie einen Ausklang dar. Das uneingeschränkte Walten des Reihungsprinzips wird noch untermauert durch eine ausgeprägte Wiederholungsfreudigkeit innerhalb der Formteile. Meist betreffen eventuelle Veränderungen nur die andere Abkadenzierung je nach der Bedeutung einer Zäsur.

Das blockhafte Hingestelltsein von Refrain und Couplets wird bisweilen aber doch ein wenig gelockert. Am Ende vom ersten Couplet etwa erscheint wieder der punktierte Rhythmus des Kopfmotivs, so daß der Hörer auf die Wiederkehr des Refrains vorbereitet wird. Auch das zweite Couplet macht zumindest beim allerersten Auftakt noch Zugeständnisse an den Refrain. Doch schon nach zwei Takten wird der punktierte Rhythmus verdrängt bis zur Wiederkehr des Refrains.

Rf 1 - 1. Cp 21, 28, 37 - Rf 48 - 2. Cp. 68 - Rf 88 - Coda 108.

SIEHE AUCH: S. 32.

Opus 7, Rondo, Poco Allegretto e grazioso

Nach dem Experiment von op. 2 Nr. 3 begibt sich Beethoven wieder in ein konventionelleres Fahrwasser, insbesondere auch beim Finalsatz von op. 7. Dies bedeutet natürlich keine Wertung, denn gerade in der Klassik hat der Komponist eine Menge allgemeinüblicher Muster und Schemata zur Hand. Es kommt nicht so darauf an, fortlaufend Neues zu erfinden, als vielmehr darauf, im Rahmen der Konventionen möglichst Überzeugendes zu gestalten. Das Finale von op. 7 ist nun ohne Zweifel ein Sonatenrondo. Insbesondere kehrt der Refrain regelmäßig wieder, wenn auch teilweise gekürzt. Der Tradition entsprechen ebenfalls die tonartlichen Verhältnisse bei der Wiederkehr des ersten Couplets.

Wer das Finale von op. 2 Nr. 2 kennt, wird sich des Eindrucks nicht erwehren können, daß es für dasjenige von op. 7 Pate gestanden hat. Nicht zu übersehen bzw. zu überhören sind doch überaus auffallende Gemeinsamkeiten: *Grazioso*-Charakter, Refrain in dreiteiliger Liedform, Überleitung mit dialogischen Spielen, Steigerung gegen Ende des ersten Couplets als Ersatz für eine eigenständige Schlußgruppe, kräftiger *fortissimo*-Sturm des zweiten Couplets, Verarbeiten des Kontrastes zwischen Refrain und zweitem Couplet durch Rückgriff auf zweites Couplet in der Coda.

Nun wird niemand auf den Gedanken kommen, dieses Sonatenrondo sei ein bloßer Abklatsch des ein bis zwei Jahre früher komponierten. Schließlich ist schon allein das thematisch-motivische Material völlig eigenständig. Doch was ist denn eigentlich wesentlich anders bei diesem späteren Sonatenrondo? Die äußere Form A B A C A <u>B</u> A bleibt zwar unberührt, aber es schleicht sich ein durchgehender Impuls hinein. Das Prinzip der Aneinanderreihung von Refrain und Couplets wird durchdrungen von einem übergeordneten, entwickelnden Vorwärtsdrängen. Beethoven gelingt dies durch eine Fülle von Maßnahmen, die ihm beim Komponieren sicherlich mehr oder weniger bewußt waren:

1) Die Überleitung greift ein Motiv des Refrains auf und gestaltet damit ein dialogisches Spiel mit Echowirkung. Zunehmende Dichte der Aktion (T. 23 ff.) und Variierung (T. 25 ff.) führen zu einer großangelegten Entwicklung und Steigerung.
2) Die *f*- bzw. *ff*-Ausbrüche in extremen Lagen bereiten den Hörer gegen Ende des ersten Couplets innerlich auf die *ff*-Hochebene vor.
3) Der Refrain wird – im Gegensatz zu op. 2 Nr. 2 – schon direkt bei der ersten Wiederkehr um den Schlußteil gekürzt. Chromatische Unisono-Oktaven leiten überraschend zur *ff*-Ebene.
4) Der *ff*-Sturm des zweiten Couplets währt unentwegt mit zahlreichen Sforzati. Ein Echoteil im *pp* wie in op. 2 Nr. 2 würde das Vorwärtsdrängen bremsen.
5) Zielpunkt des Refrains sind die starken Veränderungen beim letzten Auftritt (insbesondere die Chromatik Takt 147 ff.). Der dritte Auftritt des Refrains allerdings ist bis auf kleine Triolen-Verzierungen unverändert.

Rf 1 - 1. Cp 17, 37 - Rf 51 - 2. Cp 64 - Rf 94 - 1. <u>Cp</u> 110, 130 - Rf/Coda 143, 166.
SIEHE AUCH: S. 45, S. 46, S. 54 f.

Skizze zur Coda
Berlin StPK: aut. 28, Blatt 27 recto, Zeilen 8 /9 Mitte
SIEHE AUCH: Johnson: 'Fischhof Miscellany', Vol. II, S. 20

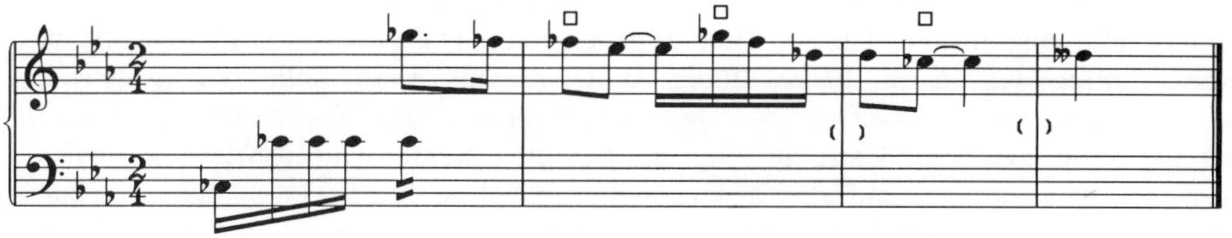

Von den frühen Klaviersonaten sind leider im allgemeinen nicht viele Skizzen erhalten. Zu op. 7 finden sich inmitten von Skizzen zu anderen Werken einige wenige Takte, die ganz eindeutig der *pianissimo - "Luftspiegelung"* [1] des Refrains (T. 155 ff.) zuzuordnen sind. Die Skizze bringt das Kopfmotiv in Fes - Dur, so daß hier folgende Bemerkung Uhdes ihre Bestätigung findet: *"... dieses E-Dur wirkt 'neapolitanisch' ..., ist also lediglich ein Ausholen vor der Schlußkadenz."* [2] Warum Beethoven nun gerade diese Stelle so isoliert in aut. 28 notierte, darüber läßt sich wieder nur spekulieren. Wollte er vielleicht diese Idee vorübergehend festhalten, um darauf zurückzugreifen, wenn das ganze Finale weiter gediehen war? Auf jeden Fall war er von der neapolitanischen Version des Kopfmotivs so angetan, daß es ihm ein schriftliches Festhalten wert war. Interessant ist noch, wie in der Originalfassung zu dieser Stelle hingeführt wird. Wie beim Übergang zum zweiten Couplet steigen die Unisono - Oktaven eine kleine Sekunde hinauf, erhalten aber eine ganz andere Funktion: Die zielstrebige Überleitung zum *Fortissimo* in Takt 64 (*p, cresc., sf, ff*) wird zu einem großen Fragezeichen (*f* mit Fermate, *decresc., pp, pp*).
Was den Spannungsverlauf des Finalsatzes betrifft, ist die rastlose, emphatische *fortissimo* - Hochebene der energiegeladenste Höhepunkt des ganzen Satzes. Das Nachfolgende kann dies nicht mehr überbieten, es hat vielmehr die Funktion eines allmählichen Abklingens. So verwundert es kaum, daß die reprisenartige Wiederkehr von Refrain und erstem Couplet ziemlich regulär ist. Vor allem schwingt sich das erste Couplet nicht noch einmal zu einem *ff* - Ausbruch auf (T. 139: *forte* und keine extreme Lage mehr). Die neapolitanische Version des Kopfmotivs überrascht zwar in tonartlicher Hinsicht, ihre Dynamik ist jedoch sehr verhalten, wodurch diese Stelle fast verklärt wirkt. Die Reminiszenz an die *ff* - Hochebene in der Coda – wodurch wie in op. 2 Nr. 2 das zweite Couplet eingebunden wird in den Verlauf des ganzens Satzes – steht ebenfalls unter dem Zeichen des Abebbens der Spannung. Die massiven Akkorde entfallen und es überwiegt am Schluß verhaltene Dynamik. Der Satz endet schließlich mit einem ausgedehnten *decresc.* bis hin zum *pp* in tiefer Lage.

1 Riemann: Solosonaten, Bd. 1, S. 264.
2 Uhde: Klaviermusik, Bd. 2, S. 130.

Opus 10 Nr. 1, Finale, Prestissimo

Dieses Finale knüpft vom Charakter her an das *Prestissimo* von op. 2 Nr. 1 an: Moll-Grundtonart, äußerst rasches Tempo (in beiden Fällen ₵, nicht 4/4-Takt), Prägnanz des Kopfmotivs, dramatische *ff*-Höhepunkte usw. Und dennoch gibt es einen fundamentalen Unterschied: Während in op. 2 Nr. 1 vor allem Kontraste walten, überwiegt in op. 10 Nr. 1 das Wachsen aus einer Zelle. Dieses Prinzip zeigt sich schon im zweiten Takt des Hauptthemas: Das Kopfmotiv bleibt im *p*, wächst aber zunehmend aus sich heraus (Quart-, Sext-, Oktavsprung aufwärts). Auch im weiteren Verlauf des Hauptthemas zeigt sich entwickelndes Wachsen. Die Spannung steigert sich nahezu unaufhaltsam bis zur *fortissimo*-Fermate: Neben dem schon erwähnten Entwicklungsprozeß des Kopfmotivs spielt auch die Beschleunigung des rhythmischen Grundimpulses eine Rolle. An der Stelle, wo die Sechzehntelfiguren einsetzen, wird die absteigende Sekunde des Themenkopfes zu aufsteigenden Sekundmotiven im Baß.
Das Seitenthema besitzt gegenüber dem Hauptthema einen recht eigenständigen Ausdruck. Und dennoch gibt es ein gemeinsames Wesensmerkmal, welches beide Themen stark verbindet. Beethoven sagt quasi zweimal das gleiche, nur eben mit anderen Worten. Das Kopfmotiv nimmt dreimal Anlauf, erreicht jedesmal eine höhere Zielnote (es' - g' - c' bzw. as' - b - c"). Beim Seitenthema allerdings ist dieses Wachsen etwas verschleiert durch Herunterklappen des Tones b' um eine Oktave nach unten. Einerseits ist dadurch das stufenweise Ansteigen der Zielnote nicht so plakativ, andererseits steigert dieser Kunstgriff die Wirkung des *ff*-Höhepunktes auf der dritten Zielnote c".
Ungewöhnlich ist das Fehlen der Modulation zur parallelen Durtonart. Nach dem Halbschluß in der Grundtonart c-Moll setzt das Seitenthema unvermittelt in Es-Dur ein (Leitton h wird erniedrigt). Wird da nicht vielleicht eine Analogie erkennbar? Das Kopfmotiv zeichnet sich doch aus durch einen prägnanten Anfang und ein offenes Ende. Das Kopfmotiv setzt immer wieder neu an, ohne daß vermittelt wird zwischen dem fragenden Verweilen auf dem Terz- bzw. Quintton und dem neuen Beginn. Analog besitzt das Hauptthema einen prägnanten Anfang und ein offenes Ende auf der Dominante. Zum Seitenthema wird jetzt nicht vermittelt, sondern es setzt einfach überraschend ein. Die Schlußgruppe greift wieder das Kopfmotiv des Hauptthemas auf. Jetzt verschmelzen sogar zwei Anläufe zu einem: Gleichzeitiger Quart- und Sextsprung aufwärts führt zu parallelen Terzen (T. 30 Unterstimme und T. 31 Oberstimme).
Die Durchführung – in der sich auch der bekannte Anklang an das Schicksalsmotiv findet – verarbeitet zwar intensiv das Kopfmotiv, ist aber auffallend kurz. In aut. 28 gibt es zwei aufschlußreiche Entwürfe für die Durchführung, die wesentlich ausgedehnter als die Originalversion sind (Bl. 27 verso, Bl. 29 recto). Kennzeichnend für diese Fassungen ist, daß sie das Seitenthema aufgreifen und in einer fremden Tonart präsentieren (G-Dur bzw. F-Dur). Die Einleitung

Exp 1, 17 (II. Th), 29 - Df 47 - Rep 58, 74 (II. Th), 86 - Coda 102, 107.
SIEHE AUCH: S. 81, S. 94 f., S. 145.

Skizze zum Schluß der Durchführung
Berlin StPK: aut. 28, Blatt 29 recto (Ausschnitt), Zeilen 6 und 7
SIEHE AUCH: Johnson: 'Fischhof Miscellany', Vol. II, S. 32

moduliert unter Verwendung des Kopfmotivs des Hauptthemas zu der jeweiligen Tonart und verharrt dort auf einer Fermate. Am meisten hat Beethoven mit dem Schlußteil der Durchführung gerungen. Bei beiden Entwürfen hat er mehrere Revisionen vorgenommen. Auf Blatt 27 v befestigt zunächst ein Spiel mit dem Kopfmotiv des Hauptthemas die Dominante der Grundtonart c-Moll. Darunter in Zeilen 5 und 6 konzipiert Beethoven eine andere Version eher figurativer Art. Am interessantesten ist die Revision des Schlußteils auf Blatt 29 r (siehe Musikbeispiel), denn dort entfaltet sich ein dialogisches Spiel mit dem Anfangsmotiv des Seitenthemas und dessen Umkehrung. Etwas Ähnliches tritt in der Exposition schon im Nachsatz des Seitenthemas auf. Während dort allerdings der Sopran führende, der Baß eher begleitende Funktion besaßen, handelt es sich hier um ein Gespräch gleichberechtigter Partner. Die Skizze erinnert unweigerlich an die letzten Takte der Coda des Originals. Auch dort wird zweimal eine Frage gestellt, geantwortet wird aber nicht mit der Umkehrung, sondern mit dem Kopfmotiv des Hauptthemas. Ganz analog wird die zweite Antwort mehrmals in immer tieferen Lagen wiederholt. In der Originalfassung der Coda tritt die dialogische Struktur aber etwas in den Hintergrund durch die metrische Position des antwortenden Kopfmotivs. Die Antwort erfolgt nahtlos ohne Pause, so daß in einzigartiger Weise Seiten- und Hauptthema verschmelzen.
Diese doch recht auffallende Ähnlichkeit zwischen der Skizze zum Schlußteil der Durchführung und zwischen dem endgültigen Schluß der Coda wirft folgende Frage auf: War es vielleicht gerade dieser Entwurf, der Beethoven zu der Idee der Kombination von Seiten- und Hauptthema am Ende der Coda inspiriert hat? Falls hier wirklich etwas Wahres dran sein sollte, hat Beethoven also eine Idee, die ursprünglich für die Durchführung gedacht war, dann letztlich in der Coda verwendet. Genauso ist auch der transponierte Rückgriff auf das Seitenthema, wie er ursprünglich für die Durchführung vorgesehen war, original in der Coda zu finden, allerdings weder in G-Dur, noch in F-Dur, sondern in der Tonart Des-Dur. Dies wiederum erinnert an die neapolitanische Version des Themas in op. 7. Es scheint sich hier also auf ungewöhnliche Weise die Erfahrung zu bestätigen, daß bei Beethoven die Coda oft zu einer zweiten Durchführung wird.

Opus 10 Nr. 2, Presto

An eine Fuge erinnern vor allem der einstimmige Beginn und der einheitliche Charakter des Stückes, an die Sonatensatzform in erster Linie die Transposition des Seitensatzes in die Grundtonart bei der Wiederkehr in der Reprise und die motivische Verarbeitung im Durchführungsteil. Die Gestaltung des Hauptthemas ist bei Beethoven für den Hörer oft schon ein erster Hinweis auf das, was da später kommen wird. Im *Presto* von op. 10 Nr. 2 legt bereits der erste Takt den Grundstein für das gesamte Stück. Was sind die unverkennbaren Merkmale dieses ersten Taktes? Zunächst einmal ein gleichbleibender Achtelimpuls, ferner ein Quartsprung mit nachfolgendem Insistieren auf einem Ton und schließlich das Staccato. Schon ein schweifender Blick über das ganze Finale zeigt, daß fast alle Achtelnoten einen Staccato-Punkt tragen. Bei genauerem Hinsehen bzw. Hinhören wird man nahezu überall repetierende Staccato-Achtel erkennen, und zwar sowohl in thematischen Stimmen als auch in begleitenden Stimmen. Die 16tel-Figuren umspielen häufig nur Repetitionen, nämlich immer dann, wenn sie mit einer Wechselnote beginnen (siehe Musikbeispiele).

Doch noch etwas anderes wird dem Hörer rasch bewußt werden, nämlich wie sehr die Gliederung dieses Finales von rhythmischen Aspekten beeinflußt wird. Halbe kommen vor als Orgelpunkte bzw. als Fundamenttöne im Baß. Ansonsten überwiegen bei weitem Achtel und Sechzehntel. Sechzehntel kommen einzeln gar nicht vor, als Paar kaum, als Vierergruppe häufig. Rhythmik fungiert hier als formbildende Kraft, da die meisten Formteile ein bestimmtes rhythmisches Muster nahezu penetrant festhalten:

1) Der Grundimpuls besteht bei einigen Teilen aus gleichbleibenden Achteln. Ganz besonders fallen der Seitensatz in der Exposition – der Schlußgruppencharakter hat und sehr verwandt ist mit dem Hauptthema –, aber auch die Abschnitte auf, mit denen jeweils Durchführung und Reprise abschließen: Unentwegt, ja geradezu unerbittlich pochen die staccato-Achtel, noch dazu in Akkorden.
2) In Einleitung und Kern der Durchführung überwiegt wegen der imitatorischen Spiele der Rhythmus mit den Sechzehnteln auf dem zweiten Viertel.
3) Ein Grundimpuls von durchgängigen Sechzehnteln ist relativ selten zu finden. Um eine Verbindung von Abschnitten handelt es sich bei den Takten 68 f. und 86 f. Ein ausgedehnter Einsatz durchgängiger Sechzehntel dient jedoch immer der Gestaltung von Höhepunkten. Eine erste Steigerung bis zum Forte erfolgt vor Beginn des Seitensatzes. Der Höhepunkt des ganzen Finalsatzes jedoch scheint in den *fortissimo*-Stellen der Reprise zu liegen. Die hinzugefügte kontrapunktische Stimme bewirkt einen durchgängigen Achtelimpuls. Verstärkend kommt hinzu, daß das Hauptthema modellartig verschiedene Tonarten durchläuft. Der Durchführungsteil ist also zu diesem Zeitpunkt zwar formal beendet, aber seine Wirkung geht über seine eigentliche Begrenzung hinaus.

Exp 1, 23 - Df 33, 37, 69 - Rep 87, 125 - Coda 133, 142.
SIEHE AUCH: S. 67, S. 69, S. 113.

Sechzehntelfiguren

Rhythmischer Impuls als formbildende Kraft

	Grundimpuls	**gelegentlicher Impuls**
Exposition Hauptthema	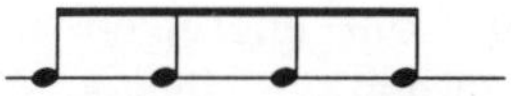	
Überleitung		
Seitenthema	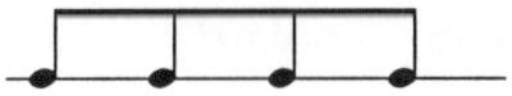	
Durchführung Einleitung und Kern		
Rückleitung		 (einstimmige Figur zwei Takte vor Reprise)
Reprise Hauptthema	 (durchführungsartige Verarbeitung)	
Seitenthema		
Coda		

Opus 10 Nr. 3, Rondo, Allegro

Man möchte kaum glauben, daß Beethoven unmittelbar nach dem regelmäßig mit metronomischer Präzision ablaufenden Finale von op. 10 Nr. 2 ein derart scherzhaft-freischweifendes Rondo komponiert. Fast könnte der Gedanke aufkommen, daß Beethoven einmal die Extreme ausloten wollte. Verwendet er etwa im einen Fall nur eine winzige Generalpause am Ende der Exposition, so sind im anderen Fall derart viele und ausgedehnte Generalpausen anzutreffen wie in keinem anderen Finale. Hinzu kommen 15 ausgedehnte Fermaten – auch dies ist ein Rekord innerhalb der Finalsätze. Generalpausen und Fermaten sind jedoch nur ein äußeres Merkmal für das, was dieses Finale kennzeichnet. Dieses Finale will bewußt überraschen, es treibt ein äußerst scherzhaft-neckisches Spiel mit dem unvoreingenommenen Hörer.
Das kurze Kopfmotiv scheint Beethoven spontan eingefallen zu sein, denn es findet sich in Add. Ms 19801 ohne Drum und Dran notiert mit der Bemerkung *"zum Rondo"*. Was Beethoven später aus diesem Einfall macht, ist wirklich ein witziges Verwirrspiel. Der Beginn mit dem zweimaligen Kopfmotiv wie einer wiederholt gestellten Frage läßt den Hörer in der Luft schweben. Die Länge der Generalpausen und der antwortende Anlauf, der auf relativ unbetonter Zeit schwer mit zwei Fermaten endet, verunklaren die zugrundeliegende Taktart. Weiterhin folgt nach dreimaligem Fragen eine Antwort mit Trugschluß schon im dritten Takt. Die letzte Frage erfolgt sehr energisch im Fortissimo. Beim dritten und vierten Auftritt des Refrains werden die langen Generalpausen zunehmend durch dialogische Spiele mit dem Kopfmotiv gefüllt.
Vielfältig sind die Überraschungen harmonischer Art. Schon der Trugschluß im Refrain ist ein solcher Effekt. Wie die Skizzen in Add. Ms 19801 zeigen, hat Beethoven verschiedene Möglichkeiten entworfen, den Hörer zu überrumpeln. Der Entwurf in Zeilen 9/10 beispielsweise zeigt bei der Fermate nicht das erwartete D-Dur, sondern den Dominantseptakkord mit Septime im Baß von c-Moll. Diese Skizze mag ursprünglich vielleicht für den Beginn des zweiten Couplets vorgesehen gewesen sein. In der Originalfassung wird der Hörer an dieser Stelle überrumpelt, indem das Couplet mit einem Trugschluß zum Tonikagegenklang tG gewissermaßen mit der Tür ins Haus fällt. Ein Vergleich mit der entsprechenden Stelle in op. 2 Nr. 2 möge noch einmal das Wesentliche herausstellen: Auch dort beginnt das zweite Couplet im *Fortissimo*, aber erst nach dem erwartungsgemäß abgeschlossenen Refrain. Hier dagegen kommt es nicht so sehr auf den Kontrast, als vielmehr auf das unerwartete Hereinbrechen des zweiten Couplets an. Zum neckischen Charakter des Satzes trägt ferner der harmonische Verlauf des durchführungsartigen Modells T. 36 ff. bei. Statt einer vorschriftsmäßigen Modulation rutscht das Modell jedesmal mit dem exponierten Sforzato überraschend in die mediantische Tonart. Ein weiterer "Griff in die Trickkiste" ist schließlich die Scheinreprise Takt 46 ff.

Rf 1 - 1. Cp 10, 17 - Rf 25 - 2. Cp 33, 46 - Rf 56 - 1. Cp 65 - Rf 84 - Coda 93, 100.
SIEHE AUCH: S. 46 f., S. 56 f., S. 93, S. 109, S. 111.

Skizzen zu Kopfmotiv und Couplets

London, British Library: Add. Ms 19801, Blatt 156 verso, Zeile 12 vorne
und Blatt 157 recto (Ausschnitt), Zeilen 9/10 Mitte
SIEHE AUCH: Kerman: 'Kafka Sketchbook', Vol II., S. 22 f.

Berlin StPK: aut. 28, Blatt 30 verso (Ausschnitt), Zeile 5 ganz
SIEHE AUCH: Johnson: 'Fischhof Miscellany', Vol. II., S. 42 f.

Ein sehr auffälliges Merkmal dieses Finalsatzes sind ferner die ausgedehnten chromatischen Passagen im ersten Couplet und in der Coda. Wie sich aus den Skizzen ersehen läßt, hat Beethoven gerade hierzu mehrere Entwürfe gemacht. In aut. 28 etwa steht oben eine Version mit nachschlagendem Daumen (siehe Musikbeispiel), unten in den Zeilen 14 und 15 dann ist fast schon die endgültige Fassung zu erkennen. Neben den chromatischen Passagen trägt bisweilen auch die metrische Position der plötzlichen *ff* oder der *sf* zum Gesamtcharakter des Stückes bei. Im Refrain liegt der erste *f*-Höhepunkt auf der leichten vierten Zählzeit des dritten Taktes. Das zweite Couplet ist durch viele Sforzati auf noch leichterer Zeit geprägt (1+ bzw. 3+). Im ganzen Finale kommen 33 Sforzati und 4 *Fortepiano* vor.

Die Coda weist einen energischen Abschnitt mit Steigerung und einen ruhigeren mit Rückerinnerung an das Gewesene auf. Nach dem *ff*-Höhepunkt im ersten Abschnitt setzt noch einmal ein dialogisches Spiel mit dem Kopfmotiv an, wird rasch abgelöst von einem synkopisch-schwingenden Akkordsatz, bei dem aber der Rhythmus des Kopfmotivs deutlich erkennbar bleibt. Dieser homophone Teil erzeugt eine gewisse Erwartungshaltung, so daß der Hörer der nachfolgenden Kombination der Chromatik des ersten Couplets mit dem Kopfmotiv die nötige Aufmerksamkeit widmen wird.

Opus 13, Rondo, Allegro (Grande Sonate Pathétique)

Besteht in op. 10 Nr. 3 das erste Couplet aus nur zwei Abschnitten, von denen später sogar nur ersterer wiederkehrt, so fällt im Rondo der *Pathétique* die Fülle der thematischen Gebilde auf. Vor allem stellt sich die Frage nach dem Seitenthema im Sinne der Sonatensatzform. Es gibt zwei geradezu entgegengesetzte Ansichten (siehe Übersicht): Einmal wird schon der achttaktige, cantabile Satz Takt 26 ff. als zweites Thema, alles Nachfolgende dann als Anhang oder Schlußsatz bezeichnet, ein anderes Mal wird erst das choralartige Thema Takt 44 ff. als Seitenthema angesehen, alles Vorherige dann als Überleitung. Der Triolenteil taucht zweimal auf und kann als jeweiliger Anhang der beiden Themen oder als Rahmen des choralartigen Themas angesehen werden.
Hilfreich ist vielleicht ein Vergleich mit dem Rondo von op. 90 (siehe I. 2. 4), denn das erste Couplet weist ebenfalls zwei cantabile Themen auf. Das jeweils erstere Thema moduliert beidemal im Nachsatz, endet also offen. Auch fällt auf, daß es in Bezug auf Setzweise, Grundrhythmus und Charakter seinem jeweiligen Refrain sehr ähnlich ist, ja sogar Motive daraus übernimmt. Weit mehr hebt sich das jeweils nachfolgende hymnische Thema vom Refrain ab, denn es zeigt einen verlangsamten Grundrhythmus, eine relativ einfache und schlichte Melodik und eine mehr oder weniger akkordische Setzweise. Da in op. 90 dieser cantabile Satz aber kurz vor der Wiederkehr des Refrains schon zurückmoduliert in die Haupttonart, handelt es sich unzweifelhaft um eine Schlußgruppe mit dem Rang eines dritten Themas. Man mag auf Grund dieser Analogien auch im ersten Couplet des Rondos der *Pathétique* von einem zweiten und einem dritten Thema sprechen. Daß das dritte Thema dabei ähnlich wie in op. 90 auch die Funktion einer Schlußgruppe übernimmt, wird allerdings in der *Pathétique* erst bei dessen reprisenartiger Wiederkehr richtig deutlich. Denn dort entfällt der nachfolgende Triolenteil und statt dessen führt eine motivische Weiterentwicklung zum letzten Auftritt des Refrains.
Doch nicht nur die Vielfalt der thematischen Abschnitte prägt das Rondo der *Pathétique*, vielfach zeigt es einen blockhaften Aufbau. Dabei entsteht weniger der Eindruck von Kontrast als vielmehr von Verschiedenheit der Formteile. Das wichtigste Mittel dafür ist hier die Setzweise. Während einerseits Hauptthema und *dolce*-Thema eine bewegte Melodiestimme mit Achtel-Begleitung aufweisen, ist andererseits das choralartige Thema ausgesprochen homophon. Das zweite Couplet wiederum zeigt ein kontrapunktisches Spiel mit zwei Stimmen. Zwischen den Formteilen werden meist sehr deutliche Zäsuren gesetzt. Dazu tragen nicht nur die Generalpausen bei, sondern vor allem die abschließenden dramatischen Gesten. Schon die Schlußkadenz des Refrains hat die Funktion eines exponierten Ausrufezeichens. Die niederfahrenden Tonleitern am Ende der Couplets schließen im Sinne der Sonatensatzform Exposition bzw. Durchführung ab.

Rf 1 - 1. Cp 18, 26 (II. Th), 38, 44 (III. Th), 52 - Rf 62 - 2. Cp 79, 107 - ... Rf 121 - 1. Cp 129, 135 (II. Th), 144, 154 (III. Th) - Rf/Coda 171, 203.
SIEHE AUCH: S. 31, S. 58, S. 81, S. 87, S. 99, S. 111, S. 247.

	Interpretationen des ersten Couplets: Takt 18-25, Takt 26-33, Takt 34-43, Takt 44-51, Takt 52-61
Marx	Zwischensatz - **1. Seitensatz** - gangartiger Satz - **Schlußsatz** - Gang
Richter	Übergang - **2. Thema** - freier Anhang - **Schlußsatz** - freier Anh.
Fischer	. . . - **2. Thema** - . . . - **Anhang** - . . .
Nagel	Zwischensatz - **2. Thema** - Triolenmotiv - **episod. Satz** - Triolenm.
Riema.	- - - - - - - **Überleitung** - - - - - - - **zweites Thema**
Réti	. . . - groupe - **second theme**
Blom	modulations - **1. melodic idea** - passage - **main feature**
Kaiser	- **choralhaftes Seitenthema**
Volbach	Überleitung - **Nebenthema** - Zwischensatz - **Zwischenthema**
Tovey	. . . - **new theme** - new figure - **new theme**
Uhde	. . . - (**2. Thema**) - überl. Gestalten - kleine Episode in **ABA-Gestalt**
Rosenb.	Überleitung - 1. Nebenthema, **seltener Formtyp**: a - b - c - b

Quellenangaben:

Marx:	Kompositionslehre	Bd. 3, S. 195 ff.
Richter:	Form	S. 167 f.
Fischer:	Klaviersonaten	S. 50 f.
Nagel:	Klaviersonaten	Bd. 1, S. 135 f.
Riemann:	Solosonaten	Bd. 2, S. 30 ff.
Réti:	Patterns	S. 78 ff.
Blom:	Pianoforte Sonatas	S. 61 f.
Kaiser:	Klaviersonaten	S. 177 ff.
Volbach:	Klaviersonaten	S. 93 ff.
Tovey:	Pianoforte Sonatas	S. 72 f.
Uhde:	Klaviermusik	Bd. 2, S. 230 ff.
Rosenberg:	Klaviersonaten	Bd. 1, S. 126 f.

Trotz blockhaftigem Reihungscharakter besteht doch ein feingesponnenes Netz von Beziehungen zwischen den einzelnen Abschnitten. Allerdings handelt es sich weniger um direkte motivische Bezüge, als vielmehr um versteckte Gemeinsamkeiten bezüglich der melodischen *"Substanz"* [1]. Vor allem durchziehen steigende und fallende Quarten bzw. Quinten den ganzen Satz wie ein roter Faden. Noch nicht so plakativ wie im späteren Verlauf ist das Auftreten dieser Intervalle im Nachsatz des Refrains und zu Beginn des choralhaften dritten Themas. Dennoch spielen sie auch hier eine ganz besondere Rolle, denn im einen Fall führen die Quinten vom Höhepunkt as" zum Grundton c" zurück, im anderen Fall zielen Quart und Quinte zum ersten Melodie-Höhepunkt.
Zu Beginn des zweiten Couplets schließlich werden diese Intervalle mit unüberhörbarer Klarheit geradezu herausgemeißelt – wobei die drei auftaktigen Achtel natürlich an den Refrain erinnern. Unentwegt reihen sich in beiden Stimmen Quarten und Quinten aneinander, sogar in dem Achtellauf abwärts sind noch fallende Quinten verborgen. Die vielen Quart- und Quintsprünge geben insgesamt dem Anfang des zweiten Couplets einen statischen Charakter. Zwar steigt das Stimmregister zunehmend, und es erfolgt sogar eine Steigerung bis hin zum *f* in Achtelbewegung, aber die melodische und harmonische Abfolge bleibt unentwegt die gleiche. Modulationen oder motivische Abspaltung mit Verarbeitung finden ebenfalls nicht statt.
Die Rückleitung T. 107 ff. bildet *"einen bemerkenswerten Kontrast zur vorhergehenden polyphonen Arbeit, denn nun verläuft alles flächenhaft, akkordisch, klavierkonzertmäßig über dem Orgelpunkt g"* [2]. Allerdings steigert sich die Entwicklung ausgehend vom Baß-Register bis hin zum *ff*-Höhepunkt auf dem f"', wo Beethoven die gleiche leidenschaftliche Geste setzt wie am Ende des ersten Couplets. So erhält in diesem Sonatenrondo das zweite Couplet durch die Rückleitung eine dramatische Verlaufskurve im Sinne der Sonatensatzform, denn die kontrapunktische Arbeit hat eher einen statischen und damit stärker rondohaften Charakter.
"Die Skizzen liefern Anhaltspunkte dafür, daß das Rondo der 'Pathétique' ursprünglich für verschiedene Instrumente, vermutlich Klavier und Geige, gedacht war." [3] Zur Coda existieren zwei Skizzen, die zwar einander sehr ähnlich sind, aber doch bezeichnende Unterschiede aufweisen. Der Ton es"' mit Fermate ist in aut. 28 eine Überraschung mit plötzlichem Sforzato, in Add. Ms 29801 eine emphatische Steigerung des Abschlusses. Durch das unmittelbare Anschließen an die Triolen empfindet der Hörer die erreichte Höhe wesentlich stärker als im ersten Fall, wo der Überraschungseffekt überwiegt. Der erklommenen Höhe in Add. Ms 29801 folgt ein umso deutlicherer Absturz in tiefe Regionen. Die endgültige Fassung behält zwar die Tonart As-Dur der Reminiszenz an den Refrain bei, enthält aber die dramatisch niederfahrenden Gesten, die im Satz so häufig auftreten. Aus dem abschließenden fis-g der Skizzen wird ein fragendes c-fis.

1 Réti: Thematic Patterns, S. 79 ff.
2 Uhde: Klaviermusik, Bd. 2, S. 233.
3 Schmidt-Görg/Schmidt: Beethoven, S. 163.

Quint- und Quartstrukturen

Refrain
T. 9 f.

III. Thema
T. 44 f.

2. Couplet
T. 79 ff.

Skizzen zur Coda

Berlin StPK: aut. 28, Blatt 41 verso, Zeile 4 ganz und Zeile 5 vorne
SIEHE AUCH: Johnson: 'Fischhof Miscellany', Vol. II, S. 56

London, British Library: Add. Ms 29801, Bl. 66 recto, Zeilen 3 - 5 (Ausschnitt)
SIEHE AUCH: Kerman: 'Kafka Sketchbook', Vol. II, S. 25

Opus 14 Nr. 1, Rondo, Allegro comodo

Das Durchschreiten von Räumen ist wesentlich für dieses Sonatenrondo. Immer wieder folgt beispielsweise einem mehr oder weniger ausgedehnten Anstieg in höhere Regionen des Klaviers ein deutlicher Abstieg in die Baß-Region. Schon das Hauptthema zeigt geradezu plakativ ein derartiges Raumverhalten. Die Melodie steigt allmählich an, insistiert auf dem Höhepunkt, steigt rasch herab in tiefste Gefilde. Verstärkt wird das Empfinden des Anstiegs durch die Abwärtsbewegung der Triolenbegleitung. Ein recht deutliches Gefühl für die Abwärtsbewegung der Melodie erzeugt vor allem der Sechzehntel-Lauf. Die synkopierenden Sforzati stemmen sich quasi gegen diesen Sog nach unten. Die Idee des großen Bogens scheint Beethoven erst relativ spät gekommen zu sein, denn in Add. Ms 29801 steht das Kopfmotiv noch eine Oktave höher, gefolgt von Repetitionen auf e" und a". Erst durch Versetzen des Kopfmotivs nach unten und durch Hinzufügen der Durchgangsnote gis" entsteht der nahtlose Aufstieg. Die lange Abwärtsbewegung des Basses dagegen ist – trotz anderer Begleitfiguren – schon vorhanden. Hat vielleicht dieser ausgedehnte Abstieg Beethoven dazu angeregt, die Melodie quasi als Spiegelbild zu gestalten? Daß Beethoven in der Originalfassung am Schluß nicht zum großen E absteigt, sondern zum kleinen e zurückkehrt, mag vor allem klangliche Gründe haben. Andererseits entsteht durch die geringfügige Änderung ein weiterer kleiner Bogen (e-H-e).

Das Seitenthema hat eine stark absteigende Tendenz, da Intervalle aufwärts vor allem an Zäsuren stehen ("tote Intervalle"). Es knüpft daher vom Raumverhalten her an den zweiten Teil des Refrains an. Die Idee der einstimmigen Abwärtsbewegung mit nachfolgender vierstimmiger Kadenz wird quasi aufs doppelte Taktmaß verbreitert. Der Entwurf in den Skizzen entspricht dem Original schon sehr stark, allerdings fehlt die Belebung des zweiten Teils durch Viertel. Bei der reprisenartigen Wiederkehr des ersten Couplets fällt die ungewöhnliche Transposition des zweiten Themas in die Subdominanttonart auf.

Die Wellenbewegung des Refrains durchdringt auch das ganze zweite Couplet. Bildlich gesprochen schlagen dort die Wellen zunehmend höher: Die Moll-Version des Refrains führt zunächst eine Terz höher zum c"', das Herabsteigen erfolgt wesentlich dramatischer durch die vielen Sforzati und durch taktweises Auftreten der Sechzehntel-Figur. Der Tiefpunkt Takt 47 ist der Beginn eines erneuten Heraufdrängens bis zum e"' Takt 54, und zwar nach Art eines durchführungsartigen Modells. Eine kleine Wellenbewegung T. 66 ff. mit Rückgriff auf das Modell führt hin zum ausgedehnten Dominantorgelpunkt. Die Coda schließlich zeigt unmißverständlich, daß das Durchschreiten von Räumen zum Wesen dieses Finales gehört, denn auf dem einzigen *ff*-Höhepunkt des ganzen Satzes werden Auf- und Abwärtsbewegung vereint. Im Baß erscheint das aufsteigende Anfangsmotiv des Refrains, im Sopran das absteigende Kopfmotiv der Sechzehntel-Figur in doppelter Vergrößerung.

Rf 1 - 1. Cp 9, 15, 22 - Rf 31 - 2. Cp 39, 48 - Rf 84 - 1. Cp 92, 99 - Rf/Coda 109.
SIEHE AUCH: S. 47, S. 51, S. 56 f., S. 94, S. 98, S. 103, S. 105, S. 145, S. 147.

Skizzen zu Haupt- und Seitenthema
London, British Library: Add. Ms 29801, Bl. 122 recto (Ausschnitt), Zeilen 10/11
Blatt 121 verso, Zeilen 8/9 Mitte
SIEHE AUCH: Kerman: 'Kafka Sketchbook', Vol. II, S. 32 f.

Der für das Finale von op. 14 Nr. 1 so typische Triolenrhythmus fehlt in obigem Entwurf des Refrains noch. In der Originalfassung schließlich legt der Refrain mit den gebrochenen Akkorden in Triolen einerseits, mit dem Sechzehntel-Lauf andererseits in rhythmischer und motivischer Hinsicht den Grundstein für weite Teile des Finalsatzes. Mit dem Sechzehntel-Lauf abwärts gestaltet Beethoven vor allem überleitende oder einleitende Modulationsteile, wobei sich meist ein ausgedehntes dialogisches Spiel entspinnt. In Triolen gebrochene Akkorde – im Hauptthema noch als Begleitfiguren – erhalten in den durchführungsartigen Teilen des zweiten Couplets thematischen Rang.

Opus 14 Nr. 2, Scherzo, Allegro assai

Maßgeblichen Einfluß auf die Wirkung dieses Finales haben der 3/8-Takt und die relativ häufigen Sforzati. Scherzhaften Charakter hat vor allem der Refrain mit seinen Motiven, welche sich *"partout nicht ins Metrum einfügen wollen"* [1]. Hinzu kommt noch das Durchspringen des Raumes im mittleren Teil des Refrains. Tritt der Refrain nach rondohafter Manier dreimal unverändert auf, so scheint Beethoven bei der Gestaltung der Couplets folgendes Konzept verwirklicht zu haben: Das erste Couplet ist blockhaft gestaltet, das zweite besitzt ein- und rückleitende Teile, das dritte schließlich ist völlig verklammert mit dem Refrain. Beim zweiten Couplet leitet nämlich ein modulierender Teil zum *dolce*-Thema, danach wird mit dem Kopfmotiv des Refrains dessen Wiederkehr vorbereitet. Beim dritten Couplet schließlich bewirkt der Verbleib in der Grundtonart eine Verklammerung mit dem nur noch angedeuteten vierten Auftritt des Refrains. Einen einheitlichen Charakter erzeugen auch die fortwährenden Sechzehntel-Triolen. Die Verklammerung ist so deutlich, daß man den ganzen letzten Teil sogar nur als großangelegte Coda bezeichnen mag.
Dieses formale Konzept bezüglich der Gestaltung der Couplets scheint einen relativ deutlichen Einfluß auf den Charakter der einzelnen Couplets auszuüben:

1) Das erste Couplet liegt nicht nur blockhaft zwischen den jeweiligen Auftritten des Refrains, sondern auch seine Innenstruktur besteht aus viermaligem Nebeneinandersetzen eines markant beginnnenden Abschnitts. Der vollgriffige *f*-Akkord nach einer Generalpause setzt sehr deutliche Zäsuren. Im ganzen Finale läßt sich keine vergleichbare Stelle finden.
2) Beim *dolce*-Thema des zweiten Couplets steht das fortwährende Fließen der Melodie im Vordergrund. Der Gebrauch der Pausen erinnert dabei an das Atemholen eines Sängers. Dem ausgesprochen häufigen Kontrast zwischen *f* und *p* beim ersten Couplet steht hier ein einheitliches *p* bzw. *pp* entgegen. Nur die Sforzati durchbrechen gelegentlich das ruhige Dahinfließen.
3) Das dritte Couplet hat stark dialogische Struktur. Einem ersten Wortwechsel zwischen Sopran- und Baßstimme folgen eine heftigere Wiederholung, dann sogar taktweise Auseinandersetzungen. Der Dialog zwischen den zwei Wesen spiegelt sich im Großen wieder, indem drittes Couplet und Refrain aufeinander Bezug nehmen (Tonart, Sechzehntel-Begleitung usw.).

Schließlich sei das Augenmerk noch auf den harmonischen Verlauf gelenkt: Das erste Couplet steht in e-Moll, also in der parallelen Molltonart, das zweite in C-Dur. Während im einen Fall die Tonart unvermittelt erreicht wird, bereitet im anderen Fall ein Spiel mit Motiven aus dem Refrain die neue Tonart vor. Zweimal setzt der Refrain in "falscher" Tonart ein (T. 125 C-Dur, T. 175 F-Dur). Beidemal erfolgt jedoch unmittelbar darauf die Rückkehr zur Grundtonart.

1 Badura Skoda / Demus: Klaviersonaten, S. 74.

Rf 1 - 1. Cp 23 - Rf 43 - 2. Cp 65, 73, 125 - Rf 139 - 3. Cp / Coda 161, 190, 238.
SIEHE AUCH: S. 33, S. 81, S. 143.

Gestaltung der Couplets

Erstes Couplet, Beginn T. 23 ff.

Zweites Couplet, *dolce*-Thema T. 73 ff.

Drittes Couplet, "Dialog" T. 190 ff.

Opus 22, Rondo, Allegretto

Wenn Beethoven auch in früheren Finalsätzen schon kontrapunktische Setzweise verwendet, so verknüpft er dies hier mit einer formalen Idee: In allen Couplets dieses Sonatenrondos werden die jeweiligen kontrapunktischen Abschnitte eingerahmt von akkordisch orientierten Teilen. Ganz besonders deutlich ist dies beim zweiten Couplet, denn bis auf kleine Veränderungen ist nur die Tonart der umrahmenden Teile verschieden. Aufschlußreich ist in aut 19 e – nach einigen Entwürfen auf Blatt 23 recto – eine vorläufige Version des zweiten Couplets (siehe Musikbeispiel). Das Prinzip der Abrundung ist noch kaum ausgeprägt, denn der Abschnitt mit 32stel-Figuration führt zwar zum kontrapunktischen Teil hin, aber er erscheint später nur als Fragment. Die Couplets bestehen also aus jeweils fünf Abschnitten, die ganz unterschiedliche Funktionen haben:

1) Markanter Beginn mit einem neuen Motiv, welches dann später im Mittelteil des zweiten Couplets kontrapunktisch verarbeitet wird. Zu Anfang des zweiten Couplets erscheint das Motiv in Moll.
2) Rahmenteil mit rhythmischer Monotonie – vom Höreindruck her akkordische Struktur, natürlich mit versteckten Stimmen, vor allem im Baß.
   Beim ersten Couplet ist der Rahmen weniger deutlich, da zwar dem kontrapunktischen Teil ein ausgedehnter Schlußsatz mit Akkordzerlegungen folgt, jedoch nur eine kurze Episode mit Akkordbrechungen vorausgeht.
3) Kontrapunktischer Teil nach Art eines doppelten Kontrapunktes. Nach jeweils vier Takten findet ein "Rollentausch" statt. Im zweiten Couplet wird hier auf das markante Motiv aus dem ersten Teil zurückgegriffen. Das Gegenmotiv ist in aut 19 e rhythmisch noch weniger prägnant.
   Im Sinne der Sonatensatzform kann man den kontrapunktischen Abschnitt im ersten Couplet als Seitenthema, den im zweiten Couplet als Kern der Durchführung bezeichnen. Der Standort innerhalb der Sonatensatzform zeigt sich beim zweiten Couplet auch in der gewaltigen Steigerung mit Abspaltungen und Intensivierungen.
4) Rahmenteil mit rhythmischer Monotonie. Im ersten Couplet wiederum Akkordbrechungen, allerdings mit eigenständiger Struktur, im zweiten Couplet sogar direkter Rückgriff auf ersten Rahmenteil, allerdings in der Moll-Grundtonart.
5) Rückführung zur Wiederkehr des Refrains mit Vorausnahme des Kopfmotivs. Beim ersten Couplet zunehmende Steigerung mit imitatorischen Spielen, beim zweiten Couplet fragendes Verharren. – In aut 19 e ist die Rückführung noch bemerkenswert kurz, bei der Wiederkehr des Refrains wandert die Melodiestimme noch nicht in den Baß. Dieser starke Eingriff in die Grundstruktur des Refrains ist ja auch ungewöhnlich, aber er knüpft an die "Rollenwechsel" im ersten und zweiten Couplet an. Ein Scheineinsatz des Refrains in falscher Tonart erfolgt im Anschluß an die Wiederkehr des ersten Couplets.

Rf 1 - 1. Cp 19, 23, 25, 32, 41 - Rf 50 - 2. Cp 68, 73, 81, 95, 104 - Rf 112 - 1. Cp 130, 136, 138, 146, 153 - Rf 165 - Coda 183.

SIEHE AUCH: S. 27, S. 45, S. 48, S. 58 f., S. 87.

Skizze zum zweiten Couplet

Berlin StPK: aut 19 e, Blatt 24 recto (Wagnerscher Sammelband Blatt 87)

Opus 26, Allegro

In kaum einem Finalsatz verrät schon ein flüchtiger Blick auf das Notenbild soviel Wesentliches wie in diesem Fall. Die Freude am Motorischen zeigt sich deutlich in der nahezu unentwegten Folge der Sechzehntel-Figuren. Bei Zäsuren wird der rhythmische Impuls schon mal auf Achtel reduziert, aber eine Generalpause kommt im ganzen Finale nicht ein einziges Mal vor. Die fortwährende Motorik ist derart dominierend, daß sogar der Beginn des Refrains bei seiner Wiederkehr nahezu untergeht. Als Spieler achte man daher ganz besonders auf das Crescendo kurz vor dem dann *piano* einsetzenden Refrain (T. 51 f., 99 f.). Refrain und erstes Couplet beginnen jeweils einstimmig, ansonsten überwiegt Zweistimmigkeit mit gelegentlicher Oktavverstärkung, wobei allerdings in den Sechzehntel-Figuren meist verschiedene Stimmen versteckt sind.
Die früheste Skizze in Landsberg 7 widmet sich der Coda mit dem tonikalen Orgelpunkt (S. 21, Z. 5/6 vorne). Viele Seiten später folgt ein interessanter Entwurf des Refrains (siehe Musikbeispiel), bei dem sich noch nicht die Idee des Vertauschens von Ober- und Unterstimme findet. Auf die Chromatik im Baß T. 13 ff. hat Beethoven wohl ganz bewußt verzichtet, denn akkordische Melodik und plakative Harmonik bei der Originalfassung des Refrains – wie auch beim Seitensatz – tragen ja ganz entscheidend zum unbeschwerten und spielfreudigen Charakter bei. Der Refrain tritt dreimal völlig unverändert auf, noch dazu nimmt er den größten Raum ein – im Gegensatz zu den anderen Sonatenrondos. Im zweiten Couplet erscheint ein durchführungsartiges Modell, welches bei seinem zweimaligen Auftritt verschiedene Tonarten durchläuft. Doch rasch führt eine einstimmige Figur zum Refrain zurück. Man sieht hier einmal deutlich, daß der Gebrauch eines kompositorischen Mittels an sich noch nichts über Stellenwert und Wirkungsgrad im individuellen Werk aussagt. Im vorliegenden Fall wird zwar eine Technik der Sonatensatzform verwandt, aber das Modell ist – so auffällig auch die plötzlichen *f*-Akkorde sein mögen – doch eingebettet in die fortlaufende Sechzehntel-Motorik.
Trotz des motorischen Charakters hat dieser Satz eine individuelle Verlaufskurve. Die Höhepunkte liegen allerdings nicht – wie so häufig – in Durchführung oder Coda, sondern gegen Ende des ersten Couplets. Schon zu Beginn des zweiten Themas stemmt sich der synkopische Rhythmus gegen das motorische Gleichmaß. Daraus entwickeln sich *sf*-Ausbrüche, die im *ff* gipfeln. Es ist sicherlich kein Zufall, daß die in die Grundtonart transponierte Wiederkehr des zweiten Themas nur an diesem *ff*-Höhepunkt vom Original abweicht (Takt 152). Der Anfangsimpuls erfolgt nicht mehr in Sechzehnteln, sondern jetzt sogar in Zweiunddreißigsteln. Die Coda ist ein deutlich gestalteter Ausklang, denn über einem ausgedehnten Orgelpunkt steigt das Kopfmotiv in unentwegter Folge von der Höhe herab in den tiefsten Keller. Hinzu kommt nach zwei letzten Sforzati ein *decresc.* bis zum *pp*.

Rf 1 - 1. Cp 29, 33, 48 - Rf 53 - 2. Cp 81, 89, 97 - Rf 101 - 1. Cp 129, 139 - Coda 155.
SIEHE AUCH: S. 45, S. 47, S. 57, S. 87, S. 120, S. 145.

Skizze zum Refrain

Berlin StPK: Landsberg 7, Seite 54, Zeilen 1/2, 3/4, 5/6

SIEHE AUCH: Mikulicz: 'Notierungsbuch von Beethoven', S. 50

Opus 27 Nr. 1, Allegro vivace

Über Beethovens Bezeichung der beiden Sonaten op. 27 als *"Sonata quasi una fantasia"* ist viel gerätselt worden, denn man könnte hierin eine Anspielung auf außermusikalische Inhalte sehen. Das Konzept der Sonaten ist jedenfalls recht unkonventionell, vor allem auch der Beginn von op. 27 Nr. 2 mit einem *Andante sostenuto*. In op. 27 Nr. 1 sind der Aufbau des Eröffnungssatzes, aber auch die Reminiszenz an das *Adagio con espressione* vor der Presto-Stretta des Finales ungewöhnlich. Außerdem sind alle Sätze *attacca subito* verbunden. Der Zyklusgedanke spielt bei dieser Klaviersonate also schon eine große Rolle.
Eine Skizze in Landsberg 7 zeigt eine frühe Version des Refrains, die sich nur in einigen Feinheiten von der Originalfassung unterscheidet. Der Lauf paralleler Terzen von Takt 3, der in der Skizze noch fehlt, soll wohl in erster Linie das nach oben drängende Crescendo vertiefen. Einige andere veränderte Töne der Gegenstimme ergeben sich insbesondere aus melodischen Gesichtspunkten. Von geradezu fundamentaler Bedeutung für die Gestaltung des ganzen Finalsatzes sind jedoch die Veränderungen am Kopfmotiv von thematischer Stimme und Gegenstimme. In der Skizze nämlich beginnen beide Motive volltaktig, in der Schlußfassung auftaktig. Der Auftakt der thematischen Stimme erweist sich im weiteren Verlauf des Satzes als substantiell wichtig für das erste Couplet, der Auftakt der Gegenstimme als wichtig für das zweite Couplet:

1) Die Überleitung zu Beginn des ersten Couplets greift zunächst das Kopfmotiv der thematischen Stimme auf, verarbeitet es und bringt das Kernmotiv des Seitenthemas hervor, eine auftaktige kleine Sekunde. Dieser Entstehungsprozeß des Kernmotivs des Seitenthemas vollzieht sich in mehreren Stufen: Takt 25 / 26: Zunächst wird nach Abschluß des Refrains dessen Kopfmotiv noch einmal in der ursprünglichen Fassung vorgestellt – und zwar jetzt mit markanten *sf*-Akkorden. – Takt 27 ff: Es erfolgt eine Verkürzung, wobei rhythmisch der Achtelauftakt, melodisch der absteigende Tetrachord aufgegriffen wird. – Takt 32 ff.: Mit einer weiteren Verkürzung auf die ersten beiden Noten – wobei allerdings wiederum der charakteristische Achtelauftakt unangetastet bleibt – ändert schließlich die Sekunde ihre Richtung, so daß nun endlich das Kopfmotiv des Seitenthemas hervortritt.
2) Der auftaktige Tetrachord der Gegenstimme kommt erst im kontrapunktischen Abschnitt des zweiten Couplets zur vollen Geltung. Dieses Motiv wird dort sequenziert und gestaltet so die Gegenstimme zum abgewandelten Kopfmotiv, welches durch Staccato und Sforzati einen anderen Charakter erhält.

Man kann vielleicht die Vermutung äußern, daß Beethoven die Änderungen am Kopf des Refrains erst vorgenommen hat, als er schon am weiteren Verlauf des Finalsatzes arbeitete. Es würde sich also um Rückwirkungen der Komposition späterer Abschnitte auf die ursprüngliche Konzeption des Refrains handeln.

Rf 1 - 1. Cp 25, 36, 57 - Rf 82 - 2. Cp 106, 140 - Rf 167 - 1. Cp 191, 204, 225 - *Tempo I: Adagio con espressione* 256 - Coda: *Presto* 266.
SIEHE AUCH: S. 25, S. 48, S. 58 f., S. 73, S. 94, S. 111, S. 117, S. 119, S. 237.

Skizze zum Refrain
Berlin StPK: Landsberg 7, Seite 138 (Ausschnitt), Zeilen 4/5 Mitte, Zeilen 6/7
SIEHE AUCH: Mikulicz: 'Notierungsbuch von Beethoven', S. 128

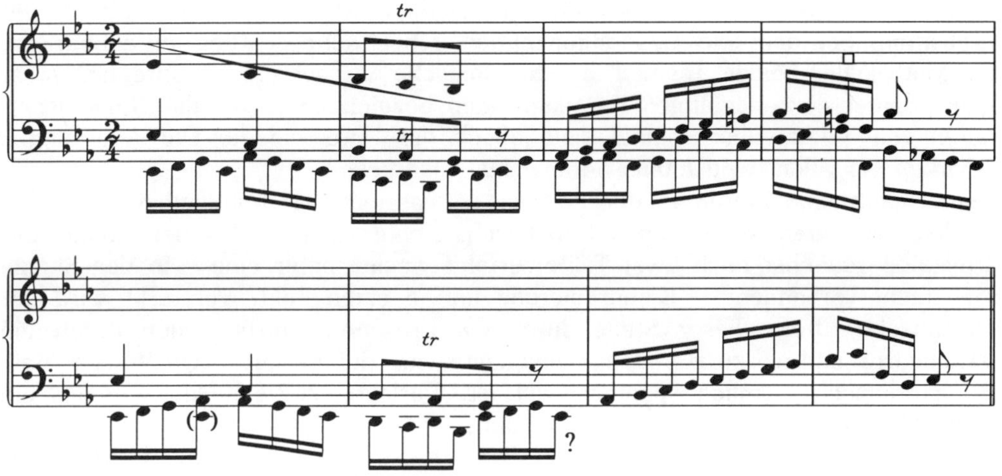

Die Setzweise des Refrains als thematische Stimme mit Gegenstimme legt die Grundlage für den kontrapunktischen Abschnitt des zweiten Couplets. Dieser Teil seinerseits hat sicherlich dazu beigetragen, daß bei der darauffolgenden Wiederkehr des Refrains die thematische Stimme auch mal im Baß erscheint, ähnlich wie im Sonatenrondo von op. 13 und op. 22. Im Sinne der Sonatensatzform ist die Reprise hier keine bloße Wiederkehr der Exposition – mit Verbleib in der Grundtonart –, sondern eine Wiederkehr, bei der die kontrapunktische Arbeit der Durchführung noch nachschwingt. Im Sinne der Rondoform erfährt der Refrain einen Entwicklungsprozeß, wobei der Zielpunkt dann die Presto-Stretta darstellt. Beethoven spaltet dort den Beginn des Kopfmotivs, eine steigende Quarte und eine fallende Terz, in seine Strukturelemente auf und verteilt diese auf zwei Stimmen. Das Kopfmotiv begleitet sich also quasi selbst, eben mit dem abgespaltenen Auftakt. Durch die fortlaufende Sequenzierung dieser "Urzellen" entsteht ein äußerst drängender Charakter, wobei zusätzlich noch synkopische Sforzati hinzukommen. Später melden sich im Baß noch einmal die auftaktigen kleinen Sekunden des Seitenthemas zu Wort (T. 279 und T. 281).
Stellenweise zeigt dieses Finale geradezu orchestrale Wirkung. Schon das relativ häufige Führen der Stimmen in parallelen Oktaven bewirkt eine Klangfülle. Am ehesten fühlt man sich jedoch bei der Überleitung an ein Orchester erinnert. Durch den sprunghaften Registerwechsel mag der Hörer den Eindruck haben, als würden verschiedene Instrumentengruppen gegenübergestellt. Eine ausgedehnte Steigerung mit Abspaltung und Intensivierung führt zum *ff*-Höhepunkt des zweiten Couplets. Auch dort werden verschiedene Register nebeneinandergesetzt, diesmal sogar mit vollgriffigen *sf*-Akkorden. Motivisch besteht ein Bezug zu Überleitung und Seitenthema, denn die aufsteigende kleine Sekunde tritt wieder auf und wird rhythmisch zunehmend intensiviert.

Opus 27 Nr. 2, Presto agitato („Mondschein“-Sonate)

Die Skizzen zum Finalsatz von op. 27 Nr. 2 sind auf mehreren Skizzenblättern verstreut, die jedoch ursprünglich zum Sauer-Skizzenbuch gehörten (Johnson / Tyson / Winter S. 113). Das Skizzenblatt Mh 66 zeigt einen frühen Entwurf der Exposition, bei dem die Gesamtkonzeption schon sehr deutlich erkennbar ist. Die Motivik der beiden Themen, der harmonische Verlauf etc. entsprechen mehr oder weniger der endgültigen Fassung. Noch bezeichnender als die Gemeinsamkeiten von Skizze und Original sind jedoch die Unterschiede. Die Änderungen bewirken vor allem eine Intensivierung des Ausdrucks.
Beim Hauptthema führen in der gedruckten Fassung die drängenden Arpeggien zu den bekannten *sf*-Blitzen auf metrisch leichter Zeit. Währt der Anlauf der Arpeggien zunächst noch zwei Takte, erfolgt wenig später eine – in der Skizze noch nicht vorhandene – Komprimierung auf je einen Takt. Verstärkt wird der dramatische Effekt dieser Stelle durch ein Crescendo, ferner auch durch die verminderte und verkürzte Doppeldominante mit tiefalterierter Quinte im Baß, die harmonisch ziemlich spannungsvoll ist. Vorläufiger Zielpunkt ist dann ein ausgedehnter Orgelpunkt auf der Dominante.
Das zweite Thema hat zwar wie das Hauptthema einen drängenden Charakter, trotzdem besteht ein ganz wesentlicher Unterschied. Während die Sechzehntel-Figuren im Hauptthema thematische Substanz darstellen, haben sie beim zweiten Thema – so wichtig sie auch hier zur Erzeugung des dramatischen Charakters sind – ”nur” begleitende Funktion. Bei einer derart gesanglichen Melodiestimme trifft hier einmal die These vom Themendualismus fast uneingeschränkt zu. In der Skizze Mh 66 ist das Seitenthema noch nicht in dem Maße affektgeladen wie später im Original. Bereits die Repetitionen des Leittones fisis im zweiten Takt erfahren eine Steigerung durch Vorhalt und den ausdrucksvollen Sprung zum Anfangston dis. Die Beschleunigung des rhythmischen Grundimpulses in der Skizze ist sicherlich schon bemerkenswert, aber die synkopische Verschärfung mit Oktavverstärkung der Oberstimme, wie sie dann in der endgültigen Fassung erfolgt, ist wesentlich intensiver. Das Crescendo führt hin zu *sf*-Ausbrüchen, die teilweise sogar synkopisch auftreten.
Eine vorläufige Niederschrift der Exposition auf zwei Skizzenblättern, von denen heute das eine in Modena, das andere in Cambridge verwahrt wird (SV 314), entspricht ziemlich der endgültigen Version. Während Beethoven den größten Teil eher zügig niedergeschrieben zu haben scheint, weist die Spielepisode T. 33 ff. auffallend viele Korrekturen auf. Beethovens Kompositionsprozeß läßt sich durch ein zunehmend stärkeres Hervorheben des figurativen und spielerischen Elements kennzeichnen. Ursprünglich stockte das Treiben der Sechzehntelfigur noch in Takt 34 durch eine halbe Note a” mit angebundener Achtel (SV 314 recto, Z. 5/6 Mitte). Dieser Takt ist schwungvoll durchgestrichen und korrigiert, so daß die ersten vier Takte der endgültigen Fassung Gestalt angenommen haben.

Exp 1, 15, 22, 44 - Df 65, 72, 88 - Rep 102 » 116, 138 - Coda 159, 167, 190.
SIEHE AUCH: S. 27, S. 81, S. 97, S. 122, S. 237.

Skizze zur Exposition

Bonn, Beethovenhaus (Sammlung Bodmer): Skizzenblatt Mh 66

Am stärksten zeigen die Zeilen 7/8, wie sehr Beethoven mit der Ausführung der Spielepisode gerungen hat. Ursprünglich standen die halben Noten gis und a des Taktes 36 zu Beginn, die Schlußgruppe folgte dann im letzten Drittel der Zeilen. Offensichtlich war Beethoven die Spielepisode aber zu kurz, denn er streicht unten die ursprüngliche Fassung, quetscht die halben Noten gis und a noch in den Rest von 1 cm der Zeilen 5/6, verlängert die Notenlinien per Hand und fügt einen Takt der Achtelfiguren ein. Beethoven scheint innerlich von dem Schaffensprozeß ziemlich ergriffen gewesen zu sein, denn nicht nur sind seine Durchstreichungen sehr intensiv, er hat im Eifer des Gefechts auch in Zeile 5 eine Notenlinie zuviel gezogen. Unten setzt er zwischen die durchgestrichenen halben Noten gis und a einen Taktstrich, fügt dann dichtgedrängt die Figurenläufe hinein. Das Ergebnis entspricht im wesentlichen der endgültigen Fassung. Bezeichnenderweise hat Beethoven noch beim Autograph an dieser Stelle gefeilt. Zunächst einmal scheint er einen Takt "vergessen" zu haben – oder er wollte bewußt verkürzen –, denn er verlängert das obere System und fügt Takt 39 ein. Der Rhythmus der Begleitakkorde entsprach ursprünglich den ersten vier Takten, denn man sieht im Autograph sehr deutliche Spuren des Auskratzens und Verbesserns an den entsprechenden Stellen.
In der Schlußgruppe beruhigt sich zunächst einmal die Erregtheit. Gegen Ende erscheinen aber wieder die unruhigen Sechzehntel, und zwar als Begleitung einer kurzen Melodiephrase, die unzweifelhaft an das Seitenthema erinnert. Auf das Seitenthema greift ebenfalls der Kern der Durchführung zurück. Die Melodie erscheint teils in der Ober-, teils in der Unterstimme, durchläuft verschiedene Tonarten. Das Kopfmotiv des Hauptthemas eröffnet vor allem Formteile, etwa die Überleitung – die in der Reprise entfällt –, die Durchführung und die Coda.
Der eigentliche Höhepunkt des ganzen Finales ergibt sich jedoch erst in der Coda. Die ursprüngliche, schon sehr emphatische Steigerung des Hauptthemas wird dort wesentlich verstärkt. Die Energie ballt sich geradezu zusammen, und zwar sowohl im Kleinen wie im Großen. Die Arpeggien des DD^{V} bzw. des D^{V} sind rhythmisch doppelt so schnell wie die sonstigen Sechzehntel. Die Bewegung staut sich aber immer wieder, so daß die energetische Spannung bis zu den beiden Fermaten immer größer wird. Auf dem Skizzenblatt SV 309 ist zwar das harmonische Fundament dieses Höhepunktes und die Idee des rhythmischen Aufstauens schon zu erkennen, aber welche große Spanne liegt zwischen diesem einstimmigen Ansatz und den vollgriffigen Arpeggien der Schlußfassung.
Nach diesem Höhepunkt wird auch das Seitenthema noch einmal aufgegriffen. Aber hier ist der Zenit bereits überschritten, die synkopierende Verschärfung der Exposition entfällt jetzt. Statt dessen erscheint eine Kadenz mit ausgedehnten Akkordzerlegungen. Im abschließenden Teil der Coda erscheint noch einmal das Schlußgruppenthema und eine letztmalige Reminiszenz an das Kopfmotiv des Hauptthemas im Unisono. Die Coda ist also nicht nur vom Spannungsverlauf des Satzes her unabdingbarer Bestandteil des Satzes, in ihr spiegelt sich zugleich auch alles Vorhergehende. Sie ist die Endstufe der Entwicklung, der Höhepunkt, der all das einschließt und umfaßt, was vorher gewesen ist – wenn auch in gedrängter Form.

Skizze zur Coda

Bern, Konsul Fritz Hunziker: Skizzenblatt SV 309

Opus 28, Rondo, Allegro ma non troppo

Pastoral wirkt dieses Sonatenrondo vor allem durch den wiegenden 6/8-Takt und die bordunartige Begleitung des Refrains. In diesem Fall von "Melodie plus Begleitung" zu sprechen, kennzeichnet die Situation allerdings nur unzureichend. Hauptakteur ist nämlich weniger die erst spät einsetzende *"Schlußwendung"* [1] im Sopran, als vielmehr der unermüdliche Dudelsack-Baß, der das Fundament für weite Teile des Finalsatzes legt, ferner den Charakter des Stückes entscheidend prägt. Auf dem Skizzenblatt BSk 10/58, welches Entwürfe zum zweiten Satz und zum Refrain des Finales enthält, ist der Baß schon deutlich ausgeprägt. Die Melodiewendung des Soprans allerdings steht noch stärker im Bann des Basses als in der späteren Fassung. Nicht nur übernimmt sie zu Anfang den typischen wiegenden Rhythmus, auch melodisch entfaltet sie sich kaum. Darunter in den Zeilen 3/4 hat Beethoven aber später mit anderer Tinte schon die fast originale Version notiert. Durch den synkopischen Beginn und das melodiöse gleichmäßige Fließen der Achtel tritt die Sopranstimme dem Dudelsack-Baß gegenüber doch selbständiger auf als früher in der Skizze. Allerdings gerät sie in Takt 9 ff. in rhythmischer Hinsicht dann doch in den Sog des Bordunbasses.
Die vielen unveränderten oder leicht variierten Wiederholungen von Abschnitten sind überaus bezeichnend für diesen Finalsatz. Schon beim Refrain treten die ersten vier Takte direkt zweimal hintereinander auf, die folgenden Takte werden leicht figuriert wiederholt. Auch durch den viermaligen vollkommenen Ganzschluß wirkt das Hauptthema relativ statisch. Das Reihungsprinzip des Rondos ist deutlich erkennbar. Der Refrain tritt dreimal vollständig und fast unverändert auf. Innerhalb der Couplets heben sich jeweils drei Abschnitte nahezu blockhaft voneinander ab. Schon ein flüchtiger Blick über das Notenbild läßt beim ersten Couplet sofort die Überleitung mit ihren Arpeggien und die Schlußgruppe mit ihrem Orgelpunkt und den gebrochenen Oktaven erkennen. Ebenso sind im zweiten Couplet deutlich ein einleitender, ein kontrapunktischer und ein abschließender Abschnitt zu erkennen.
Und doch gelingt es Beethoven durch ein Netz von mehr oder weniger feinen Beziehungen, nicht den Höreindruck einer bloßen Aneinanderreihung von Teilen entstehen zu lassen. Zunächst einmal zeigen erstes und zweites Thema zwar ein eigenes Gepräge, aber sie haben doch einen recht ähnlichen Charakter. Zwischen erstem und zweitem Couplet wird eine Verknüpfung erreicht, indem der jeweils abschließende Teil dieselbe Struktur besitzt. Die Einleitung des zweiten Couplets greift auf den Bordunbaß des Themas zurück, der kontrapunktische Abschnitt zeigt in der Gegenstimme Takt 87 ff. eine Substanzverwandtschaft mit einer Schlußwendung des Refrains.

1 Uhde: Klaviermusik, Bd. 2, S. 409.

Rf 1 - 1. Cp 17, 29, 43 - Rf 52 - 2. Cp 68, 79, 101 - Rf 114 - 1. Cp 130, 145, 160 - Coda 169.

SIEHE AUCH: S. 19, S. 48 f., S. 58 f., S. 85, S. 103.

Skizze zum Refrain

Bonn, Beethovenhaus (Sammlung Bodmer): Skizzenblatt BSk 10/58,
verso, Zeilen 1/2 Mitte

Sauer-Skizzenbuch (Johnson/Tyson/Winter S. 120)

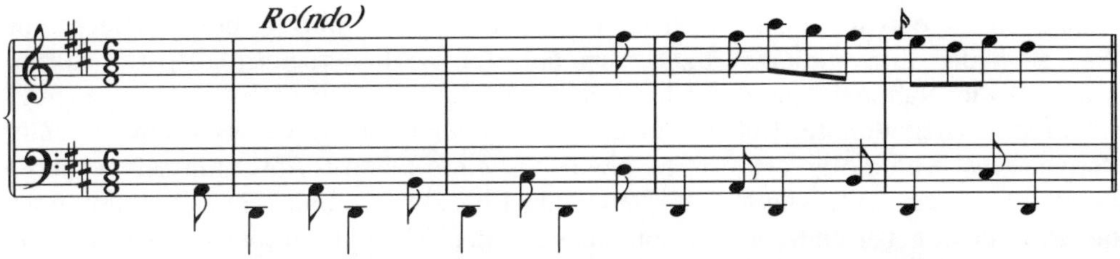

Von der Verlaufskurve her scheinen einerseits die Verdichtungen des kontrapunktischen Teils im zweiten Couplet, andererseits die Stretta in der Coda von großer Bedeutung zu sein. Nach der Einleitung des zweiten Couplets beginnt Takt 79 ff. eine Steigerung in fünf Stufen (je vier Takte):

1) Zunächst setzt im Sopran eine thematische Stimme ein, die von zwei motivisch ähnlichen Stimmen begleitet wird. Die beiden begleitenden Stimmen sind hier noch wenig selbständig, da sie in parallelen Terzen geführt werden. Der Gestus der drei Stimmen erinnert an das Thema der fis-Moll-Fuge aus dem Wohltemperierten Klavier Teil I von J. S. Bach.
2) Die thematische Stimme erscheint jetzt im Alt, so daß daher die begleitenden Stimmen in exponierte Randlage geraten.
3) Die begleitenden Stimmen wandeln ihr Kopfmotiv ab (Anfangston eine Quarte höher), wodurch die schon erwähnte Substanzgemeinschaft mit dem Refrain entsteht. Ein zeitliches Versetzen der Begleitstimmen läßt nun endgültig einen klar dreistimmigen Satz hervortreten.
4) Eine massive Verdichtung des Klangs entsteht durch Führen der thematischen Stimme in Terzen, der ursprünglichen Begleitstimmen in Terzen bzw. Sexten. Hinzu kommt ein *cresc.*, welches bis zum *ff* der letzten Stufe führt.
5) Die Klangfülle bleibt erhalten durch die Oktaven im Baß. Die zwei Stimmen darüber durchmessen große Räume. – Diese großangelegte Steigerung zeigt auch noch beim nachfolgenden Orgelpunkt ihre Wirkung. Dieser Schlußteil erscheint jetzt im *ff*, nicht mehr wie beim ersten Couplet im *f*. Außerdem werden in diesem Abschnitt die allerhöchsten Höhen des ganzen Finalsatzes erklommen (fünfmal f ''').

Die Coda schließlich stellt den Dudelsack-Baß in ein anderes Licht. Zunächst einmal tritt er in der Subdominanttonart G-Dur auf, steigert sich bis zu einer Auflösung seiner rhythmischen Struktur. Den kurzen *ff*-Arpeggien, die an die Überleitung erinnern, folgen fragende Besinnungspausen. Im *Più Allegro quasi Presto* verliert der Dudelsack-Baß seine schwebende Behäbigkeit. Den Oktaven im Staccato werden rauschende Sechzehntel-Figuren entgegengestellt.

Opus 31 Nr. 1, Rondo, Allegretto

Das Wesen dieses Rondos liegt nicht in seiner Architektur begründet, vielmehr handelt es sich um einen wachsenden Organismus. Ein ungeahntes Werden und Wachsen aus "Urzellen" wie kaum zuvor in Beethovens Finalsätzen ist erkennbar. Alles Neue scheint sich mehr oder weniger deutlich aus dem Bisherigen heraus dynamisch zu entwickeln. Dazu tragen das dichte Netz motivischer Verflechtung, aber auch der Entwicklungsprozeß, den der Refrain bei seinen Auftritten durchlebt, und die Nahtlosigkeit der Übergänge bei.
Schon der ausgedehnte Refrain zeigt eine bezeichnende Metamorphose seiner Motive. Das Kopfmotiv erfährt im Nachsatz eine leichte Abwandlung, wodurch die Wechselnotenfigur einen abschließenden Charakter erhält. Hinzu kommt auch das Prinzip der versteckten Vorankündigung der Melodie in den Mittelstimmen. Die fallenden Terzen des Soprans im dritten Takt, aber auch die Chromatik im Nachsatz werden kurz vorher schon im Tenor vorbereitet. Das Seitenthema ist, da es fast ausschließlich aus bereits bekannten Motiven gearbeitet ist, schon beinahe nur noch eine Episode. Ein Themendualismus im Sinne eines Kontrastes zwischen erstem und zweitem Thema ist dies jedenfalls nicht.
Die Wiederkehr des Refrains spiegelt den organischen Wachstumsprozeß dieses Finales wieder, da nicht nur Figuration der Melodie, sondern tiefgreifende Veränderungen erfolgen. Beim zweiten Auftritt nämlich schwingen die unentwegten Triolen des ersten Couplets nach, beim dritten Auftritt spürt man noch den raumgreifenden, energiegeladenen, durchführungsartigen Teil. Die Nahtlosigkeit der Übergänge ist natürlich eine Folge der motivischen Verflechtung aller Teile. Einzigartig jedoch ist die Verschmelzung von Refrain und zweitem Couplet. Bei der Engführung in Takt 87 ff., die schon einen durchführungsartigen Charakter erzeugt, entspricht der Baß noch der Fortsetzung des Refrains.
Im Kesslerschen Skizzenbuch hat Beethoven die Melodie des Refrains, aber auch schon die Coda entworfen (Bl. 93 recto, Z. 11 ff. Refrain, Z. 12/13 ff: *"au fin"*). Während jedoch die Skizze des Refrains der endgültigen Fassung äußerst nahe kommt, ist die Coda geradezu meilenweit vom Original entfernt. Beethoven läßt ursprünglich über einem tonikalen Orgelpunkt 16 Takte des Refrains auftreten, anschließend wird mit dem Wechselnotenmotiv ein knapper Ausklang gestaltet. Was ist dagegen später aus diesem eher traditionellen Ansatz geworden! Nicht nur rollt die Coda das Thema quasi von hinten auf, vielmehr prägt sie in den Abschnitten deutlich verschiedene Charaktere aus. Ernst und konzentriert wirkt die kontrapunktische Verarbeitung des chromatischen Motivs des Refrains. Einen reflektierenden und besinnnenden, aber auch fragenden Ausdruck erzeugt die *Adagio*-Reminiszenz. Scherzhaften Charakter dagegen hat das *Presto* mit den witzigen Dialogen, wobei natürlich das vorausgehende langsamere Tempo die Wirkung erheblich verstärkt.

Rf 1 - 1. Cp 33, 43, 53 - Rf 67 - 2. Cp 83, 99 - Rf 133 - 1. Cp 165, 179, 189 - Coda 207, 225, 243.

SIEHE AUCH: S. 27, S. 48, S. 60 f., S. 75, S. 87, S. 94 f., S. 111, S. 127.

Motivische Verflechtung

Refrain | **Überleitung** | **Seitenthema**

Wechselnotenfigur

T. 1 und T. 11 Sopran

T. 33 Sopran

Tetrachord

T. 2 Sopran

fallende Terzen

T. 2 Tenor / T. 3 Sopran

T. 43 Baß

Chromatik

T. 5 Tenor / T. 9 Sopran

Triolen

T. 17 Sopran / T. 26 Baß

T. 32 Baß

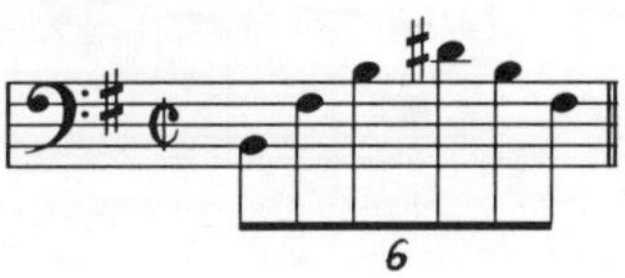

T. 42 Sopran

Orgelpunkt

T. 1 ff.

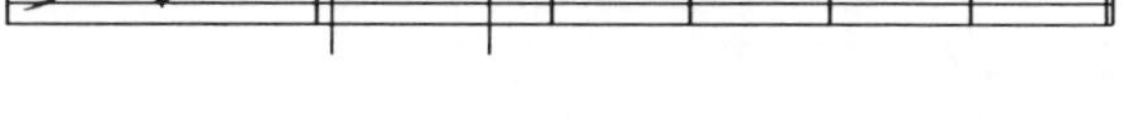

T. 42 ff.

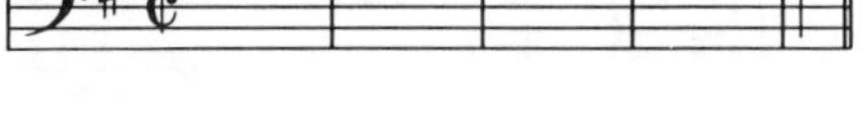

Durchführungsmodell

Wechselnotenfigur
T. 103 / T. 105

Tetrachord
T. 99 in Triolen

T. 103 Umkehrung gleichzeitig

fallende Terzen
T. 101 / T. 109

Chromatik

Triolen
T. 98

Orgelpunkt
T. 99 ff.

Coda: Erster Teil
Wechselnotenfigur

Zweiter Teil

T. 225 / T. 228

Dritter Teil

T. 243

Tetrachord

T. 226

fallende Terzen

T. 234

Chromatik
T. 207

Triolen

Orgelpunkt
T. 206 / 208

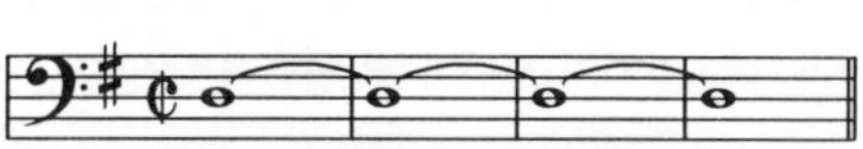

T. 226

T. 241

Opus 31 Nr. 2, Allegretto

Das Kopfmotiv des Hauptthemas ist der Grundstein des ganzen Finales. Wird es dem Hörer schon zu Beginn regelrecht "eingetrichtert", so entfaltet es sich erst recht in der überaus breit angelegten Durchführung und schließlich in der Coda. Derart ausgedehnte Räume sind kaum mit der Originalgestalt des Kopfmotivs alleine zu gestalten. Was ist also dann das wesentliche Element, welches das Kopfmotiv trotz aller Veränderungen erkennbar bleiben läßt? Im Keßlerschen Skizzenbuch findet sich ein Entwurf in a-Moll, dessen Melodik und Setzweise stark an die spätere Version erinnern. Steht jedoch hier noch das gesangliche Fließen im Vordergrund, so lebt das originale Kopfmotiv vor allem von seiner rhythmischen Gestaltung mit dem Auftakt aus drei Sechzehnteln. Entgegen der synkopischen Struktur in der Skizze zielt hier die Bewegung jeweils auf die schwere Eins des Taktes, und zwar mit einer Regelmäßigkeit, die an das Ausrollen von Meereswellen am Ufer erinnert. Ist die rhythmische Struktur ein so wesentliches Merkmal, welches nahezu immer beibehalten wird, ist dagegen die melodische Struktur einer vielfältigen Wandlung unterworfen. Diese verläuft aber nicht willkürlich, sondern wirkt formbildend. Innerhalb der Abschnitte wird meist eine melodische Struktur mehr oder weniger festgehalten. Das Kopfmotiv mit all seinen Abwandlungen erscheint nicht nur in der oberen Stimme, sondern auch unten. Die Überleitung etwa hebt sich dadurch deutlich vom Refrain ab.
Das Seitenthema scheint sich auf den ersten Blick hin dem Sog des Kopfmotivs zu widersetzen. Doch klingen in diesem Insistieren auf dem Halbtonschritt f"-e" nicht wieder die Spitzentöne des Kopfmotivs durch? In Achteln wird jetzt mit Nachdruck vorgeführt, was zu Beginn in eine Figur eingebettet war. Nach schlußkräftigen Anhängen erscheint in der Schlußgruppe wieder der Rhythmus des Kopfmotivs mit seinen auftaktigen Sechzehnteln. Jedoch beschränkt sich Beethoven zunächst einmal auf zwei Sechzehntel, was er sonst in diesem Finale nicht macht. Man könnte darin vielleicht die Nachwirkung des Seitenthemas erkennen, welches ja von den drei auftaktigen Tönen des Kopfmotivs nur die letzten beiden aufgegriffen hat.
In der Durchführung durchläuft zu Beginn ein Modell verschiedene Tonarten, anschließend wird mit Umkehrungen des Kopfmotivs gearbeitet. Im zweiten Teil der Durchführung nach einer Scheinreprise in b-Moll zeigt das Kopfmotiv noch einmal, was aus ihm erwachsen kann: Harmonische Spannung (D^V) und weite Sprünge führen bis zu einem unverkürzten Dominantseptnonen-Akkord, dem einzigen derart vollgriffigen, simultan erklingenden Akkord des ganzen Satzes (T. 199, vergleiche höchstens noch T. 91 am Ende der Exposition). Im Anschluß an die Reprise, die die Exposition weitgehend unverändert läßt, setzt die Coda am Schluß des ganzen Satzes noch einmal deutliche Akzente. Der Beginn des Hauptthemas erscheint Takt 351 emphatisch gesteigert im *ff* mit vielen Sforzati. Auch dramatische Gesten mit chromatischen Passagen künden das nahe Ende an.

Exp 1, 31, 44, 68 - Df 95, 111, 151, 174 - Rep 215, 259, 272, 296 - Coda 323, 351.
SIEHE AUCH: S. 63, S. 113.

Frühe Skizze in a-Moll

Wien, Gesellschaft der Musikfreude: A 34, Blatt 95 r, Zeilen 15/16

SIEHE AUCH: Brandenburg: 'Kesslersches Skizzenbuch', 1. Teil, S. 202

Metamorphose des Kopfmotivs

HS: T. 1/9 – Sg: T. 74 – Df: T. 96/119/174/191

Opus 31 Nr. 3, Presto con fuoco

Dieser Finalsatz erhält einen *"feurigen"* Charakter durch die rastlose Monotonie seiner Abschnitte. Uhde stellt sogar eine Beziehung zu den im 18. Jahrhundert so beliebten Spieluhren, mechanischen Orgeln und Klavieren her. [1] Bezeichnend ist eine Skizze zur Durchführung im Wielhorski-Skizzenbuch, denn dort treten ungewöhnlich viele "Faulenzer"-Zeichen auf. Die ganze Durchführung besteht bis auf wenige Ausnahmen aus viertaktigen Abschnitten, bei denen die Anfangsfigur jeweils unverändert beibehalten wird. Verstärkend kommt eine Beschränkung des motivischen Materials hinzu, denn in diesem Entwurf werden fast ausschließlich das ruckartige Pendelmotiv der Exposition und Akkordzerlegungen in Achteln verwendet. Da in der Skizze keinerlei Verarbeitung wie etwa Abspaltung erfolgt, bleibt als Kennzeichen einer Durchfühung nur der harmonische Verlauf.
Ein Vergleich von Skizze und Originalversion macht noch ein anderes Phänomen deutlich. Es ist erstaunlich, daß Beethoven zwar die Achtelfiguren des Basses, aber noch nicht die Staccato-Melodie des Originals skizziert. Beethoven hat also entweder die Begleitung vor der eigentlichen Melodie entworfen, oder er hielt sie sogar für das Wichtigste. Auf jeden Fall läßt sich daraus folgern, daß bei diesen Stellen – die Beethoven in der endgültigen Fassung übrigens jedesmal mit *fortissimo* kennzeichnet – keine eindeutige Einteilung in Haupt- und Nebenakteur besteht. Hier hat die Begleitung auch führenden Rang – trägt sie doch entscheidend zum Charakter bei –, die Melodie wiederum hat auch begleitende Funktion. Was den Schluß der Durchführung betrifft, so sieht der Entwurf noch recht harmlos aus. Wie die Originalfassung zeigt, verdichtet sich jedoch T. 128 ff. die Spannung in harmonischer Hinsicht durch die D^{V}-Kette. Eine regelrechte Zusammenballung bedeuten die vollgriffigen Akkorde im *ff*. Zwei ähnliche Stellen in der Coda rufen diese Höhepunkte in Erinnerung.
Recht unkonventionell ist die Exposition, denn die fortlaufende Motorik scheint hier wichtiger als das Aufstellen von Haupt- und Seitenthema. Da die Themen im engeren Sinne sehr rasch vorüber sind, ist man als Hörer geneigt, den zur Dominanttonart modulierenden Abschnitt noch dem Hauptthema zuzuordnen, die Spielepisode T. 42 ff. als Anhang des Seitenthemas zu empfinden. Die Melodik der thematischen Abschnitte erregt wenig Aufsehen, vor allem aber spielt sie im weiteren Verlauf des Satzes kaum noch eine Rolle. Beim Seitenthema besteht die Melodie gar nur aus dem repetierten Ton f. Das kurze, viermal mit Akzent hingeworfene Kopfmotiv des Hauptthemas verschwindet von der Bühne bis zu der Wiederkehr in der Reprise, wo es denn auch variiert wird. Hat dies Motiv also zweimal eine eröffnende Signalwirkung, so erzeugt schließlich dessen ausgiebige Verarbeitung in der Coda ein Schlußgefühl. Es erfolgt eine Rückkehr zu dem Motiv, mit dem alles seinen Anfang genommen hat.

1 Uhde: Klaviermusik, Bd. 3, S. 107 f.

Exp 1 » 34, 64 - Df 80, 128 - Rep 172 » 209, 239 - Coda 263, 309, 319.
SIEHE AUCH: S. 30, S. 95.

Skizze zur Durchführung

Moskau, Staatl. Zentralmuseum: Wielhorski - Skizzenbuch, Seite 10, Zeilen 1 - 6

SIEHE AUCH: Fischmann: 'Skizzenbuch Beethovens von 1802 - 1803', S. 10

Opus 53, Rondo, Allegretto moderato (Waldsteinsonate)

Selten hat ein Rondo bei Beethoven eine derart außergewöhnliche individuelle Verlaufskurve. Das zweite Couplet artet in regelrecht durchführungsartige Arbeit mit dem Kopfmotiv aus. Hier liegt daher der erste große Höhepunkt des ganzen Finales. Wohl um anschließend einen zu großen Spannungsabfall zu vermeiden, erliegt die Reprise einem zunehmenden Eliminationsprozeß. Andererseits führt sie dadurch umso zielgerichteter zum zweiten großen Höhepunkt des Finales, der ausgedehnten *Prestissimo*-Coda, die man ohne Bedenken schon als eine Art zweite Durchführung bezeichnen mag. Hinzu kommen noch einige Täuschungsmanöver, die den Hörer vor allem bei den Couplets überraschen. Beim zweiten Couplet tritt der durchführungsartige Abschnitt erst dann auf, wenn man ihn gar nicht mehr erwartet. Bei der Wiederkehr des ersten Couplets erwartet man das in die Grundtonart transponierte "zweite Thema", welches jedoch nicht einmal andeutungsweise mehr erscheint.

Das zweite Couplet beginnt mit einem ausgedehnten und thematisch mehr oder weniger eigenständigen Abschnitt. Der Hörer stellt sich also innerlich zunächst auf ein konventionelles Couplet rondohafter Manier ein. Wenn jedoch markante Akkorde im *Fortissimo* fanfarenartig eine nicht enden wollende Arbeit mit dem Kopfmotiv eröffnen, verblaßt der rondohafte Anfangsteil zu einer Einleitung. Eine große Dominantebene rundet das zweite Couplet ab und bereitet die Wiederkehr des Refrains vor. Der Beginn ist jetzt genauso fanfarenartig im *Fortissimo* wie der durchführungsartige Abschnitt im zweiten Couplet. Außerdem erscheint nur die zweite Hälfte, bei der das Thema schon in Oktaven geführt wird.

Bei der Wiederkehr des ersten Couplets verselbständigen sich überraschend die Akkordbrechungen, mit denen Beethoven ursprünglich zur parallelen Molltonart modulierte. Rosenberg zieht daraus folgenden Schluß: *"Infolgedessen muß man doch wohl, wenn auch widerstrebend, Takt 62 ff. schon als erstes ... Nebenthema betrachten."* [1] Es stellt sich allerdings die Frage, ob bei dieser Interpretation die individuelle Struktur des Satzes nicht allzu gewaltsam dem traditionellen Schema angepaßt wird. Vor allem bleibt dabei offen, warum das a-Moll-Thema nicht wiederkehrt. Zunächst einmal setzt sich doch eindeutig der Eliminationsprozeß fort, der mit der drastischen Verkürzung des Refrains begonnen hat. Außerdem mag das a-Moll-Thema hörpsychologisch seine Wirksamkeit dadurch etwas eingebüßt haben, daß es große Ähnlichkeit mit dem Thema zu Beginn des zweiten Couplets hat. *"Man findet in beiden 'Polterthemen' die nachschlagenden Unisoni und die Triolenfiguren, und beide spielen sich in einem pianistisch recht anstrengenden Forte ab."* [2]

1 Rosenberg: Klaviersonaten, Bd. 2, S. 275.
2 Ebd., S. 276.

Rf 1 - 1. Cp 63, 71, 98 - Rf 114 - 2. Cp 176, 221, 287 - Rf 313 - 1. Cp 345, 378 - *Prestissimo*-Coda 403, 441, 465, 485, 515.

SIEHE AUCH: S. 25, S. 29, S. 51, S. 60 f., S. 105, S. 115, S. 117.

Tonarten im durchführungsartigen Teil des 2. Couplets	Modell T. 221 ff. Modell T. 240 ff. c ++ **As** ++ **f** ++ **Des** + es + f ... ... **f** +++ **b** +++ **es** + Des + c Modell T. 269 ff. Modell T. 251 ff.
Tonarten in der *Prestissimo* - Coda	Modell T. 441 ff. C +++ F +++ C ++ **As** ++ **f** ++ **Des** + c ... ... C – c ++ **As** ++ **f** +++ C Modell T. 493 ff.

Die Vielfalt der Tonarten, welche die vier Modelle im durchführungsartigen Teil des zweiten Couplets durchlaufen, entspricht der Sonatensatzform. Insbesondere nimmt das Kopfmotiv des Refrains unterschiedliche Charaktere an. Das erste Modell bringt das Kopfmotiv als *ff*-Fanfare mit zupackenden Akkorden. Nach dem zweiten, motivisch selbständigeren Modell erscheint das Kopfmotiv dann in einem völlig anderen Licht. Ausdrücklich schreibt Beethoven immer und immer wieder *sempre pp* vor. Die Abspaltungen Takt 233 ff. sorgen in erster Linie für einen organischen Übergang zwischen den *ff*-Ausbrüchen zu Beginn und der nachfolgenden, ausgedehnten *sempre pp*-Ebene.

Die Coda ist dann wirklich eine gewaltige, sonatenhafte Schluß-Durchführung. Schon das Ausmaß von 141 Takten und das *Prestissimo* sind außergewöhnlich. Kommen in den früheren Codas allenfalls vereinzelt Ausweichungen in andere Tonarten vor – etwa der neapolitanischen oder einer mediantischen –, so führt Beethoven hier wie in einer Durchführung zweimal ein Modell durch einen Tonartenkreis. Es ist sicher kein Zufall, daß die ausgedehnten Triller des Refrains in der *Prestissimo*-Coda noch einmal zum Zuge kommen, dort allerdings im *pp*, quasi nach Art einer Rückbesinnung.

Die Einleitung – formal eine Art Gegengewicht zu der gewaltigen Coda – gehörte ursprünglich nicht zum Konzept der Waldsteinsonate. Vorgesehen war vielmehr zunächst das »Andante favori « WoO 57, wie auch Ferdinand Ries berichtet: *"Ein Freund Beethoven' s äusserte ihm, die Sonate sei zu lang, worauf dieser von ihm fürchterlich hergenommen wurde. Allein ruhigere Überlegung überzeugte meinen Lehrer bald von der Richtigkeit der Bemerkung. Er gab das große Andante F dur, 3/8 Tact, allein heraus und komponierte die interessante Introduction zum Rondo, die sich jetzt darin findet, später hinzu."* [3]

3 Schmidt-Görg / Schmidt: Beethoven, S. 170 f.

Charakteristische Züge eines Finalsatzes spiegeln sich bei Beethoven oft schon in der Gestaltung des Themas. Ähnlich wie der ganze Satz immer mehr an Dramatik gewinnt – ganz besonders zum Schluß in der *Prestissimo*-Coda –, so geschieht dies auch im Refrain, der schon durch die immense Ausdehnung von 62 Takten aus dem Rahmen des sonst Üblichen fällt. Das Kopfmotiv durchschreitet quasi drei verschiedene energetische Ebenen: Auf der zweiten Ebene wird noch das *sempre pp* beibehalten, aber der Klang weitet sich durch Führen der Melodie in Oktaven und tiefere Lage der Begleitfiguren. Auf der dritten Ebene dann erscheint das Kopfmotiv im *ff*, wobei der unentwegte Triller und die 32stel in der Begleitung – die einzigen im ganzen Finale – die außerordentliche Energieballung auf die Spitze treiben.
Die endgültige Version des Kopfmotivs ergibt sich in den Skizzen, die sich alle in Landsberg 6 finden, erst auf Umwegen. Nottebohm hält den Entwurf Seite 126 für eine später hingeschriebene Skizze, die übergangen werden könne. [4] Seiner Meinung nach ist die Skizze auf Seite 138 die erste Version, von der aus sich Beethoven schrittweise der endgültigen Fassung genähert habe. Diese These überzeugt aus verschiedenen Gründen nicht. Beethoven hat bei anderen Sonaten auch schon während der Arbeit an den ersten Sätzen hier und da Ideen für das Finale festgehalten. Die Skizze auf Seite 126 scheint als leicht wiederzufindende Gedächtnisstütze in die rechte untere Ecke gesetzt. Doch selbst wenn dies eine spätere Eintragung sein sollte, finden sich schon auf Seite 134 Entwürfe zum zweiten Couplet – die auch Nottebohm erwähnt –, bei dem die Gestaltung des Kopfmotivs sehr an die allererste Notiz auf Seite 126 erinnert. Diese As-Dur-Stelle steht fein säuberlich geschrieben zu Beginn der Seite und dürfte daher auf keinen Fall eine nachträgliche Eintragung sein.
Warum neigt man vielfach dazu, bei Beethoven einen geradlinigen Entwicklungsprozeß vom ersten Entwurf bis zur endgültigen Fassung zu suchen? Beethoven geht auch schon mal Umwege, zweifelt am Erreichten, greift auf Vorstufen zurück usw. Im vorliegenden Fall dürfte das Schriftbild nähere Hinweise auf den Kompositionsprozeß geben. Die Skizze von Seite 138, die von der endgültigen Fassung stärker abweicht als die anderen erwähnten Entwürfe, wirkt eher wie flüssig hingeschrieben, was auch die relativ starke Schräglage, der Schwung bei den Achtelhälsen und die Größe der Noten andeuten. Vorne läßt Beethoven 2 cm frei, die Taktstriche sind bis zu 2, 5 cm auseinander. Waren Beethoven Zweifel gekommen an der früheren Version, hat er hier rasch einen Einfall notiert? Die Skizze auf der nächsten Seite zeigt jedenfalls ein ganz anderes Schriftbild. Die Noten sind klein und deutlich, zeigen kaum Schräglage, die Taktlänge ist vielfach geringer als 1 cm. Hier handelt es sich auf keinen Fall um ein rasches Notieren einer flüchtigen Idee, sondern um eine vorläufige Reinschrift, der mit Sicherheit einige kompositorische Arbeit vorangegangen ist.
Bei der Skizze zu den Akkordbrechungen des ersten Couplets ist die von den Spitzentönen gebildete versteckte Melodie weniger deutlich als später im Druck.

4 Nottebohm: Skizzenbuch 1803, S. 64.

Skizzen zu Hauptthema und 1. Couplet

Berlin PrStB: Landsberg 6, S. 126, Zeile 16 gegen Ende –
(zur Zeit S. 134, Zeile 1/2 vorne –
in Krakau) S. 138, Zeile 15 vorne –
S. 139, Zeile 1 vorne –

Skizze zum 1. Couplet: S. 137, Zeile 10 vorne.

(Seite 126)

(Seite 134)

(Seite 138)

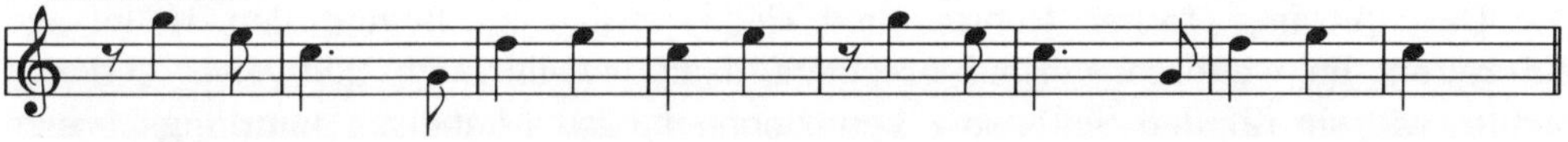

(Seite 139)

(Seite 137)

Opus 54, Allegretto

Die zweisätzige F-Dur-Klaviersonate op. 54 wird geradezu eingerahmt von zwei gewaltigen Sonaten, der Waldsteinsonate und der Appassionata. Die Finalsätze stehen zwar allesamt im 2/4-Takt und auch die Tempounterschiede sind relativ geringfügig (*Allegretto moderato, Allegretto, Allegro ma non troppo*), aber doch ist der Charakter der Sätze wesentlich verschieden. Dies liegt wohl vor allem daran, daß das Finale von op. 54 *"in besonders enger Beziehung zu der Welt der Inventionen"* [1] steht. Der ganze Satz entwickelt sich aus einer äußerst knappen Exposition heraus. Trotzdem sind die Proportionen ausgewogen, denn Exposition, Reprise und Coda zusammen umfassen *"ebensoviel Takte wie die Durchführung, so daß sich ein absolutes Gleichgewicht ergibt".* [2]
Rückgrat des Finales ist letztlich ein thematischer Gedanke, der sich aber in der Exposition in zwei verschiedenen Ausprägungen präsentiert. Unverkennbarer Beginn ist jeweils der gebrochene Dur-Akkord. Allerdings währt die anschließende versteckte Zweistimmigkeit verschieden lang, denn im Hauptsatz erscheint das Kopfmotiv im Abstand von zwei Takten, im Seitensatz taktweise. Doch nicht nur die Aktionsdichte ist verschieden. Chromatische Leittöne erzeugen beim Seitenthema eine ganz neue Wirkung. Außerdem bleibt das Kopfthema der Oberstimme vorbehalten, die Unterstimme behält nur noch die synkopierenden *sf*-Einwürfe. Das Nacheinander dieser beiden Ausprägungen eines thematischen Gedankens prägt auch den weiteren Verlauf, da nämlich Einleitung, Kern und Rückleitung der Durchführung, ferner Reprise und Coda jeweils zu Beginn den Hauptsatz aufgreifen. Im weiteren Verlauf erscheint dann jeweils auch taktweise Aktionsdichte, wie sie für den Seitensatz kennzeichnend ist. Melodisch allerdings bringt erst die Coda wieder das originale Kopfmotiv des Seitensatzes.
Die Skizzen in Mendelssohn 15 beinhalten zwei Entwürfe des Finales von op. 54, von denen der erste noch hauptsächlich Ideen aneinanderreiht, etwa zu Beginn die Idee des Kopfmotivs (keine Wiederholungszeichen), der A-Dur-Version des Kopfmotivs (T. 23 ff.), des chromatischen Basses (T. 37 ff.), des synkopischen Gegenmotivs (T. 45 ff.) usw. Der zweite Entwurf dagegen kommt der endgültigen Fassung sehr nahe. Die jeweilige Hinführung zu den Modellen (T. 45 ff. / 75 ff.) in der Durchführung ist allerdings noch nicht ausgereift. Vom Spannungsverlauf her sind diese Stellen ja auch besonders wichtig, da sie den Hörer auf den Beginn der Modelle vorbereiten sollen. Bezüglich der Hinführung zum ersten Modell scheint Beethoven in der Skizze jedoch den Bogen überspannt zu haben, denn so spannungsvoll chromatischer Baßverlauf, kühne Harmonik und Sforzati hier sind, nach einer gewissen Spanne verliert auch dies seinen Reiz.

1 Ratz: Formenlehre, S. 148.
2 Ebd., S. 155.

Exp 1, 9, 13, 17 - Df 21, 45/75, 99 - Rep 115, 123, 134, 152 - *Più Allegro* 162.
SIEHE: Ratz: Formenlehre, S. 150 ff.
SIEHE AUCH: S. 97, S. 113.

Skizze zur Hinführung zum ersten Modell der Durchführung
Berlin StPK: Mendelssohn 15, Seite 12, Z. 14/15 Mitte – Seite 13, Z. 1/2 - 5/6
SIEHE AUCH: Frohlich: 'op. 54 and op 57', Vol. II, S. 8

(teilweise verschiedene Versionen der rechten Hand)

Die Hinführung zum zweiten Modell ist in der endgültigen Fassung harmonisch sehr ausdrucksvoll, besitzt auch die stärksten dynamischen Kontraste des ganzen Finales (taktweise Wechsel zwischen *fortissimo* und *piano*). Beim ersten Modell tritt das Kopfmotiv in einer tiefen Region auf, wie sonst im ganzen Finale nicht, die liegenbleibende Stimme wird hier zu einem synkopischen Pochen. Das zweite Modell wiederum hat einen stagnierenden Charakter ohne dynamische Kontraste, unterstützt auch durch den seufzenden Nonen-Vorhalt im Baß. Man beachte, daß Beethoven hier ausdrücklich *"espressivo"* vorschreibt. Insgesamt ist also die ausgedehnte Durchführung gekennzeichnet durch einen individuellen Spannungsverlauf, durch harmonische Vielfalt und Kühnheit, starke dynamische Kontraste und ausgiebige Arbeit mit dem thematischen Material.
Eine so gewaltige Durchführung läßt natürlich Auswirkungen auf die Gestaltung der Reprise erwarten. Wurde in der Waldsteinsonate die ausgedehnte Exposition gerafft, wird hier dagegen die knappe Exposition ausgeweitet. Schon in Haupt- und Seitensatz kommt der Entwicklungsprozeß des Satzes zum Ausdruck. Der Hauptsatz erscheint direkt mit "grummelnder" Begleitung, ein *cresc.* führt bis zum *f*. Der Seitensatz gerät zu einem durchführungsartigen Modell. Analog zur Durchführung sind es die Hinführungen, die besonders spannungsvoll sind – und gerade diese Passagen sind es wieder, mit denen Beethoven in seinem zweiten Entwurf so gerungen hat. Für die Hinführung zum Seitensatz hat er drei unterschiedliche Fassungen entworfen, von denen sogar die letzte noch recht weit von der Schlußfassung entfernt ist. Bei diesem Entwurf hebt Beethoven vor allem den Spitzenton h sehr deutlich hervor, die Terz der Doppeldominante. Im Baß ersetzt er die ursprünglich geplanten Achtel durch Halbe, wodurch sich eine Annäherung an die Hinführung zum ersten Durchführungsmodell ergibt. In der endgültigen Version knüpft Beethoven noch eindeutiger an diese Stelle an, denn jetzt steigt der Baß mit Sforzati chromatisch abwärts. Was die Hinführung zur Schlußgruppe betrifft, hat Beethoven vor allem mit der Aktionsdichte der Motive gerungen. Die erste Version ist durch halbtaktige Aktionsdichte gekennzeichnet, die zweite durch Aufeinanderfolge von taktweiser und halbtaktiger Aktionsdichte (was natürlich zur Spannungssteigerung beiträgt), die dritte wiederum durch eine Verkürzung der Aktionsdichte.
Schließlich sei auf eine formbildende Kraft hingewiesen, die in diesem Finale zum tragen kommt, auf den Aktionsraum des thematischen Gedankens. Beim Hauptsatz und bei fast allen daran anknüpfenden Abschnitten wird die aufsteigende Tendenz des Kopfthemas quasi nahtlos fortgesetzt: Die Unterstimme beginnt mit dem Kopfthema, die Oberstimme bringt es dann eine Oktave höher. Nur einmal wird der Aktionsraum ums Doppelte erweitert: Beim ersten Modell erscheint das Kopfthema in tiefer Baßlage, wird dann zwei Oktaven höher beantwortet. Dies hängt damit zusammen, daß hier ein wichtiger Höhepunkt der Verlaufskurve liegt. Was den Seitensatz und die daran anknüpfenden Abschnitte betrifft, so ist das zweite Modell durch Stagnation geprägt – quasi als Gegenreaktion auf das ausholende erste Modell. Erst in der Reprise durchschreitet der Seitensatz wieder größere Räume, diesmal sogar drei Oktaven aufwärts hintereinander.

Skizze zur Reprise / Hinführung zum Seitensatz (T. 130 ff.)
Berlin StPK: Mendelssohn 15, Seite 19, Zeilen 9/10
SIEHE AUCH: Frohlich: 'op. 54 and op. 57', Vol. II, S. 16

Skizze zur Reprise / Hinführung zur Schlußgruppe (T. 148 ff.)
Berlin StPK: Mendelssohn 15, Seite 19, Zeilen 15/16 Mitte
SIEHE AUCH: Frohlich: 'op. 54 and op. 57', Vol. II, S. 17

Opus 57, Allegro ma non troppo (Appassionata)

"Unter den so verschiedenen Prozessen, die Beethovens Sonaten zum Inhalt haben, ist op. 57 die »Tragödie«. Hier wird die Geschichte eines großen Willens geschrieben, der die bestehenden Verhältnisse verändern möchte, aber der Kampf führt nicht zur Befreiung." [1] Dies mag auch im kreisenden und stagnierenden Charakter vieler thematischer Abschnitte des Finalsatzes zum Ausdruck kommen. Insbesondere verbindet dies die neuen Themen in Durchführung und Coda – die formal rondohafte Züge hineinbringen – mit dem Zusammenhang.
In den ersten acht Takten des Hauptthemas folgt einem mühsamen Emporringen auf eine geringfügig höhere Ebene ein kreisendes Herabsinken zur Ausgangsebene (f-Moll-Akkord » Ges-Dur-Akkord » f-Moll-Akkord). Eine kreisende Anordnung einer kreisenden Figur sogar findet in Takt 26 f. statt (zwei Schritte aufwärts, dann Rückkehr). Die übergeordnete Sekundbewegung zeigt sich als Keim bereits im Kopfmotiv selber, denn der Höhepunkt liegt dort in der ersten oberen Wechselnote. Hinzu kommt sogar noch ein Bezug zum Anfangssatz der Sonate: *"In den Tönen c - des - c (T. 20) bezieht das Finalthema das Ende der 1. Hauptthemaphrase (1. Satz, T. 3: c - d - c) sogleich mit ein."* [2]
Was die stagnierenden Momente betrifft, so kehren nicht nur der erste Abschnitt des Hauptthemas, sondern auch alle weiteren immer wieder zur Tonika f-Moll zurück. Insbesondere schließt das ganze Thema mit einem vollkommenen Ganzschluß in der Tonika, was bei Finalsätzen in Sonatensatzform recht selten vorkommt. Immer und immer wieder treten das Kopfmotiv oder seine Abwandlung Takt 37 ff. auf. Aus der Baßfigur, die zunehmend mehr Aufmerksamkeit auf sich zieht, entwickelt sich ein immer intensiveres Insistieren auf einem Ton, dem dann ein Absinken folgt. Im Sopran schließlich erfolgt ein Pochen in Vierteln auf dem Ton c" (Takt 43 f. und Takt 49 f.). Das Seitenthema greift vor allem mit seinem Kopfmotiv auf das kreisende Element des Hauptthemas zurück. Hinzu kommen hier aber recht deutliche Abstiege in tiefere Regionen.
Der Kern der Durchführung gebärdet sich auf den ersten Blick thematisch sehr eigenständig. Und doch findet hier eine versteckte Auseinandersetzung mit der Exposition statt, denn im Grunde wird hier das kreisende und das stagnierende Element des Hauptthemas kombiniert. Der chromatische Anstieg der Melodie vom f" zum ges" mit darauffolgender Rückkehr zum Ausgangspunkt entspricht sogar von den Tönen her dem übergeordneten Sekundgang zu Beginn des Hauptthemas. Doch werden diese Stütztöne diesmal nicht umspielt, sondern in vollkommener Klarheit herausgemeißelt. Die synkopischen *sfp* machen die Wichtigkeit des Sekundganges noch deutlicher.

1 Uhde: Klaviermusik, Bd. 3, S. 191.
2 Ebd., S. 196.

Exp 1, 21 (HS), 65, 76, 97 - Df 118, 143, 159 - Rep 213, 257, 268, 289 - *Presto*-Coda 308, 326.
SIEHE AUCH: S. 65, S. 97, S. 99, S. 101, S. 103, S. 117, S. 119, S. 125.

Erster Version des neuen Themas in der Durchführung
Paris, Bibliothèque Nationale: Autograph, Seite 31, Zeilen 4/5, 7/8 ...
SIEHE AUCH: Frohlich: 'op. 54 and op. 57', Vol. I, S. 230

Das Autograph der Appassionata zeigt eine sehr interessante erste Version des neuen Themas in der Durchführung. Hier ist zwar das Emporringen zum ges" und das Herabsinken zum f" mit ausdrucksstarken synkopischen Sforzati schon ausgeprägt, aber die Umkehrung dieser melodischen Linie – ein Zugeständnis an den Standort in der Durchführung – läßt sich noch nicht erkennen. Doch noch bezeichnender ist, daß Beethoven in der endgültigen Fassung auf das schrittweise Emporsteigen vom f' zum c" verzichtet. Insbesondere die Synkopen vermitteln in der Skizze den Eindruck, als sei wirklich mal ein uneingeschränkter Durchbruch nach oben gelungen – und zwar ohne Kreisen oder Herabsinken nach unten.

Während die thematischen Formteile durch kreisende Struktur und intervallische Substanzgemeinschaften miteinander verknüpft sind, greifen die Verbindungsteile überwiegend auf das Kopfmotiv zurück. Immer und immer wieder erscheint das Kopfmotiv, erlangt daher einen zentralen Rang. Bestimmte Veränderungen zeigen dem Hörer aber jeweils deutlich an, wenn das Kopfmotiv für vermittelnde Teile verwendet wird. In der Überleitung etwa wird eine erregte Begleitung hinzugefügt, in der Schlußgruppe erfolgen imitatorische Spiele. Dort kommen auch schon die pochenden Akkorde vor, wie sie später im neuen Thema der Coda auftreten. In der Reprise schließlich tritt das Kreiselmotiv des Hauptthemas in gedehnter Fassung als Kontrapunkt auf (T. 221 ff.).
Bezeichnend sind Beethovens frühe Entwürfe zu den begrenzenden Abschnitten, also zu Einleitung und Coda. Einige Skizzen in Mendelsohn 15 lassen ein Ringen um einen angemessenen Eröffnungsimpuls erkennen. Die früheste Version zeigt zwar noch nicht den markanten Beginn, der figurative Abstieg vom des''' herab ist aber bereits deutlich ausgeprägt. In der endgültigen Fassung erzeugen das "Hochklappen" in Takt 9 und das längere Verweilen in grummelnder Tiefe eine stärkere Spannung auf das Hauptthema. Dem ersten Entwurf fügte Beethoven später mit anderer Tinte bei der Fermate ein des''' hinzu, im Baß ein b, ferner noch Sechzehntel-Fähnchen. Die Arbeit an diesem Akkord scheint Beethoven bewogen zu haben, das Anfangssignal nur mit diesem zu gestalten. Darunter entwirft er nämlich die zweite Version, die im Vergleich zum Druck zwar den D^V als emphatisches Eröffnungssignal schon aufweist, aber noch nicht die rhythmische Verschärfung von ♩. ♪ zu ♬ .
Das abgeschlossene *Presto*-Thema in der Coda überrascht den Hörer, schon allein wegen der *fortissimo*-Signale, welche an die Anfangsakkorde der Einleitung erinnern. Die Dominante dort wirkt allerdings eröffnend, die Tonika hier kündigt das baldige Ende des Satzes an. Hinter der so neu wirkenden Fassade versteckt sich jedoch Bekanntes: Kreisend ist die Motivik der Melodiestimme, stagnierend wirken die pochenden Akkorde. Das Staccato knüpft an das neue Thema im Kern der Durchführung an. Während das neue Thema im Kern der Durchführung einen gewissen Höhepunkt innerhalb der Verlaufskurve des Finales einnimmt, zieht das neue Thema in der *Presto*-Stretta zwar zunächst auch große Aufmerksamkeit auf sich, fungiert letztlich aber nur als Auftakt zu der gewaltigen Schlußsteigerung des letzten Coda-Abschnitts. Das Hauptthema erscheint dort nicht mehr im ursprünglichen *pp*, sondern im *f* bzw. *ff* mit vielen arpeggierten *sf*-Akkorden in der linken Hand.
Sehr aufschlußreich ist der Entwurf des *fortissimo*-Höhepunkts im Autograph, denn dort werden die extremen Lagen – das c'''' wird nur Takt 174 ff. gegen Ende der Durchführung schon mal erreicht – wesentlich später erklommen. Das Versetzen des Anfangs um ein bis zwei Oktaven nach oben bewirkt eine außerordentliche Intensivierung dieser Stelle. Noch einen anderen Kunstgriff macht der Vergleich von Autograph und Original deutlich. Beethoven reduziert den Auftakt der *sf*-Akkorde auf zwei Sechzehntel. Die dadurch entstehende rhythmische Stauung des ansonsten durchgängigen Sechzehntelflusses verstärkt effektvoll die Wirkung der *sf*-Höhepunkte in der Melodie.

Skizzen zur Einleitung

Berlin StPK: Mendelssohn 15, Seite 191, Zeilen 4 und 5 – Seite 191, Zeilen 8/9

SIEHE AUCH: Frohlich, 'op. 54 and op. 57', Vol. 1, S. 211

Erste Version zur Coda T. 341 ff.

Paris, Bibliothèque Nationale: Autograph

SIEHE AUCH: Frohlich: 'op. 54 and op. 57', Vol. I, S. 237

Opus 78, Allegro vivace

Nach der Waldsteinsonate und der Appassionata – sehr bedeutenden Höhepunkten innerhalb der Klavierliteratur – scheint Beethoven zunächst eine schöpferische Pause eingelegt zu haben. Er schreibt 1809 an Breitkopf & Härtel sogar: *"Ich gebe mich nicht gern mit Klavier-Solosonaten ab, doch verspreche ich Ihnen einige."* (siehe Verzeichnis). In op. 78 ist das Finale nicht mehr "dramatisch" wie in einigen Klaviersonaten zuvor, dafür ist die *"gewisse Spielseligkeit"* und die *"Freude am Figurativen"* von besonderem Reiz [1].
Außergewöhnlich ist bei diesem rondoartigen Finale die Gestaltung der Couplets. Das Zwischenspiel zwischen den beiden ersten Auftritten des Refrains macht zunächst einen eher "harmlosen" Eindruck. Bei seinem zweiten Auftritt dagegen erwachen seine verborgenen schöpferischen Kräfte, denn es bringt aus sich heraus eine Art Nebenthema hervor, welches sich selbstbewußt als eigenes Individuum gegenüber dem Refrain behauptet. Grundsubstanz sind die unentwegt aneinandergereihten Zweiergruppen aus Sechzehnteln. Die "Geburt" des Nebenthemas wird durch gewisse Signale verdeutlicht. Zum ersten Mal im ganzen Satz erscheint ein *ff*, noch dazu mit rauschendem Pedal. Ferner entwickeln die Zweiergruppen aus Sechzehnteln zu Beginn des Nebenthemas einen ungeahnt zielstrebigen Drang nach oben bis in höchste Regionen (fisis'''). Große Kontraste entstehen im Nebenthema durch das plötzliche Moll im *p*.
Die Gestaltung des Nebenthemas scheint einen gewissen Einfluß auf die nachfolgenden Auftritte des Refrains ausgeübt zu haben. Das orchestrale Wechseln der Register nämlich – *f* in höheren, *p* in niedrigeren Regionen – prägt sowohl die transponierte Wiederkehr des Refrains als auch den Auftritt am Schluß. Das Nebenthema tritt noch ein weiteres Mal auf, aber nicht wieder in Dis-Dur, sondern transponiert in die Haupttonart Fis-Dur. Dies erinnert an die Sonatensatzform, bei der ja das Seitenthema in der Reprise in der Grundtonart erscheint. So kennzeichnet Tovey dieses Finale als *»Sonatenform ohne Durchführung: oder spezielle Rondoform«* [2]. Doch abgesehen von der Transposition des Nebenthemas in die Haupttonart hat der Satz bei weitem eher Gestalt und Charakter der Rondoform. Allerdings entspricht die Transposition des Refrains in die Subdominanttonart nicht dem konventionellen Schema.
Das harmonisch und melodisch immer wieder veränderte quasi einstimmige Spiel mit der Zweierfigur erscheint jeweils vor Eintritt von Refrain oder Nebenthema und sorgt so für eine deutliche Gliederung des ganzen Finales. Die Wiederkehr des Refrains wird natürlich durch das fortwährende Spiel mit der Seufzerfigur vorbereitet, da auch er mit einer kleinen Sekunde aufwärts beginnt.

1 Riemann: Solosonaten, Bd. 3, S. 157.
2 Tovey: Pianoforte Sonatas, S. 189.

Rf 1 - Cp 12, 23 - Rf 32 - Cp 43, 52, 58 (Nebenthema), 65, 75 - Rf (transp.) 89 - Cp 100, 111, 117 (Nebenthema), 124, 134 - Rf / Coda 150, 178.
SIEHE AUCH: S. 97.

"Geburt" des Nebenthemas

Zwischenspiel I, Takt 12 ff. bzw. Takt 43 ff.

Zwischenspiel II, Takt 23/52 ff.

Nebenthema, Takt 57 ff.

Orchestrale Wirkung: Refrain Takt 1/150 ff.

Opus 79, Vivace

Es ist sehr erstaunlich, daß Beethoven nach dem Rondo der Waldsteinsonate mit seiner ungewöhnlichen individuellen Struktur noch einmal zurückkehrt zu einem ganz schlichten Rondotyp mit zwei Couplets. Doch hängt dies sicherlich damit zusammen, daß es sich bei op. 79 – wie Beethoven an Breitkopf & Härtel schreibt – um eine *"Sonatine facile oder Sonatine"* handelt (siehe Verzeichnis). Eine gewisse Rolle scheint auch die Charakteristik der verschiedenen Tonarten zu spielen. In G - Dur stehen außer op. 79 auch die Klaviersonaten op. 49 Nr. 2 und op. 14 Nr. 2, die ebenfalls einfache Rondos als Finale haben. Dagegen ist es sicher kein Zufall, daß zum Beispiel die "kleine" und "große" Appassionata beide in f - Moll stehen (op. 2 Nr. 1 und op. 57).
Wenn auch das Rondo von op. 79 einfach und schlicht erscheint, so zeigt der Entwicklungsprozeß des Refrains aber doch, daß es sich um ein Werk aus der mittleren Stilphase handelt. Die Begleitung erfährt eine rhythmische Steigerung, indem die ursprünglichen Viertel zunächst in Triolen, später in Sechzehntel aufgelöst werden. Bei der anschließenden Kombination von Triolen- und Sechzehntelrhythmus gerät sogar die Melodie in den Sog der Entwicklung. Eine räumliche Intensivierung ergibt sich durch die Oktaven, die Melodie wird auf ihren eigentlichen Kern reduziert. Der Schlußpunkt dieser Entwicklung sind die echoartigen Abspaltungen Takt 96 ff. mit Registerwechsel und Kontrast zwischen *f* und *p*.
Das erste Couplet in der parallelen Molltonart *"macht einen fragmentarischen Eindruck, ... Es wird gleichsam, noch ehe es recht ins Dasein getreten ist, wieder herausgeweht."* [1] In motivischer Hinsicht aber entwickelt es sich sonatenhaft aus dem Hauptthema. Das zweite Couplet entspricht ganz der Rondoform, denn es setzt ohne Überleitung in der subdominantischen Tonart C-Dur mit völlig neuer Motivik ein. Ein fünftaktiger Generalauftakt nimmt das Kopfmotiv vorweg und leitet nahtlos zur Wiederkehr des Refrains.

Entwicklungsprozeß des Refrains
2., 3. und (4.) Auftritt des Refrains, T. 35/72/80 f.

1 Rosenberg: Klaviersonaten, Bd. 2, S. 323.

Rf 1 - 1. Cp 17 - Rf 35 - 2. Cp 51 - Rf/Coda 72, 106.
SIEHE AUCH: S. 25.

Opus 81a, Das Wiedersehen (Le Retour) Vivacissimamente, Im lebhaftesten Zeitmaße

Während im allgemeinen bei Beethovens Klaviersonaten eine gewisse Vorsicht angebracht ist, wenn man außermusikalische Bezüge aufzeigen möchte, so nennt Beethoven hier selbst das "Programm" der Sonate: *"Das Lebewohl, Abwesenheit, Das Wiedersehen"*. Im Autograph notiert Beethoven: *"Das Lebe Wohl. Vien am 4ten May 1809 bej der Abreise S. Kaiserl. Hoheit des Verehrten Erzherzogs Rudolf"*. Der Finalsatz bringt deutlich die "Wiedersehensfreude" zum Ausdruck. Schon der Vorspann vor dem Hauptthema ist ein einziges Jubilieren. Nach einem emphatischen Anfangsakkord schrauben sich rauschende Sechzehntel-Figuren bis in höchste Höhen. Ähnlich überschäumende Höhepunkte sind auch in der Überleitung und Schlußgruppe zu finden. Bei Haupt- und Seitenthema scheint die Wiedersehensfreude anders zum Ausdruck zu kommen. Hier zeigt sich eher ein "Nicht-fassen-Können", ja ein "Immer-wieder-Sagen". Das Hauptthema gründet letztlich auf einem einzigen Motiv. Immer wieder hebt das kreisende Kopfmotiv an, bewegt sich ein wenig nach oben zum ersten Höhepunkt (*cresc.* bis T. 14), sinkt dann auf die Ausgangsebene zurück. Es folgt eine Intensivierung, bei der die thematische Stimme zunehmend in die Baß-Region gerät. Die gebrochenen Oktaven kündigen den Sechzehntel-Grundimpuls der Überleitung an.
Die rauschende *ff*-Bewegung zu Beginn der Überleitung ist kaum noch zu übertrumpfen, so scheint es jedenfalls. Und doch, das wuchtige *sf*-Unisono mit der im ganzen Finalsatz einmaligen Reduzierung der Bewegungsenergie bewirkt eine weitere Intensivierung. Bei dem verzierten *p*-Echo kommt quasi der vorherige Ausbruch der Gefühle erst richtig zu Bewußtsein. Das Seitenthema zeigt in seiner Motivik eine kreisende Tendenz wie das Hauptthema. Nicht nur das Kopfmotiv im Sopran, sondern auch das Begleitmotiv kehren immer wieder zum Ausgangspunkt zurück. Sehr ausdrucksstark sind schließlich die chromatischen Passagen und die synkopischen Sforzati in der Schlußgruppe.
Es kommt insgesamt bei diesem Finalsatz nicht so sehr auf einen Entwicklungsprozeß an – wie sonst so häufig bei Beethoven. Es wird nicht ein fernes Ziel angesteuert, denn man ist ja bereits am Ziel, dem *"Wiedersehen"*. Damit hängt wohl zusammen, daß die Durchführung eher knapp ist, ferner nur relativ wenig Tonarten durchlaufen werden. Eine Entwicklung und Steigerung hin zu einem dramatischen Höhepunkt findet nicht statt. Weitgehend im *p* oder *pp* verbleibt die Dynamik. Der Kern der Durchführung greift auf das nahezu unveränderte Kopfmotiv des Seitenthemas zurück. Nach der anfänglichen Umschichtung der Stimmen erfolgt sogar das "Wiedersehen" der originalen Fassung, allerdings transponiert in eine andere Tonart. Einleitung und Rückleitung verwenden das Kopfmotiv des Hauptthemas. Die imitatorischen Spiele mit dem Kopfmotiv in der Rückleitung machen den Hörer gespannt auf die Reprise.

Exp 1, 11 (HS), 29, 53, 69 - Df 82, 94, 105 - Rep 110, 122, 146, 162 - Coda 177.
SIEHE AUCH: S. 23, S. 25, S. 75, S. 117, S. 145.

In der Reprise wird das Hauptthema verkürzt, aber dafür intensiviert. Schon von Anfang an wird die Melodie in Oktaven geführt, wobei fortwährende Sechzehntel eine bewegte Begleitung bilden. Ansonsten sind die Veränderungen – abgesehen von der traditionellen Transposition des Seitensatzes in die Grundtonart – eher sekundär. Auch hier zeigt sich wieder, daß es bei diesem Finale weniger auf ein Werden und Entwickeln, als auf einen "Ist-Zustand" ankommt, den Zustand der Freude. Das *Poco Andante* zu Beginn der Coda wirkt wie ein "Sich-Besinnen", welches dem Kopfmotiv die Energie zu einem noch deutlicheren Hochschrauben gibt. Die Schlußfigur Takt 183 nimmt noch einmal verschiedene Gestalten an, zuletzt wieder im *Forte* mit Tempo I.
Skizzen zum Finalsatz von op. 81 a sind nur wenige bekannt. In Landsberg 5 finden sich auf einer Seite einige frühe Entwürfe zum zweiten und dritten Satz. Beethoven skizziert das *Andante espressivo*, bricht jedoch nach acht Takten ab, hält das "Programm" der ganzen Sonate fest (*Abschied-Abwesenheit-Ankunft*), entwirft das Kopfmotiv des Finalsatzes und experimentiert mit ihm ein wenig, setzt schließlich die Skizze zum zweiten Satz fort. Daß Beethoven also nahezu gleichzeitig mit dem zweiten und dritten Satz begonnen zu haben scheint, macht die enge Beziehung dieser beiden Sätze deutlich. Nicht nur wird gemäß dem "Programm" dieser Sonate die schmerzvolle Stimmung während der Abwesenheit durch die Wiedersehensfreude abgelöst – und zwar nahtlos ohne Generalpause –, vielmehr sind hier zwei geradezu entgegengesetzte Pole in der Welt der Gefühle auskomponiert.
Die Skizze zum *Andante espressivo* entspricht der endgültigen Fassung schon sehr deutlich. Während jedoch in dem Entwurf die Begleitakkorde auf schwerer Zeit stehen – wodurch die Nonen- bzw. Quartvorhalte besonders ausdrucksstark wirken –, läßt die spätere, weniger massive Version vor allem den "klagenden Gesang" hervortreten.
Was das Hauptthema des Finalsatzes betrifft, so ist das Kopfmotiv in der Skizze schon klar zu erkennen, allerdings fehlt noch der lange Atem. Die Skizze läßt auch ahnen, wie es zu dem ungewöhnlichen Aufbau des Hauptthemas gekommen sein mag. Beethoven hält sich zunächst noch an die klassische Viertaktigkeit, wobei allerdings der imitierende Gesprächspartner mit Funktionstaktverschränkung schon im vierten Takt einsetzt. Anscheinend war Beethoven die "Begrüßungsrede" jedoch zu kurzatmig, denn er läßt das Kopfmotiv drei Takte länger walten und gestaltet durch ein Ausweichen zur Subdominantparallele einen großen Bogen mit *cresc.* zum Höhepunkt hin. Daß Beethoven statt der *dolcemento*-Vorschrift in der Skizze später nur das neutralere *p* setzt, könnte damit zusammenhängen, daß die Freude nicht allzu verklärt werden soll.
Die zweite Skizze zum Finalsatz könnte für die Coda gedacht sein, denn das Kopfmotiv erlebt schon die gesteigerte Sequenzierung bis zur Dominantparallele g-Moll. Die Sechzehntelfiguren der rechten Hand allerdings künden schon ganz deutlich die spätere Fassung der Überleitung an. Dort sind sie dann Hauptakteur, wogegen sie in der Skizze noch mehr oder weniger begleitende Funktion haben. Schließlich erprobt Beethoven auch eine Engführung des Kopfmotivs, so wie er in der gedruckten Fassung dann zur Reprise zurückleitet.

Skizzen zum 2. und 3. Satz

Berlin DStB: Landsberg 5, Seite 86, Zeilen 5/6, Zeile 9, Zeilen 10/11, Zeile 12

SIEHE AUCH: Brenneis: Skizzenbuch aus dem Jahre 1809, Vol. II, S. 141

Andante espressivo

molto espressivo

Abschied - Abwesenheit - Ankunft

letztes (Stück)

Opus 90, Nicht zu geschwind und sehr singbar vorgetragen

Das letzte Sonatenrondo der Klaviersonaten Beethovens ist weitgehend geprägt durch gesangvolles Dahinfließen. Alles wirkt geglättet, abgerundet, ausgewogen, fast schon lieblich. Beethoven schreibt häufig *dolce* und *teneramente*, nirgendwo im Satz hingegen *fortissimo*. Bereits der ausgewogene und symmetrische Refrain legt den Grundstein für den Gesamtcharakter des Finales. Außerdem erscheint er nach rondohafter Manier beim zweiten und dritten Auftritt völlig unverändert. Doch wenn auch entwickelndes Vorwärtsdrängen nicht das Wesentliche ist für dieses Rondo, so auch nicht das Prinzip der blockhaften Aneinanderreihung von Refrain und Couplets. Der reife Beethoven zeigt sich hier in der Kunst, Refrain und Couplets mit feinen Fäden zu verknüpfen, ohne insgesamt den rondohaften Charakter anzutasten. Sowohl das erste wie auch das zweite Couplet wachsen unmittelbar aus dem Refrain heraus, indem sie die Schlußfloskel aufgreifen und weiterspinnen. Das rhythmisch-motivische Modell der Überleitung zum Beispiel entsteht schon in der Kadenz des Refrains, wodurch beide Formteile miteinander verklammert werden.
Ähnlich wie das Rondo von op. 13 enthält das erste Couplet zwei thematische Abschnitte, die man als zweites und drittes Thema – welches gleichzeitig als Schlußgruppe fungiert – bezeichnen kann. So eigenständig die drei Themen dem unbefangenen Hörer erscheinen mögen, sie stehen doch in Verbindung und sind miteinander verwoben. Fast könnte man von einer Metamorphose sprechen. Der absteigende Tetrachord T. 1/2 und die Wechselnotenfigur T. 2 des Refrains zeigen sich auch im zweiten Thema [1], zu Beginn sogar mit gleichzeitiger Umkehrung in der Gegenstimme. Das dritte Thema *"zeigt den Habitus eines eigenständigen Themas, ist aber auch nur eine Vergrößerung und Komplementierung des Übergangs von T. 1 nach T. 2. ... Diese melodisch-rhythmische Erweiterung wirkt nun resümeeartig, im Aufatmen (man beachte auch die begleitenden Triolen an dieser Stelle) alles Bisherige zusammenfassend."* [2] Ein deutlicher Bezug scheint auch zum Beginn des zweiten Themas zu bestehen. Fast wirkt das dritte Thema als eine Verklärung, als eine Reduktion auf das Wesentliche.
Das zweite Couplet spannt erneut den Bogen vom ersten zum dritten Thema, da die Einleitung mit der Schlußwendung des Refrains und das durchführungsartige Modell mit dem dritten Thema gestaltet sind. Die modulatorische Tendenz des dritten Themas schwingt bei der reprisenartigen Wiederkehr des ersten Couplets noch nach, denn es führt überraschend nach C-Dur und statt des erwarteten letzten Auftritts erfolgen zunächst imitatorische Spiele. In der Coda erscheinen quasi als Abschiedsgesten immer und immer wieder die Motive des Refrains.

1 Uhde: Klaviermusik, Bd. 3, S. 325.
2 Ebd., S. 326.

Rf 1 - 1. Cp 33, 41 (II. Th), 57/60 (III. Th) - Rf 70 - 2. Cp 102, 114, 130 - Rf 140 - 1. Cp 172, 181 (II. Th), 197/200 (III. Th) - Rf/Coda 230, 253, 265, 276.
SIEHE AUCH: S. 31, S. 60 f., S. 87, S. 103, S. 145.

Skizze zum Refrain
Wien, Gesellschaft der Musikfreunde: A 36, Seite 62, Zeile 1/2, 3/4, 5/6
(Entwurf des ganzen Refrains, hier Transkription T. 1-8)

Eine Skizze in A 36 mag noch einmal verdeutlichen, daß scheinbar geringfügige Änderungen von erstaunlich großer Wirkung sein können. Die endgültige Version des Refrains zeigt vor allem einen längeren Atem, denn Beethoven trennt die beiden ersten Motive nicht mehr mit einer Pause, sondern läßt das eine aus dem anderen herauswachsen. Die Umkehrung der Schlußfigur des Anfangsmotivs wird zum Auftakt des nachfolgenden Motivs. Doch nicht nur durch die andersartige Gestaltung der Nahtstelle wachsen die Motive zu einem übergeordneten Ganzen zusammen, vielmehr wird räumlich ein großer Bogen gespannt, indem auch das erste Motiv einen nach oben strebenden Auftakt erhält. In der Skizze dagegen überwiegt das Stagnieren auf der Ebene des Tones gis'. Den Abstieg von dem erreichten Höhepunkt gestaltet Beethoven T. 13/14 noch nicht so gesanglich wie in der späteren Fassung – allerdings handelt es sich dafür um eine Umkehrung des vorausgehenden Motivs. Falls Beethoven in der endgültigen Version den Fluß der Melodie hin und wieder durch eine Achtelpause unterbricht, so wird diese Zäsur immer im Baß durch fortlaufende Sechzehntelfiguren überbrückt.
Aufschlußreich ist die veränderte Phrasierung im dritten Takt, durch welche das gesangvolle Fließen der Melodie verstärkt wird. Im siebten Takt allerdings behält Beethoven die ursprüngliche Phrasierung bei, verstärkt sie sogar durch *cresc.* mit plötzlichem *p*. Daß hier Beethoven auf eine Angleichung an den dritten Takt verzichtet, könnte mit der Verwendung des auftaktigen *staccato*-Motivs in der Überleitung zusammenhängen. Der Gedanke liegt nahe, daß Beethoven auch das Wechselnotenmotiv des zweiten Taktes erst eingefügt hat, als dessen Bedeutung für das zweite Thema schon feststand. In der Überarbeitung des Hauptthemas scheint sich also Beethovens Arbeit am ersten Couplet wiederzuspiegeln, so daß – in anderer Reihenfolge als beim Kompositionsprozeß – für den Hörer schließlich das Hauptthema die Urzellen für die Entwicklung des Satzes bereitstellt.

Opus 101, Langsam und sehnsuchtvoll ... Geschwinde, doch nicht zu sehr, und mit Entschlossenheit

Wenn auch viele Finales in Beethovens Klaviersonaten deutliche Bezüge zu den anderen Sätzen aufweisen – etwa eine gewisse Substanzgemeinschaft oder sogar eine motivische Verwandtschaft –, der direkte Rückgriff auf den Beginn der Sonate kurz vor dem eigentlichen Finale in op. 101 ist jedoch einzigartig. Hier erlangt der Zyklusgedanke eine neue Dimension. Die Reminiszenz an den ersten Satz ist nahezu unverändert, erhält allerdings einen besinnlichen *dolce*-Charakter, vor allem durch die Generalpausen mit Fermate. Das vorausgehende *Adagio, ma non troppo, con affetto* entspricht im traditionellen Sinne dem langsamen Satz, prägt aber die Dominante E-Dur so stark aus, daß es einen offenen Charakter hat. Die Reminiszenz an den ersten Satz leitet also nicht nur das eigentliche Finale ein, vielmehr verbindet sie das *Adagio* und das *Allegro*. Dadurch aber wird sie innerhalb der ganzen Sonate zu einem Brennpunkt, bei dem Charaktere der verschiedensten Sätze auf dichtem Raum zusammengedrängt erscheinen. Es entsteht ein Gefühl von Überwindung der Zeit. In den besinnenden Generalpausen schwingt die Vergangenheit – und zwar sowohl die weit zurückliegende des ersten Satzes als auch die des *Adagios* – nach, andererseits erhebt sich die Frage nach der Zukunft, dem Finale der Sonate.

Skizzen zum *Allegro* finden sich vor allem im Skizzenbuch aut. 11, allerdings fast ausschließlich zur fugenartigen Durchführung, zur Reprise und Coda. Einen sehr interessanten Einblick in den Kompositionsprozeß gibt Blatt 3 verso, denn dort entwirft Beethoven nacheinander die wichtigsten Stationen von Reprise und Coda (siehe nachfolgende drei Musikbeispiele). Die bedeutendste Veränderung bei der Wiederkehr der Exposition, die drastische Verkürzung des Hauptthemas, ist in diesem frühen Entwurf bereits klar erkennbar. Es fehlt jedoch das imitatorische Spiel mit der Umkehrung der Sechzehntel-Figur, welches an die kontrapunktische Technik "Original und Umkehrung zugleich" erinnnert. Diese offenkundige Nachwirkung der fugenartigen Durchführung trägt entscheidend zum Zusammenhalt des Finalsatzes bei. Wie wichtig diese Stelle für den Verlauf des ganzen Stückes ist, verdeutlicht auch die *dolce poco espressivo*-Vorschrift.

Der Orgelpunkt am Ende der Coda zeigt in der Skizze eine sehr dramatische Harmonik. Später hat Beethoven eine weniger gespannte Fassung gewählt, wohl um das Finale – und damit die ganze Sonate – mehr abzurunden. Der schlichten Harmonik entspricht im Original ein Diminuendo bis zum *pp.* Die überraschende Wendung der Coda T. 314 ff. ist in Ms 103 b bereits klar erkennbar. Wie ausdrucksstark wird die Stelle aber später durch die Verkürzungen, wo die Terzen markant in den Raum gesetzt werden!

Langsam und sehnsuchtsvoll 1 – *Zeitmaß des ersten Stückes* 21 – *Presto* 28 – *Geschwinde, doch nicht zu sehr, und mit Entschlossenheit:* Exp 33, 66, 81, 91 – Df 114, Fugen-Exposition 124, Themeneinsätze 155 u. 173, Engführungsspiele 209, Augmentation 224 – Rep 232, 253, 271, 280 – Coda 203, 314, 347.

SIEHE AUCH: S. 67, S. 99, S. 115, S. 117, S. 129, S. 133, S. 237.

Skizzen zu Reprise und Coda

Berlin StPK: aut. 11, 1. Heft, Blatt 3 verso, Zeilen 6 Mitte, 7/8, 9/10 vorne – Bl. 3 v, Z. 9/10 Mitte, 11/12 vorne – Bl. 3 v, Z. 11/12 Mitte, 14/15 vorne
SIEHE AUCH: Schenker: op. 101, S. 64, S. 66, S. 67

Paris, Bibliothèque Nationale: Ms 103 b, Seite 8, Zeile 1 Ende - Zeile 3 Mitte

Skizze zur Reprise, Takt 238 ff.

Skizze zur Coda, Takt 303 ff.

Skizze zur Coda, Takt 347 ff.

Skizze zur Coda, Takt 314 ff.

Skizzen zur Exposition lassen sich – wie schon erwähnt – in aut. 11 kaum finden. Auf Blatt 3 recto allerdings, der allerersten Seite von aut. 11 mit Entwürfen zu op. 101, steht rechts oben mit Bleistift eine interessante Skizze zur Überleitung der Exposition (siehe Transkription bei Schenker – op. 101, S. 53). Beethoven notiert jedoch nur die gesangvolle Melodie, wobei die charakteristischen Synkopen und insbesondere die ausdrucksvollen Sextsprünge schon ausgeprägt sind. Welch großen Wert Beethoven hier auf die gesangvolle Melodie legt, zeigt auch die *dolce*-Vorschrift in der Reprise. Begleitet wird sie von Sechzehntel-Figuren, die aus dem Hauptthema stammen.
Hat also die Überleitung thematischen Rang, so treibt anschließend der eigentliche Seitensatz ein imitatorisches Spiel mit einem knappen *dolce*-Motiv. Imitatorische Struktur besitzt allerdings auch schon das Hauptthema, und zwar in all seinen Abschnitten. Ist der mittlere Abschnitt Takt 49 ff. besonders polyphon – im Baß erscheint die Umkehrung des Wechselnotenmotivs des Soprans –, so wird bei der Wiederkehr des ersten Abschnitts Takt 57 ff. die Reihenfolge der Imitation vertauscht. So cantabile die Melodie der Überleitung ist, die Begleitung jedoch hat ebenfalls imitatorische Struktur. Sogar die Schlußgruppe zeigt eine Imitation zu Beginn. Indem also fast die ganze Exposition derart imitatorisch gestaltet ist, wird der Hörer innerlich auf die fugenartige Durchführung vorbereitet. Die Setzweise der Exposition – und damit auch die der Reprise – verhindert also die Gefahr eines Auseinanderbrechens des Satzes, wie sie durch das Eindringen der Fuge in die Durchfühung entsteht.
Bevor Beethoven in aut. 11 auf Blatt 3 verso das Konzept für Reprise und Coda festgehalten hat, notierte er auf der vorangehenden Seite zahlreiche Entwürfe zum Thema der fugenartigen Durchführung – teils mit Bleistift, teils mit Tinte (siehe Transkriptionen bei Nottebohm – zweite Beethoveniana, S. 553). In der neunten Zeile schreibt er sogar ausdrücklich *"Fug(e)"* über die Skizze – was vor allem für solche Musiktheoretiker interessant sein dürfte, die sich scheuen, bei op. 101 überhaupt den Begriff "Fuge" zu verwenden (es handelt sich ja um eine eigenartige Mischung von Sonatensatzform und Fuge). In den Entwürfen zum Thema der fugenartigen Durchführung ist die Sequenz mit dem Kopfmotiv der Exposition schon deutlich ausgeprägt – wenn auch Beethoven nicht immer die Tonart C-Dur wählt. Die nachfolgende Sequenz mit den im Staccato pochenden Achteln jedoch ist noch nicht selbstverständlich.
Zwei Seiten weiter, also auf Blatt 4 recto – nachdem Beethoven das Konzept für Reprise und Coda notiert hatte –, finden sich Skizzen zur eigentlichen Arbeit mit dem "Fugenthema" der Durchführung. Der Entwurf mit Augmentation zeigt schon einen Orgelpunkt auf der Dominante zur Grundtonart. In der endgültigen Fassung jedoch gerät das Ende der Durchfühung zu einem *fortissimo*-Ausbruch mit Orgelpunkt auf dem *Contra E* – einer Region, die erst wieder in der Coda erreicht wird. Der Entwurf einer Augmentation auf Blatt 3 v erinnert mit seiner fortwährenden Sequenz noch sehr an die frühe Version des Themas im Skizzenbuch Miller. Daß es sich um keine strenge Fuge im traditionellen Sinne handelt, zeigen die Freiheiten bei den Engführungen – und zwar sowohl in den Skizzen, wie auch später im Druck. Ebenfalls recht frei sind die sehr langen Zwischenspiele.

Früher Entwurf des Themas / Skizzen zur Durchführung

Princeton, Library of William Scheide: SV 364, Skizzenbuch Miller
SIEHE AUCH: Nottebohm, Zweite Beethoveniana, S. 343
Berlin StPK: aut. 11, Skizzenbuch, 1. Heft – Augmentation: Blatt 3 v, Z. 2 Mitte, Blatt 4 r, Zeilen 11/12 Mitte – Engführung: Blatt 4 r, Zeilen 7/8 vorne
SIEHE AUCH: Schenker: op. 101, S. 61

(Augmentation)

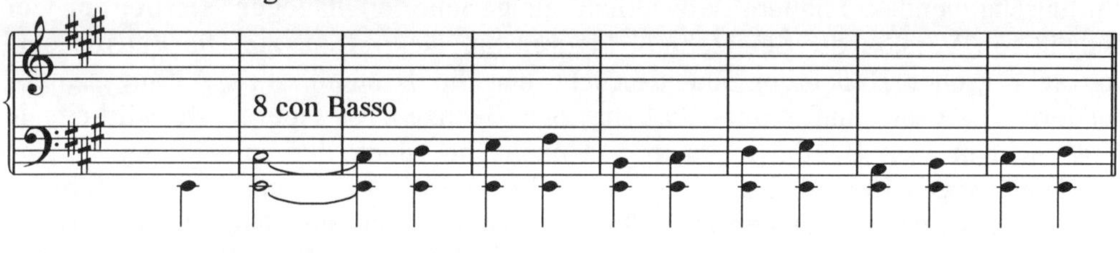

(Engführung)

Opus 106, Largo ... Fuga a tre voci, con alcune licenze (Große Sonate für das Hammer-Klavier)

Die Skizzen zur *Großen Sonate für das Hammer-Klavier* finden sich verstreut auf vielen Skizzenblättern und -büchern, was die wissenschaftliche Erforschung natürlich erschwert. Außerdem sind die mit Bleistift geschriebenen Entwürfe zum Teil derart verblaßt, daß sie kaum noch zu entziffern sind. Frühe Skizzen zum Finalsatz sind in A 45 zu finden. Unmittelbar nachdem sich Beethoven mit dem langsamen Satz ausführlich beschäftigt hat, folgt auf den Blättern 13 v und 14 r eine schwer zu lesende Skizze zur Einleitung, bei der insbesondere noch nicht der Orgelpunkt auf A vorhanden zu sein scheint. [1] Ein späterer Entwurf mit Tinte auf Blatt 18 v läßt in harmonischer Hinsicht bereits die endgültige Fassung erahnen. Vor allem aber die für op. 106 so typischen *"Terzstrukturen"* [2] sind hier mit aller Deutlichkeit herausgemeißelt. Schenker könnte hier mit Recht von *"Urlinien"* sprechen (siehe I. 3. 5). Beethoven hat später dieses Grundgerüst kunstvoll verarbeitet, wobei die eingeschobenen, teils recht lebhaften Abschnitte vor allem die gewisse Monotonie der Skizze beheben.
Das Thema der *Fuga a tre voci, con alcune licenze* zeigt sich auf Blatt 3 in einer Fassung mit Triolenbewegung. Beethoven scheint allerdings das Thema in dieser Version erst nach einer Erprobungsphase verworfen zu haben, wie etwa eine Skizze mit Umkehrung zeigt. Die spätere Fassung des Themas hat einen markanteren Charakter als die Triolenversion. Die Spitzentöne, die ja wieder in einem Terzverhältnis zueinander stehen, sind in der Skizze noch eingebunden in ein durchgehendes Fließen. Wesentlich zielgerichteter dagegen streben in der endgültigen Version die Sechzehntel-Figuren auf diese Töne zu. Die Pausen sind von sehr großer Bedeutung, da sie nicht nur die Dramatik des Anfangssignals, sondern auch die auftaktige Wirkung der Sechzehntel-Figuren verstärken. In A 45 scheint sich Beethoven nach und nach aber doch der endgültigen Version des Themas genähert zu haben. Auf Blatt 16 r entwirft er sogar eine Engführung mit dem Themenkopf. In der endgültigen Fassung dient eine Häufung der Triller vor allem dem Kenntlichmachen von Zäsuren, etwa T. 48 ff. am Ende des ersten Fugenabschnitts. Zur Gestaltung eines ganzen Fugenabschnittes setzt Beethoven Engführung erst nach Einführung des zweiten Themas ein, bei der Engführung von Original und Umkehrung des ersten Themas.

1 Marston: 'Hammerklavier' Sonata, S. 447 f.
2 Rosen: Classical Style, S. 404 ff.

Largo – Un poco più vivace – Tempo I – Allegro – Tempo I – Prestissimo – Allegro risoluto – Fuga a tre voci, con alcune licenze: Fugen-Exposition 16, 25, 35, 52, 66 – Episode 86 – Vergrößerung 94 – Episode 130 – Rücklauf 153, 162, 169, 196 (Original) – Umkehrung 208, 216, 229 – Zweites Thema 250 – Kombination der Themen 279, 282, 286 – Engführung von Original und Umkehrung 294, 300, 345 (gleichzeitig) – abschließende Verarbeitung 349, 359 – Coda 367.
SIEHE AUCH: S. 14, S. 25, S. 107, S. 117, S. 119, S. 131, S. 133, S. 135.

Frühe Skizzen zu Einleitung und Fugenthema

Wien, Gesellschaft der Musikfreunde: A 45, Einleitung: Blatt 18 v, Zeilen 6 - 12
SIEHE AUCH: Nottebohm, zweite Beethoveniana, S. 135
Früher Themenentwurf: Blatt 3 recto, Zeile 1 (Tinte) / Blatt 3 verso, Zeile 6
Umkehrung: Blatt 3 verso, Zeile 3 (Bleistift)
Engführung: Blatt 16 recto, Zeilen 11/12 (Tinte)

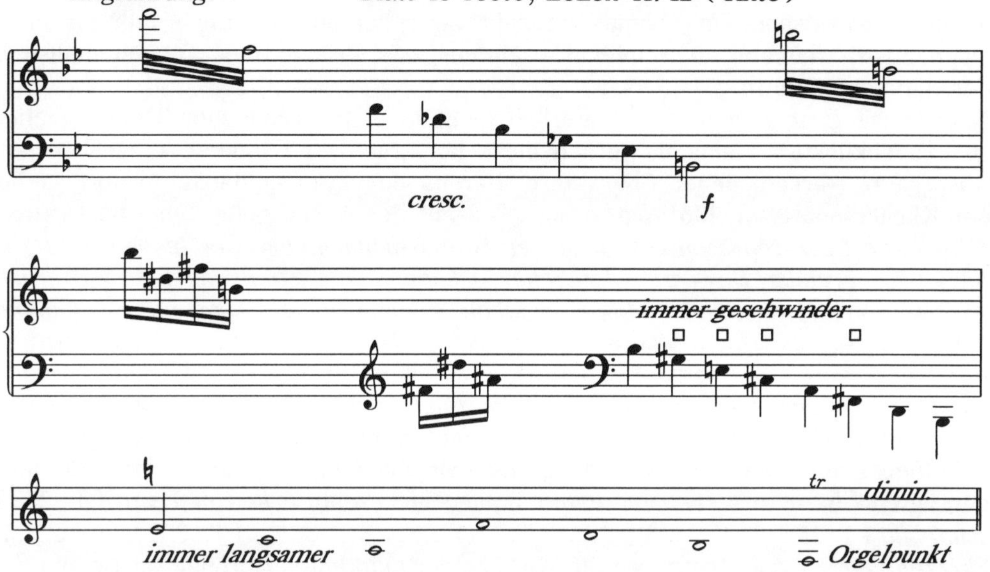

Früher Themenentwurf

Skizze mit Umkehrung

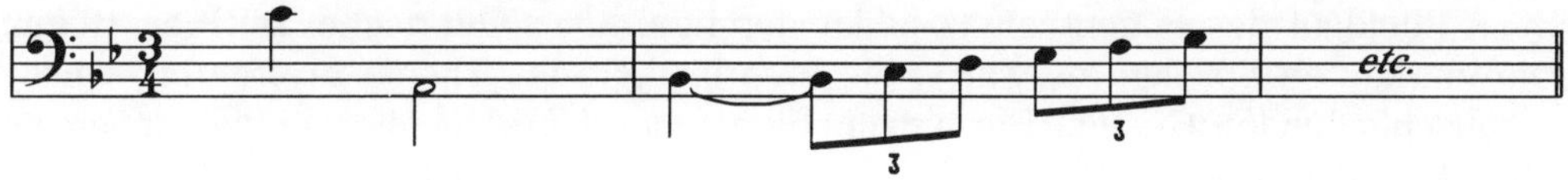

Skizze mit Engführung

Daß Beethoven das Finale der Sonate op. 106 als Fuge komponierte, ist schon recht unkonventionell. Aber selbst wenn man nur die Fuge als solche betrachtet, wird deutlich, wie sehr Beethoven über traditionelle Gepflogenheiten hinausging. Das gewaltige Ausmaß der Fuge, aber auch die Verwendung fast aller Fugenkünste innerhalb eines Werkes ist ungewöhnlich. Die Fuge von op. 106 steht in dieser Hinsicht der "Kunst der Fuge" von J. S. Bach nahe. Durch Einführung des *sempre dolce/cantabile*-Themas entsteht zwar bei op. 106 der Eindruck einer Doppelfuge, vielmehr aber spiegelt sich hier das Prinzip des Themendualismus der Sonatensatzform.
Nun ist die Fuge von op. 106 natürlich nicht in erster Linie eine Demonstration von Fugenkünsten, vielmehr werden diese konstruktiven Elemente eingesetzt zur Ausprägung verschiedener Charaktere. Bereits der Zyklusgedanke basiert ja bei der Klaviersonate op. 106 zum großen Teil auf der Ausprägung von Charakteren. *"Der erste Satz repräsentiert in seiner Grundstimmung ein Gefühl von Kraft; er hat etwas Freudig-Bewegtes. Im Scherzo kommt eine Stimmung zum Ausdruck, wie wir sie etwa in der Natur erleben können in der spannungsgeladenen Gedrücktheit vor einem schweren Unwetter. Tiefsten Schmerz finden wir im Adagio; ..., wird die Introduktion zur Fuge zu einem Symbol des wiederkehrenden, in die Seele einströmenden Lebens. Die Fuge nimmt die Stimmung des ersten Satzes wieder auf, aber gleichsam auf einer höheren Ebene."* [3] Bezüglich der Finalfuge geben Beethovens Vortragsangaben einen ersten Hinweis auf die ausgeprägten Charaktere: *ben marcato* (T. 80, 286), *sempre ben marcato* (T. 289), *cantabile* (T. 154, 163, 250), *dolce* (T. 204), *sempre dolce* (T. 250). Schon die Skizzen zeigten, daß Beethoven die Wirkung der markanten Sprünge zu Beginn des Themas durch Einfügen von Pausen und durch rhythmische Beschleunigung der Auftakte intensivierte. Der markante Charakter des Themenbeginns wandelt sich allerdings im weiteren Verlauf ins Figurativ-Spielerische. Zeigt das erste Thema also eine Entwicklung, so behält dagegen das zweite, wesentlich kürzere Thema seinen *dolce*-Charakter fortwährend bei. Bezeichnend ist die Kombination der Themen, denn dominiert zu Beginn auf Grund des *pp* noch der Charakter des zweiten Themas, so gewinnt doch recht bald der Charakter des ersten Themas die Überhand. Jetzt erscheint sogar das wiegende Kopfmotiv des zweiten Themas *ben marcato* bzw. *sempre ben marcato* nach Abspaltungen. Ein regelrechter Höhepunkt des ganzen Finales sind die anschließenden Engführungen.
Beim Rücklauf des Fugenthemas bildet der figurativ-spielerische Teil den Beginn. Die markanten Sprünge aufwärts, die ursprünglich das Thema eröffneten, werden zu abschließenden Gesten. Die hinzugefügte *cantabile*-Melodie kündigt schon den Charakter des zweiten Themas an. Auch tonartlich stehen diese beiden *cantabile*-Abschnitte in Beziehung, da h-Moll und D-Dur Paralleltonarten sind. Andere Fugenkünste wiederum bewirken eine sehr deutliche Vertiefung des *marcato*-Charakters. Eine solche Intensivierung scheint bisweilen sogar der tieferliegende Sinn einiger kontrapunktischer Freiheiten zu sein. Bei der Vergrößerung etwa wird das Thema verstärkt durch parallele *staccato*-Sexten.

3 Ratz: Formenlehre, S. 201.

Themen im Spannungsfeld zwischen Marcato und Cantabile

Marcato	Cantabile	Tonart	Dynamik	Besonderheiten
				Thema
*		B-Dur	*cresc.* *f*	Markanter Beginn, Wandel ins Figurativ-Spielerische, hohe Lage T. 66 ff. als Abschluß
				Vergrößerung
*		es-Moll	*f*	Staccato, viele Sforzati, Verstärkung durch parallele Sexten
				Rücklauf
	*	h-Moll	*p* *sempre* *p*	figurativ-spielerischer Beginn, abschließende Spünge abwärts, Hinzufügung einer *cantabile*-Melodie
				Original, dann Umkehrung
*		G-Dur	*ff*	Zielnoten bei Umkehrung nicht staccato, sondern mit deutlichen Sforzati
				Zweites Thema
	*	D-Dur	*una* *corda*	*sempre dolce, cantabile, sempre ligato*, rhythmischer Impuls nur Viertel, wiegende Melodik
				Kombination von 1. und 2. Thema
<<<<<<		B-Dur . . .	*pp* *cresc.* *ff*	verhaltener Beginn, dann aber rasch *ben marcato, sempre ben marcato*, tiefe Baßlage mit Oktaven, Abspaltung
*				**Engführung von Original und Umkehrung**
			ff	Triller und Sprünge in dichter Folge, sogar figurative Passage mit Sforzati
				Abschließende Verarbeitung
*		B-Dur	*f*	engführungsartige Spiele, melodische Freiheiten, etwa T. 355 f. Sept- statt Quartsprünge
				Coda
			ff *pp* *ff*	Triller-Orgelpunkt, Themenfragmente ... *Poco Adagio, Tempo I*, Triller-Häufung am Schluß

Opus 109, Gesangvoll, mit innigster Empfindung

Skizzierte Beethoven in Artaria 195 zunächst sechs Variationen, so änderte er später offensichtlich sein Konzept: Statt einer Folge von sechs Variationen mit einer abschließenden Wiederkehr des Themas – wie beim ersten Stadium –, plante er eine Folge von neun Variationen ohne Wiederkehr. [1] Allerdings hat Beethoven die mit 2 bis 9 bezifferten Variationen nicht eine nach der anderen fortlaufend entworfen, vielmehr stehen zwischen diesen zahlreiche meist nur fragmentarische Skizzen zu möglichen Variationen, auch schon Ansätze zur fünften Variation der gedruckten Version (siehe Musikbeispiele S. 229). Als *Var 1* ist keine Variation gekennzeichnet, so daß dafür zwei Entwürfe in Frage kommen.
Wie läßt sich dieser Kompositionsprozeß charakterisieren? Beethoven hat also weder die 9 Variationen eine nach der anderen skizziert, noch hat er mehrere Variationen entworfen, um dann anschließend erst eine Reihenfolge festzulegen. Vielmehr scheint Beethoven jeweils verschiedene Entwürfe gemacht zu haben, um dann einem davon eine Ziffer zu geben und ihn dadurch von den anderen herauszuheben. Diese Vorgehensweise spricht dafür, daß Beethoven schon zu Beginn ein bestimmtes Konzept für das Finale entworfen hat. Hier werden nicht bloß verschiedene Variationen aneinandergereiht, vielmehr sind sie eingegliedert in einen bestimmten Enwicklungsprozeß. Und gerade dies scheint der Enwurf der 9 Variationen – von denen Beethoven später nur die 3. Variation verwendet – mit der endgültigen Version gemeinsam zu haben. Dreyfus spricht zurecht von *"a process of exploration and re-discovery of the theme"*. [2] Es findet demnach zunächst eine zunehmende Entfremdung, dann eine erneute Annäherung an das Thema statt, die bei der gedruckten Fassung sogar bis zu einer fast wörtlichen Wiederkehr des Themas führt. Bei dem Entwurf der neun Variationen ist dieser Prozeß allerdings noch nicht in dem Maße ausgeprägt wie später beim Original. Wenn auch die erste und letzte Variation dem Thema sehr nahe stehen, die 3. und 5. Variation hingegen ziemlich lebhaft sind, so weist aber die 4. Variation – trotz ihrer mittleren Position – eine eher harmlose Figuration auf, wogegen die 8. Variation noch einmal energisch zu werden scheint.
Ein Vergleich dieser neun Variationen mit den späteren fünf ist auch in einer anderen Beziehung sehr aufschlußreich. Einige Variationen in den Skizzen sind noch recht traditionell gestaltet, zum Beispiel die 2. und 4. Variation mit ihrer herkömmlichen Figuration der Melodie. In der endgültigen Fassung jedoch hat jede Variation einen ganz eigenen, individuellen Charakter. Deutlich zeigen dies die langsamen Variationen. Traditionell sind in der *adagio*-Variation der Skizzen die Akkordwiederholungen der rechten Hand. Wieviel ausdruckstärker ist später dagegen die schwingende *piacevole*-Variation im 9/8-Takt.

1 Marston: op. 109, S. 213.
2 Dreyfus: last five Piano Sonatas, S. 194.

Th 1 - 1. Var 17 - 2. Var 33 - 3. Var 65 - 4. Var 97 – 5. Var 113 – 6. Var 153 – Th 188.
SIEHE AUCH: S. 17, S. 115, S. 131, S. 137, S. 139, S. 143.

Skizzen einer Folge von neun Variationen

Berlin StPK: Artaria 195, S. 54, Z. 1/2 – S. 56, Z. 1/2 – S. 57, Z. 1/2 – S. 59, Z. 1/2 – S. 60, Z. 5/6 (1. Version) – S. 61, Z. 5/6 – S. 62, Z. 1/2 – S. 63, Z. 14/15 – S. 66, Z. 4/5 – S. 67, Z. 1/2

SIEHE AUCH: Marston: op. 109, Vol. II, S. 42 ff.

Der Entstehungsprozeß des *Andante*-Themas, wie er in Artaria 195 dokumentiert ist, erweist sich als aufschlußreich für das Verständnis der endgültigen Fassung. Das Kopfmotiv, welches fast nur aus fallenden Terzen besteht, erscheint schon beim ersten Entwurf des Themas in seiner endgültigen Fassung und wird auch nicht mehr verändert. Der Stellenwert des Kopfmotivs innerhalb der ersten acht Takte ist aber bei jeder Skizze anders. Hat das Kopfmotiv in der 1. Version des Themas nur eine eröffnende Funktion, so wird es später in der 3. Version zur Urzelle des ganzen Abschnitts. Dieser letzte Entwurf ist gekennzeichnet durch eine fortlaufende Wiederkehr des Kopfmotivs, die jedoch durch einige geschickte Abwandlungen verschleiert wird. Das Prinzip des Variierens gestaltet also nicht nur den großformalen Aufbau, vielmehr zeigt es schon innerhalb des Themas seine Wirkung. Der charakteristische Beginn mit der Terz gis - e bleibt nahezu unangetastet. Lediglich im 7. Takt wird die Anfangsnote gis eine Oktave nach unten versetzt.
Die 3. Version unterscheidet sich von der gedruckten Fassung nur durch relativ wenige, aber überaus bedeutende Veränderungen. Indem Beethoven nahtlos die mittlere Zäsur der ersten acht Takte überbrückt, erfährt die ganze Architektur einen Wandel. Aus der Aneinanderreihung von Abschnitten gleicher Länge wird durch diesen Kunstgriff eine symmetrische Gruppierung um einen ausgedehnten Zentralteil (2 + 4 + 2 Takte statt 2 + 2 + 2 + 2 Takte). In der endgültigen Version führt nicht nur ein Crescendo zum Höhepunkt, auch eine verzierende Arpeggio - Figur macht die erreichte Höhe deutlich. Die nachfolgenden, in der Skizze noch nicht vorhandenen Ornamente wiederum intensivieren das Herabsteigen. Die Idee zu diesem Höhepunkt ist nun freilich nicht völlig neu, denn letztlich handelt es sich um einen Rückgriff auf das emporstrebende Element der ersten beiden Versionen des Themas.
Die akzentuierten Spitzentöne, die der 1. Variation einen individuellen Charakter geben, scheinen eine Reminiszenz an die Höhepunktbildungen des Themas zu sein. In der Skizze zur 1. Variation ist noch eine starke Monotonie der Motivik erkennbar. Dreimal setzt ein Motiv an, welches mit seinem allmählichen Herabsinken recht deutlich an den *sf*-Höhepunkt des Themas T. 14 erinnert. In der endgültigen Fassung dagegen greift Beethoven zunächst auf die charakteristische fallende Quinte des Höhepunktes T. 5 zurück.
Wie eine Skizze in A 47 zeigt, hat Beethoven die 2. Variation ursprünglich nicht als Doppelvariation geplant. Insbesondere fehlt noch das dialogische Spiel mit rechter und linker Hand T. 33 ff. und T. 49 ff. Die imitatorische Passage ist im Entwurf noch durch Vorhalte geprägt (siehe Musikbeispiel). Beethoven hat später wohl darauf verzichtet, weil sich dadurch der Eindruck eines doppelten Seufzers ergibt. In A 47 findet sich auch eine Niederschrift der 3. Variation, bei der Beethoven später – mit wüsten Durchstreichungen der älteren Entwürfe – die Stimmen vertauscht hat. Die Skizzen zur 5. Variation in Artaria 195 unterscheiden sich zunächst einmal durch die Dichte der Imitation, vor allem aber durch die melodische Fortführung des eröffnenden Terzsprunges abwärts. Daß in der 2. Skizze mit den Tönen fis und dis nicht mehr eine Terz aufwärts, sondern eine Terz abwärts gestaltet wird, bedeutet eine Annäherung an das Thema.

Skizzen zu Thema / 1., 2., 5. Variation

Berlin StPK: Artaria 195, Thema: S. 36, Z. 6 – S. 36, Z. 12 – S. 37, Z. 12 — 1. Var.: S. 75, Z. 7 — 5. Var.: S. 62, Z. 8 – S. 64, Z. 16 – S. 78, Z. 5/6

Wien, Gesellschaft der Musikfreunde: A 47, 2. Var.: Blatt 1 recto, Zeilen 4/5

SIEHE AUCH: Marston: op. 109, Vol. II, S. 36 ff.

Opus 110, Adagio ... Arioso dolente ... Fuga/Allegro ma non troppo L'istesso tempo di Arioso ... L'istesso tempo della Fuga

Die Schwerpunktverlagerung aufs Finale, wie sie insbesondere in op. 106 deutlich erkennbar ist, erfolgt in der As-Dur-Klaviersonate op. 110 auf ganz besondere Art und Weise. Das Finale ist eine einzigartige Vermischung zweier Komponenten, eines *Adagio* und einer Fuge. *"Aus ihrem starken Gegensatz empfängt das Stück die ihm eigene Hochspannung und sein Übergewicht über die vorangegangenen Sätze."* [1] Die Aufeinanderfolge *Adagio - Allegro* ist noch recht traditionell, der Rückgriff auf das *Adagio* aber führt zu einer Unterteilung der Fuge und damit zu einer Vierteiligkeit des ganzen Finales. Dahinter verbirgt sich die Idee einer intensivierten Wiederkehr des Paares *Adagio - Allegro*, die zwar rein äußerlich zu einer Vielgliedrigkeit führt, innerlich allerdings einen übergeordneten Organismus entstehen läßt.
Worin besteht nun der Prozeß der Intensivierung, der entscheidend zur Einheit des Finalsatzes beiträgt? Sowohl bezüglich des *Adagios* als auch bezüglich der *Fuge* wird bei der Wiederkehr jeweils das verstärkt, was für diese Abschnitte so charakterisierend ist. Bezeichnenderweise schreibt Beethoven ursprünglich *"mehr und schon matt klagend"*, wobei insbesondere das Wort *"mehr"* die Intensivierung des Ausdrucks ganz deutlich macht. Der *Klagende Gesang* erhält jetzt eine neue Dimension, indem quasi dem Sänger der Atem stockt – wird doch die Melodie von vielen Pausen unterbrochen. Bei der *"Umkehrung der Fuge"* führt weniger die Verwendung von Fugenkünsten an sich zu einer Intensivierung, als vielmehr die Art und Weise ihrer Verwendung. Gemäß dem "Programm" – *"nach und nach wieder auflebend"* – erfolgt eine zunehmende Verdichtung durch Verkleinerung, wobei gleichzeitig die Vergrößerung des Themas in den Randstimmen wieder den langen Atem zeigt, der im zweiten *Arioso* derart ins Stocken geraten ist. Im *Meno Allegro* verarbeitet Beethoven sogar eine doppelte Verkleinerung – mit verkürztem Anlauf – zu einem imitatorischen Spiel. Geht der erste Fugenteil so gut wie nie über Achtel hinaus, so ergeben sich durch die einfache Verkleinerung Sechzehntel, durch die doppelte Verkleinerung sogar Zweiunddreißigstel. Später im *Tempo primo* dann zeigt sich durchgängig ein Sechzehntel-Grundimpuls.

1 Rosenberg: Klaviersonaten, Bd. 2, S. 421.

Adagio ma non troppo – Recitativo, più adagio, Andante – Adagio, Meno adagio, Adagio, Adagio ma non troppo – Klagender Gesang, Arioso dolente – Fuga, Allegro ma non troppo: Fugen-Exposition 28, 32, 37 – weitere Themeneinsätze 46, 54, 63, 88 – Engführung 92 – Orgelpunkt, Thema in Oktaven, Steigerung 98, 102, 106 – *L' istesso tempo di Arioso* 114 – *L' istesso tempo della Fuga poi di nouvo vivente, L' inversione della Fuga. Die Umkehrung der Fuge:* Exposition 138, 142, 145, 149 – Verkleinerung und Vergrößerung 152, 161 – *Meno Allegro. Etwas langsamer:* Umkehrung und doppelte Verkleinerung 169, 171 – *Tempo primo:* Thema original 175, 179, 185, 201.
SIEHE AUCH: S. 17, S. 107, S. 115, S. 117, S. 129, S. 131, S. 133, S. 135.

Entwürfe zum Arioso und zum L' istesso tempo di Arioso
Berlin StPK: Artaria 197, Skizzenbuch, Seite 83 und 84
Berlin, Öffentliche Wissenschaftliche Bibliothek: Autograph I, S. 41, Z. 1/2
SIEHE AUCH: Komma: Beiheft zum Faksimile, S. 12 und S. 45

Die Skizzen zum *Klagenden Gesang* zeigen deutlich, daß in der Klassik zwar eine Fülle verschiedener kompositorischer Mittel zum Erzeugen eines traurigen Charakters zur Verfügung stehen, daß aber Beethoven um die Intensität des Ausdrucks doch sehr ringen muß. Die frühen Skizzen lassen schon die Abwärtstendenz der Melodik, die spannungsgeladene verminderte Septime aufwärts und die Moll-Grundtonart erkennen. Die ausdrucksvollen Synkopen jedoch gelangen erst nach und nach zu voller Geltung, denn im ersten Takt erprobt Beethoven zunächst noch Zweiunddreißigstel-Ornamentik oder seufzende Antizipationen. Die Begleitung ist noch nicht in dem Maße stagnierend und resignierend wie später, denn in der Skizze ist durch die nachschlagenden Akkorde noch ein gewisses tänzerisches Element vorhanden.
Nicht unerheblich wird die Wirkung des *Klagenden Gesangs* natürlich durch das vorangehende *Recitativo* verstärkt, denn es bereitet nach dem lebhaften Allegro nicht nur den klagenden Charakter, sondern auch das kantable Element vor.

Das Berliner Autograph, welches ja urspünglich als Reinschrift vorgesehen war, weist insbesondere gegen Ende des ersten Fugenteils zahlreiche Korrekturen auf. Dieser Abschnitt ist natürlich innerhalb des so einzigartigen Finalsatzes auch von besonderer Problematik. Einerseits bedarf es eines gewissen Abschlusses dieses *Fuga*-Teils, andererseits muß aber auch zum *Arioso* weitergeleitet werden. Ein allzu schlußkräftiges Ende würde auch die Verbindung zur *Umkehrung der Fuge* zu stark beeinträchtigen.
Der deutliche Themeneinsatz im Baß T. 102 ff. ist schon beim frühen Entwurf im Berliner Autograph zu erkennen. Er wird geradezu unüberhörbar durch das *f* und die Oktavverstärkung. Ein derart krönender Auftritt stellt in vielen Fugen ein Signal des nahen Endes dar. Dort erscheint das Thema dann allerdings in der Grundtonart. In op. 110 dagegen verdeutlicht die Dominanttonart die Offenheit des *Fuga*-Abschnitts. Ein weiteres Schluß-Signal ist der Orgelpunkt auf dem Ton es. Während aber in der endgültigen Fassung der Orgelpunkt der Abschluß einer längeren Durchführung mit mehreren Themeneinsätzen ist, setzte er im Berliner Autograph unmittelbar nach einem einmaligen Themenauftritt in der Grundtonart As-Dur ein (siehe Musikbeispiel). Beethoven korrigiert jedoch diese Stelle mit Bleistift, indem er im Baß Achtelfiguren setzt und den Orgelpunkt erst später folgen läßt. Wäre nur das Berliner Autograph erhalten, so würde man sicherlich die Version mit dem Orgelpunkt für die frühere, die Bleistift-Korrektur für eine nachher komponierte Fassung halten. Dies ist aber nicht die ganze Entwicklungsgeschichte dieser Takte, denn bereits auf dem Skizzenblatt A 48 hat Beethoven einen ähnlichen Entwurf festgehalten – zusammen mit Skizzen zum ersten Satz der C-Dur-Klaviersonate op. 111. Die Bleistift-Korrektur im Berliner Autograph stellt also keine Neukomposition dar, sondern ist ein Rückgriff auf eine ältere Fassung. Dieser kleine Exkurs in die Problematik der Skizzenforschung möge bewußt machen, daß man bei der Auswertung von Skizzen mit Schlußfolgerungen zum Entstehungsprozeß nicht vorsichtig genug sein kann. Immer muß man also bedenken, daß frühere Entwürfe verschollen sein könnten oder eventuell sogar noch entdeckt werden mögen.
Zwei für das Konzept des ganzen Satzes wichtige Elemente sind im Berliner Autograph zunächst noch nicht vorhanden, die Engführung Takt 92 ff. und die Intensivierung des letzten Themenauftritts vor dem *Arioso*. Die Engführung sorgt einerseits dafür, daß am Schluß ein Gegengewicht zur Fugen-Exposition gesetzt wird – drei Themeneinsätze vor dem erwähnten Orgelpunkt –, andererseits ist die Reduktion um eine aufsteigende Quarte eine unmißverständliche Vorankündigung der Verkleinerungen in der *Umkehrung der Fuge*. Die kontrapunktische Freiheit des letzten Themenauftritts bedeutet eine Verknüpfung mit dem nachfolgenden *Arioso*. Plante Beethoven urspünglich noch einen regulären Auftritt des Themas (siehe Musikbeispiel), so wird später die Zielnote as" mit zunehmend schneller heraufdrängenden steigenden Quarten erreicht. Dieser Höhepunkt setzt einerseits ein Schlußsignal, andererseits bedeutet er eine Aufgabe des strengen Fugenstils, der Einbruch des klagenden Gesangs folgt rasch. In der Coda wird sogar ein c"" erreicht, wobei zuvor durch den fast homophonen Satz die kontrapunktische Strenge endgültig aufgegeben wird.

Entwürfe zur Fuge

Berlin, Öffentliche Wissenschaftliche Bibliothek: Autograph I, S. 37 f.

SIEHE AUCH: Komma: Beiheft zum Faksimile, S. 43 f.

Wien, Gesellschaft der Musikfreunde: A 48, Skizzenblätter, Bl. 1 v, Z. 1/2, 3/4

Autograph I (zu "Fuga", Takt 86 ff.)

Autograph I (zu "Fuga", letzter Themeneinsatz T.106 ff.)

Opus 111, Arietta, Adagio molto semplice e cantabile

Die *cantabile*-Themen von op. 109 und op. 111 zeigen einen auffallend ähnlichen Spannungsverlauf in ihren ersten acht Takten. Beethoven gestaltet nämlich einen ausdrucksstarken Höhepunkt im fünften bzw. sechsten Takt. Es wird nicht nur jeweils der Spitzenton der Melodie erreicht – in op. 111 zusätzlich der tiefste Baßton –, auch das Crescendo mit dem nachfolgenden Decrescendo verstärkt die Wirkung des Höhepunktes. Zusätzlich überbrückt Beethoven noch die Zäsur in der Mitte, einerseits durch rhythmisches Gleichmaß der Melodie, andererseits durch die Aktivität des Basses. Wie die vielen Skizzen zur Arietta von op. 111 zeigen, hat Beethoven mit der Gestaltung des Höhepunktes sehr gerungen. Bei anfänglichen Entwürfen in Ms 51 und Artaria 201 wird als Zielnote noch f" angesteuert. Wenig später jedoch scheinen die Zielnote g" und die abschließende Wendung festzustehen. Beethoven hat aber noch lange daran gefeilt, wie der Höhepunkt zu erreichen ist. Die Antizipation der Zielnote g", vor allem aber das spätere Hinzufügen des e" bewirken ein melodiöses Hinstreben zum Höhepunkt. Mit der Überbrückung der Zäsur scheint sich Beethoven erst spät beschäftigt zu haben. Während die letzten Skizzen in Artaria 201 sogar eine Fermate zeigen, ist in Ms 51 zwar die endgültige Fassung schon zu erkennen, aber Beethoven hat sie wieder durchgestrichen. Zur Gestaltung der ersten Takte zeigen Ms 51 und Artaria 201 noch wesentlich mehr Entwürfe (Drabkin: Vol. II, S. 37 ff.). Vor allem scheint die Idee des Auftaktes erst spät gekommen zu sein.
Die *"rhythmische Steigerung der Variationen"* [1] (6 - 9, 12, 24, 27 Töne pro Takt) ist in den Skizzen zu den jeweiligen Variationen schon recht deutlich erkennbar (Drabkin: Vol. II, S. 55 - 72). Der Einsatz von Überbindungen bzw. synkopischen Rhythmen – der ja auch in der endgültigen Version von großer Bedeutung ist – wird von Beethoven in mehreren Entwürfen erprobt. Bezüglich der 1. Variation zum Beispiel experimentiert Beethoven mit dem Rhythmus  in der Baßstimme. Für die 4. Variation entwirft Beethoven sogar mal den Grundrhythmus  . Bei den Skizzen zur 3. Variation wiederum fehlt noch die so charakteristische synkopierende Begleitung.
Die überaus zahlreichen Skizzen zeigen ferner, wie sehr Beethoven im einzelnen mit melodischen Feinheiten gerungen hat. Zu Beginn der 2. Variation etwa ist in einigen Skizzen die untere Wechselnote kürzer als die umrahmenden Noten, in der endgültigen Fassung umgekehrt. Das Ergebnis ist ein gesangvolleres Fließen, da nicht so sehr auf einem Ton insistiert wird. Skizzen zur 3. Variation zeigen noch bloße Akkordzerlegungen ohne die später verwendeten künstlichen Leittöne. Das Wissen um das unglaubliche Ringen Beethovens, was man als unbefangener Hörer gar nicht vermutet, erweckt Erstaunen und Ehrfurcht.

1 Schenker: op. 111, S. 53.

Arietta 1 - 1. Var 17 - 2. Var 33 - 3. Var 49 - 4. Var 65 – Überleitung 96, 106, 120 – 5. Var 131 – Überleitung 147 – Coda 162, 170.

SIEHE AUCH: S. 137, S. 139.

Skizzen zur Arietta (Auszug: Melodie T. 1–8)

Paris, Bibliothèque Nationale: Ms 51, 5. Seite: 8 r, Z. 1 – 5. Seite: 8 r, Z. 11 – 7 Seite: 9 v, Z. 11 – 8. Seite: 9 r, Z. 3 – 9. Seite: 9 r, Z. 2 – 13. Seite: 6 r, Z. 3 – 14. Seite: 6 v, Z. 1 – Ms 51 / 1 v, Z. 8

Berlin StPK: Artaria 201, S. 22, Z. 8 (Bleistift) – S. 24, 26, 29, jeweils Z. 1

SIEHE AUCH: Drabkin: op. 111, Vol. II, S. 36 - 41

Paris, Ms 51

Berlin, Artaria 201

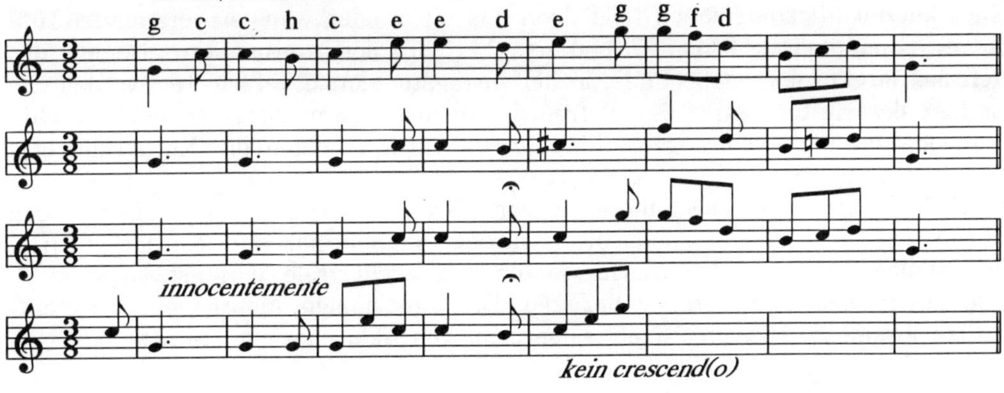

Exkurs: Beethovens Finalsätze in den Klavierkonzerten

In allen fünf Klavierkonzerten hat Beethoven das Finale als *Rondo* bezeichnet. Ein Sonatenrondo der Form ABACABA-Coda besitzen op. 15, op. 19, op. 37 und op. 73. Nur das Finale von op. 58 fällt aus der Reihe, da es ein Rondo der Form ABABA-Coda ist. Das erste Couplet wird entsprechend der traditionellen Norm bei seiner Wiederkehr in die Grundtonart transponiert.
Der Refrain ist in den Klavierkonzerten im allgemeinen wesentlich ausgedehnter als in den Klaviersonaten. Dies liegt insbesondere daran, daß einige Abschnitte sowohl als Solo, als auch im Tutti vorgetragen werden. Auffallend lang ist zum Beispiel der Refrain im c-Moll-Konzert op. 37. Der syntaktische Aufbau der Refrains ist in den Klavierkonzerten meist komplizierter als in den Klaviersonaten, wo teilweise einfache 8- bzw. 16-Taktigkeit zu finden ist. Abgesehen von op. 73 sind in den Refrains der Klavierkonzerte viele Erweiterungen und Anhänge zu finden. Die Erweiterungen haben zum Teil die Funktion, den Einsatz des vollen Orchesters besser vorzubereiten, etwa in op. 58 Takt 29 ff.
Daß die Finalsätze in den Klavierkonzerten Beethovens wirklich Rondos sind, läßt vor allem die regelmäßige Wiederkehr des Refrains recht deutlich erkennen. Allerdings neigt Beethoven wie bei den Klaviersonaten vielfach dazu, spätere Auftritte des Refrains stärker zu verändern als die früheren. Der zweite Auftritt des Refrains ist oft unverkürzt oder nur wenig verändert. Im Rondo von op. 73 jedoch ist der Refrain stark verkürzt und geht fließend über ins zweite Couplet. Das ganze Tutti - also mehr als die Hälfte – entfällt. Somit erhält der zweite Auftritt des Refrains ein wenig den Charakter einer Einleitung zum nachfolgenden durchführungsartigen Teil. Der dritte Auftritt des Refrains in op. 58 ist auf halbe Ausdehnung reduziert und stark verändert. Zu Beginn bringt die Violine nur die Kerntöne der Melodie, dafür erklingen im Pianoforte gebrochene Sechzehntel-Oktaven. Das ganze Orchester setzt dann schon zehn Takte später ein. Eine derartige Veränderung wiederstrebt dem Reihungsprinzip des Rondos und bringt ein dynamisches Element hinein.
Ähnlich wie in einigen Klaviersonaten ist der vierte Auftritt des Refrains stark verändert. In allen Sonatenrondos der Klavierkonzerte überrascht Beethoven mit einer tonartlichen Verfremdung zu Beginn des Refrains. In op. 15 und op. 19 erscheint das Solo, mit dem der Refrain beginnt, in einer anderen Tonart. Nach einer kurzen Rückmodulation folgt dann das mehr oder weniger veränderte Tutti in der Grundtonart. In op. 37 und op. 73 führt der transponierte Beginn des Refrains direkt über in die Coda, in der bekannte Motive verarbeitet werden. So ist hier der vierte Auftritt des Refrains aufgelöst zugunsten eines entwickelnd-prozeßhaften Vorwärtsdrängens. Eine *Presto*-Stretta zeigen die Klavierkonzerte op. 37 und op. 58.
Schließlich seien noch die Solo-Kadenzen erwähnt, denn einige Passagen in den Klaviersonaten erinnern an dieses typische Stilmerkmal der Klavierkonzerte. Besitzt das Klavier in den Klaviersonaten teils orchestrale Wirkung, so kann es also auch solistische Wirkung besitzen. Die einstimmige, figurative, vom Taktgefüge losgelöste Passage ist oft eingerahmt von Akkorden mit Fermate.

Solo-Kadenz im Klavierkonzert

Opus 15, *Rondo, Allegro,* T. 562 f. *"Cadenza"*

"Solo-Kadenz" in Klaviersonaten

Opus 10 Nr. 3, *Rondo, Allegro,* T. 98 f.

Opus 27 Nr. 1, *Allegro vivace,* T. 265

Opus 27 Nr. 2, *Presto agitato,* T. 187

Opus 101, Finale, T. 20

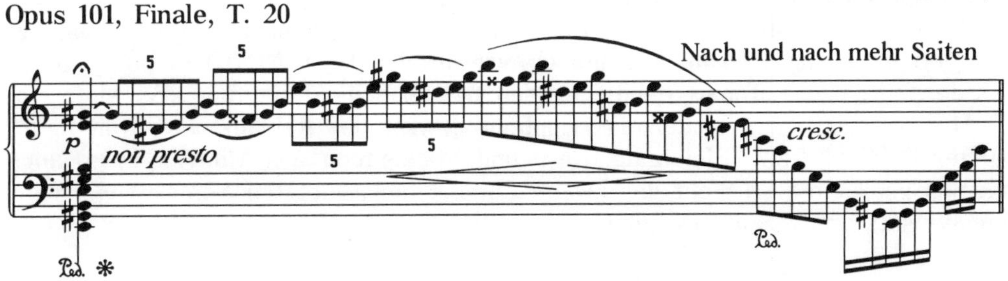

Gestaltung der Couplets

Wie bei den meisten Klaviersonaten übertrifft die Ausdehnung des ersten Couplets die Länge des Refrains beträchtlich. Anders jedoch als in frühen Klaviersonaten sind in den Klavierkonzerten immer drei Abschnitte zu erkennen, und zwar mit der Funktion von Überleitung, Seitensatz und Schlußgruppe. Die Zäsur zwischen Refrain und erstem Couplet ist meist rondohaft ausgeprägt, zum Beispiel durch eine Generalpause. Auch ist die Schlußkadenz des Refrains vielfach deutlich im Tutti ausgebaut. Zu Beginn des ersten Couplets moduliert Beethoven im Sinne der Sonatensatzform zur Dominanttonart bzw. im c-Moll-Klavierkonzert op. 37 zur parallelen Durtonart. Auf der neuen tonartlichen Ebene bringt Beethoven jeweils ein zweites Thema mit *p* bzw. *dolce*, welches – abgesehen von typisch Beethovenschen Sforzati – recht kantabel ist. Einen häufigen Wechsel zwischen Tutti und Solo zeigt das zweite Thema in op. 19. Beim Seitenthema in op. 73 spielt das Klavier die Hauptrolle, allerdings wird es die ganze Zeit von den Streichern begleitet.

Das zweite Couplet zeigt bisweilen noch einen Kontrastteil, allerdings ist der Kontrast nicht so groß wie in einigen frühen Klaviersonaten. In allen Fällen ist irgendeine Art von Durchführungsarbeit zu erkennen, teilweise in Form eines Durchführungsmodells, teilweise in Form von kontrapunktischer Arbeit – zum Beispiel in op. 37 und in op. 73.

In op. 37 wirkt das zweite Couplet auf den ersten Blick eher rondohaft durch den Anfangsteil in dreiteiliger Liedform. An eine Durchführung erinnert jedoch die Reminiszenz an den Refrain, denn das *dolce*-Thema ist ja geradezu eine Metamorphose dieses Themas. Die Sechzehntel-Verzierung wird vorangestellt, das raumgreifende Kopfmotiv des Refrains folgt darauf in Umkehrung. Mit einem groß angelegten Fugato führt Beethoven zum Refrain zurück. Dabei verwendet er kontrapunktische Mittel wie Umkehrung gleichermaßen selbstverständlich wie die klassische Technik des Abspaltens und Koppelns von Stimmen. Das Solo in Takt 257 ff. läßt den Refrain erwarten, mündet aber in eine Scheinreprise in E-Dur. Das nachfolgende Tutti läßt nur noch geheimnisvoll im *pp* die ersten drei Töne des Kopfmotivs erklingen.

Das Modell in op. 15 ist recht kurz und nicht besonders auffällig. Nach einer Quintfallsequenz mit dem Kopfmotiv werden die ersten drei Töne abgespalten und in Umkehrung verarbeitet. Das zweite Couplet in op. 19 dagegen zeigt ein wesentlich ausgedehnteres Modell. Es greift das Kopfmotiv des Refrains auf und sequenziert es in Umkehrung. Das durchführungsartige Modell in op. 73 schließlich zeigt eine außergewöhnliche Ausdehnung von 24 Takten. Das Kopfmotiv wird dabei abgespalten und vielfältig verarbeitet. Der Modulationskreis führt zu der fernen Tonart E-Dur, die jedoch wie in der Es-Dur-Klaviersonate op. 7 als neapolitanische Tonart gehört werden mag. Da die Einleitung das Motiv von T. 11 f. aufgreift, das Modell das Kopfmotiv, wird der Refrain quasi von hinten aufgerollt. Sind somit Einleitung, Kern und Rückleitung aus Motiven des Hauptthemas gearbeitet, so steht das zweite Couplet dieses letzten Sonatenrondos der Sonatensatzform besonders nahe.

Seitenthema im ersten Couplet
Wechsel von Tutti und Solo

Opus 15 — *piano*
Tutti T. 65 ff Solo T. 74 ff.

Opus 19 — *piano*
Solo T. 49 ff.
Solo / Tutti, Solo / Tutti, Solo / Tutti, Solo / Tutti
T. 57, 59, 61, 63, 65, 67, 69, 70

Opus 37 — *piano*
Solo T. 68 ff. Tutti T. 76 ff.

Opus 58 — *piano, dolce*
Solo T. 80 ff Tutti T. 93 ff.
(mit Violoncello - Orgelpunkt)

Opus 73 — *piano, dolce*
Solo T. 54 ff.
(mit Streicher - Begleitung)

Struktur des zweiten Couplets

Opus	**Einleitung**	**Kontrastteil / Kern**	**Rückleitung**
Opus 15	keine Einleitung	**Kontrastteil** T. 192 ff. a - a' - b - b' - a - b(tr) - b(tr) - a	Modell T. 275 ff. Es F g
Opus 19	*Schlußwendung aus Refrain*	**Modell mit Reminiszenz** T. 126 ff. g c b	*entwickelt sich aus Modell*
Opus 37	keine Einleitung	**Kontrastteil** T. 182 ff. a - a - b - a - b - a	<u>*Fugato*</u> T. 230 ff. ###...... ###......... ###.................. ###
Opus 73	<u>*imitatorisches*</u> *Spiel mit Motiv aus Refrain*	**Modell aus bekannten Motiven** T. 220 ff. C As	Herantasten an Refrain E (= Fes)

Zusammenfassung

Betrachtet man die Finales der Klaviersonaten Beethovens aus möglichst vielen Perspektiven, so wird einerseits die Vielfalt der Realisationen, andererseits die Fülle der Beziehungen zwischen verschiedenen Werken deutlich. Oft heben sich zwei oder drei Sonaten von den anderen ab, indem sie im Finale ein besonderes Gestaltungsprinzip zeigen. Das Aufstellen von drei Themen in der Exposition – eine spezielle Modifikation der Sonatensatzform – verbindet die Sonatenrondos von op. 13 und op. 90. Die "kleine" und "große" Appassionata (op. 2 Nr. 1 und op. 57) weisen je eine "Rondosonate" auf. In einigen Klaviersonaten vermischen sich Sonatensatzform und Fugen-Elemente, vor allem im Finale von op. 10 Nr. 2 und von op. 101. Außergewöhnliche Fugenkonzepte lassen op. 106 und op. 110 erkennen, ein Thema mit Variationen zeigen op. 109 und op. 111. Die Wahl des formalen Modells ist von außergewöhnlicher Bedeutung für Tempo, Charakter, Setzweise, Dynamik usw. Sind Rondos und Sonatenrondos meist eher kantabel oder spielerisch, so zeichnen sich Finales in Sonatensatzform dagegen eher durch eine starke Dramatik mit raschem Tempo aus.
In harmonischer Hinsicht ist im jeweiligen Einzelfall das Wechselspiel zwischen tonartlichen Ebenen einerseits, zwischen zielgerichtetem Schreiten und freiem Schweifen andererseits sehr interessant. Sogar eine Tonarten-Charakteristik mag hier und da erkennbar werden. Die einfachen Rondos mit zwei Couplets stehen alle in G-Dur, die beiden Rondosonaten (op. 2 Nr. 1, op. 57) in f-Moll. Bei Finales in Moll neigt Beethoven dazu, hin und wieder nicht gemäß der Tradition die parallele Durtonart, sondern die Molldominant-Tonart anzusteuern – wodurch oft ein einheitlicher Charakter entsteht.
Hin und wieder lassen sich verschiedene Phasen erkennen. Die frühen Sonatenrondos etwa neigen zu einer Zweiteiligkeit des ersten Couplets, die späten zu einer Dreiteiligkeit. Insbesondere bezüglich der Gestaltung des zweiten Couplets lassen sich die Sonatenrondos in klar erkennbare Gruppen unterteilen. In frühen Sonatenrondos wird der vierte Auftritt des Refrains im allgemeinen variiert, in späten wird er meist nur noch angedeutet. Die Finalsätze der mittleren Phase zeigen oft eine Presto-Stretta am Schluß.
Wenn gewisse Entwicklungstendenzen aufgezeigt werden, so denke man nicht ausschließlich an eine Treppe, bei der fortlaufend eine Stufe der nächsten folgt, vielmehr stelle man sich auch schon mal magnetische Pole vor, die quasi in ihrem näheren Umfeld bestimmend sind. Solche Pole sind zum Beispiel zunächst die Rondoform, anschließend dann die Sonatensatzform, im Spätwerk Fuge und Variation. Der Anziehungskraft dieser Pole wiedersetzt sich hin und wieder ein Finale. Die frühe Sonate op. 10 Nr. 2 etwa zeigt eine Mischung zwischen Fuge und Sonatensatzform, die späte Sonate op. 79 besitzt ein schlichtes Rondo. Die Entwicklungstendenzen betreffen teils nur die Finalsätze, teils reicht ihre Geltung auch darüber hinaus. Die Entwicklung des Sonatenrondos in den Klaviersonaten Beethovens ist auf die Finalsituation beschränkt, da dieses formale Modell nur dort vorkommt. Aspekte der Sonatensatzform dagegen sind oft auch für die Eröffnungssätze relevant.

Entwicklungstendenzen in den Finalsätzen	
Sonatenkonzepte	ungewöhnliche Konzepte schon op. 26 / op. 27, vor allem aber dann im Spätwerk
Schwerpunkt der Sonate	Schwerpunktverlagerung aufs Finale durch Ausdehung, Dramatik bzw. Individualität
Zyklusgedanke	zunächst motivisch-thematische Beziehungen, dann auch *attacca*-Anschluß, Wiederaufnahme
Formales Modell	erst eher Rondo / rondohaftes Sonatenrondo, dann eher Sonatensatzform / sonatenhaftes Sonatenrondo, Spätwerk: Fuge / Variation
Sonatenrondo	zunehmend Elemente der Sonatensatzform Erstes Couplet: zunächst eher Zweiteiligkeit, oft Seitenthema mit Schlußgruppenfunktion, später meist ausgeprägte Dreiteiligkeit Zweites Couplet: Kontrastteil – Durchführungsmodell aus neuen Motiven – Kontrapunktische Arbeit – Durchführungsmodell aus bekannten Motiven
Verändern des Refrains	vor 1800 variierter 4. Auftritt des Refrains, nach 1800 nur noch angedeuteter 4. Auftritt
"Themendualismus"	tendenziell zunehmende Einschmelzung des Seitenthemas in Gesamtheit des Satzes
Motivisch-thematische Arbeit	Nur wenig in frühen Sonatenrondos, später vor allem in Kern und Coda
"Entwicklungsmotive"	Erhalten zunehmend thematische Funktion (siehe Seite 96 ff.)
"Obligates Akkompagnement"	Versteckte Motive, versteckte Gegenstimmen, Bewegter Untergrund der Melodie
Syntax	Refrain zunächst oft in Liedform, zentrale Zäsur in späten Sonatenrondos
Gestaltung der Nahtstellen	außerordentliche Verschmelzungen seit 1800 (etwa op. 27 Nr. 1, op. 31 Nr. 1)
Dynamik und Raum	extreme Dynamik in Waldsteinsonate (*ppp*), extreme Lagen im Spätwerk (*contra E*, cis'''')
Einleitung	Langsamer Satz mit *attacca*-Anschluß, *"Introduzione"* (Waldsteinsonate), Lebhafter Vorspann vor eigentl. Hauptthema, Einleitung mit Tempo- und Charakterwechsel, Wiederaufnahme (op. 27 Nr. 1, op. 110)
Coda	Rasche Stretta in mittlerer Stilperiode, Verfremdung des Hauptthemas zunächst eher durch "Verklärung", später durch "Erregung"

Idee der organischen Einheit

So interessant es sein mag, verschiedene Entwicklungstendenzen in den Finales zu entdecken, es bleibt aber die Frage nach ihrem Sinn. Gibt es nicht vielleicht einen gemeinsamen Nenner aller dieser Entwicklungstendenzen ? Die aufgezeigten Entwicklungstendenzen scheinen insgesamt doch dadurch geprägt zu sein, daß die "Idee der organischen Einheit" immer wichtiger wird, da das "Prinzip des Verarbeitens" zunehmend an Bedeutung gewinnt. Das Prinzip an sich ist keine Erfindung Beethovens, denn schon im Barock stellen die Fugenkünste eine Arbeit mit dem Thema dar. Auch das traditionelle Thema mit Variationen ist eine Verarbeitung gegebener Substanz. Schließlich bleibt noch die Durchführung in der Sonatensatzform zu erwähnen – der Formteil, der für den Spannungsverlauf von besonderer Bedeutung ist. Natürlich sind jeweils die Techniken des Verarbeitens ganz unterschiedlich. Bei einer Fuge zum Beispiel wird das Thema als Ganzes verändert, sei es durch Umkehrung, sei es durch Rücklauf. Motivisch-thematische Arbeit dagegen, wie sie für die Durchführung in der Sonatensatzform typisch ist, zeigt andere Techniken des Verarbeitens, etwa Abspaltung. Gemeinsam ist all diesen Techniken jedoch das Prinzip des Verarbeitens an sich. Es wird nicht Neues vorgestellt, sondern es wird angeknüpft an Bisheriges, es wird weitergeleitet zum Folgenden.

Betrachtet man die Finalsätze aus dieser etwas globalen Perspektive, so wird man erstaunliche Entdeckungen machen. Das Besondere bei Beethoven ist, daß das Prinzip des Verarbeitens zunehmend auf andere Bereiche übergreift. Es durchdringt in immer stärkerem Maße fast alle formalen Modelle, den Satz als Ganzes und sogar die Sonate als Ganzes. Die Formenmischungen bekommen jetzt auf einmal einen neuen Sinn. Die Ambiguität des Sonatenrondos, die gegenseitige Durchdringung von Sonatensatzform, Fuge und Variation – all diesem ist Beethovens Ringen mit dem Prinzip des Verarbeitens übergeordnet. Beethoven bricht bewußt mit der Tradition, aber nicht willkürlich, sondern im Bemühen um eine Intensivierung der konventionellen Muster. Jetzt wird auch die Sonderrolle der späten fünf Finalsätze verständlicher. Vom großformalen Aufbau her scheinen sie sich völlig von den vorhergehenden Sonaten abzuheben. Im Grunde handelt es sich aber nur um die letzte Stufe einer Entwicklung, die durch Zunahme des Prinzips des Verarbeitens geprägt ist.

Die Beschäftigung mit den Skizzen und Autographen erhält unter diesem Aspekt eine völlig neue Bedeutung. Der Kompositionsprozeß Beethovens läßt sich ja charakterisieren als ein außergewöhnliches Ringen um Vollkommenheit. Immer wieder entwirft er neue oder veränderte Versionen. Die Skizzen sind ein einzigartiges Zeugnis von Beethovens Arbeit mit der Gestalt der Themen, ja bereits mit der Gestalt einzelner Motive. Besteht nicht eine auffallende Beziehung zwischen dieser Art des kompositorischen Prozesses und der Struktur vieler seiner Werke ? Das Wesen des Komponisten scheint sich zunehmend im Wesen seiner Werke zu spiegeln. Oder kann man gar sagen: Der Komponist findet immer mehr zu seinem Selbst – gerade durch seine Komposition ? Wesen und Werk Beethovens scheinen beide ähnliche Merkmale aufzuweisen.

Prinzip des Verarbeitens	
Durchführung in Sonatensatzform	Rückgriff auf bekannte Themen/Motive, Motivisch-thematische Arbeit, Durchführungsmodelle
Durchführungen in Fugen	Kontrapunktische Arbeit mit dem Thema
Variation	Variationstechniken
Übergreifen des Prinzips auf ...	
andere Formteile	– Motivisch-thematische Arbeit bereits in der Exposition – Intensivierung im Hauptthema (op. 10 Nr. 3, Waldsteinsonate op. 53)
Wiederkehr von Formteilen	– Durchführungsmodell in der Reprise beim Hauptthema (op. 10 Nr. 2) – Motivisch-thematische Arbeit bei Wiederkehr des Refrains (op. 10 Nr. 3) – Intensivierung durch Variante bei Wiederkehr des Hauptthemas (op. 81 a)
andere formale Modelle	– Durchführungsmodelle oder kontrapunktische Arbeit im Rondo (Terminus "Sonatenrondo") – Varianten des Themas bei eine Fuge (op. 106, op. 110) – Kontrapunktische Techniken bei einem Finale in Sonatensatzform (op. 10 Nr. 2 und op. 101) – Kontrapunktische Techniken bei einem Thema mit Variationen (zum Beispiel Var. V in op. 109)
Verbindung von Formteilen	– Verschmelzung durch kontrapunktische Arbeit (Engführung op. 31 Nr. 1)
Satz als Ganzes	– Motivische Verflechtung nahezu aller Formteile (etwa op. 31 Nr. 1) – Vorbereitung von Motiven in Einleitung, quasi Rückgriff beim Hauptthema – Coda als Schlußpunkt einer Entwicklung mit motivisch-thematischer Arbeit, mit Durchführungsmodellen usw.
Sonate als Ganzes	– Zyklusgedanke durch motivische Verflechtung der Sätze (etwa *Pathétique*) oder durch variierte Wiederaufnahme (etwa op. 27 Nr. 1, op. 101, op 110).

Individuelle Gestaltung

Wenn auch in Beethovens Klaviersonaten konventionelle Muster eine bedeutende Rolle spielen, fast immer sind auch ganz individuelle kompositorische Ideen zu entdecken. Das Finale von op. 2 Nr. 1 zum Beispiel zeigt eine Projektion eines Kontrastes, das Finale von op. 2 Nr. 3 eine Projektion einer aufgebrochenen Dreiteiligkeit. Damit in op. 2 Nr. 1 und in op. 2 Nr. 2 der Kontrastteil in der Mitte nicht das Finale sprengt, verwendet Beethoven bestimmte Kunstgriffe. Im einen Fall wird der Kontrast verarbeitet in der durchführungsartigen Rückleitung, im anderen Fall werden die Kontraste ausgeglichen durch Rückgriff in der Coda. Die Finalsätze der beiden früh komponierten, erst 1805 veröffentlichten Sonaten op. 49 sind Rondos, aber während das erstere eine gewisse Entwicklungstendenz aufweist, zeigt sich im letzteren ein extremes Festhalten am Reihungsprinzip. Das Sonatenrondo von op. 7 besitzt zwar eine auffallende Ähnlichkeit mit dem von op. 2 Nr. 2, aber es hebt sich ab durch sein entwickelndes Vorwärtsdrängen. Das *Prestissimo* von op. 10 Nr. 1 ist ebenso erregt wie op. 2 Nr. 1, aber diesmal sorgt nicht Kontrastbildung für ein individuelles Gepräge, sondern die Idee des dreimaligen Anlaufs. Das fugenartige Finale von op. 10 Nr. 2 ist einzigartig durch sein rhythmisches Pulsieren in nahezu metronomischem Gleichmaß. Ein geradezu entgegengesetztes Konzept scheint Beethoven bei dem scherzhaft-freischweifenden Rondo von op. 10 Nr. 3 verwirklicht zu haben.
Die *Pathétique* zeigt einerseits eine Verknüpfung aller Sätze durch "thematische Zellen" (siehe S. 98 ff.) – wodurch der Zyklusgedanke ein spürbares Gewicht erlangt –, andererseits eine Vielfalt thematischer Abschnitte im Rondo. In dieser Beziehung besteht ein deutlicher Bezug zu dem Finale von op. 90, denn auch dort erscheint ein drittes Thema mit hymnischem Charakter. Der Finalsatz von op. 14 Nr. 1 ist eher konventionell bezüglich seines formalen Aufbaus, außergewöhnlich ist jedoch die Idee, mehr oder weniger ausgedehnte Melodiebögen zu gestalten. Das Konzept des *Scherzo* von op. 14 Nr. 2 scheint darin zu bestehen, jedem der drei Couplets einen völlig anderen, individuellen Charaker zu geben. Dies hat natürlich einen deutlichen Einfluß auf die jeweilige Setzweise. Im Rondo von op. 22 verwirklicht Beethoven die Idee einer Umrahmung kontrapunktischer Abschnitte, was zur Folge hat, daß alle Couplets fünfteilig sind. Das sicherlich spielfreudigste und unbeschwerteste Finale der Klaviersonaten ist das *Allegro* von op. 26. Nur hier und da setzt Beethoven ein paar Akzente.
Die *Sonaten quasi una fantasia* zeigen beide einen ungewöhnlichen Aufbau. In op. 27 Nr. 1 sind alle Sätze mit *attacca* bzw. *attacca subito* verbunden, noch dazu kehrt zum ersten Mal in einem Finale ein langsamer Abschnitt in der Coda wieder. Nur im Eröffnungssatz der *Pathétique* hat Beethoven schon einmal eine derartige Verflechtung von langsamen und raschen Abschnitten realisiert. Bei der cis-Moll-Klaviersonate op. 27 Nr. 2 zielt nicht nur das Finale, sondern das ganze Werk auf die Zusammenballungen in der Coda des letzten Satzes. Hier kündigen sich die gewaltigen Codas späterer Sonaten an, insbesondere die "zweite Durchführung" im Finale der Waldsteinsonate. Pastoral ist das Rondo von op. 28 mit seinem charakteristischen Dudelsackbaß.

Eine einzigartige motivische Verflechtung aller Formteile miteinander zeigt das Rondo von op. 31 Nr. 1. Sogar das Seitenthema ist nur noch eine Metamorphose des ersten. Hier ist die Idee eines einheitlichen Organismus wesentlich wichtiger als das Ausprägen eines Themendualismus. Auch in den anderen Klaviersonaten der Gruppe op. 31 spielt das Gegenüberstellen von Themen eine untergeordnete Rolle. In op. 31 Nr. 2 ist es vor allem das rhythmische Muster des Kopfmotivs, welches nahezu den ganzen Satz gestaltet. Das mit Akzent hingeworfene Motiv zu Beginn des Finales von op. 31 Nr. 3 spielt im weiteren Verlauf kaum eine Rolle, in der Coda erscheint es jedoch noch einmal als Schlußsignal.
Der Zyklusgedanke erhält in der Waldsteinsonate op. 53 durch die *Introduzione*, in der Appassionata op. 57 durch den direkten Übergang zum Finale ein starkes Gewicht. Das Rondo von op. 53 hat einen unverwechselbaren Spannungsverlauf, einerseits durch einen zunehmenden Eliminationsprozeß, andererseits durch die gewaltigen Höhepunkte in zweitem Couplet und *Prestissimo*-Coda. Im Finale von op. 57 erscheinen zwar neue Themen in Durchführung und Coda, allerdings zeigen sie diegleiche kreisende Tendenz wie die Themen der Exposition. Der Welt der Inventionen sehr nahe steht das Finale von op. 54.
Nach einer schöpferischen Pause von einigen Jahren näherte sich Beethoven der Gattung "Klaviersonate" zunächst mit den leichteren Klaviersonaten op. 78 und op. 79. Das Finale von op. 78 hat deutlich rondohafte Züge, aber einzigartig ist, wie die figurativen Seufzerfiguren im Nebenthema thematischen Rang erhalten. Das "Programm" der Klaviersonate op. 81 a scheint sich im Finalsatz dadurch bemerkbar zu machen, daß auf dramatische Entwicklung verzichtet wird. Nicht zuletzt stellt auch die Durchführung nicht einen derartigen Höhepunkt dar, wie sonst so oft bei Beethoven. Das Finale von op. 90 ist das letzte Sonatenrondo in den Klaviersonaten. Entspricht der kantable und schlichte Charakter noch dem Rondo, so sind aber die einzelnen Abschnitte meisterhaft verwoben.
Zeigt das Finale von op. 101 eine einzigartige Mischung von Sonatensatzform und Fuge, so durchdringen sich in den nachfolgenden Klaviersonaten Fuge und Variation. In op. 106 setzt Beethoven die Fugenkünste auf solch eine Art und Weise ein, daß verschiedene Charaktere zum Ausdruck gebracht werden. Stellt sich bei op. 27 noch die Frage, inwieweit hier eine poetische Idee verborgen liegt, so ist sie im Finale von op. 110 offenkundig. Die Variationen in op. 109 und op. 111 mögen zwar konventionelle Elemente enthalten, das Gesamtkonzept ist aber überaus individuell.
So unverwechselbar bereits das Finale der f-Moll-Klaviersonate op. 2 Nr. 1 ist, die weitere Entwicklung Beethovens bis hin zum Spätwerk läßt eine zunehmende Individualisierung erkennen. Waren die drei ersten Klaviersonaten noch unter einer Opuszahl zusammengefaßt, so scheint bei den drei letzten die Individualität dagegen zu sprechen. Beethoven löst sich mehr und mehr von den traditionellen Gepflogenheiten. Und falls er konventionelle Elemente verwendet, dann haben sie sich dem individuellen Charakter unterzuordnen. Man mag folgendes Resümee ziehen: Im Schaffen eines Komponisten, der verwurzelt ist im Barock, der aber gleichzeitig zunehmend romantische Strömungen vorwegnimmt, spiegelt sich der Individualisierungsprozeß der Musikgeschichte.

Methodische Bemerkungen

Die Vorgehensweise bei einer Werkanalyse wird maßgeblich von Ziel und Sinn der Analyse beeinflußt. Die Auswahl der Ausschnitte und der Aspekte wird sich nach der Fragestellung richten. Wird beispielsweise der Versuch unternommen, den Stil eines Komponisten oder sogar einer ganzen Epoche zu charakterisieren? Werden demnach vor allem übergreifende Merkmale gesucht? Läßt sich nicht vielleicht eine Entwicklung aufzeigen? Sind bei einem Komponisten verschiedene Phasen erkennbar – beispielsweise ein "Spätwerk"? Oder sollen vielmehr die Besonderheiten eines einzelnen Werkes herausgearbeitet werden? Man mag in erster Linie die Strukturen eines Werkes untersuchen – dies kann dann in eine Charakterbeschreibung münden. Eventuell ist auch beabsichtigt, außermusikalische Elemente, eine poetische Idee aufzuspüren. Möchte man gar die Entstehungsgeschichte eines Werkes beleuchten, so wird man intensiv erhaltene Skizzen und Autographe studieren.

Vielleicht soll auch nur eine bestimmte Theorie exemplifiziert werden. Es sei hier am Rande bemerkt, daß Beethovens Klaviersonaten häufig hinzugezogen wurden, wenn die Anwendbarkeit einer neuen Theorie gezeigt werden sollte. Schon Adolf Bernhard Marx hat sich bei den formalen Schemata, die er in seiner *Lehre der musikalischen Komposition* (1837-1847) aufstellt, stark an Beethovens Werken orientiert. Hugo Riemann demonstriert in dem dreibändigen Werk *"Ludwig van Beethovens sämtliche Klavier-Solosonaten"* (1918-19) seine Phrasierungslehre, indem er mit Hilfe einstimmiger Auszüge die Sonaten in achttaktige Perioden – zum Teil mit Erweiterungen – gliedert. Heinrich Schenker – der sehr gegen Riemanns Methode polemisierte – legt in seiner *Erläuterungsausgabe zu op. 101* (1920) seine Theorie der *"Urlinien"* dar. Rudolf Réti führt in seinen Schriften *"The Thematic Process in Music"* (1951) und *"Thematic Patterns in sonatas of Beethoven"* (1967) Bedeutung und Funktion von "Urzellen" vor.

Keine Analyse kann vollständig sein, es wird immer noch Neues zu entdecken sein. Schließlich ist man ja auch eingebunden in den bisherigen Stand musikwissenschaftlicher Forschung. Was etwa die Skizzen und Autographe Beethovens betrifft – hier werden sicherlich noch Jahrzehnte vergehen, bis dieses Gebiet zumindest annähernd vollständig aufgearbeitet und ausgewertet ist. Aufwendig ist eine Analyse eines ganzen Werkes unter vielen erdenklichen Gesichtspunkten. In der Praxis wird man demnach mal einen einzelnen Abschnitt aus mehreren Perspektiven betrachten, mal einen Aspekt auswählen und seine Rolle im ganzen Stück untersuchen. Wichtig ist vor allem, daß man sich solcher notgedrungener Beschränkungen bewußt ist. Vielleicht sei es hier einmal erlaubt, in Metaphern zu reden. Betrachtet man eine Komposition als ein Gewebe, so kann man einerseits die Kettfäden, andererseits die Schußfäden untersuchen. Einem Kettfaden entspricht zum Beispiel der Verlauf der Dynamik innerhalb eines ganzen Satzes. Sucht man sich dagegen einen bestimmten Takt heraus – gewissermaßen einen Schußfaden – so kann man punktuell untersuchen, wie jeweils die verschiedenen Kettfäden diese Stelle durchlaufen. Auf den folgenden Seiten sind exemplarisch zwei Beispiele für diese Vorgehensweisen angeführt.

Einige ausgewählte Aspekte

Opus 13, *Pathetique*

Coda, Takt 203 f., Reminiszenz an Refrain (s. S. 81)

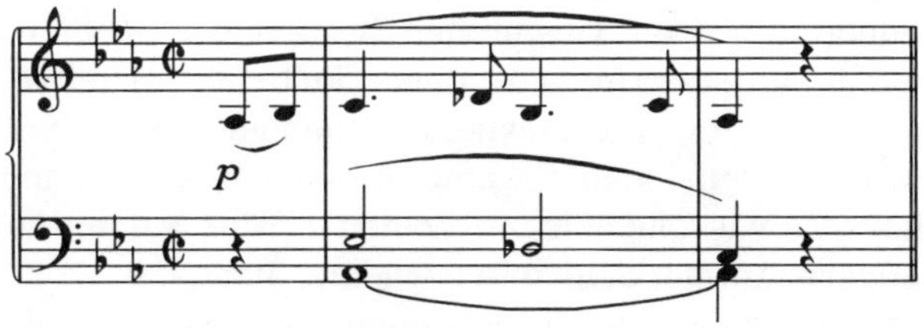

Form	Coda eines Sonatenrondos, Beginn des letzten Abschnitts nach langer Fermate
Tonart	Ausweichung in fremde Tonart As-Dur, allerdings terzverwandt mit Grundtonart c-Moll
Harmonik	einfach, mit tonikalem Orgelpunkt
Rhythmik	Melodie bewegt, Mittelstimme schreitend, Baß ruhend, Begleitung somit weniger lebhaft als im Refrain
Metrik	Taktschwerpunkte durch Punktierung recht deutlich
Melodik	gesangvolles Fließen, fast nur Sekunden und Terzen
Urlinien	Abwärtsschreiten in Sekunden (c-B-As)
Thematic Patterns	Keimzelle spiegelt sich in Mittelstimme, da sie quasi den "Kern" der Melodie darbietet
Entwicklungsmotive	Akkordzerlegungen des Refrains entfallen
Setzweise	Melodie, gekoppelte Stimme und Orgelpunkt, der die Schlußsituation verdeutlicht
Syntax	Satzmotiv (Länge von zwei Takten)
Nahtstellen	deutlich abgegrenzt, zuvor Fermate, anschließend Generalpause
Raumverhalten	Bogen der Melodie mit Rückkehr zum Ausgangston, ausgeprägter als beim Refrain, da Auftakt gekürzt, ruhendes Fundament im Baß
Region	Mittlere Lage mit Tendenz zur unteren Region
Dynamik	*piano*, starker Kontrast zum vorhergehenden *ff*
Artikulation	Legato, Auftakt mit Bogen, Staccato des Refrains entfällt
Phrasierung	Auftakt gesondert, alles andere unter einem Bogen, durchgezogenere Linie als im Refrain
Charakter	kantabel, durch ruhige Begleitung "verklärt"
Skizzen	siehe Seite 173: In aut 28 noch höhere Lage – vorausgehende niederfahrende Tonleiter fehlt jeweils
Rolle innerhalb des Ganzen	Letztmaliges Erscheinen des Refrains, Rückkehr zum Ausgangspunkt des Satzes
Wirkung	Überraschung und Beruhigung zugleich, Verfremdung wirkt als verklärte Erinnerung, bei der alles Bisherige mitschwingt

Bestandsaufnahme und Interpretation

Verfolgt man einen bestimmten Aspekt durch ein ganzes Werk hindurch, so kann dessen Bedeutung für die Gesamtheit bewußt gemacht werden. Auf nachfolgender Seite sind alle Vorschriften aus dem Finale der Waldsteinsonate aufgeführt, die die Dynamik betreffen. Die Bestandsaufnahme erfolgt hier, um einmal zu zeigen, was man aus diesem einen Parameter alles ablesen kann. Es sei noch erwähnt, daß Beethoven – wie die Skizzen zeigen – dem Setzen von Vortragsangaben eine ganz besondere Aufmerksamkeit gewidmet hat.
Zunächst einmal fallen die dynamischen Extreme auf. Zweimal erscheint ein *ppp*, ein dynamischer Schwächegrad, der bei Beethoven so gut wie nie vorkommt. Solch ein Extrem wird von Beethoven natürlich nur an ganz besonderen Stellen eingesetzt. Das *ppp* unmittelbar vor der *Prestissimo*-Coda intensiviert stark die Exponiertheit dieses abschließenden Formteils. Die Wirkung dieser *ppp*-Stelle wird verstärkt, indem die Achtel der rechten Hand nahezu den ganzen Tonraum durchmessen, und zwar in abwärtssteigender Richtung. Das zweite *ppp* nun steht zwischen zwei Abschnitten der Coda, von denen ersterer im *ff* beginnt und im *pp* endet, letzterer durchgängig im *pp* steht. Also setzt Beethoven wieder durch das *ppp* eine Zäsur, allerdings wird hier jetzt nahezu der ganze Tonraum aufwärts durchschritten.
Die Verwendung eines *ff* – des anderen dynamischen Extrems – ist bezeichnend für den Spannungsverlauf dieses Rondos. Der Refrain zeigt eine Steigerung in drei Phasen. Dynamische Mittel setzt Beethoven zwar erst bei der letzten Phase ein, dafür erfolgt allerdings ein dramatischer Wechsel der Dynamik von einem *sempre pp* zum *ff*. Daß Beethoven nicht *sempre ff* schreibt, mag vielleicht mit dem Decrescendo der Melodie T. 56 zusammenhängen. Beim dritten Auftritt des Refrains beginnt Beethoven direkt im *ff*, wobei Sforzati hinzukommen. Einerseits erscheint ihm wohl nach einem derart gewaltigen zweiten Couplet, welches zu einer regelrechten Durchführung gerät, eine unveränderte Wiederkehr zu harmlos, andererseits legt die ausgedehnte *pp*-Fläche gegen Ende des zweiten Couplets natürlich einen Wechsel zum anderen Extrem nahe. Überhaupt fällt auf, daß der Kern des zweiten Couplets in dynamischer Hinsicht eine Umkehrung des Refrains darstellt. Sollte darin etwa ein durchführungsartiges Element erkennbar werden? Signalisiert das *ff* im Refrain den abschließenden Höhepunkt, so eröffnet es im zweiten Couplet den Kern.
Nicht nur die Lokalisierung der Extreme *pp* und *ff* ist aufschlußreich, sondern auch ihre außergewöhnliche Häufigkeit. In jedem Formteil wird diese dynamische Spannbreite durchschritten. Somit weist das Finale der Waldsteinsonate starke dynamische Kontraste auf. Allerdings vermittelt hin und wieder ein *decresc.* bzw. ein *cresc.* zwischen den beiden Polen. Welches Gewicht die Extreme *pp* und *ff* besitzen, zeigt auch ihre flächige Verwendung. Besonders wichtig ist das *pp* beim Refrain, denn obwohl das *sempre pp* eigentlich solange gilt, bis etwas Gegenteiliges vorgeschrieben ist, folgt noch mehrere Male ein *pp*. In späteren Formteilen wiederholt Beethoven sogar alle zwei Takte das *pp*. Das *sempre ff* bei der Wiederkehr des ersten Couplets wird intensiviert durch die Sforzati.

Dynamik im Finale der Waldsteinsonate

Rf 1 - 1. Cp 63, 71, 98 - Rf 114 - 2. Cp 176, 221, 287 - Rf 313 -
1. Cp 345, 378 - *Prestissimo*-Coda 403, 441, 465, 485, 515.

Refrain *sempre pp .... pp .... pp pp .... pp ... cresc. ... decresc. ..*
sempre pp .... cresc. .. p decresc. .. cresc. ....
***ff* .... *ff* ....**

1. Couplet (ein Punkt . gleich ein Taktstrich)
Überleitung *f ....*
Seitenthema *.. sf .. sf .. sf .. sf sf . sf sf . sf .. sf sf . sf sf . sf ...*
ff* .. *sf *p ..* ***ff* .. *sf*** *p .. decres. . pp ..*
Schlußgruppe *f . sf . p ..* ***ff* . *sf*** *. p ..* ***ff* . *sf*** *. p . decresc. ... p ..*

Refrain *sempre pp .... pp .... pp pp .... pp ... cresc. ... decresc. ..*
sempre pp .... cresc. .. p decresc. . pp . cresc. ....
***ff* .... *ff* ...**

2. Couplet
Einleitung *sempre f .... sf .... sf .... sf .. sf .. sf*
ff *....* ***ff*** *.. decresc. . p .*
Kern ***ff* . *sf*** *. p ..* ***ff* . *sf*** *. p ..* ***ff* . *sf*** *. p . decres. ... pp ....*
.. cresc. . sf . p . . cresc. . sf . p ....
sempre pp ...... sempre pp ...... sempre pp ......
pp .. pp .. pp .. pp .. pp .. pp ...... f . decresc. .
Rückleitung *sempre pp .... f . sf .. sf .. sf .*
decresc. .. p decresc. .. pp ... sempre più . pp ... f .

Refrain ***ff* . *sf* ... *ff* . *sf* ... *ff* . *sf*** *p ..* ***ff* . *sf*** *. p ..*
cresc. .. p decresc. . pp . cresc. ....
***ff* .... *ff* ...**

Wiederkehr *sempre f .... sempre più f ....*
1. Couplet *sf . sf . sf . sf sf . sf . sf . sf . sf sf . sf . sf sf . sf p ..*
ff* . *sf sf* . *sf *p .. cresc. ..* ***sempre ff* . *sf* .. *sf* .. *sf sf* .**
decresc. .... p .... pp ...... ***ppp* ...**

Prestissimo
1) *f p dolce .... cresc. f ....* ***ff* ....**
f p dolce .... f p/pp sempre ....
2) ***ff*** *.. p ..* ***ff* . *sf ff*** *. p ..* ***ff* . *sf ff*** *. p ..*
pp .. pp .. pp .. pp .. ***ppp* ....**
3) *pp .. pp .. pp .. pp .. pp ..*
cresc. .. f .. decresc. .. p .. cresc. ..
4) *pp .... pp .... pp .... pp .... cresc. ....*
5) ***ff sf*** *.. p ..* ***ff sf*** *.. p .... cresc. .. f ..*
ff* .....** *decresc. .... pp ..* ***ff *.. f . f*

Vergleichen als Methode der Analyse

Außer einem Zergliedern in Bestandteile – etwa bei einer formalen Analyse – oder einer Reduktion auf "Urlinien" (Heinrich Schenker) bzw. "Urzellen" (Rudolf Réti) ist eine der wichtigsten Methoden das Vergleichen. Dies Verfahren stellt im allgemeinen eine relativ späte Phase der Analyse dar, denn normalerweise muß man ja mit den Vergleichsobjekten selbst schon einigermaßen vertraut sein. Wenn man zum Beispiel verschiedene "Thematic Patterns" herausgearbeitet hat, so muß ihre Beziehung untereinander untersucht werden. Erst dadurch kann die Funktion dieser "Urzellen" ergründet werden. Handelt es sich bei einem Finale mehr um ein Kaleidoskop der Vielfalten oder um eine organische Einheit? Ziel des Vergleichens ist es also, die aufgezeigten Beziehungen und Zusammenhänge zu interpretieren.

Beim Vergleichen sind zunächst schlichtweg Gemeinsamkeiten und Unterschiede herauszuarbeiten. Für die Interpretation sind jedoch mal die Gemeinsamkeiten, mal die Unterschiede das Interessantere. Bei der Wiederkehr des Refrains wird man sogar nahezu ausschließlich die Veränderungen untersuchen. Etwas stärker differenzieren muß man bereits bei einem Vergleich zwischen einer Skizze und der endgültigen Fassung. Dort sind natürlich die Veränderungen von besonderem Interesse, es kann aber auch faszinieren, wenn bestimmte, ganz eigentümliche Elemente schon erkennbar sind. Die Skizze zum ersten Couplet von op. 10 Nr. 3 etwa (siehe Seite 169) ist noch recht weit von der endgültigen Version entfernt, aber die so charakteristische Chromatik ist schon vollständig ausgeprägt.

Der Vergleich zwischen einem musiktheoretischen Modell und einem einzelnen Finalsatz ist vielfach recht problematisch. Es besteht nämlich die Gefahr, daß dem Individuum ein bestimmtes Schema allzu gewaltsam aufgezwängt wird. Das aufgezeigte Problem, welches begründet liegt in der Spannung zwischen dem Geltungsdrang des Modells und dem Selbständigkeitsanspruch des Individuums, wird vielleicht durch folgende Dreiecksbeziehung entschärft: Man sollte nicht nur die Beziehungen zwischen Modell und einem einzelnen Finalsatz, sondern auch die Beziehungen zwischen diesem Finalsatz und ähnlichen Finalsätzen, ferner die Beziehungen zwischen all diesen Finalsätzen und dem Modell untersuchen. Dem Finale der Pathétique mit seinen drei Themen beispielsweise kann sicherlich der Themendualismus der Sonatensatzform aufgestülpt werden, indem man einfach eines der beiden letzteren Themen als das Seitenthema definiert, das andere als beiläufig klassifiziert. Der individuellen Gestaltung dieses Finales wird man aber damit nicht gerecht. Untersucht man nun auch die anderen Finalsätze, so wird ebenfalls op. 90 auffallen durch die Ausprägung von drei Themen. Zieht man schließlich noch einige Eröffnungssätze der Klaviersonaten hinzu, so wird man endgültig erkennen, daß es sich bei einer Exposition mit drei Themen um eine Modifikation der Sonatensatzform handelt (siehe Seite 30).

Sehr aufschlußreich ist die Untersuchung dieser Dreiecksbeziehung auch bei den Sonatenrondos der Klaviersonaten. Einerseits wird man bestimmte Ausprägungen des Schemas "Sonatenrondo" erkennen, andererseits wird auch bewußt, wie sich im Einzelfall die Individualität zeigt.

Vergleich zwischen ...

- **verschiedenen Sätzen einer Sonate**
  Haben einige Sätze ein besonderes Gewicht ?
  Wie deutlich sind die verschiedenen Sätze miteinander verknüpft ?
  Zyklusgedanke durch Beziehungen zwischen den Sätzen

- **Abschnitten innerhalb eines Finalsatzes**
  Wie gestaltet Beethoven die Wiederkehr von Formteilen ?
  Refrain und 1. Couplet im Sonatenrondo,
  Reprise in der Sonatensatzform ...
  Welcher Art ist das Verhältnis der Themen zueinander ?
  Themendualismus in der Sonatensatzform
  Themendualismus im Sonatenrondo
  Erstes und zweites Thema in der Fuga von op. 106
  Greift die Durchführung auf Motive der Exposition zurück ?
  Motivisch - thematische Arbeit mit bekannten Motiven
  Durchführungsmodelle mit bekannten Motiven
  Was ist jeweils typisch für die Variationen in op. 109 und op. 111 ?

- **einem Finalsatz und einem theoretischen Modell**
  Wie deutlich sind jeweils Elemente eines formalen Modells erkennbar ?
  Modifikationen der Sonatensatzform, Formenmischungen ...

- **verschiedenen Finalsätzen**
  Welche Ausprägungen des Sonatenrondos lassen sich feststellen ?
  Erstes Couplet zwei- oder dreiteilig ?
  Zweites Couplet Kontrastteil oder durchführungsartig ?
  Welche Gemeinsamkeiten bestehen bei gleichem formalem Modell ?
  Charakter der Rondos, Sonatenrondos ...
  Setzweise je nach formalem Modell
  Wie gestaltet Beethoven Einleitung und Coda eines Finalsatzes ?
  Allgemeine Merkmale des "Finales im Finale"

- **Skizze / Autograph und endgültiger Version**
  Welche Veränderungen lassen sich erkennen ?
  Welchen Sinn mögen die Veränderungen haben ?
  Zusammenhang mit nachfolgenden Abschnitten ?

- **verschiedenen Skizzen / Autographen**
  Welche Reihenfolge der Entstehung läßt sich vermuten ?
  Berücksichtigung der umliegenden Entwürfe,
  Arbeitsautograph oder Reinschrift ?
  Läßt sich eine stetige Entwicklung erkennen,
  oder greift Beethoven schon mal auf frühere Entwürfe zurück ?

Verzeichnis
Entstehungszeit, Skizzen, Autographe, Originalausgaben, Briefe Beethovens, Zeitgenössische Rezensionen

Die Hinweise zu Entstehungszeit und Originalausgabe sind dem *Verzeichnis* von Klaus Kinsky / August Halm entnommen. Vereinzelte Ansätze für die jeweiligen Sonaten finden sich bisweilen aber schon früher, wie es einige Skizzen zeigen. Hinzugezogen wurden ferner die *Addenda und Corrigenda* von Kurt Dorfmüller (Beiträge zur Beethoven - Bibliographie). Das *Verzeichnis der Skizzen Beethovens* von Hans Schmidt und *The Beethoven Sketchbooks* von Douglas Johnson / Alan Tyson / Robert Winter wurden zugrundegelegt bei den Angaben zu den Skizzen. Berücksichtigt wurden ferner die Beiträge von Staehelin und Helms, der *Katalog* von Klein und die Skizzen - Übertragungen von Brandenburg, Brenneis, Drabkin, Fischmann, Frohlich, Johnson, Kerman, Komma, Marston, Meredith, Mikulicz, Nottebohm und Szabo. Es sind im folgenden die Skizzen zu allen Sätzen einer jeweiligen Sonate aufgeführt. Skizzen zum Finale lassen sich zum Teil schon recht früh finden. Die ersten Entwürfe zum Finale beinhalten dann oft nur den Satzanfang oder eine Idee zur Coda. Stellen, bei denen eine Zuordnung zu einer Sonate fraglich ist, sind durch ein Fragezeichen gekennzeichnet.
Die Autographe zu den Klaviersonaten Beethovens sind vielfach verschollen. Die erhaltenen Autographe lassen wie die Skizzen Rückschlüsse auf den Schaffensprozeß zu (Durchstreichungen, Rasuren und Verbesserungen). Von den Briefen wurden nur einige besonders interessante Stellen zitiert. Die vollständigen Briefe sowie weitere Briefe bezüglich der einzelnen Sonaten lassen sich mit Hilfe des Schlagwortregisters von *The letters of Beethoven* von Emily Anderson leicht finden. Eine Gesamtausgabe aller Skizzen Beethovens zu den Klaviersonaten (Faksimile, Übertragung, Kommentar mit Analyse) wäre sicherlich sehr aufschlußreich. Dies dürfte nicht nur für Musikwissenschaftler interessant sein, sondern für jeden, der sich hörend oder spielend mit den Klaviersonaten Ludwig van Beethovens auseinandersetzt.

Abkürzungen

SV	SV - Nummer	Hans Schmidt: *Verzeichnis der Skizzen Beethovens*
JTW	Seite	Douglas P. Johnson / Alan Tyson / Robert Winter: *The Beethoven Sketchbooks*
AND	Brief - Nummer	Emily Anderson: *The Letters of Beethoven*
KK	Brief - Nummer	Kastner, Emerich / Kapp, Julius: *Ludwig van Beethovens sämtliche Briefe*
KU	Seite	Stefan Kunze: *Ludwig van Beethoven: Die Werke im Spiegel seiner Zeit*
StPK	Staatsbibliothek der Stiftung Preußischer Kulturbesitz	
DStB	Deutsche Staatsbibliothek Berlin	
PrStB	Ehemalige Preußische Staatsbibliothek (zur Zeit in Krakau)	

Opus 2 Nr. 1, f-Moll

Entstehungszeit: Frühjahr 1795 wahrscheinlich abgeschlossen.
Skizzen: Wien, Gesellschaft der Musikfreunde: A 31, Skizzenblatt – Moskau, Staatl. M. J. Glinka-Zentralmuseum für Musikkultur: SV 344, Skizzenblatt (1. Satz) – Belgischer Sammler Tonnelier: Skizzenblatt (Prod' homme: Klaviersonaten, Seite 42 ff., keine SV-Nummer).
Originalausgabe: Wien, Artaria, März 1796.

Opus 2 Nr. 2, A-Dur

Entstehungszeit: Frühjahr 1795 wahrscheinlich abgeschlossen.
Skizzen: Berlin StPK: aut. 28 (Fischhof-Skizzensammlung), Bl. 25 r (1. Satz).
Originalausgabe: Wien, Artaria, März 1796.

Opus 2 Nr. 3, C-Dur

Entstehungszeit: Frühjahr 1795 wahrscheinlich abgeschlossen.
Skizzen: Berlin StPK: aut. 28 (Fischhof-Skizzensammlung), Bl. 21 r (1. Satz ?).
Originalausgabe: Wien, Artaria, März 1796.

Opus 49 Nr. 1, g-Moll

Entstehungszeit: Entwürfe 1795/96, 1798 abgeschlossen.
Skizzen: London, British Library: Add. Ms 129801 (Kafkascher Skizzenband: Bl. 38 r-162 v), Bl. 41 r (2. Satz); Bl. 66 (1. Satz); Bl. 106.
Originalausgabe: Wien, Bureau d' Arts et d' Industrie, Januar 1805.

Opus 49 Nr. 2, G-Dur

Entstehungszeit: wahrscheinlich 1796.
Skizzen: London, British Library: Add. Ms 129801 (Kafkascher Skizzenband), Bl. 106 r, 106 v.
Originalausgabe: Wien, Bureau d' Arts et d' Industrie, Januar 1805.

Opus 7, Es-Dur

Entstehungszeit: 1796/97.
Skizzen: Berlin StPK: aut. 28 (Fischhof-Skizzensammlung), Bl. 27 r (Finale) – London, British Library: Add. Ms 29801 (Kafkascher Skizzenband), Bl. 58 r, 58 v, Bl. 60 r (Andante).
Originalausgabe: Wien, Artaria, Oktober 1797.
Zeitgenössische Rezensionen: Zeitung für die elegante Welt, Jg. 6, 1806, Sp. 572 f.
"Endlich schließt diese Sonate mit einem sanften gefälligen Rondo, ohne den feurigen Affekt ganz zu verleugnen, welcher in einem Minore (C moll) sogar ins Wilde übergeht, bis sich das erschöpfte Herz nach und nach in Ruhe einwiegt." (KU Seite 15)

Opus 10 Nr. 1, c-Moll

Entstehungszeit: 1796 bis Mitte 1798.
Skizzen: Berlin StPK: aut. 28 (Fischhof-Skizzensammlung), Bl. 7 r (1. Satz); Bl. 24 r (2. Satz); Bl. 27 v, 29 r (Finale) – Berlin DStB: Grasnick 1, Skizzenbuch, Bl. 17 v (Intermezzo).
Originalausgabe: Wien, Joseph Eder, September 1798.

Opus 10 Nr. 2, F-Dur

Entstehungszeit: 1796 bis Mitte 1798.
Originalausgabe: Wien, Joseph Eder, September 1798.

Opus 10 Nr. 3, D-Dur

Entstehungszeit: 1796 bis Mitte 1798.
Skizzen: Berlin StPK: aut. 28 (Fischhof-Skizzensammlung), Bl. 45 v (1. Satz), Bl. 44 r, 44 v, 45 r. (2. Satz), Bl. 30 v (Finale) – London, British Library: Add. Ms 29801 (Kafkascher Skizzenband), Bl. 90 r, 102 v, 156 v (2. und 3. Satz); Bl. 155 v, 157 r (3. Satz).
Originalausgabe: Wien, Joseph Eder, September 1798.
Zeitgenössische Rezensionen: Allgemeine musikalische Zeitung, Leipzig, 1798, Sp. 25-27: *"Dafür muss Rec. den Lesern einen hübschen Gedanken zum Besten geben, der ihm viel Freude gemacht hat. ... Der Bass ergreift den Nachhall des vorigen Satzes, canonisch* [T. 100 f.] *... und nun führt sich folgende bedeutende Harmonie in syncopirter Bewegung in aller Kürze und Stille höchst erfreulich durch* [T. 102 ff.] *..., worauf denn der Schluss in chromatisirenden Sechzehntheilläufen auf und ab in andern Figuren, während der Bass immer noch bey den vorigen kurzen Sätzen bleibt, womit das Rondo anhub, mit etwas herber Gewalt durchgetrieben wird."* (KU 17)

Opus 13, c-Moll

Entstehungszeit: 1798/99.
Skizzen: Berlin StPK: aut. 28 (Fischhof-Skizzensammlung), Bl. 41 v (Finale) – Berlin StPK: Landsberg 7, Notierungsbuch F 91, S. 49 (1. Satz) – London, British Library: Add. Ms 29801 (Kafkascher Skizzenband): Bl. 66 r (Finale).
Originalausgabe: Wien, Hoffmeister, 1799.
Zeitgenössische Rezensionen: Allgemeine musikalische Zeitung, 1800, Sp. 373 f.: *"Das Einzige, was Recensent einem Beethoven, der wohl selber erfinden, und neu seyn kann, wenn er will, gerade nicht als Tadel, nur als Wunsch mehrerer Vollkommenheit anrechnen möchte, wäre, dass das Thema vom Rondo zu viel von einer Reminiscenz an sich hat."* (KU 19)

Opus 14 Nr. 1, E-Dur

Entstehungszeit: 1798/99.
Skizzen: Berlin StPK: aut. 28 (Fischhof-Skizzensammlung), Bl. 31 r (1. Satz), Bl. 31 v (2. Satz?) – London, British Library: Add. Ms 29801 (Kafkascher Skizzenband), Bl. 64 r, 65 v, 121 r-122 r – Grasnick I (Folio A, Quadrant 36): 1) Stockholm, Kungl. Musikaliska Akademiens Bibliothek: SV 375, Skizzenblatt (1. Satz); 2) Washington, Library of Congress (nicht in SV); 3) Stockholm, Stiftelsen Musikkulturens främjande (nicht in SV).
Originalausgabe: Wien, T. Mollo & Comp., Dezember 1799.
Briefe: An Breitkopf & Härtel in Leipzig, Wien, 13. Juli 1802 *"... Ich habe eine einzige Sonate von mir in ein Quartett für G* [eigen-] *I* [nstrumente] *verwandelt, worum man mich so sehr bat, und ich weiß gewiß, das macht mir nicht so leicht ein anderer nach."* (KK 61, AND 59)

Opus 14 Nr. 2, G -Dur

Entstehungszeit: 1798 / 99.
Originalausgabe: Wien, T. Mollo & Comp., Dezember 1799.

Opus 22, B - Dur

Entstehungszeit: 1799 / 1800 (vor allem Sommer 1800 in Unterdöbling).
Skizzen: Berlin StPK: aut. 19 e, Skizzen, Bl. 27 v - 28 v (2. Satz), Bl. 13 v, 15 v, 22 v - 24 r (Finale) [die verschiedenen Zählungen siehe JTW S. 98] - Bonn, Beethovenhaus, Sammlung H. C. Bodmer: BSk 25 / 73, zwei Skizzenblätter - Paris, Bibliothèque Nationale: Ms 71, Skizzenblatt (1. Satz und Finale) - Toscanini - Horowitz (2. und 4. Satz).
Originalausgabe: Wien/Leipzig, Hoffmeister & Comp., März 1802.
Briefe: An Franz Anton Hofmeister in Leipzig, Wien, 15. Dezember 1800, *"... Ich will in der Kürze also hersetzen, was der Herr Bruder von mir haben könnte: 1. ein Septett* [op. 20] *per il violino, viola, violoncello, contra - Bass, clarinett, corno, fagotto; – tutti obligati. (Ich kann gar nichts unobligates schreiben, weil ich schon mit einem obligaten Akkompagnement auf die Welt gekommen bin.) ... – 2. eine große Symphonie mit vollständigem Orchester* [op. 21]. *– 3. ein Konzert für Klavier* [op. 19], *welches ich zwar für keins von meinen besten ausgebe, ... – 4. eine große Solosonate* [op. 22]. *– Das ist alles, was ich in diesem Augenblick hergeben kann; ..."* (KK 42, AND 41)
An Franz Anton Hofmeister in Leipzig, Wien, am 15. (oder so etwas dergleichen) Jenner 1801 *"... Daß Sie Sebastian Bachs Werke herausgeben wollen, ist etwas, was meinem Herzen, das ganz für die hohe große Kunst dieses Urvaters der Harmonie schlägt, recht wohl tut und ich bald in vollem Laufe zu sehen wünsche; ...Für jetzt trage ich Ihnen folgende Sachen an: Septett* [op. 20], *... 20 Duk., Symphonie* [op. 21] *20 Duk., Konzert* [op. 19] *10 Duk., große Solosonate* [op. 22] *Allegro, Adagio, Minuetto, Rondo 20 Duk. Diese Sonate hat sich gewaschen, geliebtester Herr Bruder! Nun zur Erläuterung: Sie werden sich vielleicht wundern, daß ich hier keinen Unterschied zwischen Sonate, Septett, Symphonie mache; weil ich finde, daß ein Septett oder Symphonie nicht so viel Abgang findet als eine Sonate, deswegen tue ich das, obschon eine Symphonie unstreitig mehr gelten soll. ..."* (KK 43, AND 44)
Zeitgenössische Rezensionen: Zeitung der eleganten Welt, Jg. 7, 1807, Sp. 997: *"Das Rondo Allegretto, mit dem die Sonate schließt, hat etwas Gefälliges, Einschmeichelndes zum Hauptcharakter, und behauptet sich darin trotz der Gewalt einiger wilden Ausbrüche, die in dieser Musik gegen den schönen lieblichen Gesang des Thema kontrastiren."* (KU 23)

Opus 26, As - Dur

Entstehungszeit: 1800 / 01.
Skizzen: Berlin StPK: Landsberg 7, S. 56, 158 - 180 (1. Satz), S. 180 (2. Satz), S. 56, 57, 132 - 137 (3. Satz), S. 21, 54, 56, 159 (Finale).
Autograph: Berlin PrStB – zur Zeit: Kraków, Biblioteka Jagiellońska.
Originalausgabe: Wien, Jean Cappi, März 1802.

Opus 27 Nr. 1, Es-Dur

Entstehungszeit: 1800 / 01.
Skizzen: Berlin StPK: Landsberg 7, S. 103, 137 (1. Satz); S. 138 (2., 4. Satz).
Originalausgabe: Wien, Giovanni Cappi, März 1802.
Zeitgenössische Rezensionen: Allgemeine musikalische Zeitung, 1802, Sp. 650 ff.: In op. 27 Nr. 1 *"haben dem Rec. ganz vorzüglich die ersten drey Sätze, bis S. 5, gefallen; das kurze Presto am Ende des Ganzen hat auf ihn aber keinen guten, und ohngefähr denselben Effekt gemacht, wie der gewöhnliche rauschende Schluss bey in das Grosse gearbeiteten italienischen Opernarien."* (KU 25)

Opus 27 Nr. 2, cis-Moll

Entstehungszeit: 1801.
Skizzen: Sauer-Skizzen (siehe JTW 120): Bonn, Beethovenhaus, Sammlung H. C. Bodmer: Mh 66, Skizzenblatt (3. Satz) – Modena, Biblioteca Estense: Skizzenblatt (nicht in SV) – Cambridge, Fitzwilliam Museum: SV 314, Skizzenblatt (Finale) – Lake Forest, Harold Hutcheson: SV 333, Skizzenblatt (Finale) – Bern, Konsul Fritz Hunziker: SV 309, Skizzenblatt (Finale).
Autograph: Bonn, Beethovenhaus.
Originalausgabe: Wien, Giovanni Cappi, März 1802.
Zeitgenössische Rezensionen: Allgemeine musikalische Zeitung, 1802, Sp. 650 ff.: *"Es ist wohl nicht möglich, dass irgend ein Mensch, dem die Natur nicht die innere Musik versagt hat, nicht sollte durch das erste Adagio ... ergriffen und allmählig immer höher geleitet, und dann durch das Presto agitato so innig bewegt und so hoch gehoben werden, als er durch freye Klaviermusik nur zu heben ist. Mit vollkommnen Grund sind diese beyden Hauptsätze in dem schauerlichen Cis moll geschrieben."* (KU 25)

Opus 28, D-Dur

Entstehungszeit: 1801.
Skizzen: Sauer-Skizzen (siehe JTW 120): Bonn, Beethovenhaus, Sammlung H. C. Bodmer: Mh 68, Skizzenblatt (1. Satz) – Bonn, Beethovenhaus, Sammlung H. C. Bodmer: BSk 10 / 58, Skizzenblatt, recto (Exp. 1. Satz), verso (frühe Ideen zu 2. und 4. Satz) – Berlin, DStB: aut. 31, Skizzenblatt (Finale, 1. Satz) – Wien, Stadtbibliothek: MH 4169, Skizzenblatt (1. und 2. Satz) – Moldenhauer Archives, Spokane, Wash. (nicht in SV) – SV 380, Skizzenblatt (3., 4. Satz), Stockholm, Stiftelsen Musikkulturens fräjande – Genf, Bibliotheca Bodmeriana: SV 325, Skizzenblatt (Finale).
Autograph: Bonn, Beethovenhaus.
Originalausgabe: Wien, Bureau d'Arts et d' Industrie, August 1802.

Opus 31 Nr. 1, G-Dur

Entstehungszeit: 1801 / 02.
Skizzen: Wien, Gesellschaft der Musikfreunde: A 34, Skizzenbuch (Kessler), Bl. 88 r, 91 v-92 r, 93 v-95 v (1. Satz), 92 v, 95 r-96 v (2. Satz), 93 r (3. Satz).
Originalausgabe: Zürich, Hans Georg Nägeli, April 1803, und zwar zusammen mit op. 31 Nr. 2. in "Suite du Répertoire des Clavecinistes".

Briefe: An Ferdinand Ries, Wien, Juni 1803: *"Seien sie so gut und ziehen Sie die Fehler aus und schicken das Verzeichnis davon gleich an Simrock mit dem Zusatze, daß er nur machen soll, daß sie bald erscheine, ..."* (KK 78, AND 76).
An Ferdinand Ries, Wien, Juni 1803 *"Ich muß Sie noch einmal bitten um das widerwärtige Geschäft, die Fehler der Zürichschen Sonate* (op. 31 Nr. 1 und 2) *ins Reine zu schreiben und dem Simrock zu schicken; ..."* (KK 79, AND 77)

Opus 31 Nr. 2, d-Moll

Entstehungszeit: 1801/02.
Skizzen: Wien, Gesellschaft der Musikfreunde: A 34, Skizzenbuch (Kessler), Bl. 65v (1. Satz), Bl. 95r-95v (3. Satz, a-moll).
Briefe: siehe op. 31 Nr. 1.

Opus 31 Nr. 3, Es-Dur

Entstehungszeit: 1801/02.
Skizzen: Moskau, Staatl. M. J. Glinka-Zentralmuseum für Musikkultur: SV 343, Skizzenbuch (Wielhorski), S. 1-11 (Finale: S. 1 und 8-11).
Originalausgabe: Zürich, Hans Georg Nägeli, Mai bis Juni 1804 in "Suite du Répertoire des Clavecinistes".

Opus 53, C-Dur

Entstehungszeit: 1803/04.
Skizzen: Ehem. Berlin, Preussische Staatsbibliothek – zur Zeit noch: Kraków, Biblioteka Jagiellońska: Landsberg 6, Skizzenbuch E 90, S. 120, 122-124, 126-132 (1. Satz), S. 121, 125, 127, 132-137 (2. Satz), S. 126, 134, 136-145 (Finalsatz).
Autograph: Bonn, Beethovenhaus, Sammlung H. C. Bodmer.
Originalausgabe: Wien, Bureau des Arts et d' Industrie, Mai 1805 – Die Adagio-Einleitung zum Rondo (Bl. 14 und 15) ist mit anderer Tinte geschrieben und erweist sich als spätere Einfügung (Kinsky/Halm S. 125). Das Andante in F (WoO 57), das ursprünglich vorgesehen war als langsamer Satz der Waldsteinsonate op. 53, wurde veröffentlicht im September 1805 vom Bureau des Arts et d' Industrie ... Beethoven nannte es 'Andante favori' (AND S. 135).
Briefe: An Breitkopf & Härtel in Leipzig, Wien, 26. August 1804 *"... Ich sage Ihnen daher nur kurz, was ich Ihnen geben kann: mein Oratorium* ['Christus am Ölberge' op. 85]; *eine neue große Symphonie* [3. Sinfonie op. 55]; *ein Konzertant für Violon, Violoncello und Pianoforte mit dem ganzen Orchester* [op. 56]; *drei neue Solosonaten* [op. 53, op. 54 und op. 57]." (KK 101, AND 96).
An Breitkopf & Härtel, Leipzig, Wien, 18. April 1805 *"Ich bedaure selbst recht sehr, daß ich Ihnen die beiden noch für Sie bestimmten Stücke* [op. 56 und op. 57] *bis jetzt nicht schicken konnte. ... Indessen muß ich, da ohnedem Sie durch nichts gehindert sind, den Stich der bereits empfangenen Werke sogleich anzufangen, mit Nachdruck darauf bestehen, daß die Symphonie* [op. 55] *und die zwei Sonaten* [op. 53 und op. 54] *ganz sicher nach Verlauf von zwei Monaten erscheinen."* (KK 110, AND 111)

Zeitgenössische Rezensionen: Berliner Allgemeine Musikalische Zeitung, Jg. 3, 1826, S. 155: "*... mit dem Frühlings-Odem des zweiten Satzes, der wie aus seeligen Gefilden herüber lächelt: ... ein Thema, wie ein Thautropfe an der jungen Rose, in dem sich eine kleine Welt abspiegelt, sanfte, abendliche Zephyre bewegen ihn, und drohen, ihn abzuküssen; er verlängert sich wol, quillt aber nur desto voller hervor, und wird stets wieder ergänzt, selbst wenn er entfällt.*" (KU 48)

Opus 54, F-Dur

Entstehungszeit: 1804.
Skizzen: Berlin StPK: Mendelssohn 15, Skizzenbuch, S. 8-10, 12-14 und 18-21.
Originalausgabe: Wien, Bureau des Arts et d' Industrie, April 1806.

Opus 57, f-Moll

Entstehungszeit: 1804/05.
Skizzen: Berlin StPK: Mendelssohn 15, Skizzenbuch, S. 182, 187-198 u. 203 (Finale: S. 191 und 195).
Autograph: Paris, Bibliothèque Nationale.
Originalausgabe: Wien, Bureau des Arts et d' Industrie, Februar 1807.
Zeitgenössische Rezensionen: Allgemeine musikalische Zeitung, 1807, Sp. 433 ff.: "*Eben so seelenvoll, aber zugleich mit grosser Kraft, gediegener Kunst und meisterlicher Sicherheit ist das herrlich ausgeführte, charakteristische Finale geschrieben. Hier findet sich auch nichts von dem Zerhackten, Forcierten, das mehrere andere B. sche Finalen von solcher Lebendigkeit und Stärke zeigen. ... Uebrigens wird durch die ganze Sonate das Pianoforte, und zwar sehr häufig, bis viergestrichen C gebraucht.*" (KU 71)

Opus 78, Fis-Dur

Entstehungszeit: 1809.
Autograph: Bonn, Beethovenhaus, Sammlung H. C. Bodmer.
Briefe: An Breitkopf & Härtel, Wien, 19. Wein-Monat [September] 1809: "*Ich gebe mich nicht gern mit Klavier-Solosonaten ab, doch verspreche ich Ihnen einige. Wissen Sie denn schon, daß ich Mitglied der Gesellschaft schöner Künste und Wissenschaften geworden bin? Also doch einen Titel, haha, das macht mich lachen. ...*" (KK 208, AND 226)
Originalausgabe: Leipzig, Breitkopf & Härtel, November 1810.

Opus 79, G-Dur

Entstehungszeit: 1809.
Skizzen: Berlin, DStB: Landsberg 5, Notierungsbuch B 61, S. 75, 97 (1. Satz).
Autograph: Bonn, Beethovenhaus, Sammlung H. C. Bodmer.
Originalausgabe: Leipzig, Breitkopf & Härtel, November 1810.
Briefe: An Breitkopf & Härtel, 21. Sommermonat [August] 1810: "*... was die zwei Sonaten* [op. 78 und op. 79] *angeht, so geben Sie jede allein heraus; oder wollen Sie sie zusammen herausgeben, so setzen Sie auf die aus dem G-dur Sonatine facile oder Sonatine, welches Sie auch tun können im Fall Sie sie* [nicht] *zusammen herausgeben ...*" (KK 255, AND 272).

Opus 81 a, Es-Dur

Entstehungszeit: 1809/10.
Skizzen: Berlin DStB: Landsberg 5, Notierungsbuch B 61, S. 42-45 (1. Satz), S. 86 (2. und 3. Satz).
Autograph: Wien, Gesellschaft der Musikfreunde.
Originalausgabe: Leipzig, Breitkopf & Härtel, Juli 1811.
Briefe: An Breitkopf & Härtel in Leipzig, Wien, 6. Mai [1811]: *"Fehler - Fehler! Sie sind selbst ein einziger Fehler! Da muß ich meinen Kopisten hinschicken, dort muß ich selbst hin, wenn ich will, daß meine Werke nicht als bloßer Fehler erscheinen ... Die Fantasie* [op. 80] *ist schon fort, auch die Sonate* [op. 81 a] *geht morgen fort von hier. Fehlen Sie so viel sie wollen, lassen Sie so viel fehlen sie Sie wollen - Sie sind bei mit doch hochgeschätzt, dies ist ja der Gebrauch bei den Menschen, daß man sie, weil nicht noch größere Fehler gemacht haben, schätzt. Ihr ergebenster Diener Beethoven."* (KK 272, AND 306)
An den Erzherzog Rudolf [Wien, im Juli] 1811 *"Ihro Kaiserliche Hoheit! Nehmen die mir erlaubte Didikation gnädig auf ..."* (KK 275, AND 321)
An Breitkopf & Härtel in Leipzig, Wien, am 9. Oktober 1811. *"Ich sehe, daß Sie doch auch andre E* [xemplare] *mit französischem Titel* [herausgegeben haben]. *Warum denn? 'Lebewohl' ist was ganz anderes als 'les adieux', das erstere sagt man nur einem herzlich allein, das andre einer ganzen Versammlung, ganzen Städten ... Re-re-re-re-re-zen-zen-si-si-si-si-siert-siert - nicht bis in alle Ewigkeit, das könnt Ihr nicht. ...* (KK 291, AND 325)
Zeitgenössische Rezensionen: Allgemeine musikalische Zeitung, 1812, Sp. 67 f.: *"... und ein überraschendes, sehr lebendiges und freudenvolles Allegro, das ziemlich breit ausgeführt wird, bezeichnet das Wiedersehen."* (KU 218)

Opus 90, e-Moll

Entstehungszeit: 1814.
Skizzen: Wien, Gesellschaft der Musikfreunde: A 40, Dessauer Skizzenbuch (siehe JTW 224 ff.), S. 128-31, 137 (1. Satz), S. 132-133, 137-138 (Frühes zu 2. Satz) - Wien, Gesellschaft der Musikfreunde: A 36, Skizzenbuch, S. 62 - Berlin DStB: Landsberg 12, Notierungen W 30, S. 29-31 (2. Satz).
Autograph: Bonn, Beethovenhaus (1991/92 erworben), *"am 16ten august 1814, Von ludwig van Beethoven".*
Originalausgabe: Wien, S. A. Steiner, Juni 1815.
Briefe: An Graf Moritz von Lichnowsky in Wien, Baden, am 21. September 1814. *" ..., daß bald eine Sonate von mir erscheinen wird, die ich Ihnen gewidmet; ich wollte Sie überraschen, denn längst war die Dedikation Ihnen bestimmt ... Keines neuen Anlasses brauchte es, um Ihnen meine Gefühle für Ihre Freundschaft und Wohlwollen öffentlich darzulegen."* (KK 460, AND 498)
Zeitgenössische Rezensionen: Allgemeine musikalische Zeitung, 1816, Sp. 60 f.: *"... die Sonate bestehet (leider) nur aus zwey Sätzen: einem affectvollen, im Tempo nicht zu übertreibenden Allegro, Dreyvierteltakt, E moll, und einem sehr singbaren, ebenfalls ja nicht zu geschwind zu nehmenden Rondo, Zweyvierteltakt, E dur."* (KU 267)

Opus 101, A-Dur

Entstehungszeit: 1813-1816 (vor allem Sommer 1816).
Skizzen: aut 11, Skizzenbuch, Berlin StPK: 1. Heft Bl. 3r-16r (Finale) – Mh 91, Skizzenblatt: Bonn, Beethovenhaus – Ms 78 und Ms 103, Skizzenblätter (2. und 3. Satz, Coda): Paris, Bibliothèque Nationale – SV 364, Skizzenbuch (Miller), Princeton, Library of William Scheide: S. 76-85 (Finale: S. 56, 77, 79, 80, 82?).
Autograph: in deutschem Privatbesitz, *"November 1816"*.
Originalausgabe: Wien, S. A. Steiner & Comp., Februar 1817.
Briefe: An Sigmund Anton Steiner, Wien, am 23. Januar 1817. *"Publicandum. Wir haben nach eigener Prüfung und nach Anhörung unsers Conseils beschlossen und beschließen, daß hierfüro auf allen unseren Werken, wozu der Titel deutsch, statt Pianoforte Hammerklavier gesetzt werde ..., womit es sein Abkommen einmal für allemal hiermit hat. ..."* (KK 700, AND 737).
An Tobias Haslinger, Wien, Januar 1817 *"Im letzten Stück wünsche ich, daß bei der Stelle, wo das Contra E eintritt, bei den 4 Akkorden die Buchstaben hinzugesetzt werden, nämlich* E E E E E
A Fis Gis A h
E E E E E ..."
(KK 681, AND 747)
Zeitgenössische Rezensionen: Allgemeine musikalische Zeitung mit besonderer Rücksicht auf den österreichischen Kaiserstaat, Jg. 1, 1817, Sp. 65 f.: *"Nach einer rhapsodischen Wiederhohlung einiger Tacte des ersten Stücks A dur 6/8 tritt das Schluss-Allegro in 2/4 ein, ..."* (KU 341).

Opus 106, B-Dur

Entstehungszeit: 1817/18.
Skizzen: Berlin, StPK: (siehe auch JTW S. 535) Artaria 136 (3. Satz) – Berlin, StPK: aut 58, Skizzenblatt (Fuge des Finales) – Berlin, DStB: Grasnick 20 b (Notierungen U), Bl. 3r-8v u. 11r-12v (Fuge) – Berlin, DStB: Landsberg 9 (Notierungsbuch Q 38), S. 1 - 17 (4. Satz) – Berlin, PrStB: SV 71, Skizzenbuch Boldrini, S. 18-88 (1. Satz); S. 75-128 (2. Satz); S. 116-127 (3. Satz) – Bonn, Beethovenhaus, Sammlung H. C. Bodmer: Mh 91, Skizzenblatt – Bonn, Beethovenhaus, Sammlung H. C. Bodmer: Mh 93, zwei Skizzenblätter (3. und 4. Satz) – Bonn, Beethovenhaus, Sammlung H. C. Bodmer: Mh 94, zwei Skizzenblätter (4. Satz) – Bonn, Beethovenhaus, Sammlung H. C. Bodmer: BSk 6/54, Skizzenblatt (Finale) – Bonn, Beethovenhaus, Sammlung H. C. Bodmer: BSk 8/56, Skizzenblatt (2. Satz) – Wien, Gesellschaft der Musikfreunde: A 44, Skizzenblätter – Wien, Gesellschaft der Musikfreunde: A 45, Skizzenblätter – Cambridge, Fitzwilliam Museum: SV 313, Skizzenblatt (3. Satz) – Genf, Bibliotheca Bodmeriana: SV 323, zwei Skizzenblätter – Princeton, Library of William Scheide: SV 365, Skizzenblätter, Bl. 2r - 3v, 4v, 5r u. 6r (Finale); Bl. 3v (2. Satz) und Abschrift der Fuge (B-Dur) aus Johann Sebastians Bachs Wohltemperiertem Klavier, 2. Teil: Bl. 5v – Washington, Library of Congress: SV 385, Skizzenblätter (Fuge) – Bonn, Beethovenhaus, Sammlung H. C. Bodmer: Korrekturenblatt.

Originalausgabe: Wien, Artaria, September 1819.
Briefe: An Artaria & Co. in Wien, Mödling, 31. August [1819] *"Der Titel* ['Große Sonate für das Hammerklavier'] *ist gut und kann nach Guttenbrun, nach Othaheite* [Tahiti], *Calcutta, Pondicheri und nicht minder Grönland und Nordamerika gesendet werden. ..."* (AND 962).

Opus 109, E-Dur

Entstehungszeit: 1820.
Skizzen: Berlin StPK: Artaria 195 (Skizzenbuch C), S. 35-50, 51-52?, 55, 79 (2. Satz), S. 36-37, 50-73, 75, 78 (3. Satz) - Berlin StPK: Artaria 197 (Skizzenbuch D), S. 29 (1. Satz), S. 1 (2. Satz), S. 1, 28, 47 (3. Satz) - Berlin DStB: Grasnick 20 b, Notierungen U, Bl. 3r - 5v (1. Satz) - Bonn, Beethovenhaus: Skizzenbuch BH 107, S. 39-41 u. 43 (1. Satz) - Wien, Gesellschaft der Musikfreunde: A 47, Skizzen (Finale).
Autograph: Washington, Library of Congress.
Originalausgabe: Berlin, Schlesinger/Wien, Artaria & Co., Cappi & Diabelli, Steiner & Co., November 1821.
Briefe: An Adolf Martin Schlesinger in Berlin, Wien, 20. September 1820: *"Mit den 3 Sonaten wird es schneller gehen; die erste ist fast bis zur Correctur ganz fertig, und an den beyden lezten arbeite ich jezt ohne Aufschub; - Meine Gesundheit ist wieder ganz hergestellt, und ich werde bemüht sein, baldigst meine Verbindlichkeit gegen Sie zu erfüllen."* (Weise 28, AND 1033)

Opus 110, As-Dur

Entstehungszeit: 1821.
Skizzen: Berlin StPK: Artaria 197 (Skizzenbuch D), S. 64, 65, 71, 72, 73, 74, 78 ?, 79 ? (1. Satz), S. 74, 75, 85 (2. Satz), S. 65, 69, 71, 83, 84, 86, 87, 88 (3. Satz) - Berlin StPK: Artaria 201 (Skizzenbuch E), Variante im 2. Satz: S. 78-79 - Bonn, Beethovenhaus, Sammlung H. C. Bodmer: Mh 91, Skizzenblatt - Paris, Bibliothèque Nationale: Ms 51, Skizzenblatt - Paris, Bibliothèque Nationale: Ms 55, Skizzenblatt (2. Satz) - Wien, Gesellschaft der Musikfreunde: A 48, zwei Skizzenblätter.
Autographe: Berlin StPK, *"am 25 ten decemb. 1821."* - Bonn, Beethovenhaus, Sammlung H. C. Bodmer: Reinschrift des letzten Satzes (Adagio und Fuge) im Anschluß an die 1822 vorgenommene Umarbeitung.
Originalausgabe: Wien, Berlin, Paris, London, Juli 1822.

Opus 111, c-Moll

Entstehungszeit: 1821/22.
Skizzen: Berlin StPK: Artaria 197 (Skizzenbuch D), S. 76 (1. Satz) - Berlin StPK: Artaria 201 (Skizzenbuch E), S. 1-21 (1. Satz), S. 22-62 (2. Satz) - Paris, Bibliothèque Nationale: Ms 51, Skizzenblätter - Wien, Gesellschaft der Musikfreunde: A 48, zwei Skizzenblätter (1. Satz).
Autographe: 1) Bonn, Beethovenhaus, Sammlung H. C. Bodmer (1. Satz), 2) Berlin, Deutsche Staatsbibliothek.
Originalausgabe: Paris, Maurice Schlesinger, 1822.

Literatur

Verzeichnisse

Kinsky, Klaus / Halm, Hans: *Thematisch-Bibliographisches Verzeichnis aller vollendeten Werke Ludwig van Beethovens, vollendet und herausgegeben von Hans Halm,* München/Duisburg 1955 – *Addenda und Corrigenda* von Kurt Dorfmüller, in: Beiträge zur Beethoven-Bibliographie, München 1978, S. 283-403.

Schmidt, Hans: *Verzeichnis der Skizzen Beethovens,* Bonn Beethovenhaus 1969, in: Beethoven-Jahrbuch 1965 / 68, S. 7-128.

Schmidt, Hans: *Die Beethovenhandschriften des Beethovenhauses in Bonn,* in: Beethoven-Jahrbuch 1969-70.

Klaviersonaten Beethovens

Badura-Skoda, Paul / Demus, Jörg: *Die Klaviersonaten von Ludwig van Beethoven,* Wiesbaden 1970.

Behrend, William: *Ludwig van Beethovens Klaviersonaten,* Kopenhagen 1924.

Blom, Eric: *Beethoven's Pianoforte Sonatas Discussed,* New York 1968, Reprint von: New York/London 1938.

Dreyfuß, Kay: *Beethoven' s Last five Piano Sonatas: A Study in Analytical Method.* diss., University of Melbourne 1971 (Fotokopie im Beethovenhaus Bonn).

Elterlein, Ernst von: *Beethoven's Clavier-Sonaten,* Leipzig 1856.

Fischer, Edwin: *Ludwig van Beethovens Klaviersonaten. Ein Begleiter für Studierende und Liebhaber,* Wiesbaden 1956.

Kaiser, Joachim: *Beethovens 32 Klaviersonaten und ihre Interpreten,* Frankfurt 1975.

Nagel, Willibald: *Beethoven und seine Klaviersonaten,* Erster Band, Langensalza 1903 ; Zweiter Band, ebd. ^{2}1924 (1905).

Peters, Illo: *Beethovens Klaviermusik,* Berlin 1925.

Prod'homme, Jacques-Gabriel: *Die Klaviersonaten Beethovens.* Aus dem Französischen ins Deutsche übersetzt von Wilhelm Kuhlmann, Wiesbaden 1948.

Riemann, Hugo: *Ludwig van Beethovens sämtliche Klavier- Solosonaten. Ästhetische und formaltechnische Analyse mit historischen Notizen,* I. Band, Berlin ^{3}1919; II. Band, ebd. ^{3}1920; III. Band, ebd. ^{2}1920.

Reinecke, Carl: *Die Beethoven'schen Clavier-Sonaten, Briefe an eine Freundin,* Leipzig ^{5}1909 (^{1}1894).

Rosenberg, Richard: *Die Klaviersonaten Ludwig van Beethovens. Studien über Form und Vortrag,* I. und II. Band, Olten / Lausanne 1957.

Schenker, Heinrich: *Die letzten Sonaten von Beethoven. Kritische Ausgabe mit Einführung und Erläuterung* (op. 101, op. 109, op. 110, op. 111) Wien 1913-1920. Neuausgabe Wien 1971 / 72.

Schmidt-Görg, Joseph / Schmidt, Hans: *Ludwig van Beethoven,* Braunschweig 1969, Kapitel *"Werke für Klavier"* von Hans Schmidt, S. 157-188.

Tovey, Donald Francis: *A Companion to Beethoven's Pianoforte Sonatas: Complete Analyses,* New York AMS Press 1976, XIV, Reprint von: London 1931.

Uhde, Jürgen: *Beethovens Klaviermusik,* Band 2: Sonaten 1-15; Band 3: Sonaten 16-32; Stuttgart 1970 / 1974.

Volbach, Fritz: *Die Klaviersonaten Beethovens. Ein Buch für Jedermann.* Köln 1919.

Komposition / Formenlehre / Analyse

Bauer, Moritz: *Formprobleme des späten Beethovens*, in: Zeitschrift für Musikwissenschaft IX, 1926/27, S. 341-348.

Czerny, Carl: *School of Practical Composition*, Opus 600, London 1849.

Dahlhaus, Carl: *Eine wenig beachtete Formidee. Zur Interpretation einiger Beethoven-Sonaten*, 1984, in: Festschrift Hans Heinrich Eggebrecht, Stuttgart, Steiner 1984 (= Beihefte zum Archiv für Musikwissenschaft 23), S. 248-256.

d' Indy, Vincent: *Cours de composition musicale*, Paris 1909.

Dommer, Arrey von: *H. Ch. Koch's Musikalisches Lexikon. Zweite durchaus umgearbeitete und vermehrte Auflage von Arrey von Dommer*, Heidelberg 1865.

Erpf, Hermann: *Form und Struktur in der Musik*, Mainz 1967.

Fischer, Kurt von: *Die Beziehungen von Form und Motiv in Beethovens Instrumentalwerken*, Straßburg/Zürich 1948.

Hohenegger, Maximilian: *Beethovens Sonata Appassionata op. 57 im Lichte verschiedener Analysemethoden*, Diss., Wien 1991, Frankfurt 1992.

Keil, Werner: *Beethovens Klaviersonaten als Demonstrationsobjekte musikalischer Analysen*, in: Augsburger Jahrbuch 4, 1987, S. 173 ff.

Koch, Heinrich Christoph: *Versuch einer Anleitung zur Composition*, Teil I, Rudolstadt 1782; Teil II, Leipzig 1787; Teil III, Leipzig 1793.
Musikalisches Lexikon, Rudolstadt 1802.

Kühn, Clemens: *Formenlehre der Musik*, Kassel 1987.

Leichtentritt, Hugo: *Musikalische Formenlehre*, Leipzig 1911.

Lenz, Wilhelm von: *Eine Kunst-Studie, Theil 3-5: Kritischer Katalog sämtlicher Werke Ludwig van Beethovens mit Analysen derselben*, Hamburg 1860.

Markiewicz, Leon: *Formkreuzungen bei Beethoven*, in: Beethoven-Kongress Berlin 1970, S. 359-364.

Marx, Adolf Bernhard: *Die Lehre von der musikalischen Komposition. III. Theil*, Leipzig [2]1848.

Mersmann, Hans: *Beethovens zyklisches Formprinzip*, in: Kongressbericht Wien 1927, S. 52-54.

Prout, Ebenezer: *Applied Forms, a sequel to 'musical form'*, London [8] 1895.

Ratz, Erwin: *Einführung in die musikalische Formenlehre. Über Formprinzipien in den Inventionen J. S. Bachs und ihre Bedeutung für die Kompositionstechnik Beethovens*, Wien 1951.

Reicha, Anton: *Traité de haute composition musicale*, 2 vols., Chez A. Farrenc et Chez l' anteur, Paris 1824-1826.

Reicha, Anton/Czerny, Carl: *Vollständiges Lehrbuch der musikalischen Composition... von A. Reicha. Aus dem Französischen ins Deutsche übersetzt von Carl Czerny.* 5 Bände, Wien 1832.

Richter, Alfred: *Die Lehre von der Form in der Musik*, Leipzig 1904.

Riemann, Hugo: *Große Kompositionslehre*. 3 Bände in 6 Büchern, Berlin/Stuttgart 1902, 1903, 1913.

Tobel, Rudolf von: *Die Formenwelt der klassischen Instrumentalmusik*, Bern 1935.

Westphal, Kurt: *Der Begriff der musikalischen Form in der Wiener Klassik*, Leipzig 1935.

Sonate / Sonatensatzform

Bakos, Daniel Frank: *Recapitulation Preparation in Selected Sonata Form Movements by Beethoven*, Ph. Diss., The Ohio State University 1981, University Microfilms International, Michigan, Ann Arbor 1981.

Becker, Heinz: *Das modulierende Zwischenglied in der engeren Sonatenform. Beobachtungen an Beethovens Frühwerk*, in: Festschrift Georg von Dadelsen, Neuhausen-Stuttgart 1978, S. 20-32.

Broel, Wilhelm: *Die Durchführungsgestaltung in Beethovens Sonatensätzen*, Diss. Bonn 1937.

Burkholder, Reed: *A study of how the key change is made between first and second theme groups of first-movement sonata-form expositions in selected solo keyboard sonatas of the high classic era*, Phil. Diss. (masch.), University of Kentucky 1973.

Chodkowski, Andrzej: *Die Koda in der Sonatenform Beethovens*, in: Bericht über den internationalen Beethoven-Kongress 1970 in Berlin (Ost), S. 391-394.

Zu Problemen der Reprise in der Sonatenform bei Beethoven, in: Bericht über den internationalen Musikwissenschaftlichen Kongress, Bonn 1970, S. 362-364.

Dahlhaus, Carl: *Zur Theorie der Sonatenexposition*, in: Musica 40 Heft 6, 1986, S. 511-513.

Helfert, Vladimir: *Zur Entwicklungsgeschichte der Sonatenform*, in: Archiv für Musikwissenschaft VII, 1925, S. 117-146.

Herold, Egbert: *Die Durchführungstechnik in Beethovens Klaviersonaten*, Diss., Münster 1950.

Kamien, Roger: *Aspects of the recapitulation in Beethoven's Piano Sonatas*, in: The Music Forum IV, New York 1976, S. 195-235.

Klinkhammer, Rudolf: *Die langsame Einleitung in der Instrumentalmusik der Klassik und Romantik. Ein Sonderproblem in der Entwicklung der Sonatenform*, Diss. (Kölner Beiträge zur Musikforschung, Bd. 65), Regensburg 1971.

Kropfinger, Klaus: *Zur thematischen Funktion der langsamen Einleitung bei Beethoven*, in: Festschrift Schmidt-Görg, Bonn 1967, S. 197-216.

Newman, William S.: *The Sonata in the Classic Era. The second volume of a history of the sonata idea*, North Carolina, Chapel Hill 1963.

Meyer, Gabriele E.: *Untersuchungen zur Sonatensatzform bei Ludwig van Beethoven. Die Kopfsätze der Klaviersonaten op. 79 und op. 110*, München 1985.

Réti, Rudolph: *The role of Duothematicism in the Evolution of Sonata Form*, in: The Music Review 17, 1956.

Ritzel, Fred: *Die Entwicklung der "Sonatenform" im musiktheoretischen Schrifttum des 18. und 19. Jahrhunderts*, Wiesbaden ^{2}1969.

Rosen, Charles: *Sonata Forms*, New York/London, W. W. Norton & Company 1980.

Senn, Walter: *Das Hauptthema der Sonatenform in Beethovens sämtlichen Instrumentalwerken*, Diss., Wien 1927.

Shamgar, Beth: *On Locating the Retransition in Classic Sonata Form*, in: The Music Review Vol. 42, 1981, S. 130-143.

Weber, Friedrich: *Harmonischer Aufbau und Stimmführung in den Sonatensätzen der Klaviersonaten Beethovens*, Diss., München 1940.

Rondo und Sonatenrondo

Chrzanowski, W.: *Das instrumentale Rondeau und die Rondoformen im 18. Jahrhundert*, Diss., Leipzig 1911.

Cole, Malcolm S.: *Czerny's Illustrated Description of the Rondo or Finale*, in: The Music Review 35, 1975, S. 5-16.

– *Rondos, Proper and Improper*, in: ML 1970, S. 388 ff.

– *Rondo*, in: The New Grove, Bd. 16, S. 172-177.

– *The Development of the Instrumental Rondo Finale from 1750-1800*, Ph. Diss., Princeton University 1964, University Microfilms International, Michigan, Ann Arbor 1964.

– *Sonata-Rondo. The Formulation of a Theoretical Concept in the 18th and 19th Centuries*, in: The Musical Quarterly 55, 1969, S. 180-192.

– *Techniques of Surprise in the Sonata-Rondos of Beethoven,* in: Studia Musicologica, Academiae Scientiarum Hungaricae, Band 12, Budapest 1970, S. 233-262.

– *The Vogue of the Instrumental Rondo in the Late 18th Century*, in: Journal of The American Musicological Society 22, 1969, S. 425-455.

Engel, Hans: *Rondeau, Rondo*, in: MGG XI, S. 867-884.

Kontrapunkt / Fuge / Variation

Blom, Eric: *Beethoven and the Variation,* in: Month. Mus. Record 70, 1942, S. 70.

Cockshoot, John V.: *The Fugue in Beethoven's Piano Music*, London 1959.

Deutsch, Friedrich: *Die Fugenarbeit in den Werken Beethovens*, Diss. (masch.), Wien 1925, Auszug: Studien zur Musikwissenschaften 14, 1927, S. 75-106.

Einstein, Alfred: *Beethoven und die Polyphonie,* in: Von Schütz bis Hindemith, Zürich / Stuttgart 1957.

Ernest, Gustav: *Beethoven-Studien, II) Beethovens Instrumentalfugen*, in: Die Musik 10, 3, 1910 / 11, S. 97-99.

Goos, Herta: *Beethovens Kontrapunktik*, Ph. Diss. (masch.), Kiel 1943.

Kirkendale, Warren: *Fuge und Fugato in der Kammermusik des Rokoko und der Klassik*, mit einem Nachwort von J. P. Larsen, Tutzing 1966.

Klauwell, Otto: *Ludwig van Beethoven und die Variationenform*, Langensalza 1901.

Linke, Norbert: *Das Mißverständnis um die Form der Fuge*, in: Musica 14, 1960, S. 781 ff.

Misch, Ludwig: *Fugue and Fugato in Beethoven's Variation Form,* in: The Musical Quarterly 42, 1956, S. 14 ff.

Müller-Blattau, Josef: *Beethoven und die Variation*, in: Kongress-Bericht Wien 1927, S. 55 ff.

Protopopow, Wladimir: *Die Rolle der Polyphonie im Prozeß der Entwicklung von Beethovens Werken*, in: Beethoven-Kongress Berlin 1970, S. 387 ff.

Ralph, Bobbie Jeffers: *A study of the use of contrapuntal techniques in selected piano sonatas of Ludwig van Beethoven*, Diss., University of Oklahoma 1970, Xerox University Microfilms, Michigan, Ann Arbor 1970.

Rosenthal, M.: *The Variations of Beethoven' s op. 109*, in: Month. Mus. Record, Jg. 63 Nr. 3, 1933.

Zoder, F.: *Die Variation bei Beethoven*, Diss., Wien 1929.

Spezialthemen

Beck, Hermann: *Zur Struktur des Beethovenschen Themas*, in: Kongressbericht Bonn 1970, S. 339 - 340.

Brusatti, Otto: *Die thematisch-melodische Einheit im Spätwerk Beethovens*, in: Musicologica Austriaca 2, 1979, S. 117 ff.

Cahn, Peter: *Aspekte der Schlußgestaltung in Beethovens Instrumentalwerken*, in: Archiv für Musikwissenschaft 39, 1982, 1, S. 19-31.

Chase, Howard Randolph: *Tonality and Tonal Factors in the Piano Sonatas of Beethoven*, Ph. Diss., The University of Michigan 1952, UMI, Ann Arbor 1953.

Dietz, Hanns-Bertold: *Relations between Rhythm and Dynamics in Works of Beethoven*, in: Kongressbericht Bonn 1970, S. 47-53.

Danuser, Hermann: *Zum Problem musikalischer Ambiguität. Einige Aspekte von Beethovens Klaviersonate op. 90*, in: Zeitschrift für Musiktheorie 8, 1977, 2, S. 22-28.

Dinslage, Patrick: *Studien zum Verhältnis von Harmonik, Metrik und Form in den Klaviersonaten Ludwig van Beethovens*, München 1987.

Eggeling, Helmut: *Das Lagenproblem in Beethovens Klaviermusik*, Diss. (masch.), Köln 1951.

Federhofer, Hellmut: *Das Verhältnis des Besonderen zum Allgemeinen in Beethovens Klaviersonaten*, in: Musikerziehung 24, 1970/71, S. 3-8.

Fladt, Hartmut: *Modell "Appassionata". Analytische und wirkungsgeschichtliche Anmerkungen zum 'mittleren Beethoven'*, in: Musica 40, 3, 1986, S. 234-238.

Gàl, Hans: *Die Stileigentümlichkeiten des jungen Beethoven*, Studien zur Musikwissenschaft 4, 1916, Beihefte der DTÖ, S. 58-115.

Gülke, Peter: *Kantabilität und thematische Abhandlung. Ein Beethovensches Problem und seine Lösungen in den Jahren 1806/1808*, in: Beiträge zur Musikwissenschaft 12, 1970, S. 252 ff.

Kerman, Joseph: *Notes on Beethoven's Codas*, in: Beethoven Studies 3, ed. by Alan Tyson, Cambridge 1982, S. 141-161.

Kolisch, Rudolf: *Tempo and Charakter in Beethoven' s Music*, in: Musical Quarterly 29, 1943, S. 169-187 und 291-312.

Kunze, Stefan: *Figuration in Beethovens Spätwerk. Zur Krise der instrumentalen Spielformel in der Musik um 1800*, in: Festschrift Arno Forchert zum 60. Geburtstag, hrsg. von G. Allroggen und D. Altenburg, Kassel 1986, S. 153-168.

Mauser, Siegfried: *Zum Verhältnis von Tempo- und Ausdrucksbezeichnungen in den späten Klaviersonaten Beethovens*, in: Österreichische Musikzeitschrift 36, 1981, 12, S. 617-622.

Mertin, Joseph: *Über die Klaviere Beethovens*, in: Beethoven-Almanach 1970, Wien 1970, S. 91-100 (Publikationen der Wiener Musikhochschule, Band 4).

Mies, Paul: *Stilkundliche Probleme bei Beethoven*, in: Kongressbericht Wien 1927, S. 304 ff.

Misch, Ludwig: *Die Faktoren der Einheit in der Mehrsätzigkeit der Werke Beethovens*, München/Duisburg 1958.

Newmann, William S.: *Das Tempo in Beethovens Instrumentalmusik – Tempowahl und Tempoflexibilität*, in: Musikforschung 33, 1980, S. 161 ff.

Pollack, Hans: *Umfangs- und Strukturfragen in Beethovens Klaviersonaten*, in: Beiträge zur Musikwissenschaft 12, 1970, S. 269-277.
Réti, Rudolph: *Thematic Patterns in Sonatas of Beethoven*, London 1967.
– *The Thematic Process in Music*, New York 1951.
Schmid, Manfred Hermann: *Klangaufbau als Themenvorbereitung im Spätwerk Beethovens*, in: Beiträge zu Beethovens Kammermusik, hrsg. von Sieghard Brandenburg und Helmut Loos, München 1987, S. 283-295.
Schmitz, Arnold: *Beethovens "zwei Prinzipe". Ihre Bedeutung für Themen und Satzbau*, Berlin/Bonn 1923.
Sólyom, György: *Beethovens Spätwerke und die klassische zyklische Form*, in: Beethoven-Kongress Berlin 1970, S. 373-377.
Stoehelin, Martin: *Zur Stellung der Dynamik in Beethovens Schaffensprozeß*, in: Beethoven-Jahrbuch 1978/81, Bonn 1983, S. 319-327.
Zukkermann, Viktor: *Die Beethovensche Dynamik in ihren strukturellen und formbildenden Erscheinungen*, in: Beethoven-Kongress Berlin 1970, S. 379-386.

Beethoven und ...

Bedbur, Magda: *Die Entwicklung des Finales in den Symphonien von Haydn, Mozart und Beethoven*, Diss., Köln 1953.
Busch, Maria: *Formprinzipien der Variation bei Beethoven und Schubert*, Diss. (masch.), Köln 1955.
Dahlhaus, Carl: *Ludwig van Beethoven und seine Zeit*, Laaber 1987.
– *Die Idee der absoluten Musik*, Kassel/München 1978.
Feder, Georg: *Stilelemente Haydns in Beethovens Werken*, in: Kongressbericht Bonn 1970, S. 65-70.
Harbinson, William Grady: *Beethoven and Schubert: A Comparative Analysis of the Structural Subdominant in Selected Sonata-Form Movements*, Ph. Diss., The Florida State University 1982, University Microfilms International, Michigan, Ann Arbor 1982.
Liessem, Franz: *Die Entwicklung der Klaviertechnik in den Sonaten der Wiener Klassiker Haydn, Mozart und Beethoven*, Diss., Innsbruck 1956.
Kämper, Dietrich: *Die Klaviersonate nach Beethoven. Von Schubert bis Skrjabin*, Darmstadt 1987.
Neumann, Friedrich: *Zur harmonischen Typik des Durchführungsteils bei Mozart und Beethoven*, in: Beethoven Almanach 1970, S. 151-155.
Rosen, Charles: *The classical style. Haydn, Mozart, Beethoven*, London 1971 – *Der klassische Stil. Haydn, Mozart, Beethoven*, München/Kassel 1983.
Shamgar, Beth Friedman: *The Retransition in the Piano Sonatas of Haydn, Mozart and Beethoven*, Ph. Diss., New York University 1978, University Microfilms International, Michigan, Ann Arbor 1979.
Suder, Alexander Ladislaus: *Die Coda bei Haydn, Mozart und Beethoven als Resultante verschiedener Gestaltungsprinzipien*, Diss., München 1951.
Zenck, Martin: *Die Bach-Rezeption des späten Beethoven. Zum Verhältnis von Musikhistographie und Rezeptionsgeschichtsschreibung der 'Klassik'* , Stuttgart 1986.

Skizzen, Autographe, Briefe und Konversationshefte

Anderson, Emily: *The Letters of Beethoven*, Band I - III, London 1961.

Beethoven, Ludwig van: *Konversationshefte*, hrsg. von Georg Schünemann, drei Bände, Berlin 1941 / 1942 / 1943.
– hrsg. von Karl-Heinz Köhler und Grita Herre, Leipzig 1972 ff.

Brandenburg, Sieghard: *Ludwig van Beethoven: Keßlersches Skizzenbuch* (SV 263). Beethovenhaus Bonn 1978. Erster Teil: Übertragung von Sieghard Brandenburg – Zweiter Teil: Vollständiges Faksimile des Autographs. Mit einem Nachwort und einem Register von Sieghard Brandenburg.

Brenneis, Clemens: Ludwig van Beethoven: *Ein Skizzenbuch aus dem Jahre 1809* (Landsberg 5), I) Faksimile, Beethoven - Haus Bonn 1992, II) Übertragung, Einleitung und Kommentar von Clemens Brenneis, Beethoven - Haus Bonn 1993.

Cooper, Barry: *Beethoven and the Creative Process*. Oxford 1990.

Drabkin, William : *The Sketches for Beethoven' s Piano Sonata in C Minor Opus 111*, Vol. I Dissertation, Vol. II Transcriptions, UMI, Michigan, Ann Arbor 1977.

Fischmann, Natan: *Ein Skizzenbuch Beethovens von 1802 - 1803* (Faksimile, Übertragung und Kommentar in drei Bänden), Moskau 1962 (= Wielhorski - Skizzenbuch, SV 343).
– *Autographe Beethovens in der UdSSR*, in: Beiträge zur Musikwissenschaft 3, Heft 1, 1961, S. 22 - 29.

Frohlich, Marta: *Beethoven' s Piano Sonatas op. 54 and op. 57: A Study ot the manuscript sources.* Vol. I: Text, Vol. II: Transcriptions and Facsimiles. Ph. Diss. Israel, Bar - Ilan University, Ramat Gan 1987.

Johnson, Douglas Porter / Alan Tyson / Robert Winter: *The Beethoven Sketchbooks*, Berkeley / Los Angeles 1985.

Johnson, Douglas Porter: *Beethoven' s Early Sketches in the 'Fischhof Miscellany'*, Berlin Autograph 28, Vol. I: Text, Vol. II: Transcriptions an Watermarks, UMI, Michigan, Ann Arbor 1977 / 1980.

Helms, Marianne / Staehelin, Martin: *Bewegung von Beethoven - Quellen 1973 - 1979*, in: Beethoven - Jahrbuch 1978 / 1981, Bonn, S. 331 - 357.

Kastner, Emerich / Kapp, Julius: *Ludwig van Beethovens sämtliche Briefe, herausgegeben von Emerich Kastner, völlig umgearbeitete und wesentlich vermehrte Neuausgabe von Julius Kapp*, Leipzig 1923.

Kalischer, Alfr. Chr. / Frimmel, Th. v.: *Beethovens sämtliche Briefe*, fünf Bände, Berlin / Leipzig 1910.

Kerman, Joseph: *Ludwig van Beethoven. Autograph Miscellany from circa 1786 to 1799, British Museum Additional Manuscript 29801.* ff 39 - 162. (The "Kafka Sketchbook"). Volume I: Facsimile, edited by Joseph Kerman, London 1970, published by the trustees of the British Museum. Volume II: Transcription, London 1970.

Klein, Hans - Günter: *Staatsbibliothek Preußischer Kulturbesitz, Kataloge der Musikabteilung, Ludwig van Beethoven. Autographe und Abschriften*, Berlin 1975.

Komma, Karl Michael: *Faksimile - Ausgabe von op. 110 mit Beiheft*, Stuttgart 1967.

Kunze, Stefan: *Ludwig van Beethoven: Die Werke im Spiegel seiner Zeit*, Laaber 1987.

Lockwood, Lewis: *On Beethovens' s Sketches and Autographs: Some Problems of Definition and Interpretation*, in: Acta Musicologica 42, 1970, S. 32 - 47; deutsch in: Ludwig van Beethoven, herausgegeben von Ludwig Finscher, Darmstadt 1983, S. 113 - 138.

– *Beethoven Studies in the Creative Process*. Harvard University Press 1992.

Marston, Nickolas John: *The sketches for Beethoven' s Piano sonata in E, opus 109*. Vol. I: Text and Musical Examples, Vol. II: Transcriptions, diss., Cambridge 1985.

– *Approaching the Sketches for Beethoven' s 'Hammerklavier' Sonata*, in: Journal of The American Musicological Society 44, 3, 1991, S. 404 - 450.

Meredith, William Rhea: *The Sources for Beethoven' s Piano Sonata in e - major op. 109*, Vol. 1, 2, UMI, Michigan, Ann Arbor 1985.

Mikulicz, Karl Lothar: *Ein Notierungsbuch von Beethoven aus dem Besitz der Preußischen Staatsbibliothek zu Berlin*, Leipzig 1927 (= Landsberg 7).

Mies, Paul: *Die Bedeutung der Skizzen Beethovens zur Erkenntnis seines Stiles*, Leipzig 1925.

Nottebohm, Gustav: *Ein Skizzenbuch von Beethoven*, beschrieben und in Auszügen dargestellt, Leipzig 1865 (Neuausgabe mit Vorwort von Paul Mies, Leipzig 1924).

– *Beethoveniana*, Leipzig / Winterthur 1872.

– *Ein Skizzenbuch von Beethoven aus dem Jahre 1803*, in Auszügen dargestellt, Leipzig 1880 (Neuausgabe mit Vorwort von Paul Mies, Leipzig 1924).

– *Zweite Beethoveniana*, Leipzig / Winterthur 1887.

Sakka, Keisei: *Ludwig van Beethoven, Faksimile - Ausgabe des Autographs der Sonata quasi una fantasia "Mondschein" op. 27 Nr. 2*, geleitet von Keisei Sakka, Ongaku no Tomo Edition, Tokyo 1970.

Schmidt, Hans: *Addenda und Corrigenda zum Katalog 'Die Beethovenhandschriften des Beethovenhauses in Bonn von Hans Schmidt'*, in: Beethoven - Jahrbuch 1971 / 72, Bonn, S. 207 - 220.

Schmidt-Görg, Joseph: *Katalog der Handschriften des Beethoven - Hauses und Beethoven - Archivs*, Bonn 1935.

Staehelin, Martin: *Übersicht über die neuerworbenen Beethoven–Autographen des Beethoven - Hauses 1975 - 1980*, in: Beethoven - Jahrbuch 1978 / 81, Bonn, S. 327 - 330.

Szabo, Erna: *Ein Skizzenbuch Beethovens aus den Jahren 1789 - 99*, Diss. Bonn 1951 (= Grasnick 1, Berlin DStB).

Timbrell, Charles: *Notes on the Sources of Beethoven's Opus 111*, in: Music of Letters 58, 1977, S. 1977, S. 204 ff.

Virneisel, Wilhelm: *Zu Beethovens Skizzen und Entwürfen*, in: Studien zur Musikgeschichte des Rheinlandes, Festschrift zum 80. Geburtstag von Ludwig Schiedermair, Köln 1956, S. 150 - 154.

– *Aus Beethovens Skizzenbüchern*, in: Festschrift Joseph Schmidt - Görg zum 60. Geburtstag, hrsg. von D. Weise, Bonn 1957, S. 361 - 376.

Weise, Dagmar: *Ungedruckte oder nur teilweise veröffentlichte Briefe Beethovens aus der Sammlung H. C. Bodmer*, in: Beethoven - Jahrbuch 1953 / 54, Bonn, S. 49 ff.

Abkürzungen

Rf	Refrain
Cp	Couplet
Cp	Couplet mit Transposition in die Grundtonart
Exp	Exposition
HS	Hauptsatz
Üb	Überleitung
SS	Seitensatz
Sg	Schlußgruppe
Df	Durchführung
Ein	Einleitung
Ker	Kern
Rü	Rückleitung
Rep	Reprise
tr	transponierte Wiederkehr
Th	Thema
Kp	Kontrapunkt
Var	Variation
SV	SV-Nummer im Skizzen-Verzeichnis von Hans Schmidt
JTW	Douglas P. Johnson / Alan Tyson / Robert Winter *The Beethoven Sketchbooks*
□	Vorzeichen etc. ergänzt
StPK	Staatsbibliothek der Stiftung Preußischer Kulturbesitz, Berlin
DStB	Deutsche Staatsbibliothek, Berlin
PrStB	Ehemalige Preußische Staatsbibliothek, Berlin (Skizzen zur Zeit in Kraków, Biblioteka Jagiellońska)
BL	British Library, London
BN	Bibliothèque Nationale, Paris
GdM	Gesellschaft der Musikfreunde, Wien

Register

Skizzen sind durch Fettdruck hervorgehoben!

Recht + Welt + Wien
Recht + Bund + Welt + Wien
Friede + Welt + Wien
Friede + Bund + Welt + Wien